Ralf Mayer | Ralf Parade | Julia Sperschneider | Steffen Wittig (Hrsg.)
Schule und Pathologisierung

Ralf Mayer | Ralf Parade | Julia Sperschneider |
Steffen Wittig (Hrsg.)

Schule und Pathologisierung

BELTZ JUVENTA

Gedruckt mit freundlicher Unterstützung der Max-Traeger-Stiftung.

Dieses Buch ist erhältlich als:
ISBN 978-3-7799-7112-2 Print
ISBN 978-3-7799-7113-9 E-Book (PDF)

1. Auflage 2024

Herstellung: Myriam Frericks
Satz: xerif, le-tex
Druck und Bindung: Beltz Grafische Betriebe, Bad Langensalza
Beltz Grafische Betriebe ist ein klimaneutrales Unternehmen (ID 15985–2104-100)
Printed in Germany

Weitere Informationen zu unseren Autor:innen und Titeln finden Sie unter: www.beltz.de

Inhalt

Einleitung

Ralf Mayer, Ralf Parade, Julia Sperschneider
und Steffen Wittig

Es liegt nahe, einen Band, der den Begriff der Pathologisierung im Titel trägt, mit einigen Beobachtungen zu beginnen, die unseren Alltag in den letzten Jahren mit Blick auf die COVID-19-Pandemie thematisieren. So wurde bspw. bereits zu einem frühen Zeitpunkt von einer globalen oder „menschheitsgeschichtlichen" Krise gesprochen, die es ermöglicht, eine gemeinsame Betroffenheit zu behaupten, die „nahezu alle Menschen und ihre Lebensformen [...] angeht" (Karakasoglu/Mecheril 2020). Dabei zeigte sich ebenfalls recht schnell, dass die Vorstellung von einer kollektiven Betroffenheit je nach Lebensort und -welt, Alter, Vorerkrankung, sozialer Situation etc. mit sehr unterschiedlichen Konsequenzen und Risiken, mit Ein- und Ausschlüssen u. v. m. einhergehen kann (vgl. ebd.; Küchenhoff 2022). Eine vielfach geteilte Position ist etwa, dass die „Illusion von Unversehrtheit" (Küchenhoff 2020) brüchig wurde. Diese verweist auf die Erfahrung, dass wir unsere Verletzbarkeit und Abhängigkeiten „von der Natur, von unserem Körper, dass wir krank werden und sterben können, [...] nicht in der Hand haben" (ebd.). In der Diskussion um sich in der pandemischen Situation ergebende Freiräume oder Privilegien und Entschleunigungsphänomene für einige, über die Zunahme von Risiken, Abhängigkeiten und existenziellen gesundheitlichen wie sozialen Gefährdungslagen für andere, bis hin zu Kämpfen um die Verteilung von Ressourcen und Berichten über unhaltbare Versorgungszustände (etwa in Lagern für Flüchtlinge; vgl. Karakasoglu/Mecheril 2020), wurde sichtbar, dass der Anspruch, unser normales Leben „in die Ausnahme und die Ausnahme in normale Abläufe zu integrieren" (Charim 2020), sehr unterschiedliche Gestaltungsräume, Zwänge und Problemlagen adressieren kann. Dies gilt ebenfalls für die Frage, wie genau die Ausnahmesituation auch den bisher gewohnten Schulalltag erschwert, verändert oder durchkreuzt (hat) und so auf vielfältige Weise eine Zäsur darstellt (vgl. z. B. Drerup/Schweiger 2020; Fickermann/Edelstein 2021; Friedel et al. 2021).

Schon diese knappen einleitenden Einblicke in Diskurse spielen darauf an, dass medizinische Problemstellungen mit Blick auf die Virus-Erkrankung in öffentlichen und wissenschaftlichen Auseinandersetzungen in konfliktreichen Relationen zu komplexen, heterogenen bzw. ungleichen individuellen Lagen, sozialen Verhältnissen, politischen Interessen sowie zu dominanten Auffassungen von Normalität oder historischen Referenzen situiert werden. Auch wenn die Diskussion entsprechender Situierungen nicht erst seit der Ausnahmesituation der Pandemie Aufmerksamkeit erhält und es daher banal erscheinen mag, die

Relevanz entsprechender Analyseperspektiven zu behaupten, stehen geistes-sozial- und kulturwissenschaftliche Zugänge bis in die Gegenwart in Spannung zu medizinischen Einsätzen.[1] So wäre, um ein weiteres breit diskutiertes Beispiel herauszugreifen, der Diskurs um den Anstieg der Zahl von Kindern und Jugendlichen, die im Laufe der Corona-Pandemie eine Psychotherapie benötigten, im Kontext des im vergangenen Jahrzehnt diagnostizierten Anstiegs von Depressionen, Anpassungsstörungen und schweren Belastungen auch bei jungen Erwachsenen, Jugendlichen und Kindern ab dem Grundschulalter zu diskutieren. Dieser Anstieg verweist nicht zuletzt auf die Bedeutung von Drucksituationen im Zusammenhang mit der Normalität von Arbeit, Ausbildung und Schule (vgl. Barmer Arztreport 2018; 2021). Charakteristisch für diese Krankheitsbilder ist die Diskussion des Spannungsfelds zwischen psychischen Aspekten eines individuellen Leidens und sozialen bzw. so genannten umweltbedingten Faktoren, die sich zwischen (exklusiver) medizinisch-psychiatrischer Klassifikation und (so etwa zuletzt bei Erschöpfungs- und Depressionsphänomenen) einer (allgemeinen) ‚Volkskrankheit' bewegen. Entsprechende Einordnungen, Diagnose- und Therapiemöglichkeiten erweisen sich bis in die Gegenwart als umstritten (vgl. z. B. Ingenkamp 2012; Stoppe/Bramesfeld/Schwartz 2006; King/Gerisch/Rosa 2021b). In diesem Zusammenhang wird auch ADHS als die am häufigsten gestellte Diagnose im Bereich der Kinder- und Jugendpsychiatrie kritisch diskutiert (vgl. Liebsch 2009; Haas in diesem Band). In den Debatten werden ebenso Anfragen an die Vorstellung klar eingrenzbarer medizinisch-pathologischer Rubriken formuliert wie an primär medikamentöse Behandlungs- und Therapievarianten. Ein allein medizinischer Fokus auf das Individuum greift demnach zu kurz, wenn entsprechende Symptombildungen immer auch in gesellschaftlichen Zusammenhängen als kulturell und sozial produzierte Phänomene, Deutungskomplexe oder Zuschreibungen diskutierbar erscheinen: etwa im Spannungsverhältnis von Krankheit und Gesundheit sowie hinsichtlich spezifischer Normalitätsvorstellungen und darauf bezogener Abweichungen oder Störungen. Während die Pandemiesituation allerdings etwa unter dem biopolitischen Vorzeichen eines gesellschaftsweiten Sicherheitsdispositivs diskutiert werden kann (vgl. Foucault 2004, S. 73 ff.), lassen sich die letztgenannten pathologisierten Phänomene an-

1 Erinnert sei hier nur kurz an die Diskussionen im Kontext der Antipsychiatrie-Bewegung seit den 1960er Jahren (vgl. Cooper 1967; Beyer 2022) oder an aktuelle Reduktionismusvorwürfe, die sich von sozial- oder kulturwissenschaftlicher wie von medizinischer Seite formulieren lassen: z. B. dass biologisierende bzw. naturalisierende Krankheitsverständnisse den Verweisungszusammenhang mit hegemonialen Normalitätsauffassungen und darauf bezogene Formen der Produktion gesellschaftlicher Benachteiligungen und Ausschlüsse abblenden (vgl. Bollmer 2013); oder umgekehrt: dass ein Verständnis von Krankheit als problematischer sozialer Zuschreibungspraxis medizinische Gründe für individuelles Leiden nicht hinreichend ernst nehme (für eine Position, die beide Reduktionismen in Bezug auf neurowissenschaftliche Positionen zu vermeiden sucht, vgl. Malabou 2006; 2011).

ders prozessieren. Alain Ehrenberg (2011; 2019) und Catherine Malabou (2006) arbeiten in diesem Sinne nicht zuletzt die hegemoniale Bedeutung der Referenz auf kognitive, soziale und emotionale *Fähigkeiten* heraus, die sich *praktisch* – also in Bezug auf Handeln und Interaktion – ‚vermessen' lassen und sich jeweils kontextspezifisch zu bewähren haben.[2] Die Autor:innen thematisieren auf jeweils unterschiedliche Weise die Schwierigkeit, Kriterien zur Charakterisierung des individuellen, v. a. psychisch konnotierten Leidens einer Person klar und eindeutig vom sozialen Leid und der Erfahrung von Einschränkungen zu unterscheiden. Die Unschärfe entsteht zum einen „[i]n einem globalen Kontext, in dem psychisches Leid und geistige Gesundheit ein zentrales Anliegen sind, ob im Betrieb und bei der Arbeit oder in Erziehung und Familie" (Ehrenberg 2019, S. 14). Zum anderen werden auf die Psyche oder neurowissenschaftlich auf Körper und Gehirn bezogene Pathologien über Merkmale ausgezeichnet, die Analogien zur Figur des unternehmerischen Selbst (vgl. Bröckling 2007) aufweisen: Dazu gehören Vorstellungen zu Aktivität und Leistung, zu einem autonomen, flexiblen, anpassungsfähigen Handeln, zu Teilhabe oder auch Einfühlungsvermögen. Krank ist demzufolge derjenige, dessen Fähigkeit, selbstständig, leistungsorientiert, angepasst und motiviert zu handeln und damit Erwartungen in Bezug auf Initiative, Mitwirkung und Teilhabe zu entsprechen, über ein bestimmtes Maß hinaus als beeinträchtigt erscheint bzw. nicht sichtbar ist (vgl. Malabou 2006, S. 70 ff.; Ehrenberg 2011, S. 15 ff., 478). Die Attribuierung einer psychischen Störung erfolgt also weniger über die Adressierung oder Identifizierung der ganzen Person als krank, sondern über die (medizinische, psychologische, psychiatrische) Ordnung, Vermessung und Betrachtung des *Verhaltens* einer Person im Kontext ausdifferenzierter Zuschreibungen individueller Fähigkeiten oder Potenziale (vgl. Ehrenberg 2019, S. 24 ff.). Zugespitzt formuliert: Krank ist, wer „nicht länger als ein Handelnder betrachtet wird" (Malabou 2006, S. 74) bzw. dessen Handeln nicht den in einem bestimmten sozialen Kontext ‚normalerweise' erwartbaren Adressierungen und Zuschreibungen an Haltung und Verhalten entspricht. An dieser Stelle artikulieren sich Krankheit und Gesundheit als nicht eindeutig voneinander abgrenzbare Phänomene, da die Grenze zwischen Gesundheit und Krankheit nicht klar identifizierbar ist.

Wie in Fußnote 1 erwähnt, ließe sich anstelle verschiedener Seiten der Vorwurf einer reduktionistischen Auffassung formulieren oder der Hinweis platzieren, dass die Spezifik der jeweiligen Inanspruchnahme des Fähigkeitsbegriffs (etwa medizinisch oder neurowissenschaftlich vs. einer gesellschaftlich machtvol-

---

2 Es wäre interessant, genauer zu untersuchen, inwiefern die Pandemie auch deshalb eine massive Herausforderung für die Institution Schule darstellte, weil sie mit politischen Sicherheitsvorgaben Umgangsweisen einforderte, die nur begrenzt in die gewohnten institutionellen Ordnungsraster integrierbar waren. Zu solchen Kriterien gehört eben die Orientierung an individuellen Fähigkeiten.

len Zuschreibung) nicht hinreichend berücksichtigt wird. Malabous diesbezüglich maßgebliche Beobachtung liegt allerdings darin, dass es (aktuell) nicht möglich ist, eine die verschiedenen – somatischen, psychischen, neuronalen und sozialen – Einsätze vollständig verbindende Position zu formulieren. Wir haben es vielmehr mit „theoretischen Brüchen" (Malabou 2006, S. 94) zu tun, die (nur) darüber bearbeitet werden können, dass *sowohl* naturwissenschaftliche *als auch* sozialwissenschaftliche und philosophische Erklärungsmodelle auf *Interpretation* angewiesen sind. Die Kluft zwischen den differenten Zugängen lässt sich folglich nicht einfach verkleinern oder überbrücken, sondern jeweils auf unterschiedliche und umstrittene Weise diskursiv bearbeiten (vgl. ebd., S. 93 f.).

1. Referenz auf Fähigkeiten

In einem nächsten Schritt sollen kurz und exemplarisch zwei heterogene sozialwissenschaftliche Diskurse angesprochen werden, die an die oben skizzierte Unschärfe in der exponierten Inanspruchnahme des Begriffs der Fähigkeit anschließen. So nutzen *erstens* die Disability Studies das Konzept des Ableismus, um vielfältige Benachteiligungsstrukturen in Bezug auf das Fähigkeitsmotiv im Kontext dominanter gesellschaftlicher Anforderungen zu dekonstruieren (vgl. Waldschmidt 2020; Kaiser / Pfahl 2021). Ableistische Differenzordnungen zielen demnach auf ‚fähige', mit einem Set als anerkennungswürdig geltender Merkmale ausgestattete Subjekte und konstruieren damit zugleich im Sinne einer Binärlogik ‚nicht fähige', als inferior geltende „Anti-Subjekte" (Reckwitz 2006, S. 45); sie hierarchisieren und (de-)privilegieren diese, versehen sie mit Erwartungen künftigen Fähigkeitserwerbs und fundieren – für den Fall allzu großer Abweichung – Programme, die Befähigung und damit Renormalisierung verheißen (vgl. Buchner 2022, S. 205 ff.). In der hieran anschließenden pädagogischen Inklusionsforschung werden so bspw. über die ‚Normalität' von Fähigkeitserwartungen und die Markierung von Differenzen zu Norm und Normalität wirkmächtige Reglementierungen „entlang von *Können* und *Nicht-Können*" (Merl 2019, S. 13) analysierbar. Dazu gehören insbesondere die Zuschreibung von Defiziten, ungenügenden Fähigkeiten und Verhaltensauffälligkeiten bis hin zu Pathologisierungsphänomenen (vgl. Buchner / Pfahl / Traue 2015; Boger 2018).

Eine *zweite* Lesart bildet Alain Ehrenbergs (2019) bereits angesprochene Analyse psychologischer, psychiatrischer und neurowissenschaftlicher Diskurse seit den 1960er Jahren, in denen die Anschlüsse an den Bezugspunkt *abilities* im Umfeld von Erkrankungen keiner einfach negativen Orientierung folgen. Der Soziologe interessiert sich dabei für Auffassungen, in denen sich die Zuschreibung eines „individuellen Gebrechens" (ebd., S. 36) und einer darauf bezogenen Unfähigkeit (frz.: ‚handicapé'), hin zu einem Potenzial, als einer besonderen, unter Umständen verborgenen *Befähigung* (frz.: ‚handicapable') verschiebt. Die Möglichkeit einer solchen Verschiebung situiert Ehrenberg in einer von unterschiedlichen Ansprüchen – wie denen der Orientierung am Ideal der Persönlichkeitsentfaltung und der Forderung nach Autonomie – geprägten sozialen Wirklichkeit. Ab den 1960er Jahren begannen „[d]er psychiatrische und der neurologische Patient [...] sich als Individuen zu emanzipieren, das heißt, dass ihr Status sich in Richtung eines moralischen und sozialen *Partners* verschob, der *befähigt* ist, seine Autonomie durch eine *Kompetenz* unter Beweis zu stellen" (ebd., S. 36). In dieser Umschrift greift das *Versprechen*, die in einem spezifischen Zusammenhang diagnostizierte pathologische Schwäche von einer normativen Mangel- oder Defizitzuschreibung zu lösen und als *spezifische Andersheit* durch die praktische Arbeit am eigenen Körper und Selbst produktiv machen zu können. Als wiederkehrendes Beispiel nutzt Ehrenberg etwa die sich seit dieser Zeit entwickelnde Diskussion um Autismusstörungen (vgl. ebd., S. 70 ff.), in der eine spezifische Ausprägung dieser Krankheit im Kontext von Umdeutungsprozessen, insbesondere der Diversifizierung kognitiver, emotionaler oder sozialer Kompetenzen, als besondere Befähigung und verborgenes Potenzial (vgl. ebd., S. 52, 273 ff.) Anerkennung findet. Das „fähige Individuum" (ebd., S. 26) erscheint so als *kollektives soziales Bild*, als *Adressierung* und *Versprechen*: Es *imaginiert* und *praktiziert* die fortwährende Verwandlung der pathologischen Symptome: vom Fokus auf Leiden, Benachteiligungen und Defizite hin zur leidenschaftlichen Arbeit an den eigenen latenten Befähigungen. Marie-Luise Angerer (2021, S. 104) markiert dies als „Strategie, psychisch-mentale Andersartigkeit als Neuro-Diversität zu umschreiben und dadurch medizinische Diagnosen wie das Asperger-Syndrom nicht länger als Krankheit einzustufen, sondern als eine mögliche andere Form von Wahrnehmung und Handeln – auch als eine mögliche andere Form sozialer Interaktion, die sich nicht so sehr über Empathie, sondern über Objektbezüge und technische Verbindungen herstellt".[3] Ehrenberg macht jedoch ebenfalls deutlich, dass es sich hier um eine *Projektion* handelt und nicht um eine (soziostrukturell) wirkmächtige gesellschaftliche Entwicklung oder Praxis. Dennoch sei das fähige, tätige Subjekt repräsentativ für die unternehmerische sowie die demokratische Zuschreibung von Autonomie oder die Orientierung an Gleichheitsvorstellungen (vgl. ebd., S. 25, 84 f.). Es wäre allerdings zu kurz, Ehrenbergs Pointierung eines Umdeutungsdiskurses unter das pädagogisierende Vorzeichen der Forderung nach einem einfachen Blickwechsel – von einer

3 Angerer nennt ein literarisches Beispiel: In Stieg Larssons Roman *The Girl with the Dragon Tattoo* erinnere Lisbeth Salanders Begabung der Muster- und Strukturerkennung sowie ihre Schwierigkeiten im Umgang mit anderen Menschen an das Asperger-Syndrom (vgl. ebd., S. 103 f.). Im unternehmerischen Kontext ließe sich ebenfalls exemplarisch das seit 2013 bei SAP laufende Programm „Autism at Work" diskutieren, das die „besonderen Fähigkeiten und Perspektiven von Menschen mit Autismus" als „Innovation(spotential)" und „selten genutzte Talentquelle" fördern will (Quelle: https://www.sap.com/germany/about/careers/your-career/autism-at-work-program.html (Abfrage: 01.02.23).

Defizitorientierung hin zur Fokussierung individueller Stärken – zu stellen. Vielmehr arbeitet er die Dominanz umfassender Zuschreibungen über die (v. a. psychiatrisch und neurowissenschaftlich einsetzenden) Diskurse um Fähigkeiten und Potenziale heraus. Die Adressierung des Einzelnen bleibt elementar und die Referenz auf Fähigkeiten erscheint als eine darauf bezogene rhetorische Strategie, die durchaus an umfassende hegemoniale Steuerungs-, Ordnungs- und Aktivierungsansprüche anschließt.

Bezieht man diese Überlegungen auf die zuvor erwähnten Disability Studies, ließe sich zugespitzt formulieren: ‚Vor' der Benachteiligung setzt – modern gesprochen – die Autonomie- und Fähigkeitszuschreibung ein, und zwar in Gestalt des tätigen Menschen, als Potenzial, sich auf spezifische Weise produktiv verhalten zu können. In den genannten Positionen eröffnet die Referenz auf das Fähigkeitsmotiv somit vielfältige und kontroverse Perspektiven, aber kaum eine grundsätzliche Ablehnung dieses Drehpunkts – nicht allein im Umkreis von Pathologisierungsdiskursen.[4]

2. Schule und Pathologisierung

Im Sammelband wird zunächst einmal Abstand von diesen aktuellen Bezügen genommen. Allerdings existieren zahlreiche Anschlüsse an Diskussionen und Forschungsperspektiven, die in heterogener Weise das Spannungsverhältnis von Normalisierung und Pathologisierung im Rahmen der Institution Schule eröffnen. Teilt man die Annahme, dass Schule ein von Machtbeziehungen geprägter Ort ist, zeigen sich Nähen zu unterschiedlichen Gesichtspunkten. Es sind nicht nur Fragen von pädagogischer Autorität und Anerkennung, von Bildung oder Leistung, die sich hier aufwerfen lassen (vgl. Reichenbach 2011; Reh / Ricken 2018). Überlegungen und Untersuchungen zu Prozessen der Individualisierung und der Zuschreibung von Fähigkeiten oder gesellschaftliche Debatten zu schulischer Heterogenität und sozialer Ungleichheit markieren ebenso Anschlüsse wie die historische Genese und Relevanz medizinisch-psychiatrischer und psychologischer Diskurse für die Pädagogik. Hieraus ergeben sich vielgestaltige Anfragen an erziehungswissenschaftliche Aspekte im Rahmen der Begriffsbildung, der (ethischen und politischen) Diskussion um Teilhabe, Chancengleichheit oder Bildungsgerechtigkeit sowie an aktuelle Debatten über Bildungssysteme (etwa im Kontext von Inklusion) sowie über Professionsverständnisse.

Einen diesbezüglich pädagogisch ebenso relevanten wie mannigfach rezipierten Theorieeinsatz formuliert Michel Foucault. Im Kontext seiner Vorstellungen

4 So ließen sich etwa Anschlüsse zu Resilienzvorstellungen diskutieren (vgl. Graefe 2019) oder zu Optimierungsvorstellungen, insofern diese auf ein geteiltes Feld der Justierung „dessen, was als ‚normal' und ‚pathologisch' erachtet wird" (King / Gerisch / Rosa 2021a, S. 7), verweisen.

zur Entwicklung eines Disziplinardispositivs seit dem 19. Jahrhundert ist die Hervorbringung eines autonomen und eigenverantwortlichen Subjekts durchgreifend mit jeweils dominanten Vorstellungen von Normalität verknüpft. Der „Normalmensch", dessen Vermessung seitdem nicht allein pädagogisch forciert wurde, existiert zwar nur „fiktiv" – als Effekt einer wissenschaftlichen Skalierung; er besitzt dennoch „die Autorität eines Maßstabes, an dem alle empirischen Individuen sich messen können" (Heßdörfer 2019, S. 115). Er wird damit auch im Kontext der Schule – v. a. im Zuge ihrer fortwährenden Verschränkung mit Dispositiven der Medizin und einer sich allmählich als akademische Disziplin konstituierenden und expandierenden Psychologie – zum Richtmaß pädagogischer Ansprüche und Interventionen (vgl. Rose / Fuchs / Beddies 2016; Bühler 2018). Eine Grenzbeziehung zu pädagogischen Normalisierungsbestrebungen lässt sich wiederum über den Begriff der Pathologisierung formulieren (vgl. Dörpinghaus 2009). So gewinnen am Übergang zum 20. Jahrhundert in der Auseinandersetzung mit medizinisch-psychiatrischen und psychologischen Diskursen zunehmend diagnostische Ansätze an Bedeutung, die zwischen normal beschulbaren und nicht bzw. gesondert zu beschulenden Kindern unterscheiden (vgl. Reh 2015) und Perspektiven für eine individualisierte Förderung eröffnen wollen, sodass auch von einer ‚therapeutischen Funktion der Schule' (vgl. Bühler 2017) gesprochen werden kann. Der Ansatzpunkt am Individuum und die Rede von ‚pathologisierenden Zuschreibungen' in schulischen Institutionen verweist nun darauf, dass bspw. das Lern- oder Sozialverhalten eines Kindes oder Jugendlichen in ein Verhältnis zu medizinischen, psychiatrischen u. a. Diskursen gesetzt werden kann, die mit Blick auf entsprechende Normvorstellungen die Frage nach individuellen Potenzialen und Erkrankungen, nach individuellen Fähigkeiten und Störungen usw. verhandeln. Diese Perspektive ist gerade in der Institution Schule im Kontext schulischer Leistungskriterien sowie Förderungs- und Selektionsvorstellungen zu diskutieren. Die Zuschreibung einer Krankheit geht insofern mit einer Differenz zu jeweils dominanten Vorstellungen von Normalität und Norm einher (vgl. Ricken 2015; Idel / Rabenstein / Ricken 2015). Von Interesse sind aus diesem Blickwinkel dann die Arten und Weisen, wie im schulischen Kontext durch Adressierungen, Diagnostizierungs-, Bewertungs- und Vergleichsprozesse ein Kind als ‚beschulbar', ‚aufmerksam', ‚selbstständig' und ‚leistungsfähig' oder aber als ‚schwierig', ‚auffällig' und ‚krank' adressiert wird – und welche Maßstäbe und Disziplinen hierbei eine Rolle spielen (vgl. Brusten / Hurrelmann 1973; Asmus / Peuckert 1979; Heinzel 2004; Rabenstein / Reh 2009). Fragen von Macht und Autorität schlagen sich folglich ebenso in differenten Verhaltens-, Beteiligungs- und Beurteilungsmöglichkeiten unterschiedlicher Akteur:innen nieder sowie in unterschiedlichen Lesarten von Begriffen wie dem der (Chancen-)Gleichheit, der Gerechtigkeit oder der Emanzipation. Schließlich rücken schulische Funktionär:innen selbst als Adressat:innen von Pathologisierungen in den Forschungsfokus. Bereits am Ende des 19. Jahrhunderts entsteht ein Diskurs über erschöpfungsbedingte „Lehrerkrankheiten", der sich – Unterbrechungen und Transformationen eingeschlossen – bis in die heutige Zeit fortsetzt (vgl. Parade 2021). Die häufig als ‚Therapeutisierung des Sozialen' umschriebene Expansion medizinisch-psychologischer Deutungsangebote (vgl. etwa Castel/Castel/Lovell 1982; Anhorn/Balzereit 2016; Illouz 2018) findet ihren Niederschlag zweifelsohne ebenfalls in den Selbst- und Weltverhältnissen des Lehrpersonals. Auch hier bestehen Anknüpfungspunkte für diskurs- und subjektivierungsanalytische Studien, die bspw. Phänomene wie Burnout oder Depression im Kontext des Lehrberufs sowie Prozesse der Diagnose einer individuellen Beeinträchtigung oder Störung im Kontext der Frage nach gesellschaftsweiten Zuschreibungen körperlicher und geistiger Belastungen in den Blick nehmen.

3. Zu den Beiträgen des Bandes

Die Beiträge gehen überwiegend auf eine im November 2021 an der Universität Kassel durchgeführte Tagung zurück[5]. Die in ihnen geführten Auseinandersetzungen lassen sich um drei Perspektivierungen bündeln, über die das Spannungsfeld von Schule und Pathologisierung auf unterschiedliche Weise in den Blick genommen wird: *Erstens* sammeln sich historische Perspektivierungen, die verschiedene Einsatzpunkte verhandeln. Den Band eröffnet Sabine Reh überblicksartig mit ihrem Beitrag *Pathologien und Pathologisierung*. Sie fragt danach, was die Zuschreibungen ‚Pathologie', ‚Pathologisierung' und ‚pathologisch' als geschichtlich skizzierbare Phänomene produktiv für das Nachdenken über Schule macht. Die Zuschreibungen werden in diesem Essay als etwas sichtbar gemacht, das mit einer Vielstimmigkeit an Bedeutungen besetzt ist. Reh stellt dabei heraus, dass ihre Verwendung an spezifische Bedingungen geknüpft ist. Sie beginnt ihre Untersuchung mit den Auseinandersetzungen der 1970er Jahre rund um die breite Nutzung der vielfältigen (schul-)pädagogischen Gebrauchsweisen von Konzepten der Krankheit und Pathologie. Hiernach verweist sie auf mögliche Implikationen eines Sprechens über Schule als krankmachende Institution. Abschließend bündelt und systematisiert sie ihre Perspektiven und Ergebnisse in Bezug auf die Ansätze des frühen Foucault. Sandra Wenk untersucht in ihrem Beitrag *Schulform, die krank macht* zunächst die Diskurse, die das Modernisierungspotenzial der Hauptschule seit den 1960er Jahren akzentuieren als eine mit pädagogischen und bildungspolitischen Erwartungen konfrontierte Schulform. Durch den Kontrast der Reformanliegen zur schulischen Wirklichkeit zeichnet die Autorin eine Verschiebung der öffentlichen Auseinandersetzungen in den

5 Wir danken Luana Bauchspieß, Eva-Charlotte Hesse, Miron Trappmann und Tom Zimmermann für die Unterstützung bei der Tagungsorganisation und Antje Naumann für ihr gewissenhaftes Lektorat.

1970er Jahren nach. Sie analysiert, inwiefern die Hauptschule – durchaus im Rahmen einer allgemeinen Kritik am Bildungssystem – als zunehmend krisenhafte und die Schüler:innen krankmachende Schulform beschrieben wurde. Wenk thematisiert eine historische Konstellation, in der pädagogisches Wissen und Veränderungen im Bildungssystem sowie in bildungspolitischen Ausrichtungen ineinandergreifen. Dieser Zusammenhang ermöglichte es, den Status, die Leistungsfähigkeit und die Motivation von Hauptschüler:innen im öffentlichen Raum über sozialisatorisch begründete Benachteiligungen und Motive eines devianten und pathologischen Verhaltens zu diskutieren. Aufschlussreich erscheinen hier gerade die Deutungskämpfe, in denen die seitdem forcierte Forderung nach einer (sozial-)pädagogischen oder psychologischen Bedarfsorientierung mit einer Kritik an der Individualisierung von Problemlagen einhergeht, deren Ursachen eher auf gesellschaftlich-institutioneller Ebene zu verorten sind. Daniel Deplazes und Patrick Bühler fragen in ihrem Beitrag *Psychoorganisches Syndrom (POS)* nach der Bedeutsamkeit des historischen Vorläufers von ADHS für die Praxis der Heimerziehung der 1970er Jahre. Gerade die Heterogenität und Uneindeutigkeit des POS verleiht diesem einerseits Überzeugungskraft für Einweisungen, Normabweichungen oder die strategische Begründung stationärer Erziehung – was wiederum die große Verbreitung dieser psychiatrischen Diagnose zu erklären vermag. Andererseits kommen konkrete pädagogische Handlungsperspektiven, wie die Autoren anhand empirischer Untersuchungen zu Falldiskussionen im Landerziehungsheim Albisbrunn nachzeichnen, weitgehend ohne inhaltliche Bezugnahmen auf die Diagnose aus. Stattdessen wird auf klassische pädagogische Handlungsmotive zurückgegriffen. An die Untersuchung des schweizerischen Landerziehungsheims Albisbrunn anschließend beschäftigt sich Jona T. Garz in *Psychologie, Prüfung, Persönlichkeit* mit dem epistemischen Wandel, im Zuge dessen der psychometrische Test zur „Kraepelin'schen Arbeitskurve" innerhalb von vier Jahrzehnten von einem Messinstrument der individuellen ‚Ermüdung' schließlich zu einem objektivierenden Instrument der Charakterfeststellung wird. Das von ihm untersuchte Beobachtungszentrum des genannten Landerziehungsheims wird dabei als ein Ort sichtbar, an dem sich spezifische Praktiken des Testens mit pädagogischen Deutungs- und Handlungsperspektiven verknüpfen. Garz' Ansatz bildet damit sowohl einen Beitrag zu einer kritischen Psychologiegeschichte als auch eine historische Rekonstruktion der institutionellen und diskursiven Interferenzen von Psychologie und Pädagogik auf dem Feld der Persönlichkeitstests. Daniel Töpper und Fanny Isensee diskutieren dagegen in *Zur Verwobenheit von Fachwissen und Pathologien* anhand von ‚Lehrerhandbüchern', die im preußischen Volks- bzw. Elementarschulwesen des 19. Jahrhunderts entstanden sind, wie – vor dem Hintergrund des historischen Bestrebens einer Ausdifferenzierung des Schulsystems – zugleich normative Erwartungen an die Entwicklungen von Schüler:innen sowie mit diesen korrespondierende Normvorstellungen zur Entwicklung des Kindes artikuliert wurden. Die lehrplanbezogene Ausdifferenzierung, so der Punkt von Töpper und Isensee, produzierte in bestimmten Schulfächern Defizite bei den Schüler:innen und brachte diskursiv Pathologien hervor, die sich auf partikulare Unterrichtsfächer bezogen und weiterhin beziehen. Till Neuhaus und Michaela Vogt beginnen ihren Beitrag *Pathologisierung in Sonderschulüberprüfungsverfahren* mit einer nuancierten Betrachtung des Begriffs der Pathologisierung und situieren diesen im Spannungsfeld zwischen einem Modus der Differenzierung zwischen Normalität und Anormalität, einer Identifizierung als unterstützungsbedürftig und einer Hervorbringung als Prozess der Erzeugung von Wissen. Von dieser anfänglichen Unterscheidung ausgehend, leisten Neuhaus und Vogt eine kritische Analyse derartiger Pathologisierungsmodi. Sie untersuchen in einem ersten Schritt gegenwärtige (wie vergangene) Überprüfungsverfahren in ihrer Prozessualität vor dem Hintergrund der Annahme eines ‚making up people'. Hiernach wird die theoretische Analyse durch die Untersuchung einer historischen Einzelfallstudie vertieft. Florian Heßdörfer schließt die historischen Perspektivierungen ab und beginnt sein systematisches Nachdenken über das Phänomen der Pathologisierung in *Die Selbstbestimmung und ihre Feinde* anhand einer Beobachtung. Die bundesdeutsche Nachkriegspädagogik sah den pädagogischen Raum durch drei mögliche Vereinnahmungen bedroht: die Okkupation des Lebens durch Technik, die Hegemonialisierung einer Marktlogik und das Einführen neuer Staatlichkeitsformen. Heßdörfer fasst diese Formen der Aneignung als ‚Pathologien der Moderne'. In drei Schritten untersucht er diese diskursiven Auseinandersetzungen aus unterschiedlichen Perspektiven. Zunächst unterscheidet er ‚vier Motive der Bedrohung': Technik, Ökonomie, Staat und Masse. In einem zweiten Schritt werden Strategien der Abwehr analysiert, die Herangehensweisen bilden, um diese artikulierten Bedrohungen zurückzudrängen und zu begrenzen. Hierdurch artikulieren sie auf spezifische Weise das, was das Pädagogische genannt werden kann. Drittens wird das Konzept des ‚Ressentiments' auf die zuvor erarbeitete Analyse bezogen.

An die historische Perspektivierung des Spannungsfeldes von Schule und Pathologisierung schließen im *zweiten* Teil Fokussierungen an, die aus der Optik der *Prävention* vorgenommen werden. Sabrina Schröder und Patrick Bettinger eröffnen mit ihrer Analyse mit dem Titel *Problem Digitalisierung?* diesen zweiten Blickwinkel. Sie untersuchen in ihrer explorativ angelegten Studie öffentliche Diskurse zur Digitalisierungskritik im Kontext von Kindheit, Jugend und Schule. Im Ergebnis seien diese durch pathologisierende Erzählstrategien gekennzeichnet, mittels derer Denormalisierungsängste geschürt und ‚Sorgeberechtigte' für Prävention sensibilisiert und responsibilisiert werden. Nicht nur die darin aufscheinenden populistischen Rhetoriken oder ein Hang zur Mythenbildung lassen jene Diskurse der Digitalisierungskritik zuweilen in die Nähe neurechter Einsätze rücken. Letztere instrumentalisierten diese, um so Pädagogik einer ignoranten oder falschen Praxis überführen, ihr Unvermögen skandalisieren und damit alternative Erziehungsprogramme in Anschlag bringen zu können. Aus diesem Umstand leiten Schröder und Bettinger die Notwendigkeit einer ‚Diskursintervention' ab, die derartige digitalisierungskritische Polemiken künftig nicht ignoriert oder ausgrenzt, sondern sie analytisch enttarnt oder persiflierend vorführt. Imke Kollmer rückt Prävention in *Vorkehrungen und Verkehrungen* auf eine andere Weise in den Fokus ihrer Betrachtungen. Sie erkennt – so die leitende These – in achtsamkeitsbasierten Programmen in der Schule präventiv wirksame, sich selbst camouflierende, pädagogische Normalisierungsstrategien, die letztlich darauf abzielen, im Sinne der, mit Bourdieu gesprochen, ‚sanften Tour', Schüler:innen den Anpassungsanforderungen der Schule zu unterwerfen. Deutungsmuster der Implementierung achtsamkeitsbasierter Angebote in der Schule legen – so ein Ergebnis der Analyse von Ratgebern und Praxisbüchern – als Bezugsproblem eine elterliche Erziehungsunfähigkeit nahe, aus welcher abweichendes Verhalten der Kinder resultiere, dem es mit Achtsamkeitsübungen in der Schule zu prävenieren gelte. Den Beitrag beschließt die von der Lektüre Adornos genährte Befürchtung, dass das Positivitätsdiktum der Achtsamkeit, das auf die Auflösung von Ambiguität und Ambivalenzen drängt, womöglich eine neue Stufe regressiver Ideologie darstellen könnte. Ralf Parade und Marian Stuchell wenden in *Die Behandlung des ‚Normalen'* den Blick dagegen zunächst – ausgehend von der Feststellung eines expandierenden und um Professionalisierung bemühten Coachingsektors für den Lehrberuf – auf einen Wandel der Therapeutik, in dessen Zuge sich die scheinbaren Grenzen von Pathologischem und Normalem allmählich auflösen und jedwedes Selbst-Welt-Verhältnis ‚behandelbar' wird. Nun geht es Parade und Stuchell nicht nur darum, Coaching aus gouvernementalitätstheoretischer Warte als Dispositiv und Element neuer Menschenführungskünste zu dekuvrieren sowie aufzuzeigen, dass einhergehend mit der Verbetrieblichung der Schule und der Implementierung von Managementstrukturen Coaching auch hier an Attraktivität gewinnt. Vielmehr heben die Autoren – der Frage nach der spezifischen Anziehungskraft des Coachings auf den Lehrberuf nachspürend – auf Strukturmomente und Risikodiskurse des Lehrberufs als zentrale Anknüpfungspunkte des Coachings ab. Beschlossen wird der Beitrag mit einem Ausblick auf künftige Forschungsarbeiten, die Einsichten der Gouvernementalitätsstudien an empirische Forschungen auf der Mikroebene rückbinden.

Drittens lassen sich weitere sozial- und kulturwissenschaftlichen Zugriffe bündeln, die auf heterogene Weise die (Re-)Produktion benachteiligender bis pathologisierender Differenzen oder Bewertungen und damit die Legitimation pädagogischer Interventionen, von Ungleichheit sowie von Ein- und Ausschlüssen in den Fokus rücken. In *Irritation oder Reproduktion*, so der Titel des Beitrags von Julian Sehmer und Werner Thole, wird dabei die Frage aufgenommen, inwiefern Soziale Arbeit zur Reproduktion sozialer Ungleichheiten, Pathologisierungen und Stigmatisierungen von Schüler:innen beiträgt oder ob und unter welchen Bedingungen es ihr gelingt, diese Zuschreibungen zu irritieren. Empirische Befunde zu Deutungen von Armut und prekären Lebensbedingungen sowie im Feld des Kinderschutzes verweisen laut den Autoren auf eine Übernahme gesellschaftlicher Abwertungs- und Responsibilisierungsdiskurse von Seiten sozialpädagogischer Fachkräfte. Dennoch betont der Beitrag das Potenzial schulischer Sozialarbeit nicht zuletzt auch für demokratische Bildungsprozesse. Als zentrale Herausforderungen markieren Sehmer und Thole hierbei das Ringen der Sozialen Arbeit um eigenständige und institutionell unabhängige Positionierungen und Handlungsspielräume gegenüber schulischen Arrangements. Ralf Mayer, Julia Sperschneider und Steffen Wittig verdeutlichen in *Schule und Diagnostik*, dass historische wie aktuelle Entwicklungen der modernen Institution Schule mit der zunehmenden Relevanz von Diagnosevorstellungen verknüpft sind. Denn der Diagnosebegriff ermöglicht eine Ausdifferenzierung der Schüler:innen in Referenz auf Normalitätsauffassungen, die zum einen an (kognitive, motorische usw.) Entwicklungskriterien sowie Vorstellungen zum Lernen oder zur Leistung ansetzen. Zum anderen dokumentiert sich hier der wachsende Einfluss medizinischer Deutungen zu erwartbarem oder abweichendem Verhalten. Im Kontext der allgemeinen Relevanz von Differenzierungs- und Bewertungsverfahren für die schulische Praxis zeigen die Autor:innen, dass sich der Streit um die Vermessung, Beurteilung und Förderung individuellen Verhaltens in unterschiedliche Ausrichtungen des Diagnosebegriffs einschreibt. Diesen Streit um die Auszeichnung, die Hervorhebung und die Problematisierung spezifischer Diagnoseaspekte zeichnen Mayer, Sperschneider und Wittig im Rahmen einer explorativen empirischen Untersuchung nach. Jonas Becker, Julia Gasterstädt, Jana Helbig und Michael Urban setzen in *Diskursive und organisationale Konstruktionen von Verhaltensstörungen* mit dem irritierenden Kontrast zwischen einer im letzten Jahrzehnt zu beobachtenden Zunahme sonderpädagogischen Förderbedarfs bei Schüler:innen und dem inklusionspädagogischen Anliegen der Reduktion pathologisierender Ordnungsmotive ein. Dieser Kontrast motiviert die Autor:innen, die Funktion von Pathologisierungsprozessen in der Schule diskursanalytisch genauer in Augenschein zu nehmen. Dabei beschreiben sie eine auch institutionell relevante Entwicklung, in der medizinische und andere pathologisierende Wissensordnungen Problembeschreibungen bieten, die zur Aufrechterhaltung schulischer Funktionsprinzipien genutzt werden. In diesem Kontext thematisieren die Autor:innen zum einen die Stabilität und Ausdifferenzierung pathologisierender Deutungen im sonderpädagogischen Diskurs über Verhaltensstörungen. Zum anderen untersuchen sie den konkreten Umgang mit störendem Verhalten in der inklusiven schulischen Praxis. Das Fazit akzentuiert, dass die Zuschreibung einer Störung eher der Aufrechterhaltung schulischer Normalität gilt als einer sensiblen Reaktion auf individuelle Vulnerabilität. Benjamin Haas' Einsatz in *Die sonderpädagogische Konstruktion von ADHS als institutionalisiertes diskursives ‚making of impairment'* setzt ebenfalls am Zusammenhang zwischen der normativen Struktur aktueller schulischer Ordnungen und Pathologisierungsprozesse an und fragt, wie Phänomene der ‚Behinderung' diskursiv über pädagogisches Wissen produziert werden. Haas verdeutlicht, in welcher Form institutionalisierte Weisen der Beeinträchtigung im Kontext sonderpädagogischer Diskurse um ein *making impairment* herum hervorgebracht werden. Dies untersucht er am Beispiel von ADHS zunächst im Hinblick darauf, inwieweit ADHS im Sinne der Disability Studies als kulturelle Konstruktion zu verstehen ist. Hieran anknüpfend wird die sonderpädagogische Artikulation des Phänomens als eine rhetorische Konstruktion kenntlich gemacht und zuletzt vor dem Hintergrund der gewonnenen Perspektiven die aktuelle Schulstruktur kritisch diskutiert. Den Band beschließt der Beitrag *Zur Autorisierung unterrichtlicher Differenzierungen mittels Pathologisierung* von Thorsten Merl. Dieser nimmt die Funktionen von Pathologisierungsprozessen im institutionellen Raum der Schule systematisch in den Blick. Dabei wird deutlich, dass die Rede von einer Störung oder Behinderung keine einfache medizinische Diagnose widerspiegelt, sondern als Konsequenz machtvoller Zuschreibungen selbst von Spannungen durchzogen ist: Während in sonder- oder inklusionspädagogischen Diskursen Bemühungen greifen, auf pathologisierende Kategorien zur Kennzeichnung von Abweichungen zu verzichten, erscheinen diese aus unterschiedlichen Gründen in der pädagogischen Praxis weiterhin als Deutungsmuster relevant. So lassen sich damit ebenso ein besonderer Bedarf artikulieren wie reguläre schulische Leistungserwartungen legitimieren. Merl rekonstruiert entsprechend die pathologisierende Markierung von Differenz in konkreten Unterrichtssituationen. Dabei untersucht er insbesondere die Autorisierung einer dauerhaften Abweichung und diskutiert diese abschließend im Kontext der schulischen Norm der Gleichbehandlung.

Literaturverzeichnis

Angerer, Marie-Luise (2021): Theoretische und politische Elemente eines affektiven Gefüges. In: Witzgall, Susanne/Kesting, Marietta (Hrsg.) (2021): Politik der Emotionen/Macht der Affekte. Zürich: Diaphanes, S. 99–109.

Anhorn, Roland/Balzereit, Marcus (2016): Die „Arbeit am Sozialen" als „Arbeit am Selbst" – Herrschaft, Soziale Arbeit und die therapeutische Regierungsweise im Neo-Liberalismus: Einführende Skizzierung eines Theorie- und Forschungsprogramms. In: Anhorn, Roland/Balzereit, Marcus (Hrsg.): Handbuch Therapeutisierung und Soziale Arbeit. Wiesbaden: Springer VS, S. 3–203.

Asmus, Hans-Joachim/Peuckert, Rüdiger (1979): Abweichendes Schülerverhalten. Zur Devianzetikettierung in der Schule. Heidelberg: Quelle und Meyer.

Barmer (Hrsg.) (2018): Arztreport 2018. Schriftenreihe zur Gesundheitsanalyse. Band 7, https://www.barmer.de/presse/infothek/studien-und-reporte/arztreporte/arztreport2018-1056488 (03.05.2023)

Barmer (Hrsg.) (2021): Arztreport 2021. Psychotherapie bei Kindern und Jugendlichen. Schriftenreihe zur Gesundheitsanalyse – Band 27, https://www.barmer.de/presse/infothek/studien-und-reporte/arztreporte/arztreport2021-1059374 (03.05.2023)

Beyer, Christof (2022): Radikale Psychiatriekritik und die Transformation des Anstaltswesens in der Bundesrepublik. In: Rudloff, Wilfried / Kersting, Franz-Werner / Miquel, Marc von / Thießen, Malte (Hrsg.): Ende der Anstalten? Großeinrichtungen, Debatten und Deinstitutionalisierung seit den 1970er Jahren. Paderborn: Brill / Schöningh, S. 155–173.

Boger, Mai-Anh (2018): Depathologisierung – Diagnostik der emotionalen und sozialen Entwicklung im inklusiven Kontext. In: Zeitschrift für Inklusion online 3/2018, https://www.inklusion-online.net/index.php/inklusion-online/article/view/462 (03.05.2023)

Bollmer, Grant David (2013): Pathologies of Affect. The ‚new wounded' and the politics of ontology. In: Cultural Studies 28, 2, S. 298–326.

Bröckling, Ulrich (2007): Das unternehmerische Selbst. Soziologie einer Subjektivierungsform. Frankfurt a. M.: Suhrkamp.

Brusten, Manfred / Hurrelmann, Klaus (1973): Abweichendes Verhalten in der Schule. Eine Untersuchung zu Prozessen der Stigmatisierung. München: Juventa.

Buchner, Tobias (2022): Ableism Verlernen? Reflexionen zu Bildung und Fähigkeit als Professionalisierungsangebot für Lehrer*innen im Kontext inklusiver Bildung. In: Akbaba, Yaliz / Buchner, Tobias / Heinemann, Alisha / Pokitsch, Doris / Thoma, Nadja (Hrsg.): Lehren und Lernen in Differenzverhältnissen. Interdisziplinäre und Intersektionale Betrachtungen. Wiesbaden: Springer VS, S. 203–227.

Buchner, Tobias / Pfahl, Lisa / Traue, Boris (2015): Zur Kritik der Fähigkeiten: Ableism als neue Forschungsperspektive der Disability Studies und ihrer Partner_innen. In: Zeitschrift für Inklusion online 2/2015, https://www.inklusion-online.net/index.php/inklusion-online/article/view/273/256, (03.05.2023)

Bühler, Patrick (2017): „Diagnostik" und „praktische Behandlung". Die Entstehung der therapeutischen Funktion der Schule. In: Reichenbach, Roland / Bühler, Patrick (Hrsg.): Fragmente zu einer pädagogischen Theorie der Schule. Weinheim / Basel: Beltz Juventa, S. 176–195.

Bühler, Patrick (2018): Heil und Heilung. Zur Psychopathologie des Schullebens am Anfang des 20. Jahrhunderts. In: Bühler, Patrick / Bühler, Thomas (Hrsg.): Sakralität und Pädagogik. Bern: Haupt, S. 173–193.

Castel, Françoise / Castel, Robert / Lovell, Anne (1982): Psychiatrisierung des Alltags. Produktion und Vermarktung der Psychowaren in den USA. Frankfurt a. M.: Suhrkamp.

Charim, Isolde (2020): Unerschrocken mit Vorsicht – ein aktuelles Paradoxon. In: taz, 27.10.2020, S. 17.

Cooper, David (1967): Psychiatry and Anti-Psychiatry. London: Tavistock.

Dörpinghaus, Andreas (2009): Pathologisierung schulischen Verhaltens. Über die biopolitische Umschrift pädagogischer Deutungsmuster. Ein Essay. In: Nießeler, Andreas / Uphoff, Ina Katharina (Hrsg.): Pädagogische Auffälligkeiten. Deutungsmuster von Verhaltensstörungen und Verhaltensauffälligkeiten – kritisch betrachtet. Würzburg: Königshausen und Neumann, S. 15–30.

Drerup, Johannes / Schweiger, Gottfried (Hrsg.) (2020): Bildung und Erziehung im Ausnahmezustand. Philosophische Reflexionsangebote zur COVID-19-Pandemie. Darmstadt: WBG.

Ehrenberg, Alain (2011): Das Unbehagen in der Gesellschaft. Berlin: Suhrkamp.

Ehrenberg, Alain (2019): Die Mechanik der Leidenschaften. Gehirn, Verhalten, Gesellschaft. Berlin: Suhrkamp.

Fickermann, Detlef / Edelstein, Benjamin (Hrsg.) (2021): Schule während der Corona-Pandemie. Neue Ergebnisse und Überblick über ein dynamisches Forschungsfeld. Münster: Waxmann.

Foucault, Michel (2004): Sicherheit, Territorium, Bevölkerung. Geschichte der Gouvernementalität I. Vorlesung am Collège de France 1977–1978. Frankfurt a. M.: Suhrkamp.

Friedel, Anne-Sophie / Günther, Julia / Kneip, Sascha / Piepenbrink, Johannes / Schetter, Frederik / Seibring, Anne (Red.) (2021): Corona. Pandemie und Krise. Bonn: bpb.

Graefe, Stefanie (2019): Resilienz im Krisenkapitalismus. Wider das Lob der Anpassungsfähigkeit. Bielefeld: Transcript.

Heinzel, Friederike (2004): Traktat vom „schwierigen Kind“ oder pädagogischer Optimismus? In: Heinzel, Friederike/Geiling, Ute (Hrsg.): Demokratische Perspektiven in der Pädagogik. Wiesbaden: VS, S. 114–125.

Heßdörfer, Florian (2019): Die Gleichheit des Vergleichs. Pädagogische Gleichheitsfiguren zwischen Ökonomie und Politik. In: Mayer, Ralf/Schäfer, Alfred/Wittig, Steffen (Hrsg.): Jacques Rancière: Pädagogische Lektüren. Wiesbaden: Springer VS, S. 113–133.

Idel, Till-Sebastian/Rabenstein, Kerstin/Ricken, Norbert (2015): Zur Verschiebung von Leistung im individualisierten Unterricht. Empirische und theoretische Befunde ethnografischer Beobachtungen. In: Budde, Jürgen/Blasse, Nina/Bossen, Andrea/Rißler, Georg (Hrsg.): Heterogenitätsforschung. Empirische und theoretische Perspektiven. Weinheim/Basel: Beltz Juventa, S. 230–247.

Illouz, Eva (2018): Die Errettung der modernen Seele. Therapien, Gefühle und die Kultur der Selbsthilfe. 5. Aufl. Frankfurt a. M.: Suhrkamp.

Ingenkamp, Konstantin (2012): Depression und Gesellschaft. Zur Erfindung einer Volkskrankheit. Bielefeld: Transcript.

Kaiser, Mareice/Pfahl, Lisa (2021): Ableism und Verletzlichkeit. Überlegungen zur ‚Erfindung neuer Formen von Subjektivität‘. In: Brehme, David/Fuchs, Petra/Köbsell, Swantje/Wesselmann, Carla (Hrsg.): Disability Studies im deutschsprachigen Raum. Weinheim/Basel: Beltz Juventa, S. 96–102.

Karakasoglu, Yasemin/Mecheril, Paul (2020): Stellungnahme: Sars-CoV-2 und die (un)gleiche Vulnerabilität von Menschen, https://rat-fuer-migration.de/2020/04/14/sars-cov-2-und-dieungleiche-vulnerabilitaet-von-menschen/ (Abfrage: 12.04.2021).

King, Vera/Gerisch, Benigna/Rosa, Hartmut (2021a): Einleitung: Lost in Perfection – Optimierung zwischen Anspruch und Wirklichkeit. In: King, Vera/Gerisch, Benigna/Rosa, Hartmut (Hrsg.): Lost in Perfection. Zur Optimierung von Gesellschaft und Psyche. Berlin: Suhrkamp, S. 7–21.

King, Vera/Gerisch, Benigna/Rosa, Hartmut (Hrsg.) (2021b): Lost in Perfection. Zur Optimierung von Gesellschaft und Psyche. Berlin: Suhrkamp.

Küchenhoff, Christine (2020): „Man erkennt Krisen daran, dass das Schwarz-Weiß-Denken zunimmt“ (Interview Volkan Ağar). In: taz 31.03.2020, S. 13.

Küchenhoff, Joachim (2022): Vom Dringlichen und vom Grundsätzlichen. Psychoanalytische Gedanken zu existenziellen, gesellschaftspolitischen und erkenntnistheoretischen Fragen. Gießen: Psychosozial-Verlag.

Liebsch, Katharina (2009): Zwischen Enhancement und Stigmatisierung. Medikalisierung kindlichen Verhaltens als (neue) Umgangsform mit sozialer Selektion und Exklusion. In: Diskurs Kindheits- und Jugendforschung Heft 4/2009, S. 499–511.

Malabou, Catherine (2006): Was tun mit unserem Gehirn? Zürich/Berlin: Diaphanes.

Malabou, Catherine (2011): Ontologie des Akzidentiellen. Über die zerstörerische Plastizität des Gehirns. Berlin: Merve.

Merl, Thorsten (2019): un/genügend fähig. Zur Herstellung von Differenz im Unterricht inklusiver Schulklassen. Bad Heilbrunn: Klinkhardt.

Parade, Ralf (2021): Von Nervenschwachen und Ausgebrannten – „Lehrerkrankheiten“ damals und heute. In: Böhme, Nadine/Dreer, Benjamin/Hahn, Heike/Heinecke, Sigrid/Mannhaupt, Gerd/Tänzer, Sandra (Hrsg.): Mythen, Widersprüche und Gewissheiten der Grundschulforschung. Eine wissenschaftliche Bestandsaufnahme nach 100 Jahren Grundschule. Wiesbaden: Springer VS, S. 339–345.

Rabenstein, Kerstin/Reh, Sabine (2009): Die pädagogische Normalisierung der ‚selbstständigen Schülerin‘ und die Pathologisierung des ‚Unaufmerksamen‘. Eine diskursanalytische Skizze. In: Bilstein, Johannes/Ecarius, Jutta (Hrsg.): Standardisierung – Kanonisierung. Erziehungswissenschaftliche Reflexionen. Wiesbaden: VS, S. 159–180.

Reckwitz, Andreas (2006): Das hybride Subjekt. Eine Theorie der Subjektkulturen von der bürgerlichen Moderne bis zur Postmoderne. Weilerswist: Velbrück.

Reh, Sabine (2015): Der „Kinderfehler“ Unaufmerksamkeit. Deutungsmuster zwischen Kulturkritik und professionellen Handlungsproblemen im Schulsystem in Deutschland um 1900. In: Reh, Sabine / Berdelmann, Kathrin / Dinkelaker, Jörg (Hrsg.): Aufmerksamkeit: Geschichte – Theorie – Empirie. Wiesbaden: Springer VS, S. 71–93.
Reh, Sabine / Ricken, Norbert (Hrsg.) (2018): Leistung als Paradigma. Zur Entstehung und Transformation eines pädagogischen Konzepts. Wiesbaden: Springer VS.
Reichenbach, Roland (2011): Pädagogische Autorität. Macht und Vertrauen in der Erziehung. Stuttgart: Kohlhammer.
Ricken, Norbert (2015): Was heißt „jemandem gerecht werden“? Zum Problem der Anerkennungsgerechtigkeit im Kontext von Bildungsgerechtigkeit. In: Manitius, Veronika / Hermstein, Björn / Berkemeyer, Nils / Bos, Wilfried (Hrsg.): Zur Gerechtigkeit von Schule. Theorien, Konzepte, Analysen. Münster: Waxmann, S. 131–149.
Rose, Wolfgang / Fuchs, Petra / Beddies, Thomas (2016): Diagnose „Psychopathie“. Die urbane Moderne und das schwierige Kind. Berlin 1918–1933. Wien u. a.: Böhlau.
Stoppe, Gabriela / Bramesfeld, Anke / Schwartz, Friedrich-Wilhelm (Hrsg.) (2006): Volkskrankheit Depression? Bestandsaufnahme und Perspektiven. Heidelberg: Springer.
Waldschmidt, Anne (2020): Disability Studies zur Einführung. Hamburg: Junius.

Pathologien und Pathologisierung

Bemerkungen zur Geschichte eines Konzeptes im Diskurs über Schulen

Sabine Reh

Die Schule hat um die vorletzte Jahrhundertwende herum eine neue Funktion erhalten, eine „diagnostisch-therapeutische Funktion", wie Patrick Bühler (2017, S. 189) sie, in Interpretation unterschiedlicher Quellen, nennt. In der Schule würden, so beschreibt Bühler die Wirkungen der Psychiatrie und der neu entstehenden Psychopathologie so gut wie die der sich herausbildenden Intelligenzdiagnostik, in der Folge Kinder beobachtet, diagnostiziert, unnormale von normalen Kindern unterschieden, um jene dann vielleicht ‚heilen', auf jeden Fall in besonderer Weise behandeln, eben therapeutisieren, zu können. Diese Entwicklung habe zugleich die Gefahr einer „Pathologisierung" durch die Schule und in der Schule mit sich gebracht, so beschreibt Bühler die Lage um die vergangene Jahrhundertwende (vgl. ebd., S. 90). Charakterisierungen der Schule in der modernen Gesellschaft als pathologisch, die Rede von Pathologien der Schule und einer Pathologisierung durch die Schule, denen bestimmte Vorstellungen über Krankheit und Normalität zugrunde liegen, greifen damit auf Selbstbeschreibungen aus dem pädagogischen Feld in jener Epoche um 1900 zurück, in der zur Referenz der Pädagogik, wie der von Bühler zitierte Tenorth (2006) betont (vgl. Bühler 2017, S. 184), die Medizin wurde. Vor diesem Hintergrund stellt sich die Frage, ob und in welcher Weise Konzepte wie das der ‚Pathologie', inwieweit ein Adjektiv wie ‚pathologisch' und schließlich, davon durchaus zu unterscheiden, das Konzept der ‚Pathologisierung' dazu geeignet erscheinen, mit ihrer Hilfe Erziehungsverhältnisse, Phänomene in der Schule und in anderen gesellschaftlichen Institutionen der Gegenwart zu analysieren – oder anders gefragt: Was macht diese aus einem bestimmten Umkreis stammenden und historisch datierbaren Konzepte attraktiv für eine Reflexion der Schule und schulischer Verhältnisse und was ist ihr Potenzial?

Zur Beantwortung dieser Fragen und um das Funktionieren jener Konzepte im pädagogischen Diskurs bzw. im Feld des pädagogischen Wissens zu analysieren, werde ich versuchen, sie ihrer Selbstverständlichkeit zu entkleiden, sie überhaupt als vielfältige Bedeutungen transportierendes Konzept erkennbar zu machen. Ihre Nutzung hat bestimmte Voraussetzungen, die es – distanzierend, indem historisiert wird – zu erkunden gilt. Hinweisen aus den 1970er Jahren ist zu entnehmen, dass der Rückgriff auf das „medizinische Modell", wie es heißt, in der Auseinandersetzung mit „Verwahrlosung“, mit abweichendem Verhalten, mit „Problemkindern und sozial auffälligen Jugendlichen“, d. h. in der Sozialpädagogik, in der „Behindertenarbeit“ in diesen Jahren einerseits zunahm und andererseits auch der Kritik ausgesetzt war (Herriger 1978, S. 214): „Es setzte eine intensiv geführte Grundsatzdiskussion ein, in der sich ein zunehmend distanziertes Verhältnis zum medizinischen Denkmodell artikulierte und sich tiefgreifende Umstrukturierungen im fachlichen Selbstverständnis der ihm verpflichteten Disziplinen anzeigten“ (ebd., S. 213). Vor diesem Hintergrund scheint es vielversprechend, zunächst einen Blick zu werfen auf Veröffentlichungen aus den 1970er Jahren, anhand derer die Breite der Nutzungsmöglichkeiten eines ‚medizinischen Modells‘ und von Konzepten aus dem Umfeld von Krankheit, Pathologien, und für pathologisch oder pathogen erklärten Phänomenen deutlich wird (1) und anschließend Implikationen der Rede über Schule als kranker und krankmachender Institution am Beispiel zweier Bücher zu illustrieren (2). Im Anschluss daran werde ich mithilfe einiger früher Texte Foucaults den Blick auf das historische Umfeld dieser Referenzen auf den medizinischen Wissensbereich lenken und rekonstruieren, welchen wissensgeschichtlichen Kontext sie transportierten und welche Bedeutungsaspekte ihre Übertragung in andere Bereiche erleichterte (3). Vor dem Hintergrund dieser Historisierung werde ich in einer abschließenden Bewertung Gewinne und Probleme der Nutzung des Konzeptes der Pathologisierung für eine Analyse der gesellschaftlichen Institution Schule sichtbar machen.

1. Seit den 1970er Jahren: Institutionelle Pathologien und Therapeutisierung durch die Pädagogik

Ein Blick auf unterschiedliche pädagogische Subdisziplinen wie die Schulpädagogik, die Sozialpädagogik und ein Reflexionswissen, am ehesten eine allgemeine Pädagogik präsentierende Zeitschriften aus den 1970er und der ersten Hälfte der 1980er Jahren führt vor Augen, in welchen semantischen Kontexten und mit welchen Wertungen die Rede von Krankheit und von Pathologien oder pathogenen Zuständen auftaucht. In den zwischen 1970/71 und 1985 erschienenen Bänden der seit 1961 zunächst von Elisabeth Blochmann, Hellmut Becker, Otto Friedrich Bollnow und Martin Wagenschein, später u. a. auch von Hartmut von Hentig herausgegebenen Zeitschrift *Neue Sammlung. Göttinger Zeitschrift für Erziehung und Gesellschaft*, dem schon seit 1897 existierenden, inzwischen von der Gewerkschaft Erziehung und Wissenschaft herausgegebenen Periodikum *Die Deutsche Schule* (DDS) und der seit 1971 erschienenen Zeitschrift *neue praxis. Kritische Zeitschrift für Sozialarbeit und Sozialpädagogik* sind keine Aufsätze zu finden, in deren Titeln der Begriff ‚Pathologisierung‘ auftaucht. Allerdings offenbart vor allem die DDS, wie stark und häufig auf die Schule als eine krankmachende oder kranke Institution eingegangen wird. Auch wenn auf dieser Grundlage keine verallgemeinernden Aussagen über ‚den' Diskurs in ‚der' Pädagogik festzumachen sind – zumal die Zeitschriften eher Positionen eines protestantisch-liberalen Reform-Milieus bzw. eines sozialdemokratisch-pädagogischen Milieus der 1960er und 1970er Jahre bedienen –, kann dieser Blick dazu dienen, ein Spektrum von Thematisierungen zu explorieren und aufzufächern.

In der DDS beginnt mit einem im Jahr 1974 publizierten Essay von Heinrich Kupffer der kritische Bezug auf medizinische Konzepte in der Pädagogik mit der Diskussion über Vergleichbarkeiten zwischen der Psychiatrie und der Pädagogik sowie den Möglichkeiten, der Antipsychiatrie, wie sie Italien kenne, eine ‚Antipädagogik' zur Seite zu stellen. Psychiatrie und Pädagogik wiesen Analogien auf, nicht indem oder weil sie es mit kranken Schüler:innen zu tun hätten, sondern insofern sie totale Institutionen seien – Kupffer greift auf Goffman zurück, bezieht sich aber in einer Bemerkung sowohl auf die Kritische Theorie als auch auf Foucault – und ihre Funktionsweisen bzw. deren Effekte sich als Verdinglichung und Entfremdung beschreiben ließen; zu deren Gegenstück gerinnt die ‚humane Existenzform' (vgl. Kupffer 1974). Letztendlich bleibt der Text zurückhaltend kritisch; es gehe in der Pädagogik nicht um die Befreiung der ‚Insassen' aus der Anstalt, sondern um die Veränderung von Hierarchien in einem nicht infrage zu stellenden Rahmen. In einigen Artikeln wird in den folgenden Jahren dieser Gedanke der ‚Entfremdung' aufgenommen und es wird versucht zu präzisieren, welche institutionellen Strukturen in dieser Weise identifiziert werden können. So stabilisierten ‚pathogene Interaktionsstrukturen' autoritäre Verkehrsformen, Minderwertigkeitsgefühle, Interesselosigkeit und Schulentfremdung (vgl. Metz-Göckel 1978; Redlich / Ott 1980). Schüler:innen würden systematisch – durch institutionelle Strukturen – ihrer Aktivitätsräume beraubt – und auf diese Art wirkten sie pathogen: „Nimmt man ihm [dem Schüler, so hier in der männlichen Form; d. A.] die Möglichkeit konkreter Umweltgestaltung und nimmt man ihm die Sozialität, so verbleibt nur noch die Veränderung jenseits jeder Rationalität, d. h. letztlich die Zerstörung gegen sich selbst." (Hermann 1980, S. 603)

In anderer Weise, in vorsichtigen Tönen, wird in der DDS über „Verhaltenstherapie" (Künzel 1976) oder „Verhaltensmodifikation" (Doerks-Kubenec 1978) berichtet und gefragt, ob diese ‚Hilfe' oder ‚Manipulation' seien (vgl. Künzel 1976). Kritisiert wird, dass sich interventionistische Maßnahmen auf einen ‚kranken Schüler' richteten, am Einzelfall orientiert seien und nicht institutionelle Änderungen anstrebten. Ausgesprochen präsent ist in der zweiten Hälfte der 1970er Jahre ein weiteres Thema, das mit Krankheit in Verbindung gebracht und empirisch bearbeitet wird, nämlich das Thema Angst in der Leistungsschule, Prüfungsangst, aber auch Angst generell auf Seiten der Schüler:innen und schließlich auch der Lehrkräfte (vgl. Hermann 1978; Lähnemann 1979; Haferkamp / Rost 1980; Krüger 2018). Angst habe verschiedene Ausprägungen, es gebe ‚überängstliche' Kinder (vgl. Hermann 1978); insgesamt wird Angst im Zusammenhang mit Neurosen und psychischen

Belastungen genannt. Sie sei eine ‚echte Krankheit'; eine Grundform psychosozialer Störung (vgl. Wöller 1981). Aus der Vielzahl der Schulangst zum Gegenstand von Beschreibungen, Analysen und Ratschlägen machenden Bücher werden einige rezensiert (vgl. Ulich 1979; Wöller 1981) und es wird über Tagungen zur Gesundheitserziehung, zur Psychohygiene und über die seelische Not von Kindern berichtet (Redaktion DDS 1979, S. 595–597; 1981, S. 699–702).

Die Vielzahl dieser Texte vor allem in der zweiten Hälfte der 1970er Jahre erzeugt das allgemeine Bild einer krankmachenden Institution, eines psychischen Elends (vgl. Hermann 1980) in der Schule, das auch immer wieder ausdrücklich – aber ohne genaue Angaben, die scheinen sich in dieser Zeit zu erübrigen – als öffentliche Rede referenziert wird. Ein deutlich anderes Bild zeigt sich in den Jahrgängen der Zeitschrift *Neue Sammlung*. Eine grundlegende, ‚systemkritische' Sicht auf pathogene Strukturen bzw. Pathologien der Institution fehlt in dieser Reformen des Bildungswesens und den Zusammenhang von Bildungspolitik und Schulreform diskutierenden Zeitschrift. Das Thema der Schulangst ist in diesen Jahren nur einmal ausdrücklich Gegenstand eines Textes (vgl. Steinthal 1977), der eine Art Stellungnahme zu einem *Salzburger Manifest für eine angstfreie Schule*[1] darstellt. Auch wenn zugestanden wird, dass schließlich niemand für eine angsterzeugende Schule sein könne, wird vor dem Hintergrund einer christlich geprägten Anthropologie und eines entsprechenden Erziehungsverständnisses von der Unvermeidbarkeit von Leid und einer existenziellen Angst ausgegangen – es sei demnach verfehlt, diesen Ansprüche auf ein andauerndes Glück entgegenzustellen.

Die Rede von einer Pathologisierung nimmt – ausdrücklich und sehr präzise auf eine medizinische Diagnostik bezogen – erst prominent Doris Bühler-Niederberger (1991) im Titel einer Buchveröffentlichung auf, die auf die 1980er Jahre zurückblickt. Darin beschreibt sie ausgehend von und am Beispiel der „Legasthenie", Tendenzen, Kinder bzw. Schüler:innen mit auffälligem Verhalten und auffälligem Leistungsbild im Rahmen diagnostischer Verfahren auch offiziell für krank zu erklären und sie zu therapeutisieren. Sie schätzt, dass es sich dabei um etwa 20–30 % der Schüler:innen handeln könnte – die Schule sei daher ein ‚Reservoir von Fällen', eine Institution der Pathologisierung: „Auf der Suche nach einem Begriff, mit dem man das ganze Geschehen belegen könnte, kann man von einer Pathologisierung respektive einer Klientifizierung im Umgang mit kindlichen Problemen sprechen, ja sogar von einer Pathologisierung der Kindheit überhaupt." (Bühler-Niederberger 1991, S. 1)

In der sozialpädagogischen Zeitschrift *neue praxis* beherrscht zunächst das Konzept der Kriminalisierung den kritischen Diskurs, während im sozialpädagogischen Kontext an anderer Stelle sehr wohl über eine pathologische Definition

---

1 Es ist in der Zeitschrift nicht abgedruckt, aber zu dieser Zeit erhältlich als Sonderdruck der *Salzburger Nachrichten* vom 14.05.1977.

der Adressaten durch die soziale Arbeit gesprochen wird (vgl. z. B. Peters 1973). Auch wenn mit der Nutzung eines medizinischen Modells in der sozialarbeiterischen Theorie und Praxis, wie Herriger (1978) in einem in der *neuen praxis* publizierten Aufsatz analysiert, Gewinne zu verzeichnen sind – mit ihm seien die zunächst vorherrschenden, moralisierenden Umgangsweisen und Konzepte wie das der Schuld verabschiedet worden –, so bleibt es, folgt man der Einschätzung Herrigers, doch auch hier bei einer individualisierenden Betrachtung der als problematisch erachteten Verhaltensweisen. Tilman Lutz wird später von ‚Pathologisierung' als einem in den 1970er Jahren langsam in die Kritik geratenden professionellen Deutungs- und Handlungsmuster der Sozialen Arbeit und der Sozialpädagogik sprechen (vgl. dazu Lutz 2016; 2018). Anhand zweier Veröffentlichungen wird im Folgenden ein kurzer Blick auf den Komplex der Angst auslösenden Schule geworfen.

2. Kranke und krankmachende Schule in den 1970er Jahren

Im Laufe der 1970er Jahre entbrannten Debatten um die Humanisierung nicht nur der Arbeitswelt, sondern auch des Schulehaltens (vgl. v. Hentig 1976; z. B. für einen ‚menschlichen' Mathematikunterricht Güting 1978); immer häufiger wurde die Frage gestellt, ob die Schule krank mache. Es tauchte zu dieser Zeit – das spiegeln nicht zuletzt empirische Studien zur Wirkung von Schule wie etwa die Projekte von Helmut Fend zur Gesamtschule aus den 1970er Jahren wider – die Idee auf, dass sich die Kinder und Jugendlichen, dass sich Schüler:innen in der Schule wohlfühlen sollten (vgl. Mattes 2017). Viele Buchveröffentlichungen machten die ‚kranke' oder krankmachende Schule zum Gegenstand von Erfahrungsberichten und Ratschlägen für Lehrkräfte und Eltern; aber auch empirische Studien wurden durchgeführt. Ich nenne beispielhaft hier eine Veröffentlichung aus dem Jahr 1974 von Almuth Link, *Die kranke Schule*, herausgegeben von Fritz Wiedemann in einem *Institut für Elementar-Psychologie und optimales Verhalten*, und ein auch in der DDS besprochenes Buch (vgl. Wöller 1981) aus dem Jahr 1979 mit dem Titel *Macht die Schule krank? Probleme einer Sozialpathologie der Schule* von Fritz Wandel. Diese beiden Publikationen repräsentieren ein weites Spektrum, in dem die Krankheits-Semantik für die Beschreibung der zeitgenössischen Schule in ambivalenter Weise eingesetzt wird – und sie machen damit zugleich klar, worauf der Erfolg dieser Semantik beruhte.

Link kritisiert die Schule, indem sie bestimmte, problematische bzw. problematisch erscheinende Phänomene mit Hilfe des Konzeptes der Krankheit zu allgemeinen, überzeitlichen Phänomen menschlicher Schwäche ‚naturalisiert', jedenfalls nicht als ‚gesellschaftliche' Probleme – etwa mit Hilfe sozialwissenschaftlicher Konzepte – entschlüsselt, wie im Vorwort ihres Buches nachgelesen werden kann. Es heißt im Vorwort:

„Die Schule ist krank; sie ist es immer gewesen. Handelte es sich um eine ansteckende Krankheit, an der sich jede Generation von neuem infiziert, so könnte die Gesellschaft mit genauer Diagnose und einer gezielten Therapie der Krankheit vielleicht einmal Herr werden. Daß sie dies trotz aller Reformfreudigkeit nicht zuwege bringt, daß in der schulischen Atmosphäre nach wie vor Feindlichkeit und Angst so laut zu Worte kommen, läßt auf eine ganz besondere Art von Krankheit schließen. Sie hat ihre Wurzel im Bereich der menschlichen Unvollkommenheiten und Schwächen." (Link 1974, S. 9)

Hier werden konservative Deutungsmuster – z. B. das der schlechter werdenden gesellschaftlichen Bedingungen, denen das andere, die Natur trotzen muss (vgl. Mannheim 1984, S. 51) – für den Bereich der Erziehung reaktiviert (vgl. Geiss / Reh 2020). Schule ist eine Einrichtung, der fähige und starke Menschen ein menschliches Antlitz zu geben hätten; tatsächlich befindet sich die Schule aber in einem Zustand bösartiger, fremder Welt, verantwortet von unvollkommenen Lehrkräften. Das, was letztlich als krank bezeichnet wird, das Fehlen von Nähe und Liebe – wie es sie etwa in der Familie oder enger Gemeinschaft gibt – sei durch (bildungs-)politische Reformen keinesfalls zu beheben. Ansatzpunkt einer Verbesserung der Situation in der Schule, der Schulen insgesamt seien die Arbeit der Lehrkräfte und deren Persönlichkeiten. Am Ende des Buches lautet die Diagnose: „So haben wir die paradoxe Situation, daß in einer Zeit, in der unsere Kinder ohnehin durch die Umweltbedingungen psychisch gefährdet sind, ausgerechnet die Menschen krank und unfähig gemacht werden, die sich ihrer annehmen wollen." (Link 1974, S. 73)

Ganz anders argumentiert Wandel in seinem Buch *Macht die Schule krank?* Wandel. Zunächst stellt er kritisch gegenüber einer sozialwissenschaftlich-empirischen Forschung fest:

„Unter Tatsachenaspekt ist soziale ‚Krankheit' nicht mehr als ein Abweichen von einem zufälligen Normverhalten. Wenn dessen Vertreter [der empirischen Wissenschaft; d. A.] den Abweichenden als ‚Kranken' *stigmatisieren*, so bringen sie mit dieser Bezeichnung nicht mehr zum Ausdruck, als daß ihnen dessen Verhalten als fremd und ‚unnatürlich' erscheint. Außerdem lassen sich mit der Kategorisierung ‚krank' soziale Sanktionen rationalisieren, die als notwendige Therapie ausgegeben werden können. Das kann so weit gehen, daß der Bewegungsdrang von Schülern als krankhafte ‚Hyperaktivität' eingeordnet und medikamentös behandelt wird, ohne einen Gedanken an naheliegende Gründe wie Langweiligkeit des Unterrichts oder unbequemes Schulmobiliar zu verschwenden." (Wandel 1979, S. 11)

Diesem Verständnis von sozialen Krankheiten stellt Wandel nun das „Leiden der Betroffenen" entgegen (ebd., S. 11). Es gebe Leid und in dem Sinne eben auch bestimmte Formen ‚sozialer Krankheit'; sie stellten nicht nur und nicht einfach eine Normabweichung dar. Angst, Aggression, „Verhaltensstörungen" (von Wandel selbst in Anführungszeichen gesetzt) und psychosomatische Symptome, wie sie die empirische Forschung beobachtet, seien leidvolle Erfahrungen. Als Zeichen dafür wertet Wandel Beschreibungen von Einsamkeit, von Beziehungsunfähigkeit und auch von Medienkonsum seitens der Schüler:innen. Wandel identifiziert daher eine insgesamt krankmachende Schule und spricht nun von der ‚Sozialpathologie' der Schule, die zu den krankhaften Erscheinungen auf Seiten der Schüler:innen führe. In seiner Diagnose bezüglich der Institution Schule rekurriert er auf einen – im „sozialwissenschaftlichen Schrifttum" (ebd., S. 38) – bekannten Begriff, nämlich den der „Entfremdung", ein „philosophische[r] Begriff für soziale Krankheit" (ebd., S. 40): „Die intuitive Annahme, daß die Schule ‚krank' macht, scheint gegenüber den bisher geschilderten Symptomen verständlich." (ebd., S. 38) Mit Entfremdung werde, so Wandel, eine Haltung gegenüber sich selbst und anderen beschrieben, die im Zusammenhang einer „Sozialpathologie der Schule als *Beziehungsunfähigkeit*" (ebd., S. 40) eingeschätzt werden kann: „Das Unvermögen, sich mit einer Person oder Sache zu identifizieren, die Einsamkeit in der Zentriertheit auf das eigene Ich, die Unfähigkeit, durch Identifikation Rücksichten zu nehmen, die Ausbrüche einer destruktiv-brutalen Aggression nicht aufkommen lassen." (ebd.)

Einen zentralen Faktor für die krankmachende Wirkung der Schule bildet das Leistungsprinzip; die ‚Leistungsschule' wird mitverantwortlich für die Misere gemacht – diese Kritik liegt ganz im Trend der Zeit. So formuliert Gisela Oestreich 1975:

> „Staat, Wirtschaft und Schulverwaltung müßten endlich einsehen, daß Bildungsprozesse nicht meßbar sind. Leistungskontrollen haben den Sinn, rückzumelden, ob ein Arbeitsschritt beherrscht wird, um Basis für den nächsten zu sein. Leistung ist, wenn Schüler fähig sind, adäquate Aufgaben aus einem Angebot zu wählen, ihre Schwierigkeit richtig einzuschätzen, Zeit richtig zu kalkulieren und vorherzusagen, wo auf einer Skala erreichbarer Punkte er etwa sich einordnen würde. Wichtiger wäre es, eigene und die Leistungen anderer und ihre Veränderung durch Lernen richtig beschreiben zu können, als sie endgültig abzustempeln." (Oestreich 1975, S. 103)

Hier zeigt sich, wie das Konzept der Pathologie wirkt: Etwas, ein bestimmter Kontext, ein bestimmtes Verhalten ist nicht an sich krankhaft, sondern ausschließlich in einer bestimmten Form und Ausprägung als ‚krank' zu bewerten. Mit dem immer wieder von Wandel angeführten von Hentig ließe sich sagen:

> „Leistung hat es immer gegeben und wird es weiter geben. […] Daran daß jemand etwas Brauchbares, Ungewöhnliches, Uneigennütziges oder auch nur mehr als andere leistet, ist nichts auszusetzen. Auch das in vielen eigentümlichen Wendungen auftretende Wort ist nicht zu schelten […] und schon gar nicht die Bemühung darum, daß,

wo immer Leistungen überhaupt beurteilt werden, sie auch richtig, objektiv, nachprüfbar beurteilt werden. Nichts hat unser als staatliche Auslese- und Aufstiegsagentur fungierendes Bildungswesen nötiger, als seine intuitiven, dilettantischen, vorurteilsgetränkten Beurteilungsverfahren durch Messungen zu ersetzen. Die bei uns üblichen Praktiken sind umso gefährlicher, als sie sich objektiv geben [...]. Leistungsmessung also muß es geben [...]. Aber um so sorgfältiger muß man sich überlegen, was man eigentlich messen will und warum, in anderen Worten: ob es sinnvoll ist, alle Vorgänge in der Schule dem Prinzip der Leistung so total zu unterwerfen, wie es heute geschieht [...]." (Hentig 1969, S. 141)

Es wird davon ausgegangen, dass Kinder sehr wohl lernen wollen und auch etwas leisten können und wollen; Lernen und Anstrengung sind nicht an sich krankmachend, in gewisser Weise stellen sie einen natürlichen Kontext des Aufwachsens dar. Pathologisch oder pathogen wirkt geforderte Leistung erst in einer bestimmten Form und Ausprägung, etwa wenn sie erzwungen und objektiv gemessen wird und nicht die subjektiven Bedingungen Berücksichtigung finden, wenn sie den befriedigenden Kontakt zu den Mitschüler:innen durch den vorherrschenden Wettbewerb verändert und einschränkt.

Die Veröffentlichung Wandels steht so in einer Linie der Schulkritik; oft werden Bezüge auf von Hentig gemacht, ohne allerdings das 1972 in Deutschland erstmals herausgegebene und von von Hentig mit einem Vorwort versehene Buch Ivan Illichs über die *Entschulung der Gesellschaft* zu erwähnen – eine der radikalen Schulkritiken dieser Zeit, die weder mit einer Krankheits-Metaphorik aufwartet noch Strukturmerkmale der Institution Schule als Pathologien analysiert. Bei Wandel wird Pathologie zum kritischen Schlagwort; er versteht ‚soziale Krankheit' als Unfähigkeit der Institution, „das menschliche Grundbedürfnis der *Selbstentfaltung* und des Kontakts mit anderen zu befriedigen" (Wandel 1979, S. 12).

In einem ersten Zugriff lassen sich diese Befunde aus der Exploration pädagogischer Diskurse der 1970er Jahre zusammenfassen und ansatzweise systematisieren. In den 1970er Jahren werden zunehmend Begriffe genutzt, die dem semantischen Feld der Medizin entstammen. Dazu zählen Substantive wie ‚Krankheit' und ‚Therapie', das Adjektiv ‚krank' und das Partizip ‚krankmachend'. Es wird psychisches Leiden, insbesondere Angst, als Krankheit verstanden, das bzw. die in der Schule mitgeschaffen werde und zu behandeln, zu therapeutisieren sei. In diesem Sinne wirke die Schule pathogen bzw. sie zeige krankmachende, ‚pathologisierende' Strukturen oder ‚Pathologien'. Zudem wird in den 1970er Jahren im sozialwissenschaftlich orientierten Diskurs der Sozialpädagogik mit dem hier deklarierten ‚medizinischen Modell' eine Umgangsweise mit ‚abweichendem Verhalten' – wie ‚Verwahrlosung' jetzt heißt – erkennbar, die damit gleichzeitig als ein besonderes Modell der Disziplinierung und Individualisierung durch ‚Pathologisierung' kritisiert wird. Die Rede von Krankheiten, von Pathologien, von pathogenen gesellschaftlichen Strukturen und von Pathologisierung enthält dementsprechend unterschiedliche Aspekte; sie ist in allen hier aufgeführten Fällen in einen Modus kritischer Reflexion eingebunden, bezieht sich allerdings auf je andere Gegenstände. Dafür haben sich auch unterschiedliche Traditionslinien herausgebildet, die bis heute in unterschiedlichen Feldern fortgeführt werden. Es müssen also zwei Linien der Kritik unterschieden werden:

1. Kritisiert wird ein Tun bzw. ein gesellschaftliches Geschehen, in dem Menschen ‚krank' (gemacht) werden und in dem Leid und Leiden hervorgerufen werden. Hier zeigen sich dann ‚Pathologien' in den Funktionsweisen von Institutionen oder in entsprechenden gesellschaftlichen Praktiken. Auf den ersten Blick mag die Rede von den Pathologien einer Institution oder einer gesellschaftlichen Praxis als eine Art metaphorischer Sprachgebrauch erscheinen; auf den zweiten zeigt sich allerdings, dass hier Krankheit im Sinne des individuellen Leids als Folge problematischer gesellschaftlicher Verhältnisse gedeutet wird.

Jüngst etwa ist ein solches Verständnis bzw. eine solche Nutzung des Konzeptes der ‚Pathologien' bei Pierre Rosanvallon (2022) zu beobachten. Über „Die Prüfungen des Lebens" schreibend analysiert der Autor den „Zustand der Gesellschaft", gesellschaftliche Strukturen und Spaltungen und die darin für Einzelne entstehende Situation (vgl. Rosanvallon 2022, S. 7). Definiert als „Hindernisse", als Konfrontation mit Schwierigkeiten, werden Prüfungen als Prüfungen der „persönlichen Individualität und Integrität" und „für die sozialen Bindungen" verstanden (ebd., S. 8). Sie offenbaren gerade als Prüfungen Pathologien, „Pathologien sozialer Beziehungen" eben und „Pathologien der Gleichheit" (ebd., S. 8) oder „Pathologien der Einzigartigkeit" (ebd., S. 118). Pathologien liegen jeweils vor, weil etwas entweder systematisch zerstörerisch wirkt – Beziehungen wirken sich zerstörerisch auf den Einzelnen aus – oder weil ein bestimmter gesellschaftlicher Zustand, der für richtig gehalten wird, verhindert wird, wie etwa die Entstehung von Gleichheit. Offensichtlich wird, dass der Autor dann von Pathologien spricht – und zwar ohne dass dieses Konzept erläutert würde –, wenn für richtig gehaltene Vorstellungen über ein gutes Leben in einer lebenswerten Gesellschaft sich nicht durchsetzen können, wenn sich strukturelle, auf der Seite der Gesellschaft lokalisierte, Hindernisse beobachten lassen.

Mit der Charakterisierung gesellschaftlicher Verhältnisse als strukturell krankmachend greift Rosanvallon – ebenfalls ohne dieses so zu diskutieren – auf ein Muster zurück, das in Deutschland vor allem die Kritische Theorie stark gemacht hatte. Ohne direkt auf empirische Untersuchungen, an denen Adorno in den USA beteiligt war, zurückzugreifen, in denen von psychopathischen Merkmalen und Charaktertypologien gesprochen wurde (vgl. Adorno 1995), gewann die Krankheitssemantik und allemal der Begriff der ‚Pathologie' auch bei den Nachfolgern der ersten Generation der Kritischen Theorie zunehmend an Bedeutung. Die im Ausklang der 1970er Jahre geschriebene, 1981 erstmals erschienene *Theorie kommunikativen Handelns* von Jürgen Habermas wurde in diesem Sinne schnell als eine ‚Pathologie', eine Systematik krankhafter gesellschaftlicher Deformationen gedeutet (vgl. Vollrath 1983); Honneth hat diese Deutung später ausdrücklich bestätigt und expliziert (vgl. Honneth 2004; 2007). So nämlich gerinne die Sozialphilosophie zu einer Geschichte kritischer Zeitdiagnosen, in denen Erscheinungen angenommen, dargestellt und diskutiert werden, die als Verformungen, Deformationen und eben ‚Pathologien' verstanden und jeweils als Zeichen eines Verfalls in der Moderne, zivilisatorischer Fehlentwicklungen, solcher in der kapitalistischen Gesellschaft, in der von ökonomischen Gesetzen durchherrschten, nur noch instrumentelle Verhaltensweisen und Vernunft ermöglichenden jeweiligen Gegenwart (in der das Triebleben diszipliniert und das sinnliche Vermögen eingeschränkt sei) gewertet werden, als Verdinglichung und Entfremdung, und als die Unmöglichkeit von Selbstverwirklichung, der Verwirklichung eines ‚guten Lebens'. Der gesamte Zivilisationsprozess werde in kulturkritischer Wendung zu einer Form sozialer Pathologie, der eine Vorstellung von der Normalität eines gesellschaftlichen Lebens als Richtgröße zugrunde liege. In Honneths Beschreibungen wird offensichtlich, dass das Konzept der Pathologie zum Nullpunkt – so ließe sich formulieren – und, da als historisches Konzept undiskutiert, auch zum blinden Fleck der Geschichte der Moderne werde. „Wurde mit ihm anfänglich nur die Lehre von den Krankheiten bezeichnet, so sind damit heute vor allem die anormalen Zustände selber gemeint. Eine Pathologie stellt mithin genau die organische Fehlentwicklung dar, die in der Diagnose erschlossen oder bestimmt werden soll." (Honneth 2004, S. 56)

2. Kritisiert wird ein gesellschaftliches Wirken oder Tun, mit dem ein bestimmtes Verhalten von Menschen, ein Zustand, eine Erscheinungsweise des Körpers und seiner Teile oder körperlicher Funktionsweisen als krank ausgewiesen bzw. als krankhaft definiert und damit für notwendig – etwa mit medizinischen Mitteln – zu verändern erklärt wird. Kritisiert wird es, weil mit ihm nicht nur negative Bewertungen einhergehen, sondern individualisierende, weil gesellschaftliche Kontexte ausblendende Behandlungsweisen aufgezwungen werden, mit denen auf spezifische Weisen nicht nur diszipliniert, sondern ebenfalls Leid geschaffen werde.

In dieser Weise genutzt wird der Begriff der ‚Pathologisierung' gegenwärtig in bestimmten medizinsoziologischen bzw. gesundheitswissenschaftlichen Feldern, aber eben auch in kulturwissenschaftlich orientierten Studien, wo kritisch eine Pathologisierung von Geschlecht und sexuellem Verhalten diagnostiziert, die problematische Pathologisierung der Homosexualität ebenso untersucht (vgl. Lühring 2016) wird wie die „systematische Pathologisierung der Intergeschlechtlichkeit" (Gregor 2012) oder auch diejenige bestimmter körperlicher Merkmale und Funktionen, die einem biologischen Geschlecht zugewiesen werden (z. B. Kolip 2000). Gegenstand der Analysen können dann diskursive und andere Praktiken der Pathologisierung werden – so können textuelle Praktiken der Pathologisierung untersucht werden, etwa „Erzählsysteme der Pathologisierung" (Pinto 2014), d. h. die Art und Weise der Darstellung kranker Frauen in Romanen von Gabriele Reuter und Elfriede Jelinek – um nur ein Beispiel anzuführen. In vielen dieser jüngeren und meist explizit gesellschaftskritisch perspektivierten Studien beziehen sich die Autor:innen auf die wissensgeschichtlichen und machtanalytischen Arbeiten Michel Foucaults, in denen dieser sich einerseits mit der Geschichte der Pathologie und der Psychopathologie, also eines bestimmten Wissensfeldes und andererseits später detailliert und auch in einem systematisierenden Versuch mit Techniken der Normalisierung als besonderen Macht- und Regierungstechniken auseinandersetzt (vgl. Foucault 2004). Das wird im Folgenden etwas ausführlicher dargestellt.

3. Die Geschichte der Pathologie und der ‚frühe Foucault' – Implikationen des Konzeptes der ‚Pathologisierung'

Die jüngere Medizingeschichte befasst sich mit unterschiedlichen Vorstellungen von Krankheit, die sich im Verhältnis eines jeweiligen Verständnisses von Mensch, Natur und Gesellschaft etablieren. In diesem Deutungs-Raum wird dann – von heute aus rekonstruiert – je historisch und auch geografisch-kulturell unterschiedlich Krankheit verstanden, etwa als Problem der Sünde, der Harmonie, als ein Problem sozialer Beziehungen und – mit der Pathologie – als „natürliche Tatbestände" im neuzeitlichen wissenschaftlichen Denken (vgl. Labisch 1992, S. 27). Während im Alltagsgebrauch ‚pathologisch' einfach als ‚krank' oder ‚krankhaft', ‚pathogen' als ‚krankmachend' verstanden wird, ist – das wird bei Labisch deutlich – mit ‚Pathologie' eine historisch datierbare, neue Bestimmung von Krankheiten, krankhaften Veränderungen und damit wiederum auch ein bestimmtes Verständnis von Krankheit und die Vorstellung davon verbunden, sie zu heilen bzw. sie auf jeden Fall zu ‚behandeln'.

Die Besonderheiten dieses sich mit dem Begriff der Pathologie herausbildenden Verständnisses von Krankheit sind dabei genauer und detaillierter nachzuvollziehen, wenn die frühen wissensgeschichtlichen Arbeiten Foucaults hinzugezogen werden. Vor allem in *Psychologie und Geisteskrankheit* (Foucault 1968), in Frankreich 1954 erschienen, befasst Foucault sich mit der Geschichte der ‚Geisteskrankheiten' und ihres Verhältnisses zur allgemeinen Pathologie, der Psychopathologie bzw. deren Verhältnis zueinander und vor allem zur Psychologie. Seine 1960 erschienene Dissertation *Wahnsinn und Gesellschaft* (Foucault 1973) enthält eine materialreiche und viele verschiedene Aspekte umfassende Geschichte des Wahnsinns, in der einerseits Ideen und Befunde zur Wissensgeschichte aus der Schrift von 1954 wieder aufgenommen werden, es andererseits aber darum geht, in der Hauptsache die Zäsur zu beschreiben, in der die Vernunft von der Unvernunft abgetrennt wird und für deren Beschreibung gerade nicht Begriffe der Psychopathologie zu nutzen seien (vgl. ebd., S. 7).[2] In der erstmals 1963 publizierten Schrift *Die Geburt der Klinik. Eine Archäologie des ärztlichen Blicks* (Foucault 1988) beschreibt Foucault nicht nur mit der Erfindung der medizinischen Klinik in Frankreich zwischen etwa 1760 und 1820 einhergehende Veränderungen der medizinischen Wissensproduktion, wie sie in der frühen Schrift angedeutet werden, sondern auch die die grundlegenden Veränderungen des Krankheitskonzeptes begleitenden ärztlichen Praktiken.

Pathologie etabliert sich, wie auch Foucault konstatiert, als moderne Wissenschaft im Rahmen der Medizin an Universitäten und in Kliniken im Laufe des 19. Jahrhunderts. Sie entwickelt sich in Etappen und vollzieht sich dabei zunächst als Teil der ‚organischen Medizin'. Sie versucht, das Wesen der Krankheit in einer kohärenten Gruppierung von Zeichen, von Symptomen zu verstehen, denen sie als krankhafte Äußerung Typen von Krankheiten zuordnet, und hat deren Entwicklungsphasen und Varianten beschrieben (vgl. Foucault 1968, S. 11). Krankheit wird hier als eine spezifische Entität, als natürliche Essenz, die ganz unabhängig von ihren Äußerungen, den Symptomen besteht, verstanden (vgl. ebd., S. 15). Foucault spricht von einem naturalistischen Postulat, das „die Krankheit zur botanischen Spezies erhebt" (ebd., S. 16). In dem Moment, in dem in ähnlicher Weise auch die Geisteskrankheiten betrachtet wurden, zeigten sich Probleme, die auf eine spezifische Weise gelöst wurden und zur Veränderung des Krankheitsverständnisses in der Pathologie und aber auch darüber hinaus beigetragen haben: Die Zusammensetzung der Symptome im organischen Bereich wie eben dann auch im Bereich der Geisteskrankheiten führten zu essenziellen Einheiten, eben Krankheiten, die nun das Ganze, die Einheit des Menschen anders definierten (vgl. ebd., S. 16). Nun verliert in der Folge die Krankheit ihren Charakter als Fremdkörper: „[...] die Krankheit schiebt sich nicht mehr wie eine autonome Realität zwischen den Krankheitsprozeß und das allgemeine Funktionieren des Organismus" (ebd., S. 17). In Deutschland – das ist nicht Gegenstand der Untersuchungen Foucaults – hat in dem 1858 erschienenen, als bahnbrechend geltenden Werk *Cellular-Pathologie* Rudolf Virchow (1858) organische Krankheiten als auf bestimmter Ebene, nämlich der der Zellen, erkennbaren Prozess sichtbar gemacht. Der Körper wird als Zellen-Staat, in dem jede Zelle ein Bürger sei, zur Einheit; zu derjenigen Einheit, in der sich die Geisteskrankheiten entwickeln, wird die strukturierte Persönlichkeit (vgl. ebd., S. 19), die Psychopathologie wird zur Wissenschaft von der kranken Persönlichkeit (vgl. ebd., S. 49) – und in der

2 Sarasin (2005, S. 17) behauptet in seiner sehr gut zu lesenden und ansonsten kenntnisreichen Einführung, dass diese Schrift eine dann in der Dissertation überwundene marxistische Betrachtungsweise enthalte. Im Literaturverzeichnis ist die Schrift von 1954 gar nicht aufgeführt; aus meiner Sicht ist der Schnitt zwischen den Schriften nicht so groß; es sind viele wissensgeschichtlichen Aspekte aus der frühen Schrift später aufgenommen und weiterverarbeitet worden; ich werde daher an dieser Stelle im Besonderen auf sie eingehen.

Folge dann durchaus unterschiedlich konstruiert, als Regression und etwa auch als individuelle Geschichte der Angst (ebd., S. 69). Krankheit wird im Verlaufe des 19. Jahrhunderts nicht mehr als natürliche, irgendwo hinter den Symptomen liegende Entität mit einer übergreifender Kohärenz aufgefasst. Vielmehr – und das ist jetzt entscheidend – stellt sie die Gesamtheit der ‚pathologischen' Reaktionen eines Individuums dar. Göckenjan schreibt über die „naturwissenschaftliche Medizin" – und man könnte hinzusetzen: die Pathologie –, sie

> „kehrt aus methodischen Gründen das Verhältnis von Gesundheit und Krankheit um und kennt ab sofort nur noch Krankheit. Die Verschmelzung von pathologischer Anatomie und Physiologie bedeutet die konzeptionelle Verschmelzung von Gesundheit und Krankheit aus der Perspektive des Endzustandes: Krankheit ist das natürliche Experiment des gesunden Körpers, Gesundheit ist eine erkennbare Entwicklungsstufe hin zum Leichenbefund. Virchow nennt das elegant die Befreiung des ‚Begriffs der Krankheit von seiner exzeptionellen und ontologischen Bedeutung'" (Göckenjan 1985, S. 254).

Ähnlich interpretiert Foucault. Krankheit – wenn auch in gewisser Hinsicht, wie Koselleck beschreiben würde, ein Kollektivsingular – hat keine positiv bestimmbare einheitliche Gestalt mehr. Es handelt sich hier um die Durchsetzung des Konzeptes, mit dem ein gleitender Übergang von etwas anderem zu einem Pathologischen angezeigt ist. Anders als von manchen angenommen wird, wird damit allerdings – und das zeigt die weitere Entwicklung – weder Krankheit noch die Bestimmung von Gesundheit aus einem Sinn- und Wertbezug herausgenommen. In Deutschland macht das der Blick auf Aspekte der Weiterentwicklung der Pathologie, auf Alfred Grotjahn etwa, deutlich. Grotjahn – in der Weimarer Republik als sozialdemokratischer Gesundheitspolitiker aktiv, wie fast alle hat er eugenische und schließlich wie viele auch den Wandel von sozialhygienischen zu rassehygienische Positionen mitvollzogen – hat 1912 zum ersten Mal sein Buch über die Sozialpathologie, geschrieben nicht zuletzt für Volkswirte, Verwaltungsbeamte und Verantwortliche im Versicherungswesen, veröffentlicht (vgl. Grotjahn 1915). Er beklagt die mangelnde Erforschung der sozialen Bedingungen und Beziehungen der Krankheiten, die Bedeutung der Krankheiten im sozialen Sinn: Häufigkeit, sozialpathologisch typische Formen, soziale Ursachen und soziale Maßnahmen zu ihrer Behebung. Mit der Sozialpathologie wird auf die Regierung der Bevölkerung durch ein ‚wissenschaftliches' Wissen über das soziale Leben reagiert – mit der Folge etwa einer zunächst eintretenden Entmoralisierung bestimmter Phänomene, wie etwa in den 1920er Jahren des Alkoholismus, und gleichzeitig der Aufnahme immer neuer Phänomene, die als ‚natürliche' graduiert werden, wo normale Verteilungen und Normalitäten festgestellt werden – beispielhaft geschieht das etwa auch in der Pathologisierung der Angst, der durch Schule erzeugten Angst, wo zwischen normaler Angst und solcher in einem krankhaften Ausmaße, als ‚Überängstlichkeit' unterschieden wird. Oder für das magische Denken:

> „Das *eigentlich* aus dieser Untersuchung zu ziehende Fazit – gefährliches magisches Denken ist ein Prädiktor für gefährliches magisches Denken – kann als charakteristisch für eine klinische und experimentelle Psychologie gelten, die bestimmte gewöhnliche menschliche Erfahrungen zunächst zu außergewöhnlichen Erfahrungen erklärt und diese dann in Symptome psychischer Störungen verwandelt." (Schetsche 2003, S. 190 f.)

Um es zusammenzufassen: Erst mit der Übertragung des Konzeptes der organischen Pathologie auf die ‚Geisteskrankheiten' entwickelt sich eine Vorstellung von Krankheit, die im Kontext normalisierender Praktiken nicht mehr einfach im Gegensatz von Krankheit und Gesundheit aufgeht, sondern als graduierbare Erscheinung in verschiedenen Ausprägungen Bestandteil normalisierender Regierungspraktiken, im Sinne einer ‚Pathologisierung', werden kann:

> „Bei den Disziplinen ging man von einer Norm aus, und mit Rücksicht auf diesen von der Norm getragenen Richtwert konnte man dann das Normale vom Abnormalen unterscheiden. Hier haben wir, im Gegenteil, eine Ortung des Normalen und des Anormalen, eine Ortung der verschiedenen Normalitätskurven, und der Vorgang der Normalisierung besteht darin, diese verschiedenen Normalitätsaufteilungen wechselseitig in Gang zu setzen und auf diese Weise zu bewirken, daß die ungünstigsten auf die günstigsten zurückgeführt werden. Wir haben hier also etwas, das vom Normalen ausgeht und sich bestimmter Aufteilungen bedient, die, wenn Sie so wollen, für normaler als die anderen, jedenfalls für günstiger als die anderen gehalten werden. Es sind diese Aufteilungen, die als Norm dienen. Die Norm ist ein Spiel im Inneren der Differenzial-Normalitäten. Das Normale kommt als erstes, und die Norm leitet sich daraus ab, oder die Norm setzt sich ausgehend von dieser Untersuchung der Normalitäten fest und spielt ihre operative Rolle. Hier würde ich also sagen, daß es sich nicht mehr um eine Normation handelt, sondern eher, im engeren Sinn, um eine Normalisierung." (Foucault 2004, S. 98)

4. Fazit

Beobachtbar ist eine Konjunktur der Nutzung medizinischer Konzepte im Feld der Pädagogik seit spätestens den 1970er Jahren. Das geschieht auf ganz unterschiedliche Weisen. Immer allerdings findet sie in einem Modus pädagogisch-kritischer Reflexion statt. Die Nutzung medizinischer Konzepte ist von mehreren gesellschafts- und kulturkritischen theoretischen Strömungen flankiert, die spätestens seit den 1950er und 1960er die intellektuellen Diskussionen in

Deutschland und Frankreich mitbestimmen. Dabei ist eine Differenz auszumachen zwischen letztlich kulturkritischen Positionen, die dem Repertoire der Kritischen Theorie entspringen und im Verdacht stehen, das Konzept der Pathologien selbst als Naturalisierung zu nutzen, und Positionen, die sich aus dem wissensgeschichtlichen, grundsätzlich radikal historisierenden Ansatz Foucaults entwickeln lassen. Mit diesem kann noch der liberale Eignungs- und Kompetenz-Diskurs – etwa bezüglich der Lehrer:innengesundheit, wie er in den letzten Jahren geführt wird – als eine Form des Rückgriffs auf Modelle der Psychopathologie analysiert werden. Der Rückgriff auf medizinische Modelle und Konzepte geschieht in der Schule – möglicherweise unter Verzicht auf das pädagogische Reflexionswissen und auf eine als Kontrolldisziplin genutzte Psychologie – zum Entwurf von Diagnosen und Fördermaßnahmen. Selbst dieser Rückgriff erfolgt noch in Kritik der Pädagogik, in Kritik einer nicht angemessenen schulischen Behandlung individueller Problemlagen. Pathologisierung in diesem Sinne dient hier – wie beschrieben – nicht nur der Disziplinierung und Subjektivierung, sondern treibt damit gleichzeitig eine Art ‚Förderindividualismus' in der Schule voran.

Mein Verdacht ist also der, dass das Konzept der ‚Pathologisierung' im Diskurs oft als eine Art zusammenfassende – und vieles auch überdeckende – Kritikformel funktioniert. ‚Medizinische Modelle' entfalten bis heute eine vielfältig anzueignende Wirkmacht, die immer pädagogische Reformen begleitet und als therapeutische Handlungsoption auch Pädagogik möglich machen kann, Kontingenz reduziert und Enttäuschungen auch einmal verhindert. Vor diesem Hintergrund kann allerdings selbst das Konzept der ‚Pathologisierung' nur unter besonderen Vorkehrungen als analytisches Konzept funktionieren, weil es als Analysekategorie im Diskurs oft seine Kraft und Trennschärfe verliert.

Literaturverzeichnis

Adorno, Theodor W. (1995): Studien zum autoritären Charakter. Frankfurt a. M.: Suhrkamp.

Bühler, Patrick (2017): „Diagnostik" und „praktische Behandlung". Die Entstehung der therapeutischen Funktion der Schule. In: Reichenbach, Roland/Bühler, Patrick (Hrsg.): Fragmente zu einer pädagogischen Theorie der Schule. Erziehungswissenschaftliche Perspektiven auf eine Leerstelle. Weinheim/Basel: Beltz Juventa, S. 176–195.

Bühler-Niederberger, Doris (1991): Legasthenie. Geschichte und Folgen einer Pathologisierung. Wiesbaden: Springer Fachmedien.

Doerks-Kubenec, Heide (1978): Anwendung und Kritik der Verhaltensmodifikation in der Schule. In: Die Deutsche Schule, 70, S. 206–228.

Foucault, Michel (1968): Psychologie und Gesellschaft. Frankfurt a. M.: Suhrkamp.

Foucault, Michel (1973): Wahnsinn und Gesellschaft. Eine Geschichte des Wahns im Zeitalter der Vernunft. Frankfurt a. M.: Suhrkamp.

Foucault, Michel (1988): Die Geburt der Klinik. Eine Archäologie des ärztlichen Blicks. Frankfurt a. M.: Fischer.

Foucault, Michel (2004): Geschichte der Gouvernementalität I. Sicherheit, Territorium, Bevölkerung. Vorlesung am Collège de France 1977–1978. Frankfurt a. M.: Suhrkamp.
Geiss, Michael / Reh, Sabine (2020): Konservatismus und Pädagogik im Europa des 20. Jahrhunderts. Einleitung in den Themenschwerpunkt. In: Baader, Meike S. et al. (Hrsg.): Jahrbuch für Historische Bildungsforschung 26. Bad Heilbrunn: Klinkhardt, S. 9–27.
Göckenjan, Gerd (1985): Kurieren und Staat machen. Gesundheit und Medizin in der bürgerlichen Welt. Frankfurt a. M.: Suhrkamp.
Gregor, Anja (2012): Die Kontrolle widerständiger Körper. Eine Kritik der systematischen Pathologisierung von Intergeschlechtlichkeit. In: Filter, Dagmar / Reich, Jana (Hrsg.): „Bei mir bist Du schön ...“. Kritische Reflexionen über Konzepte von Schönheit und Körperlichkeit. Herbolzheim: Centaurus, S. 95–118.
Grotjahn, Alfred (1915): Soziale Pathologie. Versuch einer Lehre von den sozialen Beziehungen der Krankheiten als Grundlage der sozialen Hygiene. 2. Aufl. Berlin / Heidelberg: Springer.
Güting, Rainer (1978): Menschlicher Mathematikunterricht – gibt es so etwas? In: Die Deutsche Schule, 70, S. 391–400.
Habermas, Jürgen (1981): Theorie des kommunikativen Handelns. 2 Bd. Frankfurt a. M.: Suhrkamp.
Haferkamp, Werner / Rost, Detlef H. (1980): Angst geht zur Grundschule. In: Die Deutsche Schule, 72, S. 119–135.
Hentig, Hartmut von (1969): Systemzwang und Selbstbestimmung. Über die Bedingungen der Gesamtschule in der Industriegesellschaft. Stuttgart: Ernst Klett.
Hentig, Hartmut von (1976): Was ist eine humane Schule? Drei Vorträge. München: Carl Hanser.
Hermann, Ulrich K. (1978): Persönlichkeitsstruktur und Leistungsdifferenzierung. In: Die Deutsche Schule, 70, S. 235–242.
Hermann, Ulrich K. (1980): Die Angst sitzt tiefer – warum die Identifikation relevanter Variablen in der Erforschung von Schulangst nicht ausreicht. In: Die Deutsche Schule, 72, S. 595–604.
Herriger, Norbert (1978): Verwahrlosung und medizinisches Modell – Argumente wider die Medikalisierung abweichenden Verhaltens. In: neue praxis, 8, S. 213–226.
Honneth, Axel (2004): Pathologien des Sozialen. Tradition und Aktualität der Sozialphilosophie. In: Honneth, Axel: Das Andere der Gerechtigkeit. Ausätze zur praktischen Philosophie. Frankfurt a. M.: Suhrkamp, S. 11–87.
Honneth, Axel (2007): Pathologien der Vernunft. Geschichte und Gegenwart der Kritischen Theorie. Frankfurt a. M.: Suhrkamp.
Illich, Ivan (2017): Entschulung der Gesellschaft. München: C. H. Beck.
Kolip, Petra (2000): Weiblichkeit ist keine Krankheit. Die Medikalisierung körperlicher Umbruchphasen im Leben von Frauen. Weinheim / München: Juventa.
Krüger, Jens Oliver (2018): Schulangst. Eine genealogische Spurensuche. In: Schäfer, Alfred / Thompson, Christiane: Angst. Paderborn: Schöningh, S. 111–137.
Künzel, Marianne (1976): Verhaltenstherapie im Unterricht – Hilfe oder Manipulation? In: Die Deutsche Schule, 68, S. 284–291.
Kupffer, Heinrich (1974): Antipsychiatrie und Antipädagogik. Erziehungsprobleme in der ‚totalen Institution‘. In: Die Deutsche Schule, 66, S. 591–604.
Labisch, Alfons (1992): Homo Hygienicus. Gesundheit und Medizin in der Neuzeit. Frankfurt a. M. / New York: Campus.
Lähnemann, Martin (1979): Schüler vor dem Abitur. In Die Deutsche Schule, 71, S. 636–651.
Link, Almuth (1974): Die kranke Schule. Stuttgart: Seewald.
Lühring, Nicole (2016): Zur diskursiv-moralischen Pathologisierung von Homosexualität. In: Friedrich, Orsolya / Aurenque, Diana / Assadi, Galia / Schleidgen, Sebastian (Hrsg.): Nietzsche, Foucault und die Medizin. Philosophische Impulse für die Medizinethik. Bielefeld: transcript, S. 223–244.
Lutz, Tilman (2016): Therapeutisierung(en) und Pathologisierung(en) als Professionalisierungsmuster der Sozialen Arbeit: Responsibilisierung als Neuer Wein in Alten Schläuchen. In: Anhorn,

Roland / Balzereit, Marcus (Hrsg.): Handbuch Therapeutisierung und Soziale Arbeit. Wiesbaden: Springer VS, S. 749–766.
Lutz, Tilman (2018): Wandel der Sozialen Arbeit: Von der Pathologisierung zur Responsibilisierung. In: Anhorn, Roland / Schimpf, Elke / Stehr, Johannes / Rathgeb, Kerstin / Spindler, Susanne / Keim, Rolf (Hrsg.): Politik der Verhältnisse – Politik des Verhaltens: Widersprüche der Gestaltung Sozialer Arbeit. Wiesbaden: Springer VS, S. 355–367.
Mannheim, Karl (1984): Konservatismus. Ein Beitrag zur Soziologie des Wissens. Hrsg. von David Kettler, Volker Meja und Nico Stehr. Frankfurt a. M.: Suhrkamp.
Mattes, Monika (2017): Von der Leistungs- zur Wohlfühlschule? Die Gesamtschule als Ort gesellschaftlicher Debatten und pädagogischer Wissensproduktion in der Bundesrepublik Deutschland in den 1970er und 1980er Jahren. In: Reh, Sabine / Glaser, Edith / Behm, Britta / Drope, Tilman (Hrsg.): Wissen machen. Beiträge zu einer Geschichte erziehungswissenschaftlichen Wissens in Deutschland zwischen 1945 und 1990. 63. Beiheft der Zeitschrift für Pädagogik. Weinheim / Basel: Beltz Juventa, S. 187–206.
Metz-Göckel, Sigrid (1978): Interpersonelle Herrschaft und soziale Wahrnehmung in der Schule. Über den Zusammenhang von Sozialisation und Unterdrückung in schulischen Interaktionen. In: Die Deutsche Schule, 70, S. 631–640.
Oestreich, Gisela (1975): Kinder zwischen Angst und Leistung. Muß die Schule Angst erzeugen? Freiburg: Herder.
Peters, Helge (1973): Die politische Funktionslosigkeit der Sozialarbeit und die ‚pathologische' Definition ihrer Adressaten. In: Otto, Hans-Uwe / Schneider, Siegfried (Hrsg.): Gesellschaftliche Perspektiven der Sozialarbeit. Bd. 1. Neuwied / Darmstadt: Luchterhand, S. 151–164.
Pinto, Virginia (2014): Erzählsysteme der Pathologisierung. Kranke Protgonistinnen in Romanen von Gabriele Reuter und Elfriede Jelinek. In: Käser, Rudolf / Schappach, Beate (Hrsg.): Krank geschrieben: Rhetoriken von Gesundheit und Krankheit im Diskursfeld von Literatur, Geschlecht und Medizin. Bielefeld: transcript, S. 163–178.
Redaktion Die Deutsche Schule (1979): o. T. In: Die Deutsche Schule, 71, S. 595–597.
Redaktion Die Deutsche Schule (1981): o. T. In: Die Deutsche Schule, 73, S. 699–702.
Redlich, Alexander / Ott, Claudia (1980): Veränderung der Interaktion in Schulklassen statt Stigmatisierung durch Einzelfallbehandlung. In: Die Deutsche Schule, 72, S. 379–388.
Rosanvallon, Pierre (2022): Die Prüfungen des Lebens. Hamburg: Hamburger Editionen.
Sarasin, Philipp (2005): Michel Foucault zur Einführung. Hamburg: Junius.
Schetsche, Michael (2003): Soziale Kontrolle durch Pathologisierung. Konstruktion und Dekonstruktion außergewöhnlicher Erfahrungen in der Psychologie. In: Menzel, Birgit / Ratzke, Kerstin (Hrsg.): Grenzenlose Konstruktivität? Standortbestimmung und Zukunftsperspektiven konstruktivistischer Theorien abweichenden Verhaltens. Oldenburg: BIS-Verlag der Carl-von-Ossietzky-Universität Oldenburg, S. 175–202.
Steinthal, Hermann (1977): Angstfreie Schule. Gedanken zum „Salzburger Manifest" vom Mai 1977. In: Neue Sammlung, 17, S. 404–415.
Tenorth, Heinz-Elmar (2006): Bildsamkeit und Behinderung – Anspruch, Wirksamkeit und Selbstdestruktion einer Idee. In: Raphael, Lutz / Tenorth, Heinz-Elmar (Hrsg.): Ideen als gesellschaftliche Gestaltungskraft im Europa der Neuzeit. Beiträge für eine erneuerte Geistesgeschichte. München: Oldenbourg, S. 497–519.
Ulich, Klaus (1979): Lehrertätigkeit und Lehrerangst. In: Die Deutsche Schule, 71, S. 655–656.
Virchow, Rudolf (1858): Die Cellularpathologie in ihrer Begründung auf physiologische und pathologische Gewebelehre. Berlin: A. Hirschwald.
Vollrath, Ernst (1983): Jürgen Habermas' fundamentaler Fehlschluss. In: Der Staat, 22, 3, S. 406–414.
Wandel, Fritz (1979): Macht die Schule krank? Probleme einer Sozialpathologie der Schule. Heidelberg: Quelle und Meyer.
Wöller, Friedrich (1981): Schulangst – im Spiegel neuer Publikationen. In: Die Deutsche Schule, 73, S. 497–503.

Eine Schulform, die krank macht

Zur Pathologisierung der Hauptschule und ihrer Schüler:innen in den 1970er Jahren

Sandra Wenk

„Vielfältige neurotische Symptome – wie Grimassieren, Fingernägelknabbern, motorische Unruhe – leichte hirnorganische Störungen und Reifeverzögerungen [...]. Auch körperliche Auffälligkeiten sind festzustellen. Leichte Seh-, Hör- und Sprachschäden kommen gerade in diesen Schülergruppen außerordentlich häufig vor" (Senatsverwaltung für Schulwesen Berlin 1973/1979, S. 240). Laut einem internen Bericht des Berliner Senats ließ sich in den frühen 1970er Jahren eine deutliche Zunahme an devianten Verhaltensweisen und Krankheiten unter Schüler:innen vor allem an einer Schulform beobachten: der Hauptschule. Eine solche Perspektive wurde medial popularisiert und weiter verschärft. So berichtete *Der Spiegel* 1975 von der Hauptschule als einem „psychosozialen Lazarett" (o. V. 1975a). Weitere Presseartikel sprachen von der „Schule der Ausgeflippten" (Stankiewitz 1976) oder konstatierten: „Die Hauptschule [...] entwickelt sich zur Hilfs- und Klippschule der Nation, zum Sammelbecken für Dummköpfe und Faulpelze, für Sitzenbleiber." (Iserlohe 1971) Die Skandalisierung der Verhältnisse in Hauptschulen war jedoch nicht auf Bildungspolitik und Öffentlichkeit beschränkt. Die Hauptschule war nach Meinung vieler Schulpädagog:innen eine Schulform, die nicht nur zunehmend benachteiligte, gefährdete und kranke Schüler:innen versammele, sondern eine Institution, die die Schüler:innen erst krank mache.

In diesem Beitrag wird gefragt, warum es in den 1970er Jahren in Westdeutschland zu solchen Zuschreibungen kam, auf welche Weise und mit welchen Folgen innerhalb dieses Krisendiskurses über die Hauptschule als krankmachende Schulform und ihre Schüler:innen als kranke Schüler:innen gesprochen wurde. Es wird argumentiert, dass neues pädagogisches Wissen, veränderte Formen der Schulorganisation mit detaillierteren Differenzierungspraktiken sowie gewandelte bildungspolitische Leitziele das Bild von Hauptschüler:innen als abweichende, mitunter auch als pathologische Schüler:innen hervorbrachten.

Unter dem Begriff ‚Pathologisierung' werden zeitgenössisch markierte Abweichungen verstanden, die immer auch Überschneidungen zum Krankhaften enthielten. Hierdurch rücken die damaligen Konstruktionen des Devianten und Pathologischen in den Blick, zu denen im betreffenden Zeitraum eine Entgrenzung und eine Popularisierung von Krankheitszuschreibungen gehörten. Wichtig erscheint es zudem, die jeweiligen gesellschaftspolitischen Implikationen der Diagnosen von kranken Schulen und Schüler:innen zu berücksichtigen, denn die in der damaligen Debatte gestellten Krankheitsdiagnosen und die daraus zu ziehenden Konsequenzen waren umstritten. Grundlage der Analyse stellen ausgewählte Beispiele aus dem Bundesland Nordrhein-Westfalen sowie Beiträge aus pädagogischen Zeitschriften und der breiteren öffentlichen Bildungsberichterstattung dar.[1]

In einem ersten Schritt wird dargestellt, inwiefern die Etablierung der Hauptschule zu einer neuen Phase der Verwissenschaftlichung und Standardisierung schulischer Bildung beitrug. Eine Konsequenz dieser Entwicklung war, dass Erwartungen an den Schulbesuch radikal gesteigert wurden und durch eine neue Form der Schulforschung sowie eine kritische Bildungsöffentlichkeit eine Aufmerksamkeit für jene Schüler:innen entstand, die diesen Anforderungen nicht genügten. Anschließend wird gezeigt, dass die Situation an Hauptschulen lagerübergreifend kritisiert wurde, die Krankheitsdiagnosen und die Möglichkeiten zu ihrer Behandlung jedoch äußerst strittig waren. In vereinfachter Rezeption dieser Hauptschulkritik dominierte in der Öffentlichkeit ein stark homogenisierendes Bild von Hauptschüler:innen, das diese per se als Problemgruppe fasste. Zuletzt wird erörtert, inwiefern sich in diesem Zusammenhang schulische Praktiken herausbildeten, die Hauptschüler:innen als Schüler:innengruppe konzipierten, die auf besondere Weise pädagogisch und zunehmend auch sozialpädagogisch und psychologisch betreut und gefördert werden müsse.

1. Die Hauptschule als Reformprojekt und die Entdeckung der ‚schwächeren' und ‚benachteiligten' Schüler:innen

Die Hauptschule ist eine relativ junge Schulform, die als Resultat von Bildungsreformbemühungen der frühen Bundesrepublik entstanden ist. In den 1960er Jahren in den westdeutschen Bundesländern eingeführt, löste sie die frühere Volksschuloberstufe – die vier oberen Klassen der Volksschule – ab. Volksschulen waren Schulen, die Kinder im Alter von sechs bis 14 Jahren besuchten. Gerade in ländlichen Gebieten teilten sich mehrere Altersjahrgänge, mitunter gar alle Schüler:innen, eine Klasse. Auch in den Unterrichtsinhalten wenig ausdifferenziert, sollte die Volksschule lange primär auf praktische (d. h. handwerkliche, haus- und landwirtschaftliche) Berufe vorbereiten und sich stark von Realschulen und Gymnasien unterscheiden (vgl. Furck 1998, S. 294 f.).

Zum Teil in radikaler Abgrenzung von der bestehenden Volksschulpädagogik, vielfach aber auch mit dem Anliegen, volksschulpädagogische Elemente

1 Der Aufsatz baut z. T. auf meiner Dissertation zur Entstehung und Kritik der Hauptschule auf, in der Nordrhein-Westfalen als Fallbeispiel untersucht wurde (vgl. Wenk 2022b).

zu modernisieren, wurde seit den 1950er Jahren in Lehrer:innenverbänden und der pädagogischen Öffentlichkeit intensiv über Reformen der Volksschule verhandelt. Die Gründung der Hauptschule als weiterführende Schule war ein Projekt vor allem sozialliberaler Reformer:innen, zu denen u. a. Psychologen wie Paul Heimann und Heinrich Roth, aber ebenso Schulpädagog:innen wie Ilse Lichtenstein-Rother und Wolfgang Klafki gehörten. Sie waren nicht nur in erziehungswissenschaftlichen Debatten präsent, sondern auch in bildungspolitischen Gremien des Bundes und einzelner Bundesländer vertreten. Besonders einflussreich war die Arbeit des *Deutschen Ausschusses für das Erziehungs- und Bildungswesen*.[2]

Die im *Deutschen Ausschuß* versammelten Erziehungswissenschaftler:innen verfolgten seit den ausgehenden 1950er Jahren das Projekt Hauptschule, das allen Heranwachsenden eine Sekundarschulbildung ermöglichen sollte. Ausgehend von der Gesellschaftsdiagnose „Industriegesellschaft" und daraus abgeleiteten Anforderungen an Arbeitnehmer:innen – neben gesteigerten beruflichen Kenntnissen auch eine ‚sinnvolle' Gestaltung der Freizeit und politisches Handeln – forderten sie die Ausbildung neuer Qualifikationen, Tugenden und Dispositionen bei Heranwachsenden: Die Schulreformdebatten, die insbesondere im Umkreis der *Gewerkschaft Erziehung und Wissenschaft* (GEW) und der Sozialdemokratie geführt wurden, stellten das gegliederte Schulwesen bis in die 1960er Jahre nicht grundsätzlich infrage. Doch wollten sie durch dessen Reform neue, d. h. leistungsfähige, flexible und (selbst-)verantwortliche, Schüler:innen schaffen.

Daher spielte die Forderung nach einer Mobilisierung von Schulleistungen eine große Rolle, die vielfach vor dem Hintergrund plastischer Begabungsvorstellungen geäußert wurde: Die Schule sollte Schüler:innen nicht nach vermeintlichen Begabungen sortieren, sondern alle Heranwachsenden sollten zu höheren Leistungen gebracht werden. Ilse Lichtenstein-Rother bestimmte die „Erziehung zur Leistungsbereitschaft" als zentrales Anliegen einer reformierten Volksschule (Lichtenstein-Rother 1964, S. 165).

Dabei kam dem Motivationsbegriff eine große Bedeutung zu. Um „den Lerneifer anzufachen und eigene Initiative zu entwickeln" (Banaschewski 1961, S. 287), sollten leistungshomogene Gruppen eingerichtet und Heranwachsende durch differenzierte Anforderungen zu höheren Leistungen befähigt werden. Erfolgserfahrungen und Freude wurden als Voraussetzung zur Ausbildung von „Anstrengungsbereitschaft" gesehen (Blumenthal 1961, S. 561). Betont wurde zudem die Notwendigkeit einer stärkeren intellektuellen Beanspruchung. Heinrich Roth etwa verlangte „die unnachgiebige, stetige geistige Herausforderung" (Roth 1961, S. 31). Neben der Konkurrenz mit Gleichaltrigen sollten von den erwei-

2 Hierbei handelt es sich um ein Expert:innengremium, das u. a. stark rezipierte Empfehlungen zur Reform der Volksschule sowie zur Einführung der Hauptschule vorlegte. Die Empfehlungen finden sich in *Deutscher Ausschuß für das Erziehungs- und Bildungswesen* (1966).

terten beruflichen Chancen einer zur Hauptschule aufgewerteten Volksschule motivierende Effekte ausgehen (vgl. auch Roth 1963, S. 560).

Schulische Bildung in der Jugendphase wandelte sich dadurch – in diesen Reformentwürfen – von einem Privileg zu einem allgemeinen Anspruch an das Aufwachsen. Konstatiert wurden die Möglichkeit und die Notwendigkeit einer umfassenden schulischen Mobilisierung von Jugendlichen: Heinrich Roth charakterisierte die „Pubertätszeit" als „eine zweite Phase besonderer Plastizität [...], eine zweite Chance, die wir nützen oder versäumen können" (Roth 1961, S. 29 f.).

Verglichen mit den früheren Volksschulkonzeptionen waren dies entscheidende Neuerungen, denn selbst wenn sich die Schulformen weiterhin unterscheiden sollten, sollten sie in Bezug auf die Bildungsinhalte und die beruflichen Perspektiven nicht mehr strikt voneinander getrennt sein. An den neuen Anforderungen mussten sich nicht nur Bildungseinrichtungen, sondern auch Individuen messen (lassen). So resultierte aus diesen veränderten Aufgaben und dem (potenziellen) Vergleich mit Gleichaltrigen ein defizitärer Blick auf Volks- bzw. Hauptschüler:innen. Paul Heimann sprach von einer „Menschenart von konstitutiv schwacher Intellektualität" (Heimann 1957, S. 58). Er ging von beschränkteren kognitiven Fähigkeiten von Volksschüler:innen aus (vgl. auch Engelhardt 1988, S. 83), die sich allerdings mit entsprechender pädagogischer Unterstützung steigern ließen (vgl. Heimann 1957, S. 58). Wolfgang Klafki, der an der Einführung der Hauptschule in Nordrhein-Westfalen maßgeblich beteiligt war, charakterisierte die pädagogische Arbeit an der Hauptschule als herausfordernd, weil „der überwiegende Teil ihrer Schüler geringere theoretische Leistungs- und begrenztere Abstraktionsfähigkeit, ein geringeres Maß an intellektueller Anstrengungsbereitschaft und ein beschränkteres Potential sprachlicher Differenzierungsmöglichkeiten zeigen wird als der Durchschnitt der Schüler der anderen weiterführenden Schulformen" (Klafki 1967, A 2/5). Mit der Neukonzeption der Pflichtschulbildung unter dem Anspruch von Chancengleichheit wurde der Maßstab weiterführender Schulen der Maßstab zur Beurteilung aller Heranwachsenden.[3]

Neben diesen veränderten schulpolitischen Zielsetzungen führten weitere Faktoren dazu, dass das Hauptschüler:innensein bzw. die Zugehörigkeit zu einer bestimmten Gruppe von Hauptschüler:innen zunehmend als prekär erachtet wurde. Denn mit der Einführung der Hauptschule gingen neben ‚verwissenschaftlichten' Unterrichtsinhalten veränderte schulische Organisationsformen und Differenzierungspraktiken einher, die eine neue Sensibilität für Unterschiede von Heranwachsenden schufen. In vielen Regionen bedeutete die Volksschul-

3 Vgl. zu diesen Beispielen mit weiterer Einordnung Wenk 2022b, Kap. 4.4 und 7.2.

reform erst die endgültige Durchsetzung des Unterrichts in Jahrgangsklassen.[4] Die Errichtung von Hauptschulen mit zwei Parallelklassen pro Altersjahrgang wurde dann aber nur noch als Voraussetzung weiterer Differenzierung gesehen, wozu vor allem die Kurseinteilung nach Schulleistungen zählte.

Diese Leistungsdifferenzierung verschärfte nicht nur für einen breiten Kreis an Reformer:innen und Lehrer:innen die grundsätzliche Frage, wie Schüler:innenleistungen zu messen und zu vergleichen seien, sondern lenkte den Blick auf ‚leistungsschwächere' Schüler:innen, die in sogenannten C-Kursen separat beschult wurden.[5] In dieser Gruppe der C-Kurs-Besucher:innen wurden jene Schüler:innen identifiziert, die den anspruchsvolleren Unterrichtsinhalten nicht zu folgen vermochten. Insbesondere die wissenschaftliche Begleitforschung, die in Nordrhein-Westfalen im Zuge der Hauptschulreform erstmals eingerichtet wurde, stellte zudem heraus, dass das Vorhaben, durch leistungshomogene Gruppen zu einer kollektiven Leistungssteigerung und zur Realisierung von Chancengleichheit beizutragen, nicht aufgegangen sei. Vielmehr hätte sich durch die dreistufige Leistungsdifferenzierung innerhalb der Hauptschule noch einmal ein nach sozialer Herkunft differenziertes Schulwesen im Kleinen herausgebildet (vgl. Hurrelmann 1970, S. 17).

Die mit der Begleitforschung beauftragte Forschungsgruppe betonte für die als leistungsschwach kategorisierten Schüler:innen die Notwendigkeit gezielter Förderung. Eine Mitarbeiterin der Forschungsgruppe konstatierte: „Für die Erarbeitung spezifischer Methoden für lernschwache Schüler bietet sich heute eine einzigartige Chance, da infolge der Differenzierung die Schüler in C-Kursen gesondert beobachtet werden können" (Berger 1972, S. 92). Eine zielgruppenspezifische Förderung im Falle diagnostizierter „Leseschwäche" wurde als „differenzierte Therapie" (Loser 1972, S. 13) charakterisiert und die Aufgaben der Schule damit erweitert. Zugleich weiteten sich defizitbehaftete Zuschreibungen gegenüber Teilnehmer:innen der C-Kurse aus. Die Begleitforschung stellte heraus, dass „die C-Kurse nicht selten zum Sammelbecken nicht nur leistungs- und motivationsschwacher Schüler, sondern auch verhaltensgestörter und erziehungsschwieriger Kinder werden" (Loser 1972, S. 14).

In diesem Zusammenhang geriet die psychische Verfasstheit der Schüler:innen in den Blick: So hätte die Kategorisierung nach Leistung auch Einfluss auf die

> „*informellen Gruppierungen* der Schüler": „Die [...] Leistungsbeurteilung löst für diese Kinder einen Zirkel aus, der über die Stationen Frustration durch Leistungsmißer-

---

4 Wenige Jahre vor der Einführung der Hauptschule, im Schuljahr 1965, bestand etwa ein Drittel der nordrhein-westfälischen Volksschulen aus nur ein bis drei Klassen (vgl. Kultusministerium NRW 1966, S. 23).

5 Vgl. zur Kritik an den C-Kursen im Kontext der Leistungsdifferenzierung an Gesamtschulen Mattes 2017, S. 195.

folg – mangelndes Ansehen bei Lehrern und Mitschülern – Frustration durch Ablehnung bei den Mitschülern – Entwicklung introvertierter oder aggressiver Verhaltensweisen gegenüber den Mitschülern – Verstärkung der Ablehnung durch die Mitschüler und Lehrer letztlich wieder auf die Leistungsbeurteilung zurückwirkt und die Kinder immer weiter in ihre ungünstige Situation verstrickt“ (Hurrelmann 1971, S. 218).

In den frühen Hauptschulstudien wurde mit dem Sozialisationsparadigma zudem ein neues Deutungsmuster der Differenz von Heranwachsenden einflussreich. Es bot neue Erklärungen für abweichendes Verhalten und unterdurchschnittliche Schulleistungen, die vor allem in den Umwelt- und Lebensbedingungen der Heranwachsenden gesehen wurden (vgl. bspw. Hurrelmann 1971, S. 27). Zudem wurde davon ausgegangen, dass die Schule Mittelschichtsstandards setze und dadurch Heranwachsende anderer Schichten benachteilige.

Trotz dieser Annahme eines unstimmigen Passungsverhältnisses von Schule und Elternhaus wurden die Bedingungen des Aufwachsens von Kindern von Hilfs- und Facharbeiter:innen zumeist als unzureichend dargestellt. Somit lassen sich auch an den frühen Hauptschulstudien Tendenzen einer „Art Pathologie der Sozialisationsbedingungen in der Arbeiterfamilie“ (Rudloff 2014, S. 229) ausmachen, wie Wilfried Rudloff es allgemein für die neue kritische Begabungsforschung der Bildungsreformära beschrieben hat.[6] Immer wieder ging es um die Frage, ob man es ‚beim Hauptschüler‘ mit einem spezifischen Schüler:innentyp zu tun habe, der weniger durch Anlagen als durch „ungünstige Sozialisationsbedingungen“ geprägt sei. Kurz nach der Einführung der Hauptschule charakterisierte die frühere Verfechterin und inzwischen deutlich desillusionierte Ilse Lichtenstein-Rother Hauptschüler:innen folgendermaßen: Zwar befänden sich in Hauptschulen durchaus Kinder, die

„der Intelligenzausstattung nach“ auf andere weiterführende Schulen gehen könnten. Ihnen fehle jedoch „in der Regel die Leistungsmotivation, die Arbeitshaltung, die Fähigkeit […], aus dem Angebot der Schule auch entsprechenden Nutzen zu ziehen“. Ursächlich dafür sei, dass „die Leistungsmotivation“ bereits vor Eintritt in die Schule durch „das häusliche Anregungsmilieu und die Bildungsinteressen der Eltern“ geprägt werde. „Bevor nicht die Vorschul- und Grundschulerziehung dieser Kindergruppe wirklich entscheidende Hilfen anbieten kann, so daß ungünstige Sozialisationsbedingungen kompensiert werden, wird es sich weiterhin um den Rest der Übrigbleibenden handeln. […] Dem Lehrer der Hauptschule fehlen genau wie dem der Grundschule die Mittel und Möglichkeiten für diagnostische Untersuchungen, auf Grund deren gezielte Hilfen einsetzen könnten und es fehlen außerdem die finanzi-

6 Vgl. zur Bedeutung der neuen empirischen Bildungsforschung für die Kritik an der Hauptschule genauer Wenk 2022b, Kap. 8.2.

> ellen Mittel, mit denen die Mängel und Lücken ausgefüllt werden können" (Lichtenstein-Rother o. J., S. 1f.).

Bildungsexpansion bedeutete somit nicht nur die formale Ausdehnung weiterführender Bildung, sondern ebenso eine Vergrößerung der Aufgaben von Schule und Lehrer:innen. Die Reformbemühungen um die Pflichtschule und die damit einhergehende Entdeckung der ‚schwächeren' und ‚benachteiligten' Schüler:innen führten zur Forderung nach kompensatorischer Erziehung, wie sie parallel insbesondere im vorschulischen Bereich erhoben wurde (vgl. Baader 2020, S. 215–219). Damit war einerseits ein neuer Förderanspruch formuliert worden, andererseits führte diese Position zu einer homogenisierenden und negativen Sichtweise auf Hauptschüler:innen, die ebenso die mediale Berichterstattung prägte (vgl. auch Wenk 2022a).

2. Ähnliche Symptome – unterschiedliche Diagnosen? Pathologisierung und Entpathologisierung devianter Verhaltensweisen von Hauptschüler:innen in den 1970er Jahren[7]

Der Pathologisierungsdiskurs beschränkte sich keineswegs auf Hauptschulen und den engeren (schul-)pädagogischen Bereich. Vielmehr war die Kritik an der Hauptschule Teil einer allgemeinen medialen Panik, die sich in den 1970er Jahren über die Überforderung von Schüler:innen, eine vermeintliche Anonymität größerer Schulkomplexe sowie die schwindenden beruflichen Chancen durch die Verschiebung der Bildungsbeteiligung und die wirtschaftliche Rezession ausbreitete. Die Wahrnehmung der Schule insgesamt wandelte sich vom „zentralen gesellschaftspolitischen Reformmotor der 1960er Jahre [...] zur krankmachenden Zwangsanstalt" (Mattes 2017, S. 190). Vor allem – aber nicht allein – konservative Kritiker:innen, Mediziner:innen und Psycholog:innen diagnostizierten eine grassierende „Schulangst" sowie eine Zunahme psychischer Störungen bei Schüler:innen (vgl. Mattes 2017, S. 189–192; Gass-Bolm 2005, S. 392–397). Von Schüler:innen ausgehende Gewalt und Aggressionen wurden zum Thema der pädagogischen und breiteren Öffentlichkeit (vgl. Kössler 2018, S. 227–233).

Über die genannten Ursachen, die allgemeine Polarisierung der Bildungspolitik und die zunehmend sichtbar werdenden Zielkonflikte schulischer Reformen seit den späten 1960er Jahren hinaus war dieser Krisendiskurs Folge der (späten)

7 ‚Entpathologisierung' meint eine zeitgenössische Position, die bestimmte Verhaltensweisen als deviant auffasste, ihr Entstehen aber als sozial bzw. schulisch bedingt und nicht als Ausdruck individueller Krankheit ansah.

Versozialwissenschaftlichung schulischer Bildung. Neben dem Sozialisationsparadigma und der damit verbundenen Aufmerksamkeit für die Wirkungen pädagogischer Institutionen und Interaktionen war der Boom an Psychowissen bedeutsam für eine neue Aufmerksamkeit gegenüber dem mentalen Wohlbefinden von Schüler:innen (vgl. Mattes 2017; Tändler 2015).

Der Vorwurf, dass die Schule krank mache, betraf die Hauptschule auf besondere Weise. Die ihren Schüler:innen unterstellten Erziehungs-, Verhaltens- und Lernprobleme wurden ein zentrales Argument für die Delegitimierung der Schulform, denn die Ursachen devianten Verhaltens wurden vor allem in der Situation der Hauptschule ausgemacht. Vielfach dominierte schon zu Beginn der 1970er Jahre ausgehend von Großstädten die Wahrnehmung, die Hauptschule vereine infolge der gestiegenen Nachfrage nach weiterführender Bildung nach Herkunft und Leistung ausgelesene Schüler:innen. In der „Restschule" – so die bereits zu dieser Zeit gängige Disqualifizierung der Hauptschule – würden jene zurückbleiben, die es aufgrund herkunftsbedingter, kognitiver oder sozialer Defizite nach der Grundschule nicht auf eine tatsächliche weiterführende Schulform geschafft hätten oder in den ersten Jahren an dieser gescheitert seien (vgl. z. B. Hoffmann 1974a). Der GEW-Vorsitzende Erich Frister etwa bezeichnete die Hauptschule als „Lazarett für die auf dem Schlachtfeld der weiterführenden Schulen verwundeten Schüler" (Frister 1977, S. 23).

Eine solche Kritik an der Hauptschule als zunehmend kranke Schüler:innen versammelnde und selbst krankmachende Institution erfolgte aus unterschiedlichen Richtungen und mit unterschiedlichen Begründungen. Auf konservativer Seite galten die Verwissenschaftlichung der Inhalte, die komplexeren Schulgebäude und die beabsichtigte kognitive Mobilisierung im Zuge der Einführung der Hauptschule als Überforderung der Schüler:innen. Vor allem die CDU, die Arbeitgeberverbände sowie neu gegründete Lobbygruppen für die Hauptschule vertraten diese Position (vgl. Bundesvereinigung der Deutschen Arbeitgeberverbände 1977, S. 14–17; Ipfling 1976; vgl. dazu auch Wenk 2022a, S. 255 f.). Eine ‚realitätsnahe' Hauptschulpolitik sollte sich ihnen zufolge auf die vermeintlich praktischen Begabungen der Schüler:innen konzentrieren und diesen eine solide ‚lebensnahe' Bildung ermöglichen. In einem Antrag der nordrhein-westfälischen CDU auf Reformierung der Hauptschule aus dem Jahr 1976 hieß es: „Wenn die Lernangebote und die Methoden der Unterrichtsvermittlung sich nicht an den Leistungsmöglichkeiten der Schüler orientieren, sind Lernunlust, Schulverdrossenheit und Disziplinlosigkeit die unausbleiblichen Folgen. Das bewirkt den verhaltensgestörten Schüler." (Fraktion der CDU 1976, S. 2) Diese Ansicht, dass die Schulreform an den Möglichkeiten und Bedürfnissen der Hauptschüler:innen vorbeigehe, wurde allerdings über politische Lager hinweg geteilt und in Lehrerzeitschriften vertreten. Dabei wurde wieder vermehrt auf die Anlagebedingtheit schulischer Leistungsfähigkeit verwiesen (vgl. z. B. Deutscher 1977, S. 25; vgl. allgemein zur Infragestellung des dynamischen Begabungsbegriffs Rudloff 2014, S. 236–243).

Auch linke Pädagog:innen kritisierten die Hauptschule ausgehend von auffälligen Verhaltensweisen von Schüler:innen, die sie registrierten. Sie deuteten diese ebenfalls als Folge der vorausgegangenen Bildungsreform, der sie u. a. vorwarfen, Schüler:innen auf die Arbeitswelt zurichten zu wollen. Sie unterstellten der Bildungsreform einen technokratischen Charakter und deuteten auffälliges Verhalten von Hauptschüler:innen als Ausdruck gestiegenen Leistungsdrucks. Problematische Verhaltensweisen von Hauptschüler:innen und herausfordernde Erziehungssituationen in Hauptschulen wurden nicht in Abrede gestellt, z. T. ähnelten sich die Diagnosen. So war die Westberliner „Realität der Hauptschule" dem Erziehungswissenschaftler Ulf Preuss-Lausitz zufolge von „Verweigerung des Schulbesuchs durch Schwänzen, Apathie im Unterricht, Aggressionen gegen Lehrer, Mitschüler und Gegenstände [...]" geprägt (Preuss-Lausitz 1975/1977, S. 15). Dennoch plädierte er zugleich für eine Entpathologisierung des Hauptschüler:innenseins. Die Ursachen devianten Verhaltens wurden im dreigliedrigen Schulwesen, der in ihm sich vollziehenden Reproduktion sozialer Ungleichheit sowie in der kapitalistischen Wirtschaftsweise gesehen, die zur „Zerstörung proletarischer Familien" führe, geringqualifizierte Jugendliche im Wettbewerb um attraktive Stellen benachteilige und ihnen kaum noch Perspektiven biete (Preuss-Lausitz 1975/1977, S. 16). Die Berliner Schulverwaltung, die in dem zu Beginn meines Aufsatzes zitierten Bericht auf mehreren Seiten ‚kranke' Verhaltensweisen und Störungen aufgelistet und vorgeschlagen hatte, diesen mit therapeutischen Maßnahmen zu begegnen – z. B. durch Erziehungsberatung und Schulpsychologie, durch den Einsatz psychologisch besonders geschulter Lehrer:innen und die Einrichtung von *„clinic classes"* (Senatsverwaltung für Schulwesen Berlin 1973/1979, S. 246–250) –, begehe Fehler, so Preuss-Lausitz, „indem sie diesen Jugendlichen (letztlich unabänderliche) Persönlichkeits*eigenschaften* unterstellt, wo doch ‚nur' Verhalten innerhalb einer bestimmten Situation und Institution zu beobachten ist" (Preuss-Lausitz 1975/1977, S. 18). Ohne eine Auseinandersetzung mit den ökonomischen Zwängen und gesellschaftlichen Widersprüchen, in die die Hauptschule verstrickt sei, würde die Schulpolitik „an den Symptomen herum[]doktern" und eine „Psychologisierung – mit der Konsequenz, Therapie in die Schule einzuführen" – folglich „nur zu hilflosen, zum Scheitern verurteilten Reparaturversuchen führen" (Preuss-Lausitz 1975/1977, S. 15 f.; vgl. zur Kritik am Berliner Senatsbericht auch Hoffmann 1974b, S. 548). Neben dieser zeitweise einflussreichen pädagogischen Kapitalismuskritik waren es kritische Lehrer:innen, die mit dem Vorhaben, antiautoritär und repressionsarm zu erziehen, den Weg ins Klassenzimmer eingeschlagen hatten, die über das Verhalten der Schüler:innen und ihre eigene Überforderung klagten (vgl. z. B. Klink 1974).

Diese Interventionen kritischer Pädagog:innen sowie der hauptschulnahen Lehrer:innenverbände waren ambivalent. Besondere Erziehungsherausforderungen wurden neben einem Plädoyer für strukturelle Schulreformen zum Argument für verbesserte Arbeitsbedingungen von Hauptschullehrer:innen in

Form kleinerer Klassen, einer fundierteren Ausbildung und besserer Bezahlung angeführt. „Für jede ausgebaute Hauptschule“, so die Forderung Erich Fristers, „sollten [...] Schulpsychologen, Therapielehrer und Sozialarbeiter zur Verfügung stehen“ (Deutsche Presse-Agentur 1973). Zwei Jahre zuvor hatte der *Verband Bildung und Erziehung* (VBE) die auch in der Tagespresse rezipierte Warnung ausgesprochen, die Hauptschule drohe zum „Sammelbecken für milieugeschädigte und lernschwierige Kinder sowie Sitzenbleiber zu werden“ (o. A. 1971), und damit die Forderung nach der Integration von Haupt- und Realschule sowie verbesserten Arbeitsbedingungen für Hauptschullehrer:innen verbunden. In ihrer Kritik der herrschenden Schulpolitik, die vom Ziel getragen war, die Schul- und Ausbildungssituation von Hauptschüler:innen zu verbessern, verfestigten selbst Kritiker:innen der Hauptschule Vorurteile gegenüber der Schülerschaft.

Diese Deutungen wurden medial zugespitzt popularisiert. Dabei wurden nicht nur alte Ressentiments gegenüber Unterschichten und vor allem männlicher Jugend bedient (vgl. z. B. o. A. 1975b). Auch lassen sich neue Anforderungen an das Schüler:innenverhalten in den öffentlichen Debatten ausmachen, da Hauptschüler:innen bestimmte gewünschte Eigenschaften – etwa Eigeninitiative, Selbstbewusstsein, Kritikfähigkeit und politisches Bewusstsein – z. T. pauschal abgesprochen wurden. Ein Journalist in der *Rheinischen Post* konstatierte: „So scheint in den Hauptschulen überwiegend eine Schülergruppe zu bleiben, die auf Führung und Erziehung mehr angewiesen ist als andere Kinder, die vielfach sowohl eine größere Selbststeuerung als auch mehr Elternhaus-Anstöße mitbringen. Der Unterricht in den Hauptschulen leidet häufig unter dem Ausfall von Initiative, von Mitwirkung der Schüler.“ (Bauermeister 1973; vgl. auch Institut für Bildungsplanung und Studieninformation Stuttgart 1972) Die von einer kritischen Mittelschicht etablierten Leitwerte wurden in den bildungsöffentlichen Debatten normalisiert und popularisiert. Sie trugen zu einem defizitbehafteten Blick auf Hauptschüler:innen bei.

3. Schüler:innenorientierung, Sozialpädagogisierung, Therapeutisierung? Zeitgenössische Auseinandersetzungen über die Folgen der Hauptschulkritik für die pädagogische Arbeit

Viele kritische Pädagog:innen lehnten die Hauptschule in den 1970er Jahren ab. Sie wollten aber die konkreten Bedingungen von Hauptschüler:innen verbessern, ohne damit die Schulform selbst zu stärken. Der in Hauptschulfragen engagierte Bremer Schulpädagoge Job-Günter Klink fasste dieses Dilemma folgendermaßen: „Wer über den heutigen Zustand der Hauptschule reden muß, steht in einer ähnlichen Situation wie ein Arzt einem unheilbaren Kranken gegenüber: Verhältnismäßige Sicherheit bei der Diagnose ist verbunden mit allgemeiner Ratlosigkeit in bezug auf die Therapie, da das Heilmittel erst in Jahrzehnten zur Verfügung stehen wird." (Klink 1977, S. 223)

Wenngleich das „Heilmittel" Gesamtschule für linke, vor allem sozialdemokratisch organisierte Lehrer:innen und Lehrerbildner:innen als (ferne) Zukunftsoption verfolgt wurde, wurde die „Ratlosigkeit" produktiv für pädagogische Auseinandersetzungen. Denn trotz aller Unterschiede und Meinungsverschiedenheiten über die Ursachen devianten Verhaltens, die Bedeutung von Anlage und Umwelt oder die Abgrenzung von Devianz und Krankheit trafen sich die Positionen zur Weiterentwicklung der Hauptschule in der Forderung nach einem Ausbau schüler:innenorientierter Verfahren.[8] In Zeitschriften von Hauptschullehrer:innen wurde als Reaktion auf die Krise der Hauptschule und die diagnostizierten Probleme ihrer Schüler:innen vermehrt über Projektunterricht und den Einbezug der Anliegen der Schüler:innen diskutiert.[9] Bezüge zur eigenen Lebenswelt sollten Schüler:innen motivieren, Interesse an der Schule aufzubringen und ihre eigenen Standpunkte zu artikulieren. Den Schüler:innen unterstellte Dispositionen wurden zum Argument für Methoden, die teilweise mit reduzierten Anforderungen im Vergleich zu anderen weiterführenden Schulen einhergingen (vgl. Kirchgasler/Kuhlmann 2023). In einigen Reformmilieus verfügte diese Schüler:innenorientierung jedoch über eine progressive Stoßrichtung. Kritische Hauptschulpädagog:innen sowie die GEW erblickten in der Hauptschule das Potenzial einer „Gegenschule" (Frister 1976) und den Ausgangspunkt einer „alternative[n] Pädagogik" (Bartels/Freise/Heidorn 1981, S. 376). Ausgehend von der Hauptschule sollten Unterrichtsformen erprobt werden, die das gesamte Schulwesen verändern sollten. Eine adressat:innenspezifische Hauptschuldidaktik bedeutete zudem keine Rückkehr zur vormals dominierenden Bildungsideologie der volkstümlichen Bildung, sondern sollte Schüler:innen Eigenverantwortlichkeit und kritische Stellungnahme ermöglichen. In diesem Zusammenhang wurde gefordert, sich an Konzepten der außerschulischen Jugendarbeit zu orientieren und sozialpädagogische Aufgaben zu übernehmen, wenn es etwa um die Vorbereitung auf den Berufseinstieg oder die Aufklärung über Jugendarbeitslosigkeit ging (vgl. Gudjons 1977, insbes. S. 299). In der Selbstbeschreibung verstanden sich die Lehrer:innen durchaus als Therapeut:innen,

---

8 Sie unterschieden sich darin, ob diese Verfahren als hauptschulspezifisch angesehen wurden, welche Partizipationsmöglichkeiten die Schüler:innen hatten und wie sehr sie auf die Ausbildung von Kritikfähigkeit zielten.

9 Zwar ist die Suche nach schüler:innenorientierten Unterrichtskonzepten in den 1970er Jahren ein schulformübergreifendes Anliegen, doch wurden sie in den Zeitschriften für Hauptschullehrer:innen besonders intensiv diskutiert, weil sie als Reaktion auf die Krise der Hauptschule verstanden wurden. Drei Autor:innen argumentierten gar, die Situation der Hauptschule zwinge Lehrpersonen geradezu, pädagogische und didaktische Alternativen zu erdenken und zu erproben (vgl. Bartels/Freise/Heidorn 1981).

deren Aufgabe es war, spezifische Herausforderungen der Schüler:innen mit diesen zu bearbeiten, das Selbstwertgefühl von Heranwachsenden zu stärken und ihnen zu helfen, alltägliche Probleme zu artikulieren (vgl. Kössler 2018, S. 231, 238).

Der explizite Einbezug sozialpädagogischer und psychologischer Expert:innen in die schulische Praxis wurde ebenfalls in der damaligen pädagogischen Publizistik gefordert. Seit den frühen 1970er Jahren erschienen auch im deutschsprachigen Raum Studien, die in der Rezeption des Labeling-Approachs die Entstehung und Markierung abweichenden Verhaltens als (schulischen) Interaktionsprozess fassten und damit zur Entpathologisierung von Devianz beitrugen (vgl. z. B. Brusten / Hurrelmann 1973; Homfeldt 1974). Diese Perspektiven führten zu einer intensiven Auseinandersetzung über die Komplexität pädagogischer Interaktion sowie ihren Anteil an schulischem Misserfolg und der anhaltenden Distanz von Schüler:innen gegenüber der Schule. Damit wurde die Kritik an den Bewertungs- und Selektionspraktiken in Schulen untermauert.

Wenngleich sozialpädagogisches Denken und Handeln innerhalb der Schule als notwendig angesehen wurde, wurde die Beschäftigung von Sozialarbeiter:innen bzw. Sozialpädagog:innen an Hauptschulen kontrovers diskutiert. Neben Befürworter:innen einer „Sozialpädagogik in der Schule", die sich explizit Problemen einzelner Schüler:innen widmen sollte, wurden deutliche Vorbehalte gegenüber einer psychologischen oder sozialpädagogischen Bearbeitung von Missständen geäußert, die erst durch das Schulwesen verursacht seien. So argumentierte der Schulpädagoge Herbert Gudjons: „Die gravierenden Selektionsschäden im Persönlichkeits- und Leistungsbewußtsein wurden in das Reformprogramm nicht einkalkuliert –, zugleich aber wurde Identifikation erwartet mit einer Schule, die die Hauptschüler auf die perspektivlose Verliererstraße gebracht hat. Wenn die Hauptschüler dann merken, daß es auf dieser Straße kein Umkehren gibt, wird ihre Erwartungslosigkeit oder ihr Vandalismus als Symptom beklagt – und sozialpädagogisch kuriert ..." (Gudjons 1982, S. 47; ähnlich Hopf 1981; vgl. zum „Richtungsstreit" der 1970er Jahre innerhalb der Sozialpädagogik Speck 2022, S. 12).

Seit Mitte der 1970er Jahre entstanden vereinzelte sozialpädagogische Modellvorhaben an Hauptschulen (vgl. Tillmann 1982, S. 17; Bericht eines Hamburger Projekts: Krüger 1987), die sich Projektarbeit und gruppendynamischen Übungen widmeten und Beratungsangebote für Schüler:innen und Eltern bereitstellten. Neben ihrem umstrittenen Auftrag blieben sie jedoch wegen fehlender Finanzierung und mangelnder schulpolitischer Unterstützung zeitlich befristet (vgl. Homfeldt 2004, S. 59 f.). Im Jahr 1982 waren deutschlandweit an keiner Hauptschule staatlich beschäftigte Sozialarbeiter:innen tätig. Doch gab es an den wenigen Ganztagshauptschulen sozialpädagogische Projekte und auch die sozialpädagogische Stadtteilarbeit richtete sich mancherorts direkt an Hauptschüler:innen (vgl. Tillmann 1982, S. 17). Zu einer tatsächlichen Verankerung der Sozialpädagogik bzw. Sozialen Arbeit durch die Beschäftigung von Sozialarbeiter:innen an einzelnen Hauptschulen kam es in den meisten Bundesländern erst in den 2000er Jahren im Zusammenhang mit Profilierungsbemühungen um die Hauptschule (vgl. Wissenschaftliche Dienste – Deutscher Bundestag 2017, S. 5, 16, 32 f., 38 f.). Daher muss hier offen bleiben, ab wann und in welchem Maße sich die schulische Praxis durch den Einsatz von Schulsozialarbeiter:innen sowie sozialpädagogische Wissensbestände tatsächlich wandelte.

Auch die Anstellung von Schulpsycholog:innen wurde spätestens seit den frühen 1970er Jahren medial gefordert (vgl. z. B. im *Spiegel*: o. A. 1972). Nachdem in den späten 1950er Jahren in Nordrhein-Westfalen in ersten Städten kommunale schulpsychologische Stellen errichtet worden waren, wurde der schulpsychologische Dienst in den 1970er Jahren ausgebaut. Während in Gesamtschulversuchen z. T. Psycholog:innen in den Schulen selbst beschäftigt waren (vgl. Denk 2001, S. 22), waren die meisten Schulpsycholog:innen in diesen kommunalen Beratungsstellen tätig und widmeten sich u. a. Lern- und Erziehungsschwierigkeiten. Anhand der Berichte des schulpsychologischen Dienstes in Münster – einer Stadt mit bereits damals stark zurückgehenden Hauptschulzahlen – ist erkennbar, dass sich die Kooperation gerade mit Hauptschulen ab den frühen 1980er Jahren intensivierte und die Schulpsychologie neben der sogenannten Einzelfallhilfe durch Fortbildungsveranstaltungen für Lehrpersonen, Teilnahme an Schüler:innen- und Elternprojekten und durch den Einbezug in die städtische Schulentwicklungsplanung einflussreich wurde (vgl. Schulpsychologische Beratungsstelle Münster 1972 ff.). In Köln gab es seit Mitte der 1980er Jahre konkrete Maßnahmen, in denen sich Schulpsycholog:innen und Lehrer:innen gemeinsam um die Reduktion der Anzahl an Schüler:innen ohne Abschluss durch eine Eingangsdiagnostik in Bezug auf Rechnen und Rechtschreiben (vgl. Erpenbach 2001) sowie Förderprojekte zum Rechtschreiben bemühten (vgl. Biciste 2001). Auch hier wäre noch genauer zu erarbeiten, inwiefern sich die schulische Praxis durch die Beteiligung von Schulpsycholog:innen veränderte und ob sich Lehrer:innen und Eltern im Schulalltag auf psychologische Deutungen stützten, wie im Unterricht mit der zunehmenden Diagnose schulischer Teilleistungsstörungen umgegangen wurde und inwiefern sich dabei die Diagnose- und Therapiepraktiken an Hauptschulen von denen an anderen Schulformen unterschieden.

4. Resümee und Anschlussüberlegungen

Mit Blick auf die weiter zurückreichende Geschichte der Schule lassen sich verschiedene Phasen identifizieren, in denen der Zusammenhang von Schule und Krankheit thematisiert wurde. In unterschiedlichen Aufmerksamkeitszyklen, die Reaktionen auf Bürokratisierungs- und Expansionsschübe des Schulischen sowie die Diffusion neuer medizinisch-psychologischer Wissensformen darstellten (vgl. z. B. Oelkers 1998; Balcar 2018), wurden die Gesundheit und das Wohlbefinden von Schüler:innen öffentlich diskutiert. Jene Auseinandersetzungen wiesen immer über den engeren Bereich der Schule hinaus – sie verhandelten zugleich soziale Ordnungen und gewünschte Subjekte (vgl. z. B. zu Männlichkeitsbildern in der Überbürdungsdebatte um 1900 Gippert 2013).

Dies gilt auch für die Pathologisierungsdiskurse über Hauptschüler:innen in den 1970er Jahren. Die Bildungsexpansion und die mit ihr verbundenen Reformdebatten hatten die Bedeutung der Schule für das Jugendalter radikal gesteigert und sukzessive zu einer Verschiebung schulischer Mindestabschlüsse in Richtung Mittlerer Reife geführt. Damit gerieten Schüler:innen in den Fokus der Aufmerksamkeit, die den neuen Anforderungen aus Sicht einer kritischen Bildungsöffentlichkeit nicht genügten. Hauptschüler:innen wurden an gewandelten Idealen des Aufwachsens gemessen, zu denen Eigeninitiative und die Idee individueller Selbstverwirklichung qua schulischer Bildung gehörten.[10]

Neben einer radikalen Ausweitung von Kategorien wie Verhaltensstörungen sowie Lern- und Erziehungsschwierigkeiten, die nicht nur pädagogisch-psychologische Diagnosen im engeren Sinne waren, wird am Beispiel der Pathologisierung von Hauptschüler:innen in den 1970er Jahren deutlich, wie Krankheitsbilder funktionalisiert und bildungspolitisch genutzt werden konnten. Die herausfordernden Erziehungsbedingungen an Hauptschulen und ‚Störungen' bzw. Probleme ihrer Schüler:innen wurden aus unterschiedlichen Perspektiven als Beleg für eine fehlgeleitete Bildungspolitik angeführt, deren Alternativen je nach Standpunkt in einer besseren materiellen oder personellen Ausstattung, einer Reduktion der unterrichtlichen Ansprüche, der Einführung von Gesamtschulen oder schüler:innenorientierter Methoden gesehen wurden.

In mehrfacher Weise wurden in diesem Beitrag daher auch Ambivalenzen der damaligen Pathologisierungsprozesse deutlich. Die Diagnose devianter und kranker Hauptschüler:innen führte zu einer neuen Aufmerksamkeit gegenüber einer zuvor wenig beachteten Gruppe von Schüler:innen. Sie mahnte die Beachtung der Bedürfnisse dieser Schüler:innen an und artikulierte neue Ansprüche auf eine adäquate Förderung. Dies geschah allerdings im Modus der ‚Veranderung' (vgl. Wenk 2022a), denn Hauptschüler:innen galten fortan z. T. pauschal als förderbedürftig. Diese homogenisierende Sicht auf Hauptschüler:innen beeinflusste, wie die Schulform und ihre Schüler:innen wahrgenommen wurden, und sie fixierte, welche Ansprüche ihnen zugestanden wurden.

Doch war der Pathologisierungsdiskurs nicht ungebrochen. Gerade kritische Pädagog:innen wandten sich entschieden gegen eine individualisierende Pathologisierung von Schüler:innen und argumentierten, dass die Schule im Allgemeinen und die Hauptschule im Besonderen abweichendes und ‚krankes'

10 Zum Wechselverhältnis neuer Selbständigkeitsanforderungen und der Identifikation von Schüler:innen, die diese verfehlen, vgl. Rabenstein / Reh 2009.

Verhalten erst hervorbringen würde. Die Auseinandersetzungen über die Schulreformen waren somit Deutungskämpfe um Normalität und die Gestaltung gewünschten Aufwachsens, an denen die (Schul-)Pädagogik zentral partizipierte und die medial selektiv aufgegriffen wurden.

Der Blick auf die Tages- und Wochenpresse legt nämlich nahe, dass zwar die Skandalisierung der Zustände an Hauptschulen intensiv wahrgenommen, die in den 1970er Jahren sich entsponnene erziehungswissenschaftliche Reflexion mit ihrer ausgeprägten Schul- und Gesellschaftskritik jedoch nur wenig berücksichtigt wurde. Daher erscheint es plausibel, dass die Rede von den ‚Restschulen' und den ‚Klippschulen der Nation' einen ähnlichen öffentlichen Ansehensverlust bestärkte, wie ihn die Historikerin Christiane Reinecke für marginalisierte Wohnviertel beschrieben hat (vgl. Reinecke 2013; vgl. die zeitgenössische Kritik Schmidt 1977, S. 290).

In diesem Beitrag ging es darum, wie die Schule zeitgenössisch als krankmachende Institution wahrgenommen und konstruiert wurde. Zuschreibungen des Pathologischen wurden als Sonde für die Verhandlung von Bildungsreformen genutzt. Es waren Schulpädagog:innen, Journalist:innen und publizierende Lehrer:innen, die Schüler:innen ‚krankschrieben'. Einwürfe von Ärzt:innen oder Psycholog:innen waren im betrachteten Diskurs weniger präsent. Ertragreich wäre es jedoch, noch konkreter nach den verschiedenen Wissensbeständen zu fragen, die zeitgenössisch zirkulierten, gerade dann, wenn es um den konkreten Umgang mit abweichendem Schüler:innenverhalten in der Schulpraxis ging. Zudem erscheint es notwendig, die Breitenwirkung und die weiteren Folgen dieser Diagnosen genauer zu bestimmen, denn gerade für die 1970er Jahre als bildungshistorische Epoche ist die Diskrepanz zwischen gesteigerten pädagogischen Ambitionen, konfligierenden Interessen und begrenzten Ressourcen charakteristisch. So wären etwa folgende Fragen zu stellen: Wie stark setzte sich außerhalb der betrachteten Reformmilieus die Vorstellung durch, dass Lehrer:innen therapeutisch handeln sollten? Wie beeinflusste sie die Professionalitätsentwürfe zum Lehrer:innenberuf und welche Relevanz hatte sie für die schulische Praxis und die konkrete Ausgestaltung pädagogischer Arbeitsbündnisse? Erst durch eine differenzierte Aufarbeitung ließe sich genauer herausstellen, inwiefern und ab wann die Schule tatsächlich zunehmend therapeutische Aufgaben übernahm. In diesem Zusammenhang wäre auch zu fragen, ob sich als Folge der Auseinandersetzung über die Pathologisierung von Hauptschüler:innen besondere schulformspezifische „pädagogische[] Anerkennungskulturen" herausbildeten, wie sie die Schulforschung der 1990er Jahre identifiziert hat (vgl. Helsper/Wiezorek 2006, S. 452 f.).

Quellen- und Literaturverzeichnis

Quellen

Banaschewski, Anne (1961): Die Volksschule im technischen Zeitalter. In: Die Deutsche Schule 53, H. 6, S. 280–298.

Bartels, Hannes / Freise, Gerda / Heidorn, Fritz (1981): Das Ende der Hauptschule ist der Anfang pädagogischer Arbeit. In: Westermanns Pädagogische Beiträge 32, H. 9, S. 376–383.

Bauermeister, Peter (1973): Hauptschul-Sorgen. In: Rheinische Post, 13.08.1973, gefunden im Landesarchiv Nordrhein-Westfalen, Abteilung Rheinland (LAV NRW R), NW 372 Nr. 538.

Berger, Carola (1972): Zur Situation des Englischunterrichts. Unter Einbeziehung der Examensarbeiten von: U. Brinkmann, G. Ehring, F. Osteresch. In: Kultusministerium NRW (Hrsg.): Zur Situation der Hauptschule in Nordrhein-Westfalen. Berichte und Materialien der Forschungsgruppe Hauptschule. Bd. 2: Fachbezogene Reformen. Wuppertal: Henn, S. 73–121.

Blumenthal, Alfred (1961): Zum Stilwandel der Volksschuloberstufe. Überlegungen vor der Einführung des 9. Schuljahres. In: Die Deutsche Schule 53, H. 12, S. 552–566.

Brusten, Manfred / Hurrelmann, Klaus (1973): Abweichendes Verhalten in der Schule. Eine Untersuchung zu Prozessen der Stigmatisierung. München: Juventa.

Bundesvereinigung der Deutschen Arbeitgeberverbände (1977): Die Wirtschaft zur Hauptschulkrise. Zur Gestaltung und Aufwertung der Hauptschule. Köln: Gebr. Nettesheim oHG.

Deutsche Presse-Agentur (1973): GEW: Hauptschulen bevorzugen, 26.11.1973, gefunden im LAV NRW R, NW 372 Nr. 538.

Deutscher Ausschuß für das Erziehungs- und Bildungswesen (Hrsg.) (1966): Empfehlungen und Gutachten des Deutschen Ausschusses für das Erziehungs- und Bildungswesen 1953–1965. Gesamtausgabe. Im Auftrage des Ausschusses besorgt von Hans Bohnenkamp, Walter Dirks, Doris Knab. Stuttgart: Klett.

Deutscher, Erhard (1977): Ein Stück Wirklichkeit der Hauptschule. Schilderung eines Schulleiters. In: Westermanns Pädagogische Beiträge 29, H. 1, S. 25–27.

Fraktion der CDU (1976): Reform der Hauptschule, 05.05.1976. In: Landtag NRW. Drucksache 8/965.

Frister, Erich (1976): Elf Thesen für eine Gegenschule. In: Frister, Erich (Hrsg.): Schicksal Hauptschule. Argumente zugunsten einer sprachlosen Minderheit. 2. Aufl. Köln / Frankfurt a. M.: Europäische Verlagsanstalt, S. 99–104.

Frister, Erich (1977): Eine Zukunft für die Hauptschule? In: Gewerkschaft Erziehung und Wissenschaft (Hrsg.): In Sachen: Hauptschule. Redaktion: Steffen Welzel. Kronberg / Ts.: Scriptor-Verl., S. 11–26.

Gudjons, Herbert (1977): Jugendarbeit mit Hauptschülern. Chancen eines pädagogischen Optimismus am Beispiel einer Hamburger Initiative. In: Westermanns Pädagogische Beiträge 29, H. 7, S. 295–299.

Gudjons, Herbert (1982): Hauptschule – wohin? 20 Jahre Hauptschule und kein Grund zum Feiern. In: Westermanns Pädagogische Beiträge 33, H. 2, S. 44–48.

Heimann, Paul (1957): Zur Bildungssituation der Volksschuloberstufe in der Kultur und Gesellschaft der Gegenwart. In: Die Deutsche Schule 49, H. 12, S. 49–65.

Hoffmann, Michael (1974a): Die Hauptschule in der Strukturkrise. In: Westermanns Pädagogische Beiträge 26, H. 9, 467–472.

Hoffmann, Michael (1974b): Drei Reports zur Situation der Hauptschule. In: Westermanns Pädagogische Beiträge 26, H. 10, S. 541–549.

Homfeldt, Hans Günther (1974): Stigma und Schule. Abweichendes Verhalten bei Lehrern und Schülern. Düsseldorf: Schwann.

Hopf, Arnulf (1981): Lehrer als Sozialpädagoge – Feuerwehr für selbstgelegte Brände? In: Westermanns Pädagogische Beiträge 32, H. 2, S. 53–56.

Hurrelmann, Klaus (1970): Die familiäre und schulische Situation der Kinder an Hauptschulen. Eine empirische Untersuchung. Unter Mitarbeit von Brita Abraham, Irmgard Scheufler und Rainer Schulte. Münster: o. V.

Hurrelmann, Klaus (1971): Unterrichtsorganisation und schulische Sozialisation. Eine empirische Untersuchung zur Rolle der „Leistungsdifferenzierung" im schulischen Selektionsprozeß. Weinheim: Beltz.

Institut für Bildungsplanung und Studieninformation Stuttgart (1972): Leitstudie zur Situation der Hauptschule in Baden-Württemberg. Bericht der Bildungsberatungsstellen Karlsruhe und Schwäbisch Hall. o. O.: o. V.

Ipfling, Heinz-Jürgen (1976): Stiefkind „Hauptschule". In: Ehrenwirth Hauptschulmagazin 1, H. 1, S. 1.

Iserlohe, Norbert (1971): Klippschule der Nation? In: Kölnische Rundschau, 25.08.1971, gefunden im LAV NRW R, NW 372 Nr. 539.

Klafki, Wolfgang (1967): Pädagogische und didaktische Aspekte. In: Kultusministerium NRW (Hrsg.): Grundsätze, Bildungspläne, Richtlinien zur Neuordnung der Hauptschule in Nordrhein-Westfalen. Ratingen: Henn, S. A 2/1–8.

Klink, Job-Günter (1974): Klasse H 7 E. Aufzeichnungen aus dem Schulalltag. Bad Heilbrunn/Obb.: Klinkhardt.

Klink, Job-Günter (1977): Alltag in der Hauptschule. In: Die Deutsche Schule 69, H. 4, S. 223–237.

Krüger, Gerd (1987): Sozialpädagogik an Hauptschulen. Abschlußbericht über ein Forschungs- und Entwicklungsprojekt der Fachhochschule Hamburg, Fachbereich Sozialpädagogik. Hamburg: o. V.

Kultusministerium NRW (Hrsg.) (1966): Ausbau der Grundschule und der Hauptschule. Ratingen: Henn.

Lichtenstein-Rother, Ilse (1964): Gedanken zur inhaltlichen und methodischen Struktur der Volksschule. In: Präsidium des Pädagogischen Hochschultages durch die Geschäftsstelle des Arbeitskreises Pädagogischer Hochschulen (Hrsg.): Das Problem der Didaktik. Bericht über den 5. Deutschen Pädagogischen Hochschultag vom 1.–5. Oktober 1962 in Trier. 3. Beiheft der Zeitschrift für Pädagogik. 3. Aufl. Weinheim: Beltz, S. 145–169.

Lichtenstein-Rother, Ilse (o. J.): [Interview]. Universitätsarchiv Augsburg, Nachlass Ilse Lichtenstein-Rother vorläufige Nr. 264.

Loser, Fritz (1972): Einführung: Steigern Leistungsgruppen die Gruppenleistung? – Lehrplanziele und Unterrichtsrealität. In: Kultusministerium NRW (Hrsg.): Zur Situation der Hauptschule in Nordrhein-Westfalen. Berichte und Materialien der Forschungsgruppe Hauptschule. Bd. 1: Differenzierung. Ratingen u. a.: Henn, S. 9–17.

o. A. (1971): Lehrerverband übt scharfe Kritik: Hauptschülern droht Bildung zweiter Klasse. In: Ruhr Nachrichten/Westfalenpost, 25.08.1971, gefunden im LAV NRW R, NW 372 Nr. 539.

o. A. (1972): Geduckt und gedehnt. In: Der Spiegel, 03.12.1972.

o. A. (1975a): Keucht hoffnungslos. In: Der Spiegel, 16.02.1975.

o. A. (1975b): Nix zu machen. In: Der Spiegel, 28.12.1975.

Preuss-Lausitz, Ulf (1975/1977): Von der Hauptschule zur Restschule. In: Redaktion betrifft: erziehung (Hrsg.): Hauptschule. Weinheim/Basel: Beltz, S. 13–22.

Roth, Heinrich (1961): Die Jugend von heute und die Schule. In: Roth, Heinrich (Hrsg.): Jugend und Schule zwischen Reform und Restauration. Hannover: Schroedel, S. 9–35.

Roth, Heinrich (1963): Die Zukunft der Volksschule. In: Die Deutsche Schule 55, H. 11, S. 553–566.

Schmidt, Ralf (1977): Protest gegen Erhard Deutscher „Ein Stück Wirklichkeit der Hauptschule". In: Westermanns Pädagogische Beiträge 29, H. 7, S. 290–291.

Schulpsychologische Beratungsstelle Münster (1972 ff.): Jahresberichte. Stadtarchiv Münster, Druckschriften der Stadt Münster Nr. 122 Bd. 1 ff.

Senatsverwaltung für Schulwesen Berlin (1973/1979): Analyse besonderer Problembereiche der Hauptschule – Frühjahr 1973 –. In: Mancke, Klaus (Hrsg.): Lehrer an Hauptschulen. Ein Beitrag zur sozialhistorischen Analyse des Bildungswesens. Frankfurt a. M.: Diesterweg, S. 239–250.

Stankiewitz, Karl (1976): „Eine Schule der Ausgeflippten". „Arbeitskreis Hauptschule" Stiefkind des Schulsystems. In: Westdeutsche Allgemeine Zeitung, 30.03.1976, gefunden im LAV NRW R, NW 372 Nr. 537.

Tillmann, Klaus-Jürgen (1982): Schulsozialarbeit – Eine Einführung in Praxisansätze und Theoriekonzepte. In: Tillmann, Klaus-Jürgen (Hrsg.): Schulsozialarbeit. Problemfelder und Erfahrungen aus der Praxis. München: Juventa, S. 9–41.

Literatur

Baader, Meike Sophia (2020): Von der Antiautorität zur Diversität. Soziale Differenzen in Kinderläden und Elterninitiativen in der Bundesrepublik von den 1970er Jahren bis heute. In: Geschichte und Gesellschaft 46, H. 2, S. 200–230.

Balcar, Nina (2018): Kinderseelenforscher. „Psychopathische" Schuljugend zwischen Pädagogik und Psychiatrie. Köln: Böhlau.

Biciste, Doris (2001): Förderung von Schülerinnen und Schülern mit besonders schwachen Leistungen im Lesen und Rechtschreiben. In: Kuhlmann, Klaus / Mittag, Elfriede (Hrsg.): Schulpsychologie in Nordrhein-Westfalen. Eine kommunale Erfolgsgeschichte. Lohmar / Köln: Eul, S. 135–138.

Denk, Karl (2001): Zur Geschichte der kommunalen Schulpsychologie. In: Kuhlmann, Klaus / Mittag, Elfriede (Hrsg.): Schulpsychologie in Nordrhein-Westfalen. Eine kommunale Erfolgsgeschichte. Lohmar / Köln: Eul, S. 13–25.

Engelhardt, Sabine (1988): Von der volkstümlichen Bildung zum wissenschaftsorientierten Lernen. Untersuchungen zum Wandel des Bildungsbegriffs. Diss. Universität Göttingen.

Erpenbach, Heinz (2001): Projekt zur Verhinderung von Schulversagen in der Hauptschule. In: Kuhlmann, Klaus / Mittag, Elfriede (Hrsg.): Schulpsychologie in Nordrhein-Westfalen. Eine kommunale Erfolgsgeschichte. Lohmar / Köln: Eul, S. 131–135.

Furck, Carl-Ludwig (1998): Das Schulsystem: Primarbereich – Hauptschule – Realschule – Gymnasium – Gesamtschule. In: Führ, Christoph / Furck, Carl-Ludwig (Hrsg.): Handbuch der deutschen Bildungsgeschichte. Bd. 6: 1945 bis zur Gegenwart. Teilbd. 1: Bundesrepublik Deutschland. München: C. H. Beck, S. 282–356.

Gass-Bolm, Torsten (2005): Das Gymnasium 1945–1980. Bildungsreform und gesellschaftlicher Wandel in Westdeutschland. Göttingen: Wallstein.

Gippert, Wolfgang (2013): Gymnasiasten in der Krise!? Zur Überbürdungsdebatte im Deutschen Kaiserreich. In: Kleinau, Elke / Schulz, Dirk / Völker, Susanne (Hrsg.): Gender in Bewegung. Aktuelle Spannungsfelder der Gender und Queer Studies. Bielefeld: transcript, S. 257–271.

Helsper, Werner / Wiezorek, Christine (2006): Zwischen Leistungsforderung und Fürsorge. Perspektiven der Hauptschule im Dilemma von Fachunterricht und Unterstützung. In: Die Deutsche Schule 98, H. 4, S. 436–455.

Homfeldt, Hans-Günther (2004): Historische Aspekte zum Verhältnis von Jugendhilfe und Schule. In: Hartnuß, Birger / Maykus, Stephan (Hrsg.): Handbuch Kooperation von Jugendhilfe und Schule. Ein Leitfaden für Praxisreflexionen, theoretische Verortungen und Forschungsfragen. Freiburg: Lambertus, S. 41–68.

Kirchgasler, Kathryn L. / Kuhlmann, Nele (2023): Historicising inclusion: how science curricular differentiation produced populations of concern in the United States and West Germany (1960s–1980s). In: Paedagogica Historica 59, S. 124–144.

Kössler, Till (2018): Jenseits von Brutalisierung oder Zivilisierung. Schule und Gewalt in der Bundesrepublik (1970–2000). In: Zeithistorische Forschungen 15, S. 222–249.

Mattes, Monika (2017): Von der Leistungs- zur Wohlfühlschule? Die Gesamtschule als Gegenstand gesellschaftlicher Debatten und pädagogischer Wissensproduktion in der Bundesrepublik Deutschland in den 1970er und 1980er Jahren. In: Reh, Sabine / Glaser, Edith / Behm, Britta / Drope, Tilman (Hrsg.): Wissen machen. Beiträge zu einer Geschichte erziehungswissenschaftlichen Wissens in Deutschland zwischen 1945 und 1990. 63. Beiheft der Zeitschrift für Pädagogik. Weinheim/Basel: Beltz Juventa, S. 187–206.

Oelkers, Jürgen (1998): Physiologie, Pädagogik und Schulreform im 19. Jahrhundert. In: Sarasin, Philipp/Tanner, Jakob (Hrsg.): Physiologie und industrielle Gesellschaft. Studien zur Verwissenschaftlichung des Körpers im 19. und 20. Jahrhundert. Frankfurt a. M.: Suhrkamp, S. 245–285.

Rabenstein, Kerstin/Reh, Sabine (2009): Die pädagogische Normalisierung der ‚selbstständigen Schülerin' und die Pathologisierung des ‚Unaufmerksamen'. Eine diskursanalytische Skizze. In: Bilstein, Johannes/Ecarius, Jutta (Hrsg.): Standardisierung – Kanonisierung. Erziehungswissenschaftliche Reflexionen. Wiesbaden: VS Verlag für Sozialwissenschaften, S. 159–180.

Reinecke, Christiane (2013): Laboratorien des Abstiegs? Eigendynamiken der Kritik und der schlechte Ruf zweier Großsiedlungen in Westdeutschland und Frankreich. In: Informationen zur modernen Stadtgeschichte, S. 25–34.

Rudloff, Wilfried (2014): Ungleiche Bildungschancen, Begabung und Auslese. Die Entdeckung der sozialen Ungleichheit in der bundesdeutschen Bildungspolitik und die Konjunktur des „dynamischen Begabungsbegriffs" (1950 bis 1980). In: Archiv für Sozialgeschichte 54, S. 193–244.

Speck, Karsten (2022): Schulsozialarbeit. Eine Einführung. 5. Aufl. München: Ernst Reinhardt.

Tändler, Maik (2015): Erziehung der Erzieher. Lehrer als problematische Subjekte zwischen Bildungsreform und antiautoritärer Pädagogik. In: Eitler, Pascal/Elberfeld, Jens (Hrsg.): Zeitgeschichte des Selbst. Therapeutisierung – Politisierung – Emotionalisierung. Bielefeld: Transcript, S. 85–112.

Wenk, Sandra (2022a): Die Bildung der Anderen. Der Krisendiskurs über die Hauptschule und Hauptschüler*innen in den 1970er- und frühen 1980er-Jahren. In: Archiv für Sozialgeschichte 62, S. 243–264.

Wenk, Sandra (2022b): Hoffnung Hauptschule. Zur Geschichte eines vergessenen Gesellschaftsprojekts der Bildungsreformära 1957–1973. Göttingen: Wallstein.

Wissenschaftliche Dienste – Deutscher Bundestag (2017): Ausarbeitung Schulsozialarbeit. WD 8 – 3000 – 012/17.
www.bundestag.de/resource/blob/507408/cba3b079f298a0d2400174965bf707ec/wd-8-012-17-pdf-data.pdf (Abfrage: 12.12.2022)

Psychoorganisches Syndrom (POS)

Die Wirkung einer psychiatrischen Diagnose in der Schweizer Pädagogik der 1970er Jahre[1]

Daniel Deplazes und Patrick Bühler

1980 stahl ein im Zürcher Landerziehungsheim Albisbrunn für „schwererziehbare" Knaben internierter „Zögling" in der Wohngruppe, der Heimschule und an seinem Arbeitsplatz „die verschiedensten Sachen" wie Besteck oder Spielfiguren.[2] Auf dem Weg zum Antiquitätengeschäft, um zumindest einen Teil der vom Zögling dort veräußerten Beute wieder zurückzuerhalten, erklärte der geständige Junge seinem Erzieher, „dass es nicht seine Schuld sei, dass er klaue". Auf die Nachfrage, wessen Schuld es dann sei, antwortete der Knabe, dass „sein Psychiater, aber auch seine Mutter", ihm erklärt hätten, dass er bloß „klaue", weil er einen „Hirnschaden" habe.[3] Die Heimeinweisung des Jungen erfolgte zwei Jahre zuvor aufgrund eines psychiatrischen Gutachtens. Die Diagnose lautete: „Psychoorganische[s] Syndrom[]", kurz „POS".[4]

In den 1960er Jahren zeichneten sich allmählich – mit etwa „minimal brain dysfunction" (MBD) (Rothenberger/Neumärker 2005, S. 11) oder, einer in der Schweiz später sehr gebräuchliche Bezeichnung, POS – Diagnosen für vermeintlich hyperaktive Kinder und Jugendliche ab, die bis dahin in der Medizin nur selten behandelt wurden (vgl. Smith 2012, S. 25). Seit der dritten Version des *Diagnostic and Statistical Manual of Mental Disorders* (DSM)[5] begann sich dann in den 1980er Jahren die Benennung „Aufmerksamkeitsdefizit-/Hyperaktivitätsstörung" (ADHS) für Symptombeschreibungen wie „motorische Unruhe, mangelnde emotionale Impulskontrolle und Unaufmerksamkeit" durchzusetzen (Rothenberger/Neumärker 2005, S. 9). Dass es Medikamente gab, die ‚funktionierten',

1 Dieser Beitrag entstand im Rahmen des vom Schweizerischen Nationalfonds geförderten NFP-76-Projekts zur Geschichte des Landerziehungsheims Albisbrunn (Projekt-Nr. 177436).

2 Journal-Blatt, 15.02.1980, S. 9, Staatsarchiv Zürich (StAZH) Z 870.499. Aus Gründen der Lesbarkeit werden die häufigen Quellenbegriffe „schwererziehbar", „Schwererziehbare" sowie „Zögling" nachfolgend ohne Anführungszeichen verwendet.

3 Journal-Blatt, 06.03.1980, S. 9 f., StAZH Z 870.499.

4 Psychiatrisches Gutachten, 14.08.1978, S. 3, StAZH Z 870.499.

5 Beim DSM handelt es sich um ein „Klassifikationssystem psychischer Störungen", das von der American Psychiatrie Association herausgegeben wird und mit aktualisierten Versionen seit 1952 neben dem *International Statistical Classification of Diseases and Related Health Problems* (ICD) zu den etablierten Diagnoseinstrumenten für psychische Krankheiten gehört (vgl. Gawrilow 2012, S. 23).

mag der sich allmählich etablierenden medizinischen Erklärung nicht geschadet haben: Ende der 1930er Jahre wurden Amphetamine eingesetzt (vgl. Strohl 2011), 1944 wurde der Wirkstoff Methylphenidat synthetisiert, der 1954 als „Ritalin" auf den Markt kam (Rothenberger/Neumärker 2005, S. 26). Nicht erst seit Kurzem ging die Diagnose daher mit der Sorge bezüglich einer ‚Medikamentalisierung' von Kindern und Jugendlichen einher. So wies etwa 1977 der Ordinarius für Sozialpädagogik der Universität Zürich, Heinrich Tuggener (1924–2019), auf die „Nebenwirkungen" der „Psychopharmaka" hin, welche die Ärzte für die „Dämpfung der Hyperaktivität" beim „hirnfunktionsgestörte[n] Kind" verschreiben würden und die auch die Familie und die Schule mitzutragen hätten (Tuggener 1977, S. 32, 35).

Die Entwicklung der hyperkinetischen Störung ist geradezu ein Paradebeispiel für den Aufstieg der Psychologie und Psychiatrie, der auch vor der Pädagogik nicht haltmachte. Ende des 19. Jahrhunderts setzte mit der Etablierung von Hilfsklassen, Spezialheimen und dem Einzug von Schulärzten in Schulen eine ‚Psychologisierung' des Kindes ein, die in den 1970er Jahren in einem regelrechten „Psychoboom" eine ganz neue Qualität erlangte (vgl. Tändler 2016). Ab 1971 zählte die „Verordnung über Geburtsgebrechen" der Schweizer Invalidenversicherung[6] das „psychoorganische[] Syndrom" explizit zu den beitragsberechtigten Leiden (Schweizer Bundesrat 1971, Art. 2 Ziff. 404), eine Versicherungsleistung für POS, die bis 2012 Bestand hatte (vgl. Schweizer Bundesrat 2012). Im Frühling 1974 wurde der Elternverein für Kinder mit leichten psychoorganischen Funktionsstörungen (ELPOS) gegründet (vgl. Ehrat 1985), der mit dem mittlerweile geführten Untertitel *ADHS-Organisation* und der verklammerten Nomenklatur „ADHS (POS)" POS geradezu bruchlos mit ADHS gleichsetzte.[7] Die historische Analyse von POS ermöglicht somit nicht zuletzt eine Art Archäologie von ADHS, einer vermeintlich neuen Krankheit, die jedoch nicht voraussetzungslos in Erscheinung trat.

Für die ‚Boomphase' von POS in den 1970er Jahren lässt sich fragen, welche Bedeutung die „Tatsache ‚hirngeschädigtes Kind'" (Tuggener 1977, S. 31) in einem der pädagogischen Praxisfelder der Zeit erlangte – der Heimerziehung für schwererziehbare Kinder und Jugendliche. POS ‚erreichte' in den 1970er Jahren nämlich auch die Heime: Mediziner hielten Vorträge für Heimmitarbeitende über das „psychoorganische[] Syndrom" (Krüsi 1977, S. 71), Ausbildungskurse für Heimerzieherinnen und Heimerzieher trugen Titel wie „Fallanalyse eines frühkindlich hirngeschädigten Kindes"[8]. Vereinzelt entstanden „Sonderschule[n] […] für POS-Kinder" (vgl. VSA 1978, S. 2) und die damalige, sich allmählich

6 Für die Geschichte der Schweizer Invalidenrente vgl. Germann 2010.

7 ELPOS Schweiz: ADHS-Organisation, https://www.adhs-organisation.ch/ueber-uns/ (Abfrage: 05.12.2022).

8 Jahresbericht Schule für Soziale Arbeit Zürich 1976, S. 37, Zentralbibliothek Zürich (ZBZ) LK 1606/1.

etablierende empirische Heimforschung kam zu dem Schluss, dass „Jugendliche mit psychoorganischen Störungen [...] zur schwierigsten Klientengruppe der Erziehungsinstitutionen“ zu zählen seien (Schürmann 1978, S. 63). Da mit „medizinisch-psychiatrische[n] Begründungen“ im Verlauf des 20. Jahrhunderts vermehrt „Fremdplatzierungsmaßnahmen“ legitimiert wurden (Janett 2018, S. 263; vgl. auch Bereswill/Müller-Behme 2018; Friedmann 2020; Künzle et al. 2020), lässt sich an POS studieren, wie eine Diagnose in der Heimerziehung ‚funktionierte‘: Wie gingen die Heimleitungen mit der Diagnose um? Wie groß war die „Macht von Gutachten“ (Dietrich-Daum/Ralser 2018, S. 126)? Und wie wirkte sich die Diagnose auf die pädagogische Praxis im Heim aus?

Um sich den aufgeworfenen Fragen zu nähern, soll zunächst geprüft werden, inwieweit sich POS auf die Alltagsgeschäfte der damaligen Jugendheimleiter für männliche Zöglinge in der deutschsprachigen Schweiz niederschlug (vgl. Teil 1). Das Quellenkorpus hierzu bilden u. a. Fachpublikationen des damaligen Albisbrunner Heimleiters Hans Häberli (1924–2004), sozialpädagogische Studienbefunde von Befragungen der Heimleitungen in den 1970er Jahren sowie Protokolle der Arbeitsgruppe der Jugendheimleiter (JHL), einem Zusammenschluss der Leiter von Jugendheimen für männliche Jugendliche (vgl. Germann 2016, S. 67). Am Fallbeispiel des Landerziehungsheims für schwererziehbare Knaben Albisbrunn,[9] in dem auch der Besteck stehlende Junge mit dem „Hirnschaden“[10] untergebracht war, wird nachfolgend die pädagogische Praxis untersucht. Es soll eruiert werden, in welchem Umfang Knaben mit der Diagnose POS in Albisbrunn untergebracht waren und welche Bedeutung den psychiatrischen Gutachten bei der Heimeinweisung zukam (vgl. Teil 2), bevor geklärt wird, welche Wirkung die Diagnose in der pädagogischen Praxis entfaltete (vgl. Teil 3). Ausgewertet werden vor der Heimplatzierung erstellte psychiatrische Gutachten sowie Fallbesprechungen während des Heimaufenthalts in einem Sample von 45 Zöglingsdossiers im Zeitraum von 1968 bis 1982, was 13 % der in diesen 15 Jahren insgesamt 348 eingewiesenen Knaben entspricht. Abschließend werden die Befunde dahingehend gebündelt und diskutiert, inwiefern POS ein unpädagogisches Argument war (vgl. Teil 4).

---

9 Das 1924 gegründete Landerziehungsheim beherbergte im Untersuchungszeitraum bis zu 70 Zöglinge im Alter von 12 bis 22 Jahren, die etwa vom Jugendstrafgericht zu einer Erziehungsmaßnahme verurteilt, im Rahmen einer fürsorgerischen Zwangsmaßnahme fremdplatziert worden waren oder deren Eltern sich unmittelbar an das Heim gewendet haben. Albisbrunn verfügte über eine interne Volks- und Gewerbeschule, betreute Wohngruppen sowie mehrere Betriebe, in denen die Zöglinge eine Lehre u. a. als Maler, Schreiner, Koch oder Landwirt absolvieren konnten (vgl. ATH/JHL 1973, S. 11 f.). Für Analysen über das Verhältnis von „Heimkritik und Integration“ sowie über die Formierung des „Schwersterziehbaren“ in den 1970er Jahren am Beispiel Albisbrunns vgl. Deplazes 2021; 2022.

10 Journal-Blatt, 06.03.1980, S. 10, StAZH Z 870.499.

1. POS in den Alltagsgeschäften der Jugendheimleiter

Obwohl der Heimleiter Albisbrunns, Hans Häberli, die „Etikettierung" Jugendlicher problematisierte, da eine „einmal applizierte Etikette die eigentliche pädagogische Aufgabenstellung im Nebel vermeintlich scharfer Begrifflichkeit verschwimmen" lasse (Häberli 1981, S. 53, 61), hegte er an POS als einem mehr oder weniger genauen Krankheitsbild keine Zweifel. Wiederholt wies er darauf hin, dass Jugendliche mit „frühkindliche[r] hirnorganische[r] Schädigung (POS)" im Landerziehungsheim untergebracht seien (zit. n. Bi[nzegger] 1983, S. 53). Mit POS erklärte er das normabweichende Verhalten der Zöglinge sowie die Notwendigkeit einer Fremdplatzierung. So meinte er, dass „POS-Kinder" aufgrund ihrer „hirnorganischen Schäden" zu Fällen „der Strafjustiz" werden würden.[11] In einer Fallbeschreibung im Albisbrunner Stiftungsrat versuchte er, diesen Befund an einem besonders schwierigen Zögling zu illustrieren: Die Delikte des Knaben – wie Drogenkonsum oder sexualisierte Gewalt gegenüber seiner jüngeren Schwester – hätten sich mittlerweile auf 30 Straftaten kumuliert. Der Heimleiter erklärte diesen Hang zur Kriminalität damit, dass es sich bei dem Jungen um ein „Kind mit POS" handle.[12] Ebenso ließen sich Entweichungen aus dem Heim für den Heimleiter auf POS zurückführen. 1974 erklärte er einem Journalisten, der ihn zu den Fluchtgründen der Zöglinge befragte, dass es in der Population des Heims Jugendliche gebe, die sich laufend „zwischen Heil- und Pflegeanstalten und einem Erziehungsheim [...] bewegen" würden. Besonders bei der „grossen Gruppe[], die [h]irnorganische [D]efekte" habe, sei nie klar, weshalb die Jungen auf der Flucht sind.[13]

Wie groß diese „Gruppe" sei, präzisierte Häberli in einer Befragung anlässlich einer Studie über die *Institutionalisierte Fremdplatzierung* (1978), die sich den Jugendheimen der deutschsprachigen Schweiz widmete. Er schätzte, dass es sich bei 20 % der Albisbrunner Knaben um „Organiker", eines der in den Quellen verwendeten Synonyme für POS, handelte (Schürmann 1978, S. 161). Häberli war mit seiner Einschätzung nicht allein. Ende der 1970er Jahre untersuchte die großangelegte sozialpädagogische Studie *Konzepte der Heimerziehung für erziehungsschwierige Kinder und Jugendliche* u. a. die „Klientenbezeichnungen" und deren „Häufigkeit im Heim" in den damals 162 Kinder- und Jugendheimen der deutschsprachigen Schweiz (Amsler et al. 1977, S. 55 f.). Immerhin 49 % der befragten Heimleitungen deklarierten, dass „Hirnorganiker" zu ihrer Heimpopulation gehörten, wobei die Mehrheit – wie Häberli – von einem Anteil von

11 Protokoll Arbeitsgruppe Konkordat Jugendmassnahmenvollzug (Kommission Schlegel), 30.01.1981, S. 4, Schweizerisches Bundesarchiv (BAR) E4112B#1991/201#107*.

12 Protokoll Stiftungsrat, 04.09.1986, S. 2, StAZH Z 866.62.

13 Transkript eines Interviews mit H. Häberli, geführt von U. H., 05.12.1974, S. 5, StAZH AL-Nr. 2021/071.

bis zu 25% der Zöglinge ausging. „Hirnorganiker“ waren demnach etwa gleich oft in Heimen anzutreffen wie jugendliche „Delinquente[n]“, aber gleichwohl seltener als „Millieugeschädigte“ (Amsler et al. 1977, S. 56). Damit waren „POS-Kinder“ in Heimen übervertreten, gingen doch damalige Schätzungen von 5–10% „hirngeschädigte[n] Kinder[n] unter der Schülerpopulation“ der Volksschule aus (Tuggener 1977, S. 35).

Wird berücksichtigt, wie zahlreich „POS-Kinder“[14] in den Heimen waren, ist es wenig erstaunlich, dass die Diagnose ebenso dabei mithalf, Bauprojekte für neue Heime voranzutreiben. Die Arbeitsgruppe Jugendheimleiter (JHL) erachtete es etwa als notwendig, neue „Sondereinrichtungen“ wie „jugendpsychiatrische Abteilungen“ für u. a. „hirnorganisch Geschädigte“ zu gründen (JHL 1972, S. 53 f.). In der Filmdokumentation *Erziehungsheim – Hilfe oder Strafe?* (1973) wiederholte der Direktor der Erziehungsanstalt Aarburg, Fritz Gehrig (* 1925), diese Forderung: In der Schweiz fehle es an „geschlossenen Abteilungen“ für Jugendliche, die an „schweren Neurosen“ oder „hirnorganischen Schäden“ litten.[15] In der JHL stellte Gehrig bereits 1972 fest, dass sich „Hirnorganiker“ in seinem Heim anmeldeten, für welche die Aarburg schlicht „ungeeignet[]“ sei.[16] Mit Hilfe von Bauplänen wogen die Heimleiter ab, ob „die Unterbringung und Betreuung von hirnorganisch Geschädigten zusammen mit psycho[logisch] Fehlentwickelten in der gleichen Gruppe“[17] sinnvoll sei oder welche neuen Heimtypen sich für das „POS-Kind[]“ eignen würden. Gewisse Bauvorhaben, wie die 1974 von der damaligen Jugendstrafrechtsrevision vorgesehenen „Therapieheim[e]“[18], seien etwa für „Hirnorganiker“ unpassend, da diese Kinder und Jugendlichen nicht behandelt, sondern „diszipliniert“ werden müssten.[19] Was jedoch genau zu tun sei, darüber rätselten auch die Heimleiter der JHL, die durchaus die kursierenden, diffusen Beschreibungen von POS im medizinischen Fachdiskurs wahrnahmen. Sie stellten etwa fest, dass die „Fachleute“ sich nicht einig darüber seien, inwiefern die „Verhaltensgestörtheit“ von „Hirnschädigungen“ herrühre. Während die einen davon ausgingen, dass „90–95% auf frühkindliche Hirnschädigungen zurückzuführen“ seien, würden andere lediglich „1–2% dieser Belastung“ zuschreiben.[20]

---

14 Protokoll Arbeitsgruppe Konkordat Jugendmassnahmenvollzug (Kommission Schlegel), 30.01.1981, S. 4, BAR E4112B#1991/201#107*.

15 Erziehungsheim – Hilfe oder Strafe?, Filmschaffende: Gerhard Camenzind/Ellen Steiner/Christian Senn, Schweiz 1973, Archivdatenbank SRF: FARO.

16 Protokoll JHL, 26.04.1972, S. 2, StAZH W II 24.1851.

17 Protokoll JHL, 04.02.1971, S. 5, StAZH W II 24.1851.

18 Das revidierte Schweizerische Jugendstrafrecht von 1971, das 1974 in Kraft trat, sah zwei neue Heimtypen für „ausserordentlich schwer erziehbar[e]“ Jugendliche vor (vgl. Art. 93ter, Bundesgesetz betreffend Änderung des Schweizerischen Strafgesetzbuches, 18.03.1971, AS 1971 777). Das „Therapieheim“ war eines davon und sollte ein „spezielles pädagogisch-therapeutisches“ Programm anbieten (zit. n. Tanner 1987, S. 30. Herv. d. O. entfernt).

19 Protokoll JHL, 04.02.1971, S. 5, StAZH W II 24.1851.

20 Protokoll JHL, 27.01.1972, S. 2, StAZH W II 24.1851.

Die Diagnose POS scheint relativ reibungslos Eingang in das damalige organisatorische, konzeptionelle wie heimpolitische Alltagsgeschäft der Jugendheimleiter gefunden zu haben. POS legitimierte Heimeinweisungen, erklärte normabweichendes Verhalten wie Delikte oder Entweichungen und half mit, Bauprojekte voranzutreiben. Damit reihte sich die Diagnose als jüngstes Mitglied in ein bestehendes Arsenal von Argumenten ein, dessen sich die Heimleitungen bedienten, um die Zuständigkeit, Notwendigkeit, aber auch die eingeschränkte Leistungsfähigkeit ihrer Heime zu verdeutlichen. POS war somit kein Sonderfall, sondern ergänzte ein Ensemble pädagogisch zu bearbeitender Probleme wie „‚Milieuschädigung'", „Verwöhnung", „Triebbestimmtheit" (JHL 1976, S. 268), „Verhaltensstörungen" (Häberli 1981, S. 56), „Bindungsunfähigkeit" (Häberli 1974, S. 399), „Verwahrlosung"[21] oder „Drogenkonsum"[22], die sich in den Augen der Heimleitungen allein mit der Einweisung in ein Heim kurieren ließen.

2. Psychiatrische Gutachten und Heimeinweisungen

Nicht bloß Heimleitungen begründeten u. a. mit POS die Heimerziehung. Zumeist führten schulische oder erzieherische Schwierigkeiten entsprechend der „therapeutischen Funktion der Schule" (Bühler 2017) zu Abklärungen etwa bei schulpsychologischen Diensten (vgl. Künzle et al. 2020, S. 131 f.). Die so entstandenen psychiatrischen Gutachten empfahlen bei POS in aller Regel eine Heimunterbringung.[23] Einige einweisende Instanzen vermerkten gar explizit „Hirnorganiker" oder „POS" als Grund der Heimplatzierung.[24] POS vermittelte jedoch ebenso, in welches Heim ein Zögling überhaupt gelangen konnte. Der Leiter des Landheims Erlenhof – einem ähnlich wie Albisbrunn organisierten Jugendheim im Kanton Basel-Landschaft (vgl. ATH/JHL 1973, S. 5 f.) – lehnte etwa die Übernahme eines Albisbrunner Zöglings wegen dessen „[h]irnorganische[n] Schaden[s]" ab.[25] Auch beim Jungen, der 1980 seinem Erzieher erklärte, dass er aufgrund seines „Hirnschaden[s]"[26] gestohlen habe, verweigerte Häberli zunächst die Aufnahme: Sogar „bei Vorliegen eines Gerichtsentscheides" würde

21 Etwa Protokoll JHL, 04.05.1971, S. 1, StAZH W II 24.1851.

22 Etwa Protokoll JHL, 06.07.1971, S. 2, StAZH W II 24.1851.

23 Etwa psychiatrisches Gutachten, 01.09.1969, S. 6, StAZH Z 870.292; psychiatrisches Gutachten, 25.11.1971, S. 4, StAZH Z 870.313; psychiatrisches Gutachten, 03.01.1979, o. S., StAZH Z 870.498; psychiatrisches Gutachten, 14.08.1978, S. 5, StAZH Z 870.499.

24 Etwa Aufnahmegesuch Albisbrunn, 21.09.1973, o. S., StAZH Z 870.380; Aufnahmegesuch Albisbrunn, 11.02.1975, StAZH Z 870.405; Aufnahmegesuch Albisbrunn, 17.12.1974, StAZH Z 870.406.

25 Journal-Blatt, 13.10.1975, S. 63, StAZH Z 870.380.

26 Journal-Blatt, 06.03.1980, S. 10, StAZH Z 870.499.

es nicht sicher sein, dass der Knabe nach Albisbrunn kommen könne. „Das in den Akten beschriebene POS" sei „nicht unerheblich"[27].

Der Knabe kam dennoch nach Albisbrunn. Er ist einer von elf Zöglingen mit der Diagnose POS, die sich unter den 45 ausgewerteten Dossiers befinden (s. Tab. 1). Damit entspricht der Anteil mit POS diagnostizierter Zöglinge in Albisbrunn etwa 25 % des Samples, was mit Häberlis Einschätzungen und den Befunden der damaligen sozialpädagogischen Erhebungen korrespondiert. Knapp die Hälfte davon wurden entweder vor oder während des Heimaufenthalts zumindest während einer Phase medikamentös behandelt.[28]

Tab. 1: Statistische Auswertung zu POS im Sample von 45 Zöglingsdossiers, 1968–1982

Item	Einheit	mit POS (11)	ohne POS (34)	Total (45)
Ø Eintrittsalter	Jahre	15,0	15,6	15,4
Ø Austrittsalter	Jahre	18,0	17,3	17,5
Ø Aufenthaltsdauer	Tage	1111	636	752
mit Gutachten	%	64	50	53

Auffällig bei der Gegenüberstellung der elf Fälle mit und der 34 Fälle ohne POS ist zunächst die Aufenthaltsdauer, die mit rund drei Jahren in den Fällen mit POS über ein Jahr höher ausfiel als bei Kindern und Jugendlichen ohne diese Diagnose. Ebenfalls fällt auf, dass bei POS eher ein psychiatrisches Gutachten vorlag. In rund der Hälfte der 45 untersuchten Zöglingsdossiers wurde ein zumeist vor der Heimeinweisung erstelltes psychiatrisches Gutachten abgelegt. Ob bei den Akten ohne Gutachten keines erstellt wurde oder allfällig erstellte Gutachten nachträglich nicht den Weg in die Heimakten Albisbrunns fanden, ist ungewiss. Rückschlüsse auf frühere Diagnosen finden sich in diesen Fällen entweder im Aufnah-

27 Journal-Blatt, 18.01.1979, S. 3, StAZH Z 870.499.

28 In welchem Ausmaß POS mit Medikamenten behandelt wurde, lässt sich aufgrund der Aktenlage schwer sagen. In den Gutachten wird teils von bereits vor der Heimunterbringung erfolgten medikamentösen Behandlungen berichtet, während in einigen Heimakten ersichtlich ist, dass bestehende Verschreibungen im Heim weitergeführt wurden. In den Akten der elf Knaben mit der Diagnose POS lässt sich bei fünf die Verschreibung von Medikamenten während unterschiedlicher Phasen, z. T. vor, z. T. während des Heimaufenthalts nachvollziehen. Keines der angegebenen Medikamente – „Tégrétol", „Valium", „Nobrium" und „Nootropil" – scheint jedoch den damals schon bekannten und im heutigen „Ritalin" eingesetzten Wirkstoff Methylphenidat enthalten zu haben (vgl. Journal-Blatt, 29.02.1972, S. 1, StAZH Z 870.337; Medikamenteneinnahmeliste, 1974/1975, S. 1, StAZH Z 870.380; Journal-Blatt, 24.02.1974, S. 3, StAZH Z 870.380; Journal-Blatt, 28.02.1974, S. 8, StAZH Z 870.380; Brief vom Schulpsychiatrischen Dienst an Jugendamt, 16.08.1974, S. 1, StAZH Z 870.405; psychiatrisches Gutachten, 03.01.1979, StAZH Z 870.498; Medikamenteneinnahmeliste, 07.06.1979, StAZH Z 870.498; psychiatrisches Gutachten, 14.08.1978, S. 2, StAZH Z 870.499).

meformular des Heims[29] oder in den heiminternen psychiatrischen Fallbesprechungen[30]. In der Regel wurden in den Gutachten mehrere Defizitzuschreibungen kombiniert, womit die abschließenden Diagnosen heterogen ausfielen. So ging POS in den meisten Fällen mit dem Befund einer „Verwahrlosung" einher.[31] Diese Charakteristik von Mehrfachdiagnosen zeigt sich jedoch auch in den überlieferten Gutachten der 34 Dossiers ohne POS. Auch dort verbanden sich „[f]rühkindliche affektive" mit „erzieherische[r] Verwahrlosung"[32], „verwahrlosungsgefährdet" mit „neurotische[n] Denkhemmungen"[33], „Erziehungsschwierigkeiten" mit „psychischer Verwahrlosung"[34] oder „affektive[] und erzieherische[] Verwahrlosung mit neurotischen Reaktionen"[35]. Die Mehrfachdiagnosen, die bruchstückhafte Überlieferung von Gutachten und die wenigen punktuellen Rückschlüsse auf frühere Diagnosen aus den Heimakten lassen keine systematische Auswertung zu. Vielmehr wird deutlich, wie Heimerziehung als pädagogische Lösung für ein heterogenes, schwer überschaubares Sammelsurium psychiatrischer, oft nicht eindeutiger Diagnosen verstanden wurde. POS war eine davon. Doch inwiefern wirkte sich die in Gutachten verbriefte Diagnose – war der Diagnostizierte erst im Heim platziert – auf die pädagogische Praxis aus?

3. Heilpädagogische Praxis – Der „leichte[] Hirnschaden" ist „praktisch" „bedeutungslos"

Die Möglichkeit, POS aus den in den Akten abgelegten Gutachten zu extrahieren und pädagogisch weiterzuverarbeiten, war untrennbar an den Grad der psychologisch-psychiatrischen Expertise im Heim gekoppelt. Diese Expertise begann im Untersuchungszeitraum jedoch erst zögerlich, in Albisbrunn Einzug zu halten. Ein seit Ende der 1960er Jahre verpflichteter konsiliarischer Psychiater sowie ein Psychologe mussten 1971 – nach einer internen Auseinandersetzung mit dem Heimleiter über den Grad der therapeutischen Behandlung – Albisbrunn verlassen.[36] Erst 1975 konnte nach langer Suche eine Psychiaterin angestellt werden. Eine ihrer Hauptaufgaben bestand in der Organisation, Leitung und Protokollierung der sogenannten – wenn möglich zweimal jährlich pro Zögling durchzufüh-

29 Etwa Aufnahmegesuch Albisbrunn, 21.09.1973, o. S., StAZH Z 870.380.
30 Etwa Journal-Blatt, 14.04.1978, S. 4, StAZH Z 870.475.
31 Etwa psychiatrisches Gutachten, 14.11.1973, S. 2, StAZH Z 870.405.
32 Journal-Blatt, 17.06.1969, S. 10a, StAZH Z 870.259. Herv. d. O. entfernt.
33 Psychiatrisches Gutachten, 18.09.1969, S. 1 f., StAZH Z 870.290.
34 Psychiatrisches Gutachten, 23.03.1973, S. 1 f., StAZH Z 870.354.
35 Psychiatrisches Gutachten, 21.01.1980, S. 3, StAZH Z 870.518. Herv. d. O. entfernt.
36 Vgl. Protokoll Betriebsausschuss, 16.02.1966, S. 7, StAZH Z 866.70; Protokoll Betriebsausschuss, 27.06.1969, S. 5, StAZH Z 866.70; Protokoll Stiftungsrat, 13.01.1971, S. 2, StAZH Z 866.59; Protokoll Betriebsausschuss, 29.03.1974, S. 4, StAZH Z 866.71.

renden – „Gemeinsamen". Dabei handelte es sich um eine Fallbesprechung mit allen an der Erziehung eines Knaben beteiligten Personen wie Gruppenleiter, Lehrkraft, Lehrmeister, Behördenmitglied, Eltern sowie dem betroffenen Knaben.[37] Die „Gemeinsame" setzte sich bei den untersuchten Zöglingen aus der Anamnese, einem Zwischenstand der bisherigen Entwicklung sowie Beschlüssen zum weiteren Vorgehen zusammen. Neben den Einträgen in den sogenannten Journal-Blättern, in denen das Erziehungspersonal seine Beobachtungen über den Zögling während des Heimaufenthalts mehr oder weniger regelmäßig notierte, bilden die Protokolle der „Gemeinsamen" den zweiten ‚Schauplatz', an dem studiert werden kann, inwieweit die Diagnose POS spezifisches erzieherisches Handeln nach sich zog. Dass der Grad der im Heim verfügbaren psychologisch-psychiatrischen Expertise hierfür konstitutiv war, zeigt sich daran, dass POS vor der Anstellung der Psychiaterin 1975 in keiner „Gemeinsamen" Erwähnung fand. Zwar hatte der Psychologe bis 1971 für die Anamnese, wie es zu seinen Aufgaben gehörte, sämtliche Befunde – inklusive POS – aus den überlieferten Gutachten zusammengetragen, Schlussfolgerungen für erzieherisches Handeln wurden daraus jedoch nicht abgeleitet. Das ändert sich mit der Anstellung der Psychiaterin 1975 bloß bedingt. Zwar erwähnte sie in der ersten „Gemeinsamen" ein allfällig früher festgestelltes POS, aber bereits von der zweiten Fallbesprechung an fand die Diagnose in der Regel keine Erwähnung mehr. Die Wirkung von POS im Heim verlängerte sich somit mit der festangestellten Psychiaterin bis in die erste „Gemeinsame", aber kaum darüber hinaus. Wenn die Psychiaterin – wie in zwei Fällen – doch erzieherische Empfehlungen formulierte, dann beschränkten sich diese auf klassische pädagogische ‚Techniken', die in keiner Weise exklusiv „POS-Kinder[n]"[38] vorbehalten gewesen wären: Während sie einmal nahelegte, der Erzieher soll die „Gruppe" über die Gründe für das schwierige Verhalten des Zöglings aufklären und von den „Kameraden mehr Toleranz verlangen",[39] stellte sie in einem anderen Fall fest: Der Junge sei „wegen seiner Hirnleistungsschwäche insofern handicapiert, als er durch Druck und Temposteigerung rasch überfordert" sei, weshalb man ihm im Lehrbetrieb „mehr Zeit lassen" müsse.[40]

Aber auch die Menge an aufgewendetem Schreibmaschinenfarbband für POS in der „Gemeinsamen" belegt dessen marginale Bedeutung. Bei den elf diagnostizierten Fällen mit einem durchschnittlichen Heimaufenthalt von drei Jahren und einer idealerweise zweimal jährlich durchgeführten „Gemeinsamen" lässt sich von grob 66 Fallbesprechungen ausgehen. Insgesamt wurde jedoch lediglich in elf „Gemeinsamen", also 17 % der Fallbesprechungen, POS überhaupt erwähnt.

37 Unpublizierter Jahresbericht Albisbrunn 1978, H. Häberli, 12.10.1979, S. 6, StAZH III LE 7a.

38 Protokoll Arbeitsgruppe Konkordat Jugendmassnahmenvollzug (Kommission Schlegel), 30.01.1981, S. 4, BAR E4112B#1991/201#107*.

39 Journal-Blatt, 29.06.1979, S. 6, StAZH Z 870.499.

40 Journal-Blatt, 26.01.1979, S. 10, StAZH Z 870.475.

Obwohl die Diagnose zumeist der Grund für die Heimeinweisung war und es sich um die von der Psychiaterin protokollierte Fallbesprechung u. a. mit der verantwortlichen Erziehungsperson handelte, wurde POS kaum thematisiert.

Dass POS die erste „Gemeinsame" in den meisten Fällen nicht ‚überlebte', mag daran liegen, dass die Psychiaterin – korrespondierend mit einer der damals gängigen Lehrmeinungen[41] – davon ausging, dass POS sich ‚von allein' als Teil des natürlichen Reifungsprozesses abschwächen würde: „Erfahrungsgemäss kann mit einer zunehmenden Besserung der Hirnleistungsschwäche [...] gerechnet werden", notierte sie bei einem der diagnostizierten Knaben.[42] Im einzigen Fall des Samples, in dem sie während vier Jahren bis zum Heimaustritt des Jungen in den „Gemeinsamen" POS wiederholt erwähnte, dokumentierte sie geradezu dieses langsame ‚Auswachsen'. Bei der ersten „Gemeinsamen" stellte sie beim 16-jährigen Knaben noch „Hirnleistungsschwäche" fest und verwies auf das in früheren Gutachten festgestellte „frühkindliche[] POS".[43] Ein Jahr später vermerkte die Psychiaterin, dass sein „POS immer noch nachweisbar" sei,[44] während sie zwei Jahre später festhielt, dass sein „ehemaliges POS [...] kaum noch feststellbar" sei.[45] Kurz vor dem Heimaustritt 1982 lobte sie die hervorragende Entwicklung des mittlerweile 21-jährigen Knaben und meinte: „Vom ursprünglich sehr deutlichen POS ist praktisch nichts mehr vorhanden."[46] POS verschwand also während des üblichen Reifungsprozesses; erzieherisch brauchte nicht nachgeholfen zu werden. Klar wird diese Vorstellung auch, als sie bei einem anderen Jungen notierte, dass dessen „leichter Hirnschaden" nicht eindeutig feststellbar sei, „praktisch" sei dies jedoch ohnehin „bedeutungslos".[47]

4. POS als unpädagogisches Argument

Auf POS als organische Krankheit konnte es konsequenterweise nur wenig pädagogische Antworten geben. Es war sogar fraglich, ob die Diagnostizierten überhaupt in ein Erziehungsheim gehörten oder nicht vielmehr neue Spezialheime für sie zu bauen wären. Die Diagnose eignete sich zwar in den Alltagsgeschäften der Heimleitungen als weiteres Argument neben anderen, um Heimeinweisungen zu

41 Vgl. etwa Katamnesen von Schulkindern mit Verhaltensstörungen, W. Deuchler, 1981, S. 26, Bibliothek Medizinhistorisches Institut Universität Zürich (BMHIZ) DZ21 D485.

42 Journal-Blatt, 14.04.1978, S. 5, StAZH Z 870.475; vgl. auch Journal-Blatt, 11.03.1980, S. 11, StAZH Z 870.499.

43 Journal-Blatt, 14.04.1978, S. 4 f., StAZH Z 870.475.

44 Journal-Blatt, 10.08.1979, S. 11, StAZH Z 870.475.

45 Journal-Blatt, 13.11.1981, S. 24, StAZH Z 870.475.

46 Journal-Blatt, 12.03.1982, S. 25, StAZH Z 870.475.

47 Journal-Blatt, 07.09.1979, S. 6, StAZH Z 870.498.

legitimieren, abzulehnen oder das allfällige Scheitern des Erziehungsversuchs zu erklären. Den pädagogischen Alltag im Heim erreichte POS jedoch bloß am Rand.

Diffundierte die Diagnose dennoch – zumeist unsystematisch und punktuell – in die Praxis der Heilpädagogik, setzte sich ihre Schwammigkeit aus dem medizinischen Diskurs gleichsam fort. Wer von POS betroffen war, wie und ob sich das überhaupt feststellen ließ und was das für Konsequenzen für die Unterbringung in einem Erziehungsheim und dann für den erzieherischen Alltag haben soll, war alles andere als eindeutig. Diese Undifferenziertheit beschränkte sich jedoch nicht auf POS, sondern betraf ebenso viele andere Diagnosen aus psychiatrischen Gutachten, für die Heimerziehung als ‚Therapie' verschrieben wurde (vgl. auch Friedmann 2020, S. 103). Die prototypische ‚Wanderung' von POS ins Heim erfolgte über ein psychiatrisches Gutachten, das die Heimeinweisung empfohlen hatte. Im Heim wurde die frühere Diagnose meist in der ersten Fallbesprechung protokolliert, spielte dann jedoch während des Heimaufenthalts kaum eine pädagogische Rolle. Wie bei anderen psychiatrischen Diagnosen blieb die pädagogische Praxis weitgehend immun gegen den medizinischen Befund und operierte vielmehr mit altbekannten pädagogischen Praktiken wie vermehrte Zuwendung, Geduld, Gespräche, Belohnung oder Bestrafung.

Wie bedeutsam POS als Fremd- und Selbstzuschreibung im Alltag der Zöglinge war, lässt sich über die Akten kaum erschließen. Wenn ein Knabe, der „Explorand"[48], jedoch begann, Regelverstöße mit seiner Diagnose zu erklären, zeigt sich an den Reaktionen des Erziehungspersonals, wie POS als Argument in der pädagogischen Praxis ‚dahinbröckelte': Nachdem 1980 der Knabe auf dem Weg ins Antiquitätengeschäft die Diebstähle mit seinem „Hirnschaden" erklärte, widersprach der Erzieher. Er meinte zum Zögling, dass es sein möge, dass er „einen leichten Hirnschaden" habe, er fände es jedoch „gefährlich", wenn der Junge „nun diesen Hirnschaden als Aufhänger für seine Klauereien benütze".[49] Die Psychiaterin pflichtete dem Erzieher bei und betonte in der „Gemeinsamen" ein paar Tage später: Der Knabe würde „glaub[en]", dass er stiehlt, „weil er an einem Hirnschaden leide".[50] Was die Psychiaterin bei der ersten „Gemeinsamen" noch als „deutliches POS" beschrieb,[51] das so „[]erheblich" war, dass der Heimleiter beinahe die Aufnahme ins Heim verweigerte,[52] war als Erklärung des Zöglings zu einem medizinischen ‚Irrglauben' geworden. Der Betroffene zumindest durfte – im Gegensatz zu den Fachexpertinnen und -experten, die bei Flucht, Diebstählen und sexualisierter Gewalt nicht davor zurückschreckten – die Diagnose nicht zur Erklärung seines rechtswidrigen Verhaltens nutzen. Die Einschätzung des Er-

48 Psychiatrisches Gutachten, 01.09.1969, S. 5, StAZH Z 870.292.
49 Journal-Blatt, 06.03.1980, S. 10, StAZH Z 870.499.
50 Journal-Blatt, 11.03.1980, S. 11, StAZH Z 870.499.
51 Journal-Blatt, 29.06.1979, S. 5, StAZH Z 870.499.
52 Journal-Blatt, 18.01.1979, S. 3, StAZH Z 870.499.

ziehers und der Psychiaterin waren gleichwohl konsequent: Wenn POS erzieherisch nicht von Belang war, dann konnte es in den Augen der Verantwortlichen auch keinen Zusammenhang zwischen POS und einem pädagogisch anzugehenden Diebstahl geben. Während die Diagnose für Medizinerinnen und Mediziner, Heimleiter und Behörden ein Argument neben anderen bot, um ihr Handeln zu legitimieren, blieb POS – wie auch dieser Fall zeigt – für die pädagogische Praxis weitgehend vernachlässigbar.

Quellen- und Literaturverzeichnis

Ungedruckte Quellen

Bibliothek Medizinhistorisches Institut Universität Zürich (BMHIZ): DZ21 D485: Katamnesen von Schulkindern mit Verhaltensstörungen, W. Deuchler, 1981.

Schweizerisches Bundesarchiv, Bern (BAR): E4112B#1991/201#107*: Bundesamt für Justiz, Straf- und Massnahmenvollzug, Arbeitsgruppe Konkordat Jugendmassnahmenvollzug, Kommission Schlegel, 1980–1982.

Staatsarchiv Zürich (StAZH)

Schul- und Berufsbildungsheim Albisbrunn:

AL-Nr. 2021/071: Nachlass Hans Häberli, 1974.

W II 24.1851: Protokolle Arbeitsgruppe Jugendheimleiter (JHL), 1971–1972.

Z 866.59: Protokoll Stiftungsrat, 1971.

Z 866.62: Protokoll Stiftungsrat, 1986.

Z 866.70: Protokoll Betriebsausschuss, 1966, 1969.

Z 866.71: Protokoll Betriebsausschuss, 1974.

Z 870.*: Zöglingsdossiers, 1968–1982.

Druckschriftensammlung: III LE 7a: Sammlung Jahresberichte Albisbrunn, 1978.

Zentralbibliothek Zürich (ZBZ): LK 1606/1: Sammlung: Jahresberichte Schule für Soziale Arbeit Zürich, 1976.

Gedruckte Quellen

Amsler, Walter / Cassée, Kitty / Nufer, Heinrich / Schaffner, Gerhard (1977): Konzepte der Heimerziehung für erziehungsschwierige Kinder und Jugendliche. Bericht über die erste Stufe des Forschungsprojektes (1.10.75–31.3.77). Zürich: o. V.

ATH [Arbeitsgruppe Töchterheimleiterinnen] / JHL [Arbeitsgruppe Jugendheimleiter] (1973): Erziehungsheime für Jugendliche und junge Erwachsene in der deutschsprachigen Schweiz. Zürich: Verein für Schweizerisches Heim- und Anstaltswesen.

Bi[nzegger, Lilli] (1983): „Albisbrunn" – Station auf dem Lebensweg schwieriger Jugendlicher. In: Neue Zürcher Zeitung, 07.09.1983, S. 53.

Häberli, Hans (1974): Die geschlossene Abteilung im Erziehungsheim – eine unzeitgemässe Sonderung? In: Vierteljahresschrift für Heilpädagogik und ihre Nachbargebiete 43, H. 4, S. 399–406.

Häberli, Hans (1981): Heimaufenthalt: Ein bleibender Makel? Überlegungen zum neuen Terminus „Stigma" aus der Sicht des Heimes für normalbegabte, verhaltensbehinderte Jugendliche. In: Haesler, Walter Theodor (Hrsg.): Stigmatisierung durch Strafverfahren und Strafvollzug. Diessenhofen: Rüegger, S. 51–62.

JHL [Arbeitsgruppe Jugendheimleiter] (1972): Memorandum zur Koordination des Massnahmevollzuges für männliche Jugendliche in Heimen und Anstalten. In: Fachblatt für schweizerisches Heim- und Anstaltswesen 43, H. 2, S. 50–56.

JHL [Arbeitsgruppe Jugendheimleiter] (1976): Zur Lage der Heimerziehung männlicher Jugendlicher in der deutschsprachigen Schweiz. Ein Situationsbericht der Arbeitsgruppe Jugendheimleiter (JHL). 1. Teil. In: Fachblatt für schweizerisches Heim- und Anstaltswesen 47, H. 8, S. 266–272.

Krüsi, H. (1977): Zusammenarbeit zwischen SBS und VSA. In: Fachblatt für schweizerisches Heimwesen 48, H. 3, S. 71–72.

Schürmann, Priska (1978): Institutionalisierte Fremderziehung. Eine Darstellung der Erziehungseinrichtungen für schulentlassene weibliche und männliche Jugendliche und junge Erwachsene der deutschen Schweiz. Diss. Universität Bern.

Tuggener, Heinrich (1977): Die leichte Hirnfunktionsstörung in „agogischer" Sicht. In: Therapeutische Umschau 34, H. 1, S. 29–36.

VSA [Verein für Schweizerisches Heim- und Anstaltswesen] (1978): Stellenanzeiger. In: Fachblatt für schweizerisches Heimwesen 49, H. 9, S. 1–20.

Literatur

Bereswill, Mechthild / Müller-Behme, Patrik (2018): Brüchige Medikalisierung. Gutachterliche Diagnosen und die Verwaltung des Falles in der Heimerziehung. In: VIRUS. Beiträge zur Sozialgeschichte der Medizin 17, S. 275–283.

Bühler, Patrick (2017): „Diagnostik" und „praktische Behandlung". Die Entstehung der therapeutischen Funktion der Schule. In: Enzyklopädie Erziehungswissenschaft Online. Weinheim / Basel: Beltz Juventa, S. 1–16. DOI 10.3262 / EEO09170368.

Deplazes, Daniel (2021): Heimkritik und Integration – Das Zürcher Landerziehungsheim „Albisbrunn" in den 1970er Jahren. In: Vogt, Michaela / Boger, Mai-Anh / Bühler, Patrick (Hrsg.): Inklusion als Chiffre? Bildungshistorische Analysen und Reflexionen. Bad Heilbrunn: Klinkhardt, S. 192–202.

Deplazes, Daniel (2022): Die Geburt des Schwersterziehbaren – Der Bauboom geschlossener Abteilungen in Schweizer Erziehungsheimen in den 1970er Jahren. In: Moser, Vera / Garz, Jona T. (Hrsg.): Das (A)normale in der Pädagogik. Wissenspraktiken – Wissensordnungen – Wissensregime. Bad Heilbrunn: Klinkhardt, S. 183–197.

Dietrich-Daum, Elisabeth / Ralser, Michaela (2018): Kinder zwischen Psychiatrie und Fürsorgeerziehung. Das Beispiel der Innsbrucker Kinderbeobachtungsstation (1954 bis 1987). In: VIRUS. Beiträge zur Sozialgeschichte der Medizin 17, S. 111–129.

Ehrat, Fredi (1985): Der Elternverein ELPOS entsteht. In: Ehrat, Fredi / Mattmüller-Frick, Felix (Hrsg.): POS-Kinder in der Schule und Familie. Eltern, Lehrer, Ärzte und Therapeuten berichten über ihre Erfahrungen. Bern und Stuttgart: Haupt, S. 21–27.

Friedmann, Ina (2020): Die Gutachten der Heilpädagogischen Abteilung der Wiener Universitäts-Kinderklinik – Funktionen, Inhalte und Auswirkungen im 20. Jahrhundert. In: Österreichische Zeitschrift für Geschichtswissenschaften 31, H. 3, S. 102–123.

Gawrilow, Caterina (2012): Lehrbuch ADHS. Modelle, Ursachen, Diagnose, Therapie. München und Basel: Reinhardt.

Germann, Urs (2010): Integration durch Arbeit: Behindertenpolitik und die Entwicklung des schweizerischen Sozialstaats 1910–1960. In: Bösl, Elsbeth / Klein, Anne / Waldschmidt, Anne (Hrsg.): Disability History. Konstruktionen von Behinderung in der Geschichte. Eine Einführung. Bielefeld: transcript, S. 151–168.

Germann, Urs (2016): Die Heimpolitik des Bundes im Zeichen sich wandelnder Staatlichkeit, 1960–1990. In: Criblez, Lucien / Rothen, Christina / Ruoss, Thomas (Hrsg.): Staatlichkeit in der Schweiz. Regieren und Verwalten vor der neoliberalen Wende. Zürich: Chronos, S. 57–83.

Janett, Mirjam (2018): Die behördliche „Sorge" um das Kind. Psychiatrische Konzepte und fürsorgerische Maßnahmen in Basel-Stadt (1945–1972). In: VIRUS. Beiträge zur Sozialgeschichte der Medizin 17, S. 257–265.

Künzle, Lena/Lis, Daniel/Galle, Sara/Neuhaus, Emmanuel/Ritzmann, Iris (2020): Legitimierung behördlicher Praxis? Analyse einer stationären kinderpsychiatrischen Begutachtung in Zürich 1944. In: Österreichische Zeitschrift für Geschichtswissenschaften 31, H. 3, S. 124–143.

Rothenberger, Aribert / Neumärker, Klaus-Jürgen (2005): Wissenschaftsgeschichte der ADHS – Kramer-Pollnow im Spiegel der Zeit. Darmstadt: Steinkopff.

Schweizer Bundesrat (1971): Verordnung über Geburtsgebrechen. (Vom 20. Oktober 1971). In: Sammlung der eidgenössischen Gesetze 44, 5. November 1977, S. 1583–1892.

Schweizer Bundesrat (2012): Verordnung über Geburtsgebrechen (GgV) vom 9. Dezember (Stand am 1. März 2012).

Smith, Matthew (2012): Hyperactive. The controversial History of ADHD. London: Reaktion Books.

Strohl, Madeleine P. (2011): Brandley's Benzedrine Studies on Children with Behavioral Disorders. In: Yale Journal of Biology and Medicine 84, H. 1, S. 27–33.

Tanner, Hannes (1987): Konzept der Untersuchungen über Wirkungen des Massnahmenvollzuges bei besonders erziehungsschwierigen Jugendlichen der Schweiz (Jugendmassnahmenvollzug gemäss Art. 93ter Strafgesetzbuch). In: Vierteljahresschrift für Heilpädagogik und ihre Nachbargebiete 56, H. 1, S. 29–46.

Tändler, Maik (2016): Das therapeutische Jahrzehnt. Der Psychoboom in den siebziger Jahren. Göttingen: Wallstein.

Psychologie, Prüfung, Persönlichkeit

Eine Geschichte der „Kraepelin'schen Arbeitskurve" zwischen psychologischem Labor und pädagogischer Praxis (1902–1944)[1]

Jona T. Garz

1. Auftakt

Anfang des Jahres 1940 wurde der 18-jährige Walter B. in die Beobachtungsstation des Landerziehungsheims Albisbrunn, einem Heim für „schwererziehbare, männliche Kinder und Jugendliche", gelegen auf einem Hügel oberhalb der Stadt Zürich, aufgenommen.[2] Im Fall von Walter B. hatte die Justizdirektion des Kantons Zürich verfügt, dass er „zur gründlichen ärztlichen und pädagogischen Untersuchung und Begutachtung" im Landerziehungsheim Albisbrunn unterzubringen war. Ziel der „psychiatrischen Begutachtung" auf der sogenannten Beobachtungsstation in Albisbrunn war es zu klären, wo und wie er für die Zeit seiner vorgesehenen zweijährigen Unterbringung, einer Strafe wegen Diebstahls von Büchern, versorgt werden solle.[3]

Kurz vor Ende der verfügten Beobachtungszeit addierte Walter B. einstellige Zahlen, die in senkrechten Reihen auf einen Bogen Papier gedruckt waren. Vermutlich war ihm im Voraus weder gesagt worden, wie lange er dieser Tätigkeit nachgehen müssen würde, noch wurde er währenddessen darüber informiert, wie lange das Ganze noch dauern würde (vgl. Moor/Zeltner 1944, S. 12). Falls Jakob Oeler (1890–?), von 1933 bis 1942 der Leiter der Beobachtungsstation in Al-

1 Dieser Beitrag entstand im Rahmen eines Teilprojekts des vom Schweizerischen Nationalfonds geförderten Nationalen Forschungsprogramms 76. Das Projekt zur Geschichte des Landerziehungsheims Albisbrunn wurde geleitet von Patrick Bühler, Lucien Criblez und Elisabeth Moser Opitz (Projekt-Nr. 177436).
Mein Dank gilt meinen Kolleg:innen Daniel Deplazes, Lea Hägi, Natalie Pfiffner, Stefan Kessler und Caroline Suter, die dankenswerterweise eine frühere Version des Beitrags gelesen und kritisch diskutiert haben.

2 Das Heim war 1924 als *Stiftung Albisbrunn* gegründet worden. Ziel des Erziehungsheims war es, „Kinder und Jugendliche, deren körperlich-seelische Entwicklung durch individuale und soziale Faktoren gehemmt" war, zu unterstützen (Stiftung Albisbrunn 1926, S. 3). Zur Geschichte des Landerziehungsheims vgl. auch Deplazes und Bühler in diesem Band sowie Deplazes 2022; Deplazes/Garz 2023a.

3 Verfügung der Justizdirektion, 12.03.1940, StAZH W II 24.763, o. S.

bisbrunn,[4] sich an die Versuchsanweisungen hielt, hatte er zuvor Walter B. einen „Rechenbogen" sowie „zwei sechskantige Bleistifte mittlerer Härte" ausgehändigt und ihm das weitere Vorgehen erläutert: Er solle „in den Zwischenraum hinter je zwei untereinanderstehenden Zahlen deren Summe" schreiben. Dabei solle er „auf ein bestimmtes Zeichen mit der Arbeit beginnen und sie fortsetzen bis zu einem verabredeten Schlusszeichen", während der Arbeit „so rasch als möglich" addieren sowie „sich durch nichts ablenken lassen" (ebd. 1944, S. 11 f.). Walter B. addierte also Zahl um Zahl, bis nach 60 Minuten das verabredete Signal ertönte und die Arbeit beendet war.

Abb. 1: Auswertung des Rechenversuchs, o. D., StAZH, W II 24.763, Bl. 90.

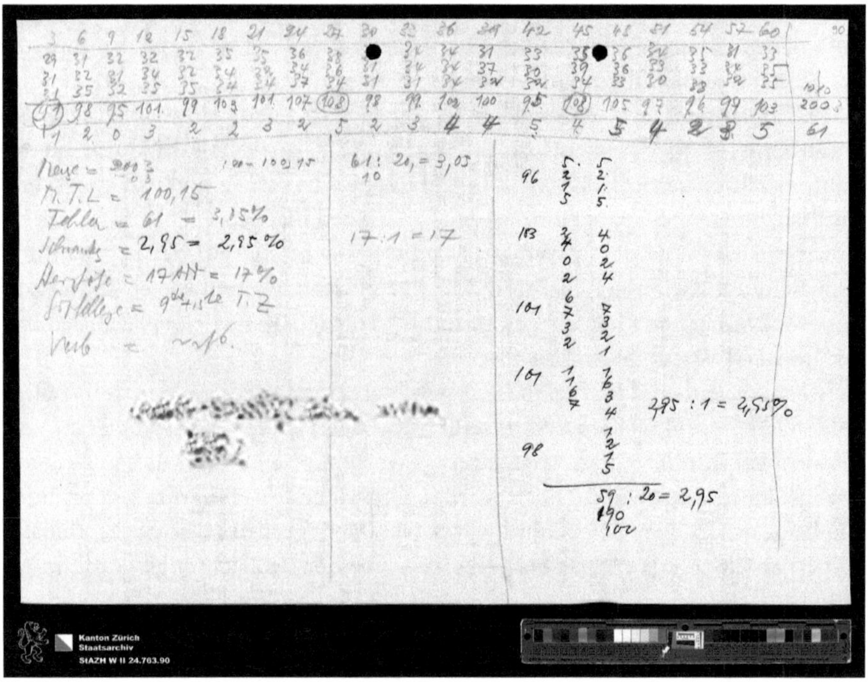

4 Der Beobachtungsstation kam bis zu ihrer Auflösung Mitte der 1940er Jahre innerhalb des Heims eine besondere Rolle zu: Sie war in einem separaten Gebäude, dem sogenannten Bärenwald untergebracht und sie beherbergte ausschließlich auf Verfügung der Justizdirektion zur „Beobachtung" untergebrachte Zöglinge, deren Dauer des Aufenthalts zunächst auf drei bis sechs Monate beschränkt war. Ziel der Beobachtung, die z. T. mithilfe des Zürcher Kinderpsychiaters Jakob Lutz (1903–1998) durchgeführt wurde, war es zu klären, ob die jungen Männer zur „Nacherziehung" in Albisbrunn aufgenommen werden konnten, oder ob sich ein anderes, möglicherweise strengeres Heim besser eigne (vgl. Stiftung Albisbrunn 1932, S. 11; Lutz 1935). Die Kosten für diese Zöglinge übernahm der Kanton (vgl. Vertrag zwischen der Stiftung Albisbrunn, Hausen a. A., und dem Staate Zürich über die Aufnahme Jugendlicher in das Landerziehungsheim Albisbrunn, 22.10.1935, StAZH OS 35, S. 532–541).

Einen Tag später wertete Oeler den Rechenbogen aus: Zunächst addierte er die Zahl der korrekten Additionen des Zöglings je Zeiteinheit (vgl. Abb. 1). Diese trug er dem Zeitverlauf nach in ein Koordinatensystem ein. Die so erzeugten 20 Punkte wurden miteinander verbunden und zeigten die Arbeitskurve des Walter B. (vgl. Abb. 2).

Abb. 2: Arbeitskurve, o. D., StAZH, W II 24.763, Bl. 91.

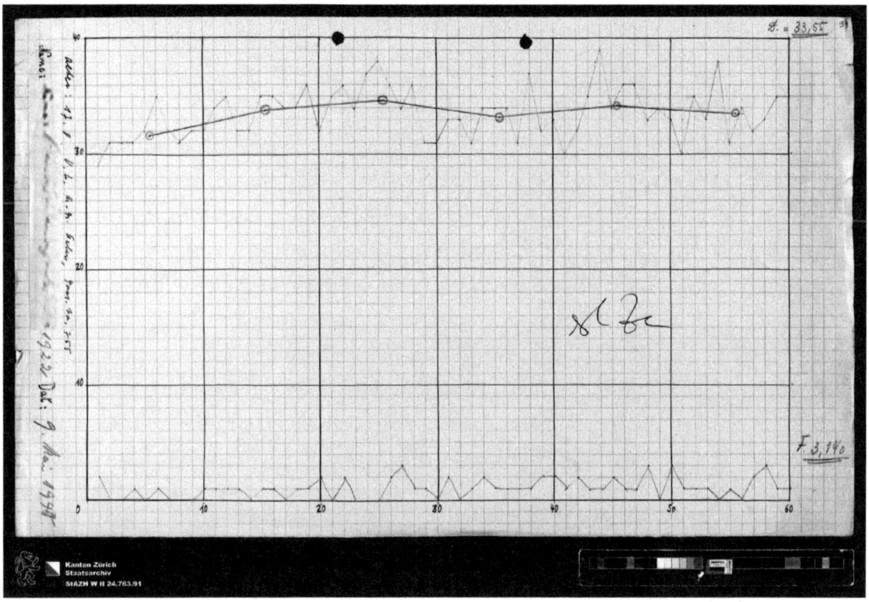

Zur Bedeutung der so hergestellten Kurven notierte Oelers in den Beobachtungsbogen des Dossiers:

> „Beim Rechenversuch: überdurchschnittliche Leistung, durchschnittliche Minutenleistung 33,55. Die Leistungskurve steigt zuerst sehr schön an, erleidet aber in der 4. Dekade einen Einbruch, weil Walter da eine Zeit lang ganz merklich ermattet, ohne aber dabei unter 30 zu sinken. Er erholt sich wieder, steigt noch einmal an, und der Endpunkt der Kurve liegt wesentlich über dem Anfangspunkt. [...] Ueber die Frage, ob Minderwertigkeitsgefühle vorliegen, gibt die Leistungskurve kaum Auskunft, dagegen ist die Behandlung der Fehler in dieser Beziehung aufschlussreich. [...] Er bringt es auf über 3 % Fehler. Die Höhe der Leistung zusammen mit der Fehlerbehandlung lassen auf eine ausgesprochene Hemmungslosigkeit schliessen."[5]

5 Eintrag im Beobachtungsbogen, 09.05.1940, StAZH, W II 24.763, o. S.

Die in ein Koordinaten-System gezeichneten Kurven finden sich in zahlreichen Dossiers der in der Beobachtungsstation untergebrachten Zöglinge.[6] Das Verhältnis von einstelligen Zahlen, Kurven und Urteilen zu „Hemmungslosigkeit", „schwacher Willensanstrengung"[7] oder „Willensschwäche"[8] erschließt sich nicht unmittelbar. Scheinbar war es möglich, die Ergebnisse von Additionen in Aussagen über persönliche Verhaltensmerkmale, Charakterzüge oder das Wesen einer Person zu *übersetzen*. Was passierte hier, gewissermaßen ‚zwischen den Zahlen'? Was wurde geprüft und wie verhielten sich Zahlen und Prüfergebnis zueinander? Offenbar ging man in Albisbrunn davon aus, dass die „Arbeitskurve", oder der „Rechenversuch", wie dieser Test auch genannt wurde, Charaktereigenschaften oder Persönlichkeitszüge sichtbar machen konnten.

Nun ist ‚Persönlichkeit' ein Begriff, der längst in unsere Alltagssprache aufgenommen wurde, wo er zweierlei bezeichnet: Zum einen beschreibt er den Charakter oder die Wesensart eines Menschen im Allgemeinen. Zum anderen beschreibt er das „psychische Gesamtbild" einer Person, das einem Entwicklungsverlauf unterworfen ist (vgl. Geisthövel 2020, S. 173). Während im englischsprachigen Raum der Begriff *personality* zu Beginn des 20. Jahrhunderts den älteren, geisteswissenschaftlich geprägten und als moralisch aufgeladen empfundenen Begriff *character* ablöste (vgl. Danziger 1990, S. 159–165; Nicholson 2002, S. 328–331), hielt sich der Begriff ‚Charakter' im deutschsprachigen Raum sehr viel länger. *Personality* wurde im Gegensatz zu *character* als etwas begriffen, das durch einzelne Fähigkeiten und Dispositionen gekennzeichnet war, die in ihrem Zusammenspiel die Persönlichkeit bildeten. Auch ohne die begriffliche Anpassung finden sich im deutschsprachigen Raum ab Ende des 19. Jahrhunderts jedoch Beispiele für ein Konzept der Psyche, das diese als durch verschiedene, je einzeln messbare, elementare mentale Prozesse zusammengesetzt beschrieb (vgl. Danziger 1990, S. 52). Es war u. a. Wilhelm Wundt (1832–1920), Gründer eines der ersten experimentalpsychologischen Labors im deutschsprachigen Raum an der Universität Leipzig, der via Experimente „Teilprozesse der Psyche" zu analysieren versuchte (vgl. Sammet 2013, S. 232). Eine Gemeinsamkeit zwischen US-amerikanischer *personality* und dem deutschsprachigen Charakter blieb erhalten: Beide dachten die Eigenschaften ei-

6 Etwa StAZH W II 24.648; 853; 717. Zahlreiche Dossiers, vor allem ab Mitte der 1940er Jahre, enthalten als Auswertung lediglich die Kurve als solche und keine Beschreibung mehr. Etwa StAZH W II 24.964; 966; 988; 1005; 1012.
Im Rahmen des in Fußnote 1 erwähnten Projekts wurde eine Stichprobe der „Zöglingsdossiers" des Landerziehungsheims Albisbrunn untersucht. Für die Aufnahmejahre 1938–1952 wurden jeweils die ersten fünf Dossiers eines jeden Jahres ausgewertet, insgesamt 70 Dossiers. Über die Hälfte der in Albisbrunn aufgenommenen Zöglinge wurden mit dem Rechenversuch getestet (35 der 70 Jungen). Alle in diesem Zeitraum in der Beobachtungsstation Aufgenommenen wurden mit dem Rechenversuch getestet.

7 Eintrag im Beobachtungsbogen, 25.11.1939, StAZH W II 24.717, o. S.

8 Eintrag im Beobachtungsbogen, 20.02.1938, StAZH W II 24.648, o. S.

ner Person als statisch, als etwas Zeitüberdauerndes (vgl. Danziger 1990, S. 174). Dementsprechend finden sich in deutschsprachigen Publikationen, z. T. bis in die Gegenwart hinein, ‚Charakter' und ‚Persönlichkeit' synonym verwendet.

Wie sich aber diese einzelnen Fähigkeiten oder Eigenschaften innerlich organisieren, wie sie sich zueinander verhalten, ob ausschließlich kognitive Fähigkeit oder auch „Gefühle" oder „Gemüt" einen Einfluss haben, ob es wirklich stabile „Wesenszüge" gibt oder doch eine gewisse „Entwicklungsfähigkeit" zugestanden werden sollte, darüber existierte keine Einigkeit (vgl. Geisthövel 2020, S. 183; Seidel / Pongratz 2017, o. S.). Worüber jedoch Einigkeit herrschte, war die Annahme, dass sich Psychisches und persönliche Eigenschaften nicht unmittelbar beobachten, sich aber aus sichtbaren Reaktionen auf äußere Reize indirekt herauslesen lassen. Bis in die 1920er Jahre dienten Experimente dazu, *einzelne* psychische Eigenschaften zu testen. Ab Mitte der 1920er Jahre entstanden dann jedoch Tests, die davon ausgingen, die *ganze* Persönlichkeit testen zu können (vgl. Galison 2005).

Zur Geschichte einzelner psychometrischer und projektiver Persönlichkeitstests selbst gibt es wenig: Persönlichkeit als das Objekt der Wissenschaft erscheint darin als ahistorische Größe (vgl. Rose 1996, S. 42). Jenseits von Überblicksdarstellungen (etwa Grubitzsch 1999; Linn 2001; Rey 1977) zur Entwicklung verschiedenster psychometrischer Tests finden sich zwei Beiträge, die im Sinne einer „historischen Epistemologie" die Entstehung und Funktion z. B. des Rorschach-Tests untersuchen und zeigen, dass sich die veränderte Konzeption von Charakter und Persönlichkeit – weg von einzelnen Fähigkeiten, hin zu einer ‚ganzen Persönlichkeit – in der Art und Weise des Testens niederschlägt (vgl. Galison 2005; Germann 2019).

Was im Folgenden anhand des Beispiels der „Arbeitskurve" gezeigt werden kann, ist die ‚Erfindung' eines psychologischen Experiments und dessen Entwicklung zu einem psychometrischen Test und die darauffolgende Anwendung in der Praxis. Während Aufgabe und Durchführung des „Rechenversuchs" über die Zeit hinweg relativ stabil blieben, veränderte sich das, was die Kurve sichtbar machte, bedeutend. Es lohnt sich, der Arbeitskurve auf ihrem Weg aus dem Labor in die Praxis eines Landerziehungsheims zu folgen, weil sich daran exemplarisch zeigen lässt, was wohl allgemein für die Psychometrie gilt: Es ist weniger der Test als solcher, sondern vielmehr sind es die sich verändernden epistemischen Praktiken und Zielsetzungen in den Laboren und Praxisfeldern der Referenzdisziplinen, die bestimmen, was ein Test testet. Diese Entwicklung soll im Folgenden anhand von drei Momenten nachvollzogen werden, die es ermöglichen, diese Geschichte möglichst prägnant zu erzählen: Zunächst wird die Entwicklung des Experiments der „Arbeitscurve"[9] zu Beginn des 19. Jahrhunderts nachvollzogen (2).

---

9 Im Folgenden verwende ich Kraepelins Schreibweise ‚Arbeitscurve', wenn ich auf seine Arbeiten rekurriere. In allen anderen Fällen wird die angepasste Schreibweise Arbeitskurve verwendet.

Die zweite Phase lässt sich um 1935 verorten, als begonnen wurde, die Arbeitskurve als psychometrischen Test zur Feststellung der Persönlichkeit zu nutzen, und zahlreiche Psycholog:innen an der Eichung des Tests für spezifische Zielgruppen arbeiteten (3). Schließlich fand die Arbeitskurve um 1940 ihren Weg in die heilpädagogische Praxis, hier exemplarisch untersucht anhand des Landerziehungsheims Albisbrunn, wo sie als „Hilfsmittel zur Erfassung schwererziehbarer Jugendlicher" (Moor / Zeltner 1944, S. 5) eingesetzt wurde (4). Abschließend werden die Implikationen der Geschichte der Arbeitskurve für die Historisierung der mit Persönlichkeitstests verbundenen epistemischen Praktiken zusammengefasst.

2. 1902: „Die Arbeitscurve"

Als Emil Kraepelin[10] (1856–1926) 1902 erstmals seine Erkenntnisse und Überlegungen zur „Arbeitscurve" systematisch darstellte, hatte er bereits 14 Jahre lang „Versuche" durchgeführt, deren Ausgangspunkt „das zifferweise Addiren einstelliger Zahlen" (Kraepelin 1902, S. 5) war. Im Rahmen dieser Versuche hatten Kraepelin und seine Mitarbeiter:innen begonnen, die Summe der korrekten Lösungen pro Zeitabschnitt in ein Koordinatensystem zu übertragen, um so eine „Arbeitscurve" entstehen zu lassen. Anders als in physiologischen Experimenten, deren Clou meist in einer technisch vermittelten, automatischen Aufzeichnung der Kurve bestand, in der die Wirklichkeit sich gewissermaßen selbst schrieb (vgl. Kammer 2013), musste für eine Arbeitskurve der Versuchsleiter selbst die Reaktionen der Versuchsperson sequenzieren und übersetzen. Dieses Vorgehen war keines, das Kraepelin ‚erfunden' hatte: Vor allem auf Wundt geht die experimentelle Untersuchung der Psyche in Teilprozessen zurück. Für ihn waren „Zeitmessungen […] Mittel zum Zweck [der] qualitative[n]Analyse der Psyche" (Sammet 2013, S. 232; vgl. auch Danziger 1990, S. 108 ff.). Ebenso war der inhaltliche Teil des Experiments, die Messung von Leistung anhand einfacher Aufgaben, nicht Kraepelins genialer Einfall, sondern verdankte sich einem ganzen Netzwerk aus Physiolog:innen, Psycholog:innen und ihren Experimenten zum Zusammenhang zwischen Anstrengung, Übung, Ermüdung und Leistung (vgl. Danziger 1990, S. 137–147).[11]

10 1902 war Kraepelin Professor für Psychiatrie in Heidelberg. Er hatte zuvor bei Wilhelm Wundt, dem Leiter des Instituts für experimentelle Psychologie in Leipzig, studiert. Kraepelin gilt bis heute als einer der wichtigsten Psychiater Europas, was sich nicht zuletzt daran zeigt, dass die Klassifikation psychischer Erkrankungen bis heute auf seiner Nosologie fußt (zu Kraepelin vgl. Engstrom / Kendler 2015).

11 Vgl. dazu auch eine Rezension von Ebbinghaus (1897, S. 403–414) zu neun verschiedenen Testverfahren zur Prüfung der Ermüdung von Schulkindern, die Ende des 19. Jahrhunderts zur Verfügung standen und die allesamt darauf basierten, einfache Aufgaben lösen zu lassen und anschließend die Anzahl korrekter Lösungen pro Zeiteinheit auszuwerten.

Anfänglich hatte Kraepelin den Versuch entworfen, um die Auswirkungen toxischer Substanzen auf die geistigen Leistungen zu messen. Er ließ Proband:innen den Versuch nüchtern und unter dem Einfluss von „Alkohol, Opium oder Coffein" (Kraepelin 1902, S. 4) durchführen. Die Leistungen der Proband:innen schwankten jedoch selbst nüchtern je nach Tag und Uhrzeit so stark, dass der Versuch wertlos erschien: Offenbar war die Leistung in hohem Maße von „wechselnden inneren Bedingungen" abhängig, die fälschlicherweise als „Giftwirkungen hätten gedeutet werden können" (ebd., S. 4). Er befand es von daher als notwendig, „zu untersuchen, welchen Wandlungen die geistigen Leistungen aus inneren Gründen, ohne Wechsel der äusseren Bedingungen unterliegen" (ebd., S. 4).

In der Folge ließen er und seine Mitarbeiter:innen wiederholt Erwachsene einstellige Zahlen, in senkrechten Reihen angeordnet, addieren. In der Regel dauerten diese Versuche 120 Minuten, die in Fünf-Minuten-Abschnitte unterteilt wurden. Im Anschluss übertrugen sie die Summe der korrekten Additionen je Zeitabschnitt in ein Koordinatensystem. Entgegen der Annahme Kraepelins entstanden keine steigenden oder abfallenden Kurven. Stattdessen sah er Kurven, die die unregelmäßigen Schwankungen der Leistung über die Zeit hinweg sichtbar machten. Mal gab es mehr, mal weniger korrekte Rechenoperationen pro Minute, ohne dass sich zunächst ein eindeutiges Muster abzeichnen würde. Gründe, die Kraepelin als ursächlich für die Schwankungen vermutete, waren „Übung", „Ermüdung" und „Antrieb". „Übungseffekte" würden sichtbar, wenn die Kurve begann zu steigen. „Ermüdung", sowohl psychisch als auch physisch, zeige sich in plötzlich fallenden Kurven. Der „Antrieb", auch als „Wissensanspannung" bezeichnet, sei diejenige „psychische Kraft", die die Ermüdung zeitweise ausgleichen konnte und dafür sorgte, dass die Schwankungen der Kurve auf ein gewisses Maß begrenzt blieben (ebd., S. 5–8, 11–16). Kraepelin folgerte daraus, dass, wenn alle anderen Parameter des Experiments, die Art der Additionen, der Bogen auf dem gerechnet wurde, eine ruhige Arbeitssituation etc., gleichblieben, die Arbeitskurve „Ausdruck des Verhältnisses von Übung, Ermüdung und Antrieb" sein müsse (ebd., S. 12).

Damit hatte sich das, was durch den Rechenversuch sichtbar gemacht werden konnte, zum ersten Mal verschoben: Statt reiner Leistungsmessung in Abhängigkeit von bestimmten Substanzen konnte die Arbeitskurve nun dabei helfen, „die Grösse der Einflüsse zu erforschen, welche den Arbeitsverlauf beherrschen" (ebd., S. 12). Um diese Vermutung zu bestätigen, versuchte sich Kraepelin an einer Gegenprobe: Wenn er jeden der Einflüsse (Übung, Ermüdung, Gewöhnung) in einer eigenen Kurve darstellen konnte und wenn diese – analog der Trennung einer Schwingungskurve in die Kurven der Einzeltöne – wieder zusammengesetzt werden konnten, dann konnte er davon ausgehen, dass er alle wesentlichen Einflüsse auf die Arbeitskurve rekonstruiert und korrekt gemessen hätte.[12] Das Resultat dieser Brechungen waren einzelne Kurven, die „die muthmassliche Grösse und den Gang der einzelnen erörterten Einflüsse für die aufeinander folgenden Arbeitsabschnitte fest[]setz[t]en“ (Kraepelin 1902, S. 45). Umgekehrt müsste er mittels dieser Kurven zeigen können, welchen Verlauf die Rechenleistung eines Menschen nehmen würde, wäre er nur von einem dieser Faktoren beeinflusst. Das war jedoch nicht der Fall und so stellte Kraepelin ein wenig ernüchtert fest, dass die Erkenntnisse über die „verwickelten Entstehungsbedingungen der Arbeitscurve“ zeigen, wie schwierig es sein würde, ein „praktisch brauchbares“ und „zuverlässiges Verfahren der Ermüdungsmessung“ zu entwickeln (ebd., S. 50).

Dass die „Ermüdungsmessung“ nun zu Kraepelins eigentlichem Anliegen wurde, erklärt sich aus seiner Überzeugung, dass das Verhältnis von „Uebungsfähigkeit und Ermüdbarkeit [...] vielleicht den gemeinsamen Ausdruck [...] allgemeiner Grundeigenschaften der psychischen Persönlichkeit“ (ebd., S. 16) darstellt. Was hier bereits angelegt ist, das wird sich im nächsten Abschnitt zeigen, ist die „Gleichsetzung von Persönlichkeit und Arbeitskraft“ (Jaeger / Staeuble 1981, S. 5), die in der Folge maßgeblich zum Erfolg psychometrischer Persönlichkeitstests beitragen wird. Damit die Psyche oder der Charakter eines Menschen mittels eines Tests zuverlässig vermessen werden konnte, musste zunächst, da orientierte sich Kraepelin weiterhin an seinem Mentor Wundt, „eine sorgfältige Erforschung der Arbeitscurve in allen ihren Einzelheiten“ erfolgen (Kraepelin 1902, S. 51; vgl. auch Sammet 2013, S. 229). Sollte das zuverlässig gelingen, „wird es voraussichtlich auch gelingen, ein Maßverfahren zu ersinnen, welches uns rasch mit den wesentlichsten Eigenschaften der Versuchsperson [...] vertraut macht“ (Kraepelin 1902, S. 51), so seine Hoffnung.

3. 1936: Der Additionsversuch als „charakterologisches Prüfverfahren“

Fast 30 Jahre nach Kraepelin stellte der Münchner Psychologe Richard Pauli (1886–1952)[13] in seinen „Beiträge[n] zur Kenntnis der Arbeitskurve“ fest: „Die Arbeitskurve, die auf Kraepelins bahnbrechende Untersuchungen zurückgeht, stellt zweifellos eine der wertvollsten Errungenschaften der experimentellen

12 Vom Ausgangspunkt einer durchschnittlichen Arbeitskurve berechnete er zunächst die Effekte der Übung, indem er sogenannte Pausenversuche machte. Im Anschluss führte er Rechenversuche mit denselben Versuchspersonen an verschiedenen Tag durch, um den Einfluss von Übungsfortschritt und Übungsverlust auf die Arbeitskurve bestimmen und so „herausrechnen“ zu können. Analog verfuhr er mit den Willenseinflüssen (vgl. Kraepelin 1902, S. 33–48).

13 Pauli hatte, wie schon Kraepelin, bei Wundt in Leipzig studiert. 1919 wurde er zunächst am Psychologischen Institut der Universität München angestellt, wo er ein Jahr später eine außerordentliche Professur erhielt (vgl. Holzapfel 2001, o. S.)

Psychologie dar. Sie bedeutet den Inbegriff einer ganzen Gruppe eigener Fragestellungen, die ihrerseits ein selbständiges Gebiet, die Arbeitspsychologie, ausmachen." (Pauli 1936, S. 465)

Neben der wissenschaftlichen Seite, das betonte Pauli, gab es eine „praktische Seite der Arbeitskurve" (ebd., S. 465), die insbesondere für die Psychotechnik bedeutsam wurde, was möglicherweise auch sein Interesse an dem Versuch erklärt. In der Psychotechnik hatte sich, u. a. anschließend an Edward Thorndikes (1874–1949) Auseinandersetzung mit Kraepelins Arbeitskurve, vor allem aber durch die Rezeption von Frederick Taylors (1856–1915) *scientific management*, die Überzeugung durchgesetzt, dass emotionale Faktoren zentrale Einflüsse auf Leistung und Arbeit darstellen, die bei der Auswahl von Arbeitskräften berücksichtigt werden sollten.[14]

Mit seiner Untersuchung zur Arbeitskurve wollte Pauli dementsprechend „einen Beitrag zur Testpsychologie wie zur Lehre von den individuellen Unterschieden bzw. der Charakterkunde" leisten (Pauli 1936, S. 468). Ab den 1930er Jahren arbeitete er daran, aus dem Experiment Kraepelins einen standardisierten Test zu entwickeln, der Aussagen über psychische Leistungsmerkmale, bspw. Konzentration sowie über den Charakter ermöglichen sollte.

Die Rechenaufgaben und der Ablauf des Tests blieben quasi unverändert: Versuchspersonen mussten so viele einstellige Zahlen wie möglich innerhalb eines bestimmten Zeitraumes addieren. Um aus dem Additionsversuch einen Test zu machen, der die Vergleichbarkeit über einzelne Testpersonen, Orte oder Zeiträume hinweg ermöglichte, nahm Pauli ein paar Anpassungen vor, an die sich einige Jahre später auch Oelers in Albisbrunn hielt. Die Dauer des Tests wurde auf 60 Minuten festgelegt. Er entwarf einen Rechenbogen, der im Rahmen von Massentests die Störung durch ständiges Umblättern minimieren sollte. Das Format der Rechenbogen war so gewählt, dass „2000 schriftliche Additionen auf eine Seite passten". Die Bogen waren aus „glattem, dicken Papier" und beidseitig bedruckt. Die Zahlen waren so angeordnet, dass die Reihenfolge der Zahlen von 2 bis 9 gleichmäßig verteilt war: es waren 64 verschiedene Zahlenpaare möglich, die dadurch ebenfalls regelmäßig verteilt waren und sich nach je 65 Ziffern wiederholten. Pauli wollte hiermit sicherstellen, dass die „Rechenschwierigkeit stets dieselbe" war (ebd., S. 526 f.).

Bevor der Test begann, wurden die Testpersonen darauf hingewiesen, dass „Höchstleistung in jedem Augenblick" gefordert war (ebd., S. 469). Die Versuchsdauer sollte nicht bekannt gegeben und die Arbeitsbedingungen möglichst störungsarm gestaltet werden. Auf einen Gongschlag wurde mit dem Addieren begonnen, eine Stunde lang gerechnet und alle drei Minuten „nach den Gongschlägen einer besonders eingerichteten Weckeruhr" sollten die Versuchspersonen ei-

14 Zur Geschichte der Psychotechnik bzw. Arbeitspsychologie vgl. u. a. Rüegsegger 1986; Jaeger/Staeuble 1981; Messerli 1996; Horn 2002.

ne Zeitmarke in Form eines Querstrichs, zwischen den Ziffern anbringen (ebd., S. 469). Im Nachgang wurde die Anzahl korrekter Additionen je Zeiteinheit auf ein Koordinatensystem übertragen. Die Arbeitskurve stellte, wie schon bei Kraepelin, die Summe der korrekten Additionen je Zeiteinheit, der sogenannten Teilleistungen, im Zeitverlauf dar.

Um aber zu „Normen, ihrem Schwankungsbereich und damit auch [zu] den Massstäben […] des Arbeitsverlaufes" zu gelangen, d. h., um die Arbeitskurve ‚sprechen zu lassen', benötigte Pauli Vergleichswerte, die er zunächst aus einer Massenuntersuchung, durchgeführt an „85 Studierenden", zog (ebd., S. 469). Wie Kraepelin hatte Pauli mit einem „verwickelte[n] Verlauf" (ebd., S. 474) der Arbeitskurve zu kämpfen. Zu viele Faktoren hatten Einfluss, zu viele Unterschiede in den einzelnen Kurven ließen sich potentiell vergleichen. Er griff deshalb vier Werte heraus, die sich jeweils in Zahlen ausdrücken ließen: die „Steighöhe", also die Differenz zwischen niedrigster und höchster Leistung, um die Schwankungen in der Arbeitskurve zu beziffern; die „Güte", also die Anzahl korrekter Additionen im Verhältnis zu den falschen; die „Gipfellage", also den Zeitpunkt der höchsten Leistung, um verfrühte oder verspätete Höchstleistung im Verhältnis zur Norm auszudrücken; den „Arbeitsrhythmus", der die Schwankungen der Teilleistungen untereinander bezeichnete (Pauli 1936, S. 473 ff.). Pauli sah, dass zwischen diesen Werten „bestimmte Zusammenhänge bestehen" (ebd., S. 482 f.). War die Zahl der korrekten Additionen hoch, war die relative Fehlerzahl, die Steighöhe und die Schwankung zwischen den Teilleistungen gering. War hingegen die Zahl der korrekten Additionen niedrig, zeigte sich im Massenversuch, dass sowohl Fehlerzahl, Steighöhe als auch die Schwankungen zunahmen. Wie ließen sich diese Zusammenhänge erklären? Paulis These:

> „Sie müssen offenbar zurückgehen auf diejenigen psychischen Gegebenheiten, die für das Zustandekommen der Leistung überhaupt maßgebend sind. Nähere Überlegung zeigt, dass es sich letzten Endes um die Aufgabenbestimmtheit, die Determination, handelt. Je ausgeprägter, ausschließlicher und gleichmäßiger sie dem ganzen Bewusstsein den Stempel aufdrückt, desto günstigere Voraussetzungen für die Arbeit und die Leistung sind offenbar gegeben." (Pauli 1936, S. 482)

Die Aufgabenbestimmtheit ermögliche es, sowohl Ablenkungen, die leistungsstörend wirken, auszublenden als auch möglichst effektiv zu arbeiten. Sie war, so sah es Pauli, eine „Willenserscheinung". Wenn die Korrelationen zwischen „Menge, Güte, Steighöhe und Schwankung" in einer individuellen Arbeitskurve vor allem auf die „Determination" des Einzelnen zurückzuführen waren, dann konnte die Arbeitskurve als Abbildung der „willenmäßigen Seite [der Gesamtpersönlichkeit], und zwar nach ihrer konstitutionellen Beschaffenheit" gelesen werden (ebd., S. 488).

Dabei bleibt implizit, dass die Addition einzelner Zahlen eben keine spezifische Fähigkeit prüfte, sondern in ihrer „Abstraktion eines Arbeitsvorgangs" den ganzen Menschen sowohl in seiner Übungsfähigkeit und Ermüdbarkeit als auch in seiner „Persönlichkeit", die letztlich bestimmte, wie sehr er sich selbst antreiben und die Ermüdungserscheinungen ausgleichen konnte (vgl. Horn 2002, S. 115). Die Arbeitskurve war also beides: Leistungstest *und* Charaktertest. Ermöglicht wurde dies, weil die Interpretation der Kurve Charakterveranlagung und Leistungsfähigkeit eng miteinander verknüpfte und damit die zentrale Prämisse der Psychotechnik und ihrer Testungen übernahm (vgl. Jaeger/Staeuble 1981, S. 59 ff.).

Was sich hier zeigt, ist eine Entwicklung, wie sie auch für weitere Bereiche der angewandten Psychologie beschreibbar ist: eine Abkehr von der Testung spezifischer einzelner Fähigkeiten hin zur Hervorbringung qualitativer Unterschiede zwischen Menschen. Dabei bediente sie sich der Typenbildung als Mittel, die „überkomplexe Realität für die systematische Beobachtung handhabbar [zu] machen" (Geisthövel 2020, S. 184). Ohne sich weiter mit den Einzelheiten der Entstehung des „verwickelte[n] Verlauf[s]" der Arbeitskurve beschäftigen zu müssen, zeigte die Form der Kurve die „Gesamtpersönlichkeit" an, und zwar ohne dass sich Test oder Darstellung zwischen 1902 und 1936 grundlegend änderten. Dass der Test nun vermeintlich die Diagnose der ganzen Persönlichkeit ermöglichte, beruhte auf der numerischen Auswertung der Schwankungen und der Verknüpfung dieser Zahl mit der „Determination" einer Person. Diese Verknüpfung war es, die es Pauli ermöglichte, die Arbeitskurve als Persönlichkeitstest in Umlauf zu bringen. Der entscheidende Vorteil dieser Tests war es, dass der Charakter einer Person anhand einer einfachen Kurve erkennbar wurde.

4. 1944: Der „Additionsversuch von Kraepelin als Hilfsmittel bei der Erfassung von schwererziehbaren Kindern und Jugendlichen"

Es war Paul Moor (1899–1977), zwischen 1931 und 1933 Leiter der Beobachtungsstation in Albisbrunn, der dort begonnen hatte, hin und wieder Beobachtungszöglinge mit der Arbeitskurve zu diagnostizieren.[15] Zunächst war der Rechenversuch einer von mehreren psychologischen Tests, unter ihnen der Rohrschach-Formdeutversuch und der Assoziationstest nach Carl Gustav Jung.[16] Das änder-

15 Paul Moor wurde 1924 in Physik promoviert. Parallel zu seiner Anstellung in Albisbrunn promovierte er bei Heinrich Hanselmann im Fach Heilpädagogik. Von 1951–1968 hatte er die Professur für Heilpädagogik an der Universität Zürich inne (vgl. Heese 2007).

16 Vgl. Fußnote 6 für Erläuterungen zum ausgewerteten Sample der „Zöglingsdossiers" aus Albisbrunn.

te sich im Laufe der 1930er Jahre: Der „Kraepelin'sche Rechenversuch", wie er in Albisbrunn genannt wurde, obwohl die von Pauli weiterentwickelte Testvariante durchgeführt wurde, war ab Anfang der 1940er Jahre der dort am häufigsten durchgeführte psychometrische Test.

So ist es denn auch nicht weiter verwunderlich, dass Moor, zu diesem Zeitpunkt Leiter des Heilpädagogischen Seminars an der Universität Zürich, und Max Zeltner[17] (1895–1953), der Heimleiter in Albisbrunn, 1944 eine Anleitung veröffentlichten, wie der „Additionsversuch" bei der Erfassung sogenannter schwererziehbarer Jugendlicher nutzbar gemacht werden konnte. Die beiden betonten, dass ein „methodisches Vorgehen" bei der Erkenntnis des Kindes die beste Voraussetzung für gutes pädagogisches Handeln sei (Moor/Zeltner 1944, S. 5). Außerdem schien der Rechenversuch drei spezifische Vorteile mit sich zu bringen. Das Ergebnis stelle einen Verlauf dar und sei deshalb im Vorteil gegenüber Kurzprüfungen, die nur eine einzige Leistung maßen: „Sie stellt uns das gesuchte Ganze des Arbeitsverlaufs anschaulich vor Augen." Der zweite Vorteil sei, „dass die graphische Darstellung in der Arbeitskurve einerseits das Versuchsergebnis in objektiver Form fixiert, andererseits in seiner vollen Differenziertheit vor Augen führt". Was unmittelbar mit dem dritten Vorteil zusammenhing, der Entlastung der „immer an Zeitmangel leidende[n] Anstaltserzieher" (ebd., S. 6 f.). Die Kurve ermögliche es, in kurzer Zeit objektiv und differenziert den Ausgangspunkt für die Erziehung zur Arbeit zu bestimmen, mit einem Test, der gleichzeitig mit mehreren ‚Zöglingen' durchführbar war.

Damit die Arbeitskurve aber als Diagnostik-Instrument für das eigene Klientel zur Verfügung stand, mussten „Vergleichswerte" erhoben werden.[18] Bis Ende der 1930er Jahre fehlten Vergleichswerte der Arbeitskurve aus „Schweizer Massenversuchen" allgemein, aber auch für Jugendliche unter 16 Jahren und insbesondere für ‚schwererziehbare Kinder' lagen keine ‚Normkurven' vor. Deshalb hielten es Moor und Zeltner für geboten, „Höhe und Verlauf für die Prüflinge aus schweizerischen Verhältnissen festzustellen" und dabei „insbesondere Schüler und Jugendliche aus Erziehungsheimen" zu testen (ebd., S. 59). Hierfür führten sie mit insgesamt 500 Jugendlichen Additionsversuche durch, von denen „die Hälfte aus-

17 Max Zeltner war ab 1926 stellvertretender Heimleiter in Albisbrunn. Ab 1929 übernahm er die Leitung des Heims und blieb dies bis zu seinem Tod 1953 (vgl. Moor 1974, Garz i. E.).

18 Die Vergleichswerte aus einer ähnlichen Gruppe waren nötig, da sich die Persönlichkeit nur im Verhältnis zur Leistung bestimmen ließ, die als relativer Wert gemessen wurde. War eine Kurve insgesamt viel zu niedrig, ließ dies auf eine grundsätzliche „Willensschwäche" oder „Antriebsarmut" schließen (Pauli 1944, S. 8).
Ähnlich wie Pauli mit seiner Arbeit an dem Rechenversuch waren Zeltner und Moor in ihren Bemühungen, adäquate Vergleichswerte für bestimmte Gruppen zu erheben, nicht alleine. Sowohl in Deutschland als auch in der Schweiz wurde die „Arbeitskurve" ab den späten 1930er Jahren wiederholt an verschiedenen Gruppen geeicht (so etwa Läpple 1940; Plößl 1941; Remplein 1942; Achtnich 1956).

gesprochen schwererziehbare Zöglinge" waren und die anderen 250 je zur Hälfte Sekundarschulen in der Stadt bzw. dem Kanton Zürich besuchten (vgl. ebd., S. 59). Aus diesen Reihentestungen erstellten sie ‚Normkurven' für Jugendliche, die ihnen die Basis für die Erkenntnis der sogenannten schwererziehbaren Zöglinge in Albisbrunn lieferten. Die Form der Kurven, da verließen sie sich auf Pauli, ermöglichte Aussagen über den Charakter eines Zöglings, da sie sowohl „Leistungsvermögen" als auch „Charakterveranlagung" (Pauli 1936, S. 488) maßen.

Der Additionsversuch sollte also „zum Verstehen des Kindes" beitragen, wobei dieses Verständnis die Basis für den „Erziehungsversuch" war, dessen Ziel wiederum die „Erziehung zur Arbeit" war (Moor / Zeltner 1944, S. 53). Insofern war es folgerichtig, dass die beiden in ihrer Veröffentlichung betonten, dass der Additionsversuch so wertvoll für die (heil-)pädagogische Erziehung sei, weil er aufzeige, inwiefern ein Jugendlicher überhaupt in der Lage bzw. „reif" genug sei, im Hinblick auf seine Willensanstrengung und seine Leistungsfähigkeit einen Beruf zu lernen (vgl. ebd., S. 53). Damit sei der Ansatzpunkt für die ‚Erziehung zur Arbeit' bestimmt, was entscheidend war für das eigene Ziel: einen Jugendlichen zur Arbeit zu erziehen. Anders als Psychotechnik und Psychologie, die fragten „was einer werden könne", pochten Moor und Zeltner darauf, dass die entscheidendste Frage auf dem Weg zur Berufstätigkeit eine pädagogische sei, nämlich ob „der Jugendliche dazu reif sei, einen Beruf zu lernen". Die Pädagogik „fragt nicht nur: Möchtest du wohl? Sondern sie sagt: Es käme darauf an, dass du auch dort noch wolltest, wo du nicht möchtest. Sie frage nicht nur: Kannst du das? Sondern sie sagt: es käme darauf an, dass du das, was du noch nicht kannst, lernen wolltest" (ebd., S. 53).

Ohne en détail auf das Konzept Erziehung durch Arbeit und zur Arbeit[19], explizit als „Charaktererziehung überhaupt" (ebd., S. 67) bezeichnet, eingehen zu können, lässt sich hier ein Unterschied zwischen Moors und Zeltners Verständnis von „Charakter" und dem Paulis benennen. Letzterer ging davon aus, dass die Eigenschaften einer Persönlichkeit, die durch die Arbeitskurve erfasst wurden, im Wesentlichen angelegt und unveränderbar waren (vgl. Pauli 1936, S. 488). Der Test machte für ihn die Grundzüge sichtbar, die darüber bestimmten, was eine Person imstande war zu leisten – und zwar auch als prognostisches Verfahren (vgl. Pauli 1944, S. 9). Moor und Zeltner hingegen verstanden den Test als eine Bestandsaufnahme, von der aus sie ihre „Nacherziehung" planen und durch „Gewöhnung an Arbeit", „Vermitteln von Arbeitsfreudigkeit" und „das Wecken von Arbeitsinteresse" eine „leistungsfähigere Persönlichkeit" erziehen konnten (Moor / Zeltner 1944, S. 53 f.).

Illustriert werden kann dies anhand der Einzelfallbeschreibungen, die sie an ihre Publikation zur Arbeitskurve anhängten. So heißt es zum Fall A1: „Für die

19 Vgl. zum Programm der Arbeitserziehung in Albisbrunn Moor / Zeltner 1944, S. 50–59; Zeltner 1927; 1945; Deplazes / Garz 2023b.

Erziehung zu Arbeit folgt daraus, dass der Junge in charakterlicher Hinsicht ein gutes Stück Nacherziehung nötig hat: er hat ganz einfach erst noch zu lernen, mit etwas fertig zu werden, auch wenn es ihm unangenehm wird. Man erkennt ja auch schon aus dem Versuch, dass in einfachen Arbeitssituationen es nichts Anderes braucht, als ihn bei der Stange zu halten." (Moor/Zeltner 1944, S. 71) Entgegen der Psychologie der Zeit wurde hier Persönlichkeit als etwas gedacht, das nicht statisch, sondern im Rahmen von Erziehung form- und veränderbar war.

5. Zur Historisierung von Test und Persönlichkeit

Mit dem Rechenversuch wurde hier ein Verfahren vorgestellt, das 1902 ein psychologisches Experiment war, 1936 die Leistungspersönlichkeit festzustellen vermochte und 1944 in einem heilpädagogischen Kontext den Ausgangspunkt eines Erziehungsversuchs markierte. Daran zeigt sich zunächst, dass Tests, Verfahren zur Sichtbarmachung einer psychischen Disposition, eine Geschichte haben: Was ein Test testet, transformiert sich im Laufe der Zeit. Es zeigt sich als kaum theoretisch vorbestimmt und hochgradig von sowohl zeitgenössischen als auch historischen Netzwerken, Wissen und Diskursen abhängig. Der hier in Ansätzen gezeigte „Resonanzraum" (Rheinberger/Hagner 1993) oder der „Wissenstransit" (Secord 2004) zwischen Labor und Praxis beruht auf einem eng verbundenen Netzwerk von Forschenden, Testenden und Getesteten sowie deren Verhandlungen über die Bedeutung der Kurven und der Mobilisierung von Ressourcen.

Zielte Kraepelins Experiment noch auf das Individuum und das dort feststellbare Verhältnis von Ermüdung und Übung, verschob sich der Fokus in den 1940er Jahren hin zu einer Typenbildung entlang der Form der Kurve. Es ging nun weniger darum, einzelne Fähigkeiten und ihren Einfluss auf die Leistung bei der Arbeit zu untersuchen. Vielmehr hatte sich die Einschätzung durchgesetzt, dass der Test nicht nur „Leistung", die Menge der Additionen pro Minute, testete. Die Kurve konnte auch „Determination", den Grad, bis zu dem eine Versuchsperson die Ermüdungserscheinungen wettzumachen in der Lage war, sichtbar machen. Damit brachte die Kurve das hervor, was in der zeitgenössischen angewandten Psychologie als „Bild der Persönlichkeit, als Erkenntnis vom Zusammenhang zwischen Leistungsfähigkeit und Charakterveranlagung" (Pauli 1936, S. 488) galt. Seine Fähigkeiten einzusetzen, war schließlich das Entscheidende im Hinblick darauf, was eine Person im Stande war zu leisten. Dieser tatsächliche Einsatz war dann abhängig „von der ganzen Persönlichkeit", von „Willen und Charakter" (Pauli 1944, S. 1). Dabei ging es nicht, wie noch um 1900, um die (numerische) Abweichung von der Norm, sondern um die Einteilung bestimmter Charaktermerkmale in Typen, die nicht pathologisch gewertet wurden, sondern Aussagen über einen stabilen ‚Wesenskern' einer Person ermöglichen sollten.

Es waren nicht zuletzt die Kurven als Darstellungsform und die damit signalisierte Objektivität der Sichtbarmachung der Psyche, die Moor und Zeltner dazu veranlasste, die Kurve als „Hilfsmittel bei der Erfassung von schwererziehbaren Kindern und Jugendlichen" einzusetzen. Denn in der Kurve trat „in objektiver Form" bei gleichzeitiger „volle[r] Differenziertheit" die „Disponiertheit der Versuchsperson" klar zu Tage (Moor / Zeltner 1944, S. 6). Dabei lässt sich eine weitere Veränderung im Verständnis des Tests konstatieren. Zeigte für Pauli die Arbeitskurve etwas Zeitüberdauerndes im Hinblick auf den Charakter einer Person an, war sie für Moor und Zeltner lediglich eine Momentaufnahme. Die Arbeitskurve konnte, ganz im Sinne einer Psychopathologie, zum Ausgangspunkt der „Erziehungspraxis" (ebd., S. 5) gemacht werden. Charakter oder Persönlichkeit wurden in diesem Verständnis zu etwas, das als pädagogisch, allemal heilpädagogisch, formbar gedacht wurde.

Es ist somit nicht nur der Test, der eine Geschichte hat, sondern auch die Vorstellung dessen, was überhaupt Persönlichkeit sei. Anhand der Geschichte der Arbeitskurve zeigt sich, dass das, was mit Persönlichkeit bzw. Charakter gemeint ist, im Kontext von „lokalen, sehr heterogenen institutionellen, klinischen und administrativen Interessen und Praktiken, je neu verhandelt" werden muss (Geisthövel 2020, S. 174). Dass Kraepelin seinen Fokus noch auf einzelne Fähigkeiten richtete, entspricht den Anliegen der Psychologie dieser Zeit, die erst nach 1900 begann, Persönlichkeit und auch Intelligenz als Konzepte herauszuarbeiten. Dazu war eine epistemologische Verschiebung notwendig, die es ermöglichte, Personen nicht als Addition einzelner Fähigkeiten, sondern als ein „integriertes Ich" (Galison 2005, S. 135) zu verstehen: eine Verschiebung, die in der Geschichte der Arbeitskurve anschaulich wird.

Quellen- und Literaturverzeichnis

Ungedruckte Quellen

Staatsarchiv Zürich StAZH

Gedruckte Quellen

Achtnich, Martin (1956): Normwerte der Kraepelinschen Arbeitskurve für 10- bis 15-jährige Knaben und Mädchen und ihre Bedeutung für die Erfassung schwererziehbarer Kinder. Dissertation: Universität Zürich.

Ebbinghaus, Hermann (1897): Über eine neue Methode zur Prüfung geistiger Fähigkeiten und ihre Anwendung bei Schulkindern. In: Zeitschrift für Psychologie und Physiologie der Sinnesorgane 13, S. 401–459.

Kraepelin, Emil (1902): Die Arbeitscurve. Leipzig: Wilhelm Engelmann.

Läpple, Ernst (1940): Die Arbeitskurve als charakterologisches Prüfverfahren. Sonderdruck aus der Zeitschrift für angewandte Psychologie und Charakterkunde. Bd. 60. Leipzig: Johann Ambrosius Barth.

Lutz, Jakob (1935): Über die psychiatrische Beobachtung bei Kindern und Jugendlichen im Kanton Zürich. In: Jahresbericht des Zürcher Hülfsvereins für Geisteskranke, S. 1–16.

Moor, Paul/Zeltner, Max (1944): Die Arbeitskurve: Eine Anleitung für die Durchführung des Additionsversuches von Kraepelin als Hilfsmittel bei der Erfassung von schwererziehbaren Kindern und Jugendlichen. Hausen a. A.: Landerziehungsheim Albisbrunn (Hefte für Anstaltserziehung 1).

Pauli, Richard (1936): Beiträge zur Kenntnis der Arbeitskurve. In: Archiv für die gesamte Psychologie 97, S. 465–532.

Pauli, Richard (1944): Charakterologisches Prüfverfahren (Arbeitsversuch) und Schule. In: Zeitschrift für pädagogische Psychologie und Jugendkunde 45, S. 1–11.

Plößl, Peter (1941): Die Arbeitskurve als diagnostisches Hilfsmittel. Sonderdruck aus der Zeitschrift für angewandte Psychologie und Charakterkunde. Bd. 61. Leipzig: Johann Ambrosius Barth.

Remplein, Hans (1942): Beiträge zur Typologie und Symptomatologie der Arbeitskurve. Leipzig: Johann Ambrosius Barth (Beiheft zur Zeitschrift für angewandte Psychologie und Charakterkunde).

Stiftung Albisbrunn (1926): Jahresbericht des Landerziehungsheims über das Eröffnungsjahr 1925. Hausen a. A.

Stiftung Albisbrunn. (1932): Landerziehungsheim der Stiftung Albisbrunn: Jahresbericht 1931. Hausen a. A.

Zeltner, Max (1927): Vom Basteln und vom Wert der Einrichtung einer Bastelwerkstätte. In: Jahresbericht der Stiftung Albisbrunn für das Jahr 1926. Hausen am Albis: Landerziehungsheim Albisbrunn, S. 35–41.

Zeltner, Max (1945): Arbeitserziehung: Separatabdruck aus dem Jubiläumsbuch 100 Jahre Schweizerisches Anstaltswesen. Zürich: Otth.

Literatur

Danziger, Kurt (1990): Constructing the Subject: Historical Origins of Psychological Research. Cambridge, New York: Cambridge University Press.

Deplazes, Daniel (2022): Ruinen der Heimerziehung: Das Landerziehungsheim Albisbrunn in den Akteur-Netzwerken des Schweizer Heimwesens, 1960–1990. Dissertation: Universität Zürich.

Deplazes, Daniel/Garz, Jona T. (2023a): Vergehen, Verhör, Geständnis. ‚Wahrheitspraktiken' bei Entweichungen aus dem Landerziehungsheim Albisbrunn im 20. Jahrhundert. In: Jahrbuch Historische Bildungsforschung 28, S. 107–132.

Deplazes, Daniel/Garz, Jona T. (2023b): Historische Materialität: Ein „Meilenstein" für dic Historiografie? In: Jahrbuch Historische Bildungsforschung 28, S. 185–196.

Engstrom, Eric J./Kendler, Kenneth S. (2015): Emil Kraepelin: Icon and Reality. In: The American Journal of Psychiatry 172, S. 1190–1196.

Galison, Peter (2005): Das Bild des Ich. In: Borck, Cornelius/Schäfer, Armin (Hrsg.): Psychographien. Zürich: diaphanes, S. 111–140.

Garz, Jona T. (2023/im Erscheinen): Zeltner, Max. In: Historisches Lexikon der Schweiz (HLS).

Geisthövel, Alexa (2020): Einführung: Zur Zeitgeschichte „abnormer Persönlichkeiten". In: Gesnerus, 77(2), S. 173–205. https://doi.org/10.24894/Gesn-de.2020.77009.

Germann, Urs (2019): Vom Klecks zum Psychogramm. Der Rorschach-Formdeutversuch als Aufführungs- und Aufzeichnungsverfahren. In: Ankele, Monika/Kaiser, Céline/Ledebur, Sophie (Hrsg.): Aufführen – Aufzeichnen – Anordnen: Wissenspraktiken in Psychiatrie und Psychotherapie. Wiesbaden: Springer, S. 123–145. DOI:10.1007/978-3-658-20151-7_8.

Grubitzsch, Siegfried (1999): Ein psychologischer Test – Was ist das? In: Grubitzsch, Siegfried (Hrsg.): Testtheorie – Testpraxis. Psychologische Tests und Prüfverfahren im Überblick, Frankfurt a. M.: Dietmar Klotz, S. 17–27.

Heese, Gerd (2007): Moor, Paul. In: Historisches Lexikon der Schweiz (HLS). https://hls-dhs-dss.ch/de/articles/009043/2007-11-12/ (Abfrage: 25.05.2022).

Holzapfel, Wolfgang (2001): Pauli, Richard. In: Neue Deutsche Biographie (NDB) 20, S. 123–124, https://www.deutsche-biographie.de/pnd118789945.html#ndbcontent.

Horn, Eva (2002): Test und Theater. Zur Anthropologie der Eignung im 20. Jahrhundert. In: Bröckling, Ulrich / Horn, Eva (Hrsg.): Anthropologie der Arbeit. Tübingen, S. 109–125.

Jaeger, Siegfried / Staeuble, Irmgard (1981): Die Psychotechnik und ihre gesellschaftlichen Entwicklungsbedingungen. In: Stoll, Francois (Hrsg.): Psychologie des 20. Jahrhunderts. Zürich: Kindler, S. 53–94.

Kammer, Stephan (2013): Autographien als Krankheit: Physiologie und Pathologie der Handschrift um 1900. In: Wübben, Yvonne / Zelle, Carsten (Hrsg.): Krankheit schreiben: Aufzeichnungsverfahren in Medizin und Literatur. Göttingen: Wallstein, S. 225–247.

Linn, Robert L. (2001): A Century of Standardized Testing: Controversies and Pendulum Swings. Educational Assessment, 7, S. 29–38. https://doi.org/10.1207/S15326977EA0701_4

Messerli, Jakob (1996): Psychotechnische Rationalisierung. Zur Verwissenschaftlichung von Arbeit in der Schweiz im frühen 20. Jahrhundert. In: Studer, Brigitte / Tanner, Jakob (Hrsg.): Arbeit im Wandel. Organisation und Herrschaft von Mittelalter bis zur Gegenwart. Zürich: Chronos, S. 233–258.

Moor, Paul (1974): Max Zeltner 1895–1953: Sein Wirken geschildert anhand seiner Schriften. In: Landerziehungsheim Albisbrunn (Hrsg.), Aufzeichnungen aus 50 Jahren 1924–1974. Hausen a. A.: Landerziehungsheim Albisbrunn, S. 60–75.

Nicholson, Ian A. M. (2002): Gordon Allport, Character, and the „Culture of Personality". In: Pickren, Wade E. / Dewsbury, Donald A. (Hrsg.): Evolving Perspectives on the History of Psychology. Washington, DC: American Psychological Association, S. 325–345. https://doi.org/10.1037/10421-016.

Rey, Eibe-Rudolf (1977): Allgemeine Probleme psychologischer Tests. In: Stoll, Francois (Hrsg.): Die Psychologie des 20. Jahrhunderts. Zürich: Kindler, S. 65–101.

Rheinberger, Hans-Jörg / Hagner, Michael (1993): Experimentalsysteme. In: Rheinberger, Hans-Jörg / Hagner, Michael (Hrsg.): Die Experimentalisierung des Lebens: Experimentalsysteme in den biologischen Wissenschaften 1850/1950. Berlin: Akademie-Verlag, S. 7–27.

Rose, Nikolas (1996): Inventing our Selves. Psychology, Power, and Personhood. Cambridge, New York: Cambridge University Press.

Rüegsegger, Ruedi (1986): Die Geschichte der Angewandten Psychologie 1900–1940. Ein internationaler Vergleich am Beispiel der Entwicklung in Zürich. Bern, Stuttgart, Toronto: Hans Huber.

Sammet, Kai (2013): Ein Wurzelwerk von Begriffen: Emil Kraepelins Arbeitscurve 1888 bis 1926. In: Schriftenreihe der Deutschen Gesellschaft für die Geschichte der Nervenheilkunde 19, S. 229–259.

Secord, John A. (2004): Knowledge in Transit. In: Isis 95, S. 624–672.

Seidel, Christa / Pongratz, Ludwig J. (1971): Charakter. In: Ritter, Joachim (Hrsg.): Historisches Wörterbuch der Philosophie, Basel: Schwabe Verlag. DOI: 10.24894 / HWPh.5080.

Zur Verwobenheit von Fachwissen und Pathologien

Die (Nicht-)Thematisierung von Lese- und Schreibversagen in pädagogischen Handbüchern und psychologischer Forschung[1]

Daniel Töpper und Fanny Isensee

Einleitung

Im international als vorbildhaft eingeschätzten preußischen Volks- bzw. Elementarschulwesen des 19. Jahrhunderts stellte sich kontinuierlich die Frage, wie Schüler:innen gruppiert werden sollten und wie Schule als Massensystem organisiert werden soll. In der Historiografie zum Elementarschulwesen wurde die Ausdifferenzierung innerhalb der Organisation Schule vor allem anhand quantifizierter Zahlenreihen nachgezeichnet.[2] Die organisatorische Ausdifferenzierung war auf theoretischer Ebene aber kontinuierlich mit Entwicklungserwartungen gegenüber der Schüler:innenschaft verknüpft, d. h. die curriculare Struktur korrespondierte mit Normvorstellungen zur Entwicklung des Kindes. Diese Verbindung blieb, wie wir argumentieren, nicht ohne Wirkung auf die Unterrichtsweisen und die Schüler:innenschaft in den Volksschulen.

Im Beitrag wird mithilfe von Lehrerhandbüchern diskutiert, wie normative Entwicklungsverlaufserwartungen, die nur das Tempo einer mittleren theoretisch bestimmten Idealentwicklung kannten, notwendigerweise aufgrund von Lerngeschwindigkeitsvarianzen Folgeprobleme produzierten. Die curricular-fachlich eingeschriebene Entwicklungsvorstellung erzeugte in der Praxis Rückstände, welche Anpassungsleistungen erforderlich gemacht hätten, die allerdings in der seminaristischen Lehrer:innenbildung nicht vermittelt wurden. Aus diesem Mangel an, wie man heute sagen würde, Wissen zur unterrichtlichen ‚Binnendifferenzierung' entstand das folgenreiche Problem der zurückbleiben-

1 Die Ausführungen in diesem Beitrag basieren auf Materialien, die im Rahmen des von der DFG geförderten Forschungsprojekts *Die Bürokratisierung der Gruppierung. Lokale und transnationale Innovationsdynamik bei der Einführung von Jahrgangsklassen im Pflichtschulbereich (Preußen, USA, Spanien; ca. 1830–1930)* erhoben wurden.

2 Siehe allgemein zum Stand der Forschung bezüglich der Frage zur Gruppierung im niederen Schulwesen und zur Jahrgangsklasse im Besonderen Caruso (2021). Die Ausweitung der feingliedrigen schulinternen Gliederung zeichneten quantitativ bereits Müller (1977) und jüngst Nath und Titze (2016) nach.

den Schüler:innen, sichtbar gemacht durch die gegen Ende des 19. Jahrhunderts breit etablierten „Entlassungsstatistiken". Zugleich produzierte die curriculare Ausdifferenzierung, so unser Argument, auch in konkreten einzelnen Unterrichtsfächern Rückstände und führte vermittelt zu ‚Fachpathologien'.

Zur Entfaltung dieser Überlegungen gehen wir in folgenden Schritten vor: Zunächst zeigen wir am Beispiel der Debatte zwischen Graff und Herbart zu Beginn des 19. Jahrhunderts, dass die vielfältigen Entwicklungsgeschwindigkeiten der Schüler:innenschaft von Beginn an für die staatliche Mitgestaltung im Bereich der theoretischen, aber auch konkreten, administrativen Diskussion ein Problemfeld darstellten (1). Anschließend skizzieren wir, wie sich im 19. Jahrhundert ein stufenmäßiges Einteilen des Lehrplans durchsetzte (2). Wir zeigen an Auszügen aus Lehrerhandbüchern zum deutschen Unterricht, dass dabei jedoch keine Formate zur Bewältigung der curricularen Ausdifferenzierung entwickelt und im Lehrerwissen angesiedelt wurden (3). Abschließend diskutieren wir diskursive und fachliche Aushandlungen zu den Folgen dieser Fachentwicklungslinie um 1900 (4). Ausgehend vom Problem des Zurückbleibens zeigen wir, wie das Verschieben der Problemverantwortung auf die Schüler:innenschaft auch im Bereich des Lese- und Schreibunterrichts zu Formen pathologisierenden Denkens führte, welche wiederum Abweichungen zur Kenntnis nahmen, diese aber nur im Modus der Mangelzuschreibung als Pathologisierung bearbeiteten. Abschließend diskutieren wir diese Überlegungen anhand des Begriffs der „Fachpathologien".

1. Fähigkeitsunterschiede als konstituierendes Element der Gruppierungsdebatte

Die Geschichte der Gruppierung ist auch mit dem Nachdenken über ‚angemessene' Logiken des Gruppierens befasst und damit Teil der Tradition einer universitären Bildungsphilosophie. Abseits der hier nicht bearbeiteten Diskussion der Herbartianer und deren Stufenmodellentwicklungen finden sich Arbeiten zur Geschichte des Gruppierens, die die modernen Diskussionen zur Gruppierungsfrage in der Zeit der preußischen Reformen und der Diskussion zwischen Herbart und dem damals noch als Schulrat angestellten späteren Philologen Graff beginnen lassen. Um 1900 (vgl. Heinecker 1913; Tews 1906), aber auch in der Nachkriegszeit (vgl. Schmidt-Stein 1963) kommen Arbeiten wiederholt auf diese Debatte zurück, die zunehmend als Teil eines kontinuierlichen Nachdenkens über die richtige Form der Schulorganisation gerahmt wird. Eine klare Trennung zwischen verschiedenen Schulformen war 1818 längst nicht etabliert, und Herbart und Graff reflektierten allgemein über die Frage der richtigen Schulform und nicht spezifisch in Hinblick auf das höhere Schulwesen. Angesichts deren langdauernder Rezeption und kontextuell sowie historiografisch zugesprochenen Relevanz können deren Perspektiven als wichtiger Hinweis für eine grobe Einschätzung des damaligen Debattenstands zur Zusammensetzung der Schüler:innenpopulation gelten.

Staatliche Verantwortung für das Schulwesen drückt sich zunächst im Aufbau von Verwaltungsstrukturen aus – vor allem in solchen zur Planung und Beaufsichtigung des Schulwesens. Diese Planungen sind bereits vor, vor allem aber zwischen 1800 und 1830 wichtige Gegenstände einer administrativen und teilweise öffentlichen Debatte; bedeutende „Schulmänner" wie Diesterweg, Natorp, von Türk und andere tun sich mit der Ausarbeitung eigener – z. T. realisierter – Schulpläne hervor. In diesen wird die Passung zwischen Curriculum und Schüler:innen nur teilweise explizit aufgegriffen. Die Graff-Herbart-Debatte ist auch deshalb als besonderes Beispiel zu sehen, weil Regierungs- und Schulrat Eberhard Gottlieb Graff 1817 diese administrative Planungsdebatte in ein öffentliches Forum trägt und den Philosophen Herbart um eine gutachterliche Einschätzung bittet, also zwei Diskurse verbindet. Herbart liefert dieses Gutachten auch zeitnah (Herbart 1818), bevor Graff seinen kommentierten Vorschlag neuerlich veröffentlicht (Graff 1818).

Graff diskutiert die Lösung des Passungsproblems zwischen curricularen Anforderungen und diverser Schüler:innenschaft am prägnantesten in einer Passage zu Beginn:

> „Die Schule ist durch den Unterricht zu erziehen nur dann im Stande, wenn die Schüler denjenigen Händen [...], denen sie bei ihrem ersten Eintritt in die Schule zur Bildung übergeben wurden, bis an das Ende ihrer Bildungszeit überlassen bleiben, so daß die Lehrgegenstände und die Fortschreitung des Unterrichts nicht von dem einer Classe abgesteckten Cursus, sondern von dem geistigen Bedürfnisse, so wie von der Zögerung oder dem Voreilen der Schüler bestimmt werden und dem Lehrer wenn es möglich wird, gerade dann und da neue Unterrichtsstunden anzulegen, wann und wo sie nöthig sind." (Graff 1818, S. 13)

Graff argumentiert hier für die Anpassung des Curriculums an jede/n einzelne/n Schüler:in, indem die Verantwortung für den Klassenunterrichtsprozess an die Lehrkraft abgegeben werden soll – eine für den damaligen Kontext durchaus radikale Position, da diese Problemlösung den einzelnen Lehrer:innen einen größeren Gestaltungsspielraum zuspricht. Durch Kenntnis der Schüler:innen soll die Lehrkraft die Spannungen zwischen Curriculum und Unterricht auflösen. Eine Implementierung von Fähigkeiten zur Binnendifferenzierung in der Ausbildung der Beobachtungsfähigkeiten der Lehrer:innen wäre demnach zu erwarten gewesen. Graff selbst legt eine solche nicht vor und wendet sich vielmehr nach dem Ausscheiden aus dem Staatsdienst im Jahr 1820 sprachwissenschaftlichen Studien zu. Sein Biograf, der den Vorschlag als „vollständig missglückt" (Scherer 1879, S. 567) schildert, erkannte ebenfalls keine weitergehende positive Rezeption. Insofern entsteht hier keine detaillierte Ausarbeitung dieses Lehrerbeobachtungswissens. Herbart stimmt in seiner Rezeption Graffs Vorschlag einer Individualisierung durch den Lehrer nicht zu, stattdessen wirbt er für organisatorische Maßnahmen zur Bearbeitung des Passungsproblems: „Die Bedingungen also, welche Herr Graff vorschrieb, und gleichwohl für unerreichbar, für unmögliche Bedingungen hielt, — Absteckung und Endigung der jährlichen Cursus, und Ausgleichung der Fortschritte der Schüler, — diese lassen sich wohl noch leidlich erfüllen; […].“ (Herbart 1818, S. 300) Herbart plädiert für eine zentralisiertere curriculare Steuerung und Ordnung des Klassenunterrichts, deren Folgeprobleme durch organisatorische Maßnahmen auszugleichen wären. Statt einer Anpassung des Klassenunterrichts an die einzelnen Schüler:innen argumentiert er für eine Aussonderung besonders schwach- oder stark Begabter und für deren Schulwechsel:

> „In der angenommenen Nothwendigkeit, alle Schüler zugleich fortrücken zu lassen, liegt die versteckte Voraussetzung, sie würden, wenn dies nicht geschähe, auf der vorigen Klasse bleiben, und dort die Ungleichartigkeit hervorbringen, […]. Allein ist es nicht auch möglich, dass sie weder rücken noch bleiben, vielmehr von dieser Lehranstalt entfernt werden?“ (Herbart 1851 (1818), S. 297)

Vermutlich wird auch diese Lösungsidee, zu der als Vorstufen noch Formen individueller Unterstützung durch Förderstunden und Förderklassen hinzukommen, kaum realisiert. Aber: Die Vorschläge von Herbart und Graff belegen eindrücklich die Kenntnis um die Problemlage der unterschiedlichen Schüler:innenanlagen. Graff und Herbart sehen die Spannung, machen aber unterschiedliche Lösungsangebote: Anpassung des Curriculums an die Schüler:innen durch die Lehrperson (Graff) oder durch institutionelle Arrangements (Herbart). Eine systematische Charakteristik des Schülers bzw. der Schülerin, insbesondere in seiner oder ihrer Beziehung zum Curriculum, ist hier (noch) kein empirisches Thema, sondern zunächst ein philosophisches Problem. Die Führungs- und Anpassungsleistung ist in dieser Konstellation zunächst Aufgabe der Lehrkraft, die in dennoch wenig gegliederten Schulen mit überschaubaren Personenzahlen diese Probleme vermutlich noch informell bearbeiten konnte, jedoch weitestgehend ohne methodische Unterstützung. Der Lehrer sollte alle Schüler:innen soweit wie möglich durch die curricularen Vorgaben führen, wozu er auch fachlich ausgebildet war, ohne dass mangelnde curriculare Leistungen und ein stetiges Zurückbleiben einzelner als größere organisatorische Probleme wahrgenommen wurden. Die pädagogischen Ausbildungsinhalte in Hinblick auf die Behandlung von Unterschiedenen innerhalb der Schüler:innenschaft waren deshalb relativ marginal und blieben auch über das Jahrhundert verhältnismäßig stabil, während sich die Ausdifferenzierung des Curriculums rasant entwickeln sollte. Die Frage ist: Wurden hierzu Anpassungen fachlich erarbeitet und im Rahmen der Lehrerbildung vermittelt oder gab es andere Ansätze, um mit dem Passungsproblem umzugehen?

2. Lehrplanentwicklung und curriculare Ausdifferenzierung im Volksschulwesen des 19. Jahrhunderts

Die Ausdifferenzierung des Curriculums im 19. Jahrhundert verlief langsam und stetig. Parallel zur stetigen Durchsetzung der Schulpflicht kam es insbesondere in den Städten zu innerschulischer Differenzierung in separierte Klassen, welche wiederum in Lehrplanvorgaben kodifiziert wurden, wie dies bspw. Müller (1977) für Berlin nachzeichnet. Nach der früheren diskursiven Durchsetzung einer groben Unterteilung in jüngere und ältere Kinder, die schon bei verschiedenen Schulreformern und städtischen Schulplanern (u. a. Rochow, Natorp) etabliert war, wurden solche Unterscheidungen auch in administrative Schulplanungsvorgaben übernommen, wie bspw. der Schulplan Berlins von 1827 von Stadtschulrat Reichhelm zeigt (vgl. Rückriem 1981). In der Folge wurde zunächst die Gliederung in zwei Klassen zu einer dreistufigen Vorgabe ausgeweitet. Bald sollten je Schule acht Klassen, also jeweils vier für Jungen und vier für Mädchen bestehen (vgl. Müller 1977, S. 264–268), bevor im Lehrplan von 1855 für Berlin (das meistens Vorreiter einer preußenweiten Entwicklung in den Städten war) bereits ein Curriculum mit sechs aufeinanderfolgenden Klassen gesetzt wurde, das 1873 erweitert wurde, bevor 1902 mit einer umkämpften Entscheidung für acht konsekutive Klassen in acht Schuljahren der Endpunkt der Ausdifferenzierung erreicht war.

Die Lehrplanausdifferenzierung und eine Fokussierung eines auf Leistung basierenden (und nicht altersbezogenen) Versetzungsmodus ging einher mit der ‚Entstehung' zurückbleibender und vorauseilender Schüler:innen (vgl. schon Müller 1977, S. 266–267). Im Detail musste diese Ausdifferenzierung verschiedenste Interessen berücksichtigen und löste unterschiedliche Anpassungslösungen aus, ohne aber das Passungsproblem endgültig zu überwinden. Müller (wie auch bspw. Sauer 1998) bleibt in seinen Ausführungen bei den sozialgeschichtlich relevanten politischen Interessenkonstellationen, die die Ausdifferenzierung begleiteten, ohne sich deren fachdidaktischen Folgewirkungen zuzuwenden. Den Arbeitsstand betrachtend lässt sich festhalten, dass mit den zu schnellen und zu langsamen Schüler:innen durch organisatorische Anpassungen umgegangen wurde, insbesondere in Form von Anreiz- und Weiterbildungsoptionen für schneller voranschreitende Volksschüler:innen. Zu langsame Schulkinder gerieten jedoch als organisatorisches Problem – in Form der „Überfüllung" der unteren Klassen – um 1900 zunehmend in den Blick, worauf mit einer Herabsetzung der Anforderungen bei Klassenversetzungen reagiert wurde. Es scheint aber weiterhin keine unterrichtsinternen Differenzierungsbemühungen gegeben zu haben.

3. Lese- und Schreibversagen in pädagogischen Handbüchern

Das in diesem Beitrag zentrale fachliche Wissen ist insbesondere in pädagogischen Handbüchern tradiert. Unter pädagogischen Handbüchern fassen wir Texte, die aus der Perspektive von Lehrkräften, Schulleiter:innen oder in der Verwaltung aktivem Personal für zukünftige Lehrkräfte verfasst wurden (vgl. Isensee/Töpper 2021, S. 171; Caruso 2021). Für diese Analyse prüfen wir das gängige Handbuchwissen entlang von Zeitphasen. Die Entwicklung einer seminaristischen Lehrerausbildung, die vor 1820 begann, wird zugunsten der Handbücher des entstehenden Lehrerwissens zwischen etwa 1820 und 1850 (Phase 1) vernachlässigt. Hieran schließt erst die restaurative Phase des pädagogischen Lehrerwissens (etwa 1850–1870) und dann die Spätphase des seminaristischen Lehrerwissens an (etwa 1870–1900). Wir ziehen für die Phasen jeweils relevante Beispielwerke heran: Diesterweg (1835) und Zerrenner (1829) für den ersten Zeitschnitt, Bormann (1863) und Goltzsch (1853) für den zweiten und Kehr (1885), Heinemann (1903) und Scherer (1892) für den letzten. Die Phase um 1900 wird im vierten Abschnitt diskutiert. Diese Auswahl erlaubt es, einen Eindruck zu Hinweisen zum Umgang mit der Diversität innerhalb der Schüler:innenpopulation zu gewinnen, und stärkt die Hypothese, dass hier wenig Wissen vermittelt wurde.

In der ersten Phase (etwa 1820–1850) stellen die Lehrerhandbücher Kompendien dar, also Sammlungen von Wissen über Schule und Unterricht, welche auf weitere Bücher und dort gelagertes Wissen verweisen und das Feld der Lehrkräftebildung erschließen und kartieren. Es finden sich offene Methodendiskussionen zur ‚richtigen' Lehrweise in den einzelnen Unterrichtsfächern, die aber kaum Hinweise zur internen Differenzierung umfassen. Stattdessen orientieren sich die Fachunterrichtsabfolgen an einem meist im vorgelagerten theoretischen Teil des Handbuchs vorgestellten normativen Entwicklungsmodell, das verschiedene Durchlaufgeschwindigkeiten vorsieht und diese als Nach- und Vorweggehen deutet. Entsprechend wird ein Entwicklungsgang vorgegeben, welcher – noch recht locker – mit den unterschiedlich differenziert ausgearbeiteten Fachentwicklungsabläufen korrespondiert. Der Leseunterricht, hier noch unterschieden vom Schreibunterricht, erfolgt in drei konsekutiven Stufen: Diesterweg unterscheidet dabei mechanisches Lesen, logisches Lesen und zuletzt ästhetisches Lesen (vgl. Diesterweg 1835, S. 226–242). Es werden in dieser Phase auch Lehrmittel für den Unterricht diskutiert und ihr Gebrauch beschrieben, so z. B. Lehr-, Lese- und Übungsbücher, Fibeln, Wandtafeln. In allen Büchern finden sich keine Reflexionen über das Lese- und Schreibversagen oder gar individuelle Anpassungsmöglichkeiten der Sprachvermittlung. Solange die gängigen Methoden angewendet werden, so die Annahme, führen diese zur erfolgreichen Vermittlung von Lesen und Schreiben.

In der zweiten Phase (etwa 1850–1870) wird der Unterricht im Lesen der deutschen Sprache und im Schreiben häufig gebündelt behandelt. Auch hier sind Methodendiskussionen und -hinweise anhängig. Die Lehrerhandbücher sprechen zum Aufbau der Unterrichtseinheiten, legen deren Anzahl im Gesamtcurriculum fest und geben eine Unterteilung des Stoffes in Stufen und dazugehörige Lehrinhalte vor, welche wiederum orientiert sind an Schulklassenstufen. Besonders auffällige Themen sind die Behandlung des Schnellschreibens und des Kalligrafierens, die einander gegenübergestellt werden. Hierbei lässt sich ein Zusammenhang mit der Verwendung des in den jeweiligen Schultypen vermittelten Wissens erkennen – so ist das Schnellschreiben, das „fürs Leben wichtiger scheint als das kalligraphische Schreiben", für Volksschüler:innen von größerer Bedeutung (Goltzsch 1853, S. 105). Es finden sich ausführlichere Betrachtungen der didaktischen Vermittlungsmethoden sowie eine detailliertere Diskussion von Lehrmitteln und -objekten. Auch die Passung von Unterrichtsgegenstand und curricularer Stufe wird zur möglichst schnellen Alphabetisierung der Schulkinder weiter verfeinert. Wie auch in der ersten Phase wird die Rolle der Lehrkraft diskutiert: Einen interessanten Nebenschauplatz bildet bspw. die Frage, ob Lehrer:innen auf Hochdeutsch oder im jeweiligen regionalen Dialekt unterrichten sollten. Wenig überraschend wird für das Unterrichten auf Hochdeutsch plädiert (vgl. Bormann 1863, S. 150–151). Obwohl dieses Plädoyer wenig überrascht, macht die Rückfrage doch deutlich, dass die Bücher sensibel für die Diskrepanz zwischen gesprochener und geschriebener Sprache waren. Eine solche Sensibilität zeigt sich jedoch nicht für die Geschwindigkeitsunterschiede im Lernen innerhalb der Schüler:innenschaft.

In der dritten Phase (etwa 1850–1870) setzen sich die Entwicklungen im Bereich des Lese- und Schreibunterrichts fort: Es werden konkrete Lehrpläne für den Lese- und Schreibunterricht vorgegeben (vgl. z. B. Kehr 1885, S. 204; Heinemann 1903, S. 115), die Vorgabendichte nimmt sowohl in der Aufteilung in unterschiedliche Stufen des Lesens als auch in den spezifischen Lehrplaninhalten und Stundenzahlen weiter zu. Trotzdem klingt noch bei Kehr (1885) Diesterwegs Einteilung der Lesestufen nach, wenn auch mit leicht veränderten Bezeichnungen (mechanisches, logisch-verständiges und schönes (euphonisches) Lesen). Diese Stufen setzt Kehr mit den Schulstufen der Unter-, Mittel- und Oberklasse gleich (vgl. Kehr 1885, S. 203). Konkreter werden hier auch spezifische Schreibübungen im Bereich der Grammatik und Orthografie diskutiert. Es finden sich weiterhin Literaturempfehlungen für das Eigenstudium der Lehrkräfte (vgl. u. a. bei Scherer 1892). Zudem werden verschiedene lebensweltliche Lese- und Schreibstücke (z. B. das Anfertigen von Quittungen, Listen etc.) vorgestellt und deren Praxisbezug markiert. Generell findet in dieser Phase eine fortschreitende Ausdifferenzierung der curricularen Vorgaben bezogen auf den Lese- und Schreibunterricht statt, der sich nun verstärkt Übungs- und Textarten zuwendet, die einen praktischen Anwendungsbezug präferieren. Aber in all diesen Handbüchern werden Hinweise zum Umgang mit Problemen und verschiedenen Geschwindigkeiten beim Lese- und Schreibunterricht ausgespart. Dies wiegt umso schwerer, wenn andere Diskussionen zwischen 1870 und 1900 betrachtet werden. In dieser Phase beginnt bereits eine Diskussion von „Sprach- und Schreibstörungen“ (Aphemia, Aphasia, Paraphasie, Agrafie, Paragrafie) (vgl. Kussmaul 1877), deren Ergebnisse jedoch nicht unbedingt in amtliche Lehrpläne Einzug halten oder zu speziellem neuen Lehrerwissen hinführen. Aber die beginnende Aufmerksamkeit für Abweichungen und Individualisierung ist im weiteren Diskurs festzustellen, der vereinzelt von Lehrer:innen, Didaktiker:innen und schulnahen Psycholog:innen aufgegriffen wird. In dieser Phase beginnen Experimente zur Lokalisation von Sprache im Gehirn und den benötigten Sinnen sowie Erwägungen zur Rückwirkung auf Vermittlungsmethoden: Buchstabieren, Abschreiben, Diktieren (vgl. Meumann 1910; Lobsien 1911). Es werden auch Forderungen nach neuen Schriftarten (v. a. Sütterlin) und angemesseneren Schreibutensilien aufgenommen (vgl. Ashelm 1926). Generell entsteht nach 1900 eine Tendenz hin zu Forderungen nach einer Individualisierung des Unterrichts und einer Vermittlung „vom Schüler aus“ statt allein vom Curriculum, was teilweise auch mit dem Wunsch nach psychologischen Kenntnissen der Lehrkräfte verbunden wird. Der Seminarlehrer Lay, dem eine eigene psychologische Arbeitsstelle verwehrt blieb, der sich aber als einer der wenigen Lehrerbildner mit psychologisch-experimentellen Verfahren befasst hatte und dessen psychologische Arbeiten explizit aus Überlegungen zum Fachunterricht Deutsch generiert wurden (vgl. Enderlin 1927; Burger 1918), konstatiert: „So bietet uns die heutige Methode des Rechtschreibunterrichts ein höchst trübes Bild, einen Wirrwarr der Meinungen und Gegenmeinungen [...]. Der Grund dieser Erscheinung ist aber leicht einzusehen: es fehlt an den psychologischen Grundlagen des Rechtschreibens.“ (Lay 1897, S. 74) Eine weitere Ausnahme stellt der Autor Marx Lobsien dar, der aus seinen experimentell-psychologischen Studien Methoden für die Überwindung von ‚Schreibproblemen‘ entwickelt. Ausgehend von experimentellen Studien arbeitet er heraus, welche Vorgaben (bei Lehrer und Schüler:innen) vorhanden sein müssen, damit Schreibunterricht (gut) funktioniert. Die psychologisch-physiologischen Untersuchungen prüfen, welche Gehirnareale beim Schreibenlernen aktiviert werden. Aber auch solche Autoren konzipieren auffindbare Varianzen vielfach als Abweichungen in medizinischer Terminologie (vgl. Egenberger 1913; siehe hierzu allgemein Tenorth 2006) und versuchen nun, die Norm durch Bestimmungen der Normabweichungen zu konstruieren. Hierbei werden der Umgang und die Anpassung an differente Lernvoraussetzungen auch in den Arbeitsbereich der Pädagogik inkorporiert: „Die Bedeutung und das Wesen der Fehlleistungen aufzudecken, ist Sache der Psychiatrie und Psychologie, die Bekämpfung der Hemmungen und Störungen ist eine Angelegenheit der Medizin und Pädagogik. Die Sammlung und Beschreibung der Fehlleistungen ist eine Pflicht der Schule und des Arztes, denn niemand mehr als der Lehrer und der Arzt haben in diesem Maße Zugang zu diesem Materiale.“ (Egenberger 1913, S. 1) Die beginnenden Folgerungen nehmen verschiedene Formen an. Teilweise kommt es zu konkreten

Handlungsempfehlungen, z. B.: „Der Schüler muss darum das korrigierte Wort 10–20 Mal nacheinander abschreiben und dabei stets die Stelle, wo er gefehlt hat, durch einen Strich andeuten." (Lobsien 1900, S. 49) Teilweise wird die Lehrerschaft für das Erkennen von Abweichungen sensibilisiert (siehe Abb. 1), indem ihnen Beispiele hierfür präsentiert werden.

Abb. 1: Egenberger (1913): Psychische Fehlleistungen, Tafel 1

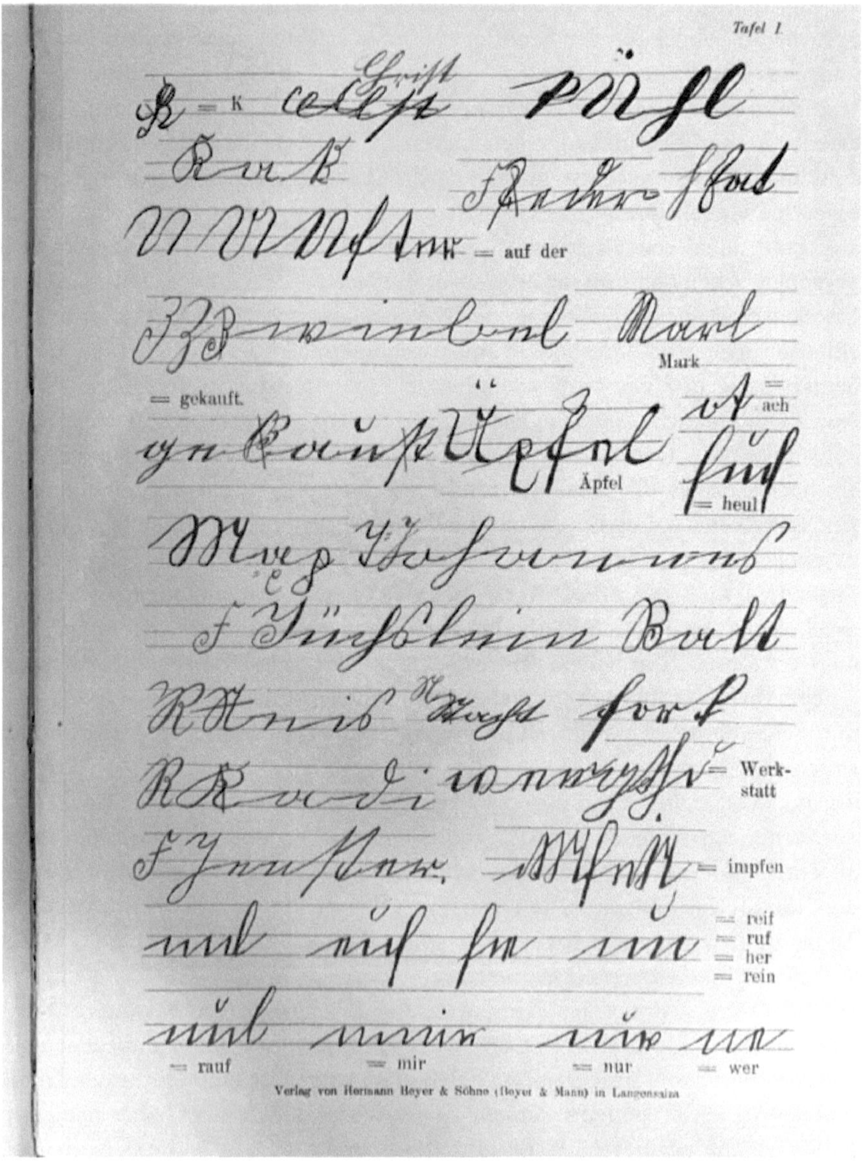

Ziel ist es, solche „objektiven Maßstäbe" und Wissensproduktionsweisen in pädagogische Operationen umzuwandeln und somit für die Organisation von Schule nutzbar zu machen. Hierbei wandeln sich bereits vorher existierende Fachleistungen, wie sie in Noten und Annahmen des Lehrers über den/die Schüler:in vorhanden waren, zu stabilen Zuschreibungen, an die sich ‚objektive' Begriffe anschließen lassen und deren Verfahrensfolgen formaler legitimiert sind als durch die ‚nicht-wissenschaftliche' Professionalität der Lehrer (vgl. für den amerikanischen Fall zur Komplexität des Verhältnisses zwischen Lehrern und Psychologen Beauvais 2017).[3] Die Standardsetzungen der wissenschaftlichen ‚Experten' ersetzen die bzw. konkurrieren mit den professionellen Einschätzungen der Lehrpersonen. Diese Spannung ist durchaus folgenreich und fordert die Hegemonie des seminaristischen pädagogischen Wissens heraus: Indem es den Testern (auch) um die Durchsetzung des Testens und die Delegitimierung des Lehrerurteils zur Leistungsfähigkeit geht, bringen sie Aspekte des Messens und der Praxis der Kategorisierung näher zusammen – dies ist die Neuerung und die Nebenleistung der Psychologie. Entscheidend aber bleibt, dass diese Innovationen außerhalb des hegemonialen Lehrerhandbuchwissens und des im Seminarwesen vermittelten Wissens bleiben bzw. dort nur begrenzt rezipiert werden, während gleichzeitig die Debatten zum Schulwesen und dem dortigen Zurückbleiben in einer breiten Öffentlichkeit diskutiert werden. Die Spannung zwischen beschleunigter curricularer Ausdifferenzierung und fehlender fachdidaktischer Reflexion und Adaption war – wie schon angedeutet – folgenreich für pädagogische, aber auch externe Wissensproduktionen und -interventionen, die wir im Folgenden thematisieren.

4. Fachlichkeit, pathologisches Denken und deren Wirkungen – Auslese, Zurückbleiben und pädagogische Beobachtung

Die relative Konsistenz des fachlichen Elementarschullehrerwissens umfasste einerseits ein sich stark ausdifferenzierendes curriculares Wissen und ein weniger ausgeprägtes Wissen zur Schüler:innenschaft, das sich im Problem zu langsamer, „zurückbleibender" Schüler:innen ebenso bemerkbar machte wie im Problem des Verlustes besonders begabter Schüler:innen.

3 Die konkreten Formen der Wandlungen wären eingehender wissensgeschichtlich zu untersuchen. Vermutlich nahmen Lehrer:innen durch externe Anregungen, Fortbildungsverpflichtungen oder durch Lektüre der Lehrerpresse kursorisch, vielleicht aber auch vertiefend die Theorien, Begriffsangebote und Befunde der Psychologie wahr, inkorporierten diese in ihre eigene Praxis, nahmen an Fortbildungsmöglichkeiten teil oder waren in Ausnahmefällen selbst in Forschungen eingebunden.

Ausgehend von Müllers archivgestützten, aber sehr knappen Analysen (vgl. Müller 1977, S. 266–268) führte die zunehmende Ausdifferenzierung zur Frage, welches Schul- und Klassenziel für die Schüler:innenschaft optimal wäre und in wie viele konsekutive Klassen die Schulen aufzuteilen wären. Eine größere Zahl an Klassen ermöglichte eine gleichmäßigere Verteilung des Stoffes, wovon die Mehrheit der Schüler:innenschaft profitieren würde, während aber für die leistungsstärkeren Schüler:innen ein schnelleres Durchlaufen und anschließender Übergang auf höhere Schulen, ggf. finanziert durch ein Stipendium, erschwert würde. Die Möglichkeit der schnelleren Schulabsolvierung war im weniger gegliederten Volksschulaufbau noch vorhanden. Langfristig führte die Entscheidung zur Orientierung an der Mitte – und damit der Mehrheit – dazu, dass Volksschüler:innen schwerer weiterführende Schulen besuchen konnten, wodurch dieser Schultyp weniger häufig von aufstiegsorientierten Angehörigen der Mittelschicht besucht wurde. Es kam zu Initiativen, einen solchen Übergang durch Formen der Auslese zu erleichtern (vgl. Schregel 2021), z. B. in Hamburg, Leipzig, Berlin, München, Breslau (sehr gut zusammengefasst, allerdings vor allem in Hinblick auf die Entwicklung der pädagogischen Diagnostik hierzu Ingenkamp 1990). Insbesondere die Hamburger Versuche, u. a. von William Stern, wurden breit rezipiert (vgl. Peter / Stern 1919; Heinemann 2021). Auch in Berlin kam es zu einem solchen Ausleseverfahren, in dem psychologisch geschulte Forscher Testverfahren breiter einsetzten (zum Berliner Verfahren siehe jüngst Henze / Zumhasch 2000). Diese Verfahren nutzten z. T. Lehrer als Prüfungsleiter, nahmen deren Beobachtungen in Form von Beobachtungsbögen auf und kontrastierten diese mit den Testergebnissen der Schüler:innentests. Diese ‚Auslese' sowie das generelle Differenzieren innerhalb der Volksschüler:innenschaft wurde kontrovers diskutiert, gerade auch im Hinblick auf Fragen der Subjektivierung. Es wurde befürchtet, dass sowohl die ausgewählten besseren als auch die zurückbleibenden schlechteren Schüler:innen negativ von der Aufteilung betroffen wären, da erstere als Unterstützung und Vorbild wegfallen würden, während letztere durch die subjektive Abwertung ebenfalls negativ in ihren schulischen Leistungen betroffen sein könnten (prägnant herausgearbeitet bei Pretzel 1904, die Diskussion entzündete sich aber auch schon an früheren Reformunternehmen, den Initiativen für Selektenschulen, oder A- und B-Klassen; vgl. Harten 1891, S. 20; zusammenfassend Rebe 1928). Dennoch entstand um 1900 aufgrund der Konsolidierung des Massenschulwesens, der Kritik an den unzureichenden Entlassungszahlen der Volksschulen sowie einer allgemeinen gesellschaftlichen Reformstimmung und auch einer sichtbar diskursfähigen Lehrer:innenschaft eine generelle Bereitschaft für Reformunternehmen, die auch weitergehende Bildungsaspirationen und den Wunsch nach einem weiteren Ausbau der Volksschulen umfassten. Entscheidend ist, dass die Auslese der Besseren zuerst vor dem Hintergrund eines normalen Schulverlaufs nötig und möglich wurde, der nicht so sehr durch auffallend gute Schüler:innen, sondern durch auf Distinktion bedachte Akteure hervorgebracht wurde.

Die Ausdifferenzierung des Curriculums produzierte auffällige Daten, die ebenfalls kritisch gesehen wurden. Maßgeblich beteiligt an der Popularisierung dieser Kritik war der Stadtschulrat Anton Sickinger in Mannheim. Von besonderer Bedeutung ist dessen Denkschrift von 1899 (vgl. Sickinger 1899; eingehender zum Mannheimer Modell vgl. Schwerdt 2019, S. 35–92), die zwar noch nicht den finalen Aufbau des „Mannheimer Systems" darstellt, aber bereits dessen Problemsetzung umfasst. Sickinger diskutiert im Beitrag ausgehend von den Versetzungszahlen in Mannheim die Frage, wieso die Beschulungsergebnisse in Karlsruhe, mit denen er die Zahlen kontrastiert, besser zu sein scheinen. Nachdem er die curricularen Bedingungen und die Lehrerqualifikation als Ursachen ausschließt, argumentiert er, dass allein das „Schülermaterial" zur Erklärung der Unterschiede herangezogen werden könne: „[…] das Schülermaterial der Karlsruher Volksschule ist nach Leistungsfähigkeit einheitlicher, mehr ausgeglichen, als das der hiesigen Volksschule." (Sickinger 1899, S. 17) Er visualisiert hierzu die Unterschiedlichkeit innerhalb der Schüler:innenschaft, indem er eine Kategorisierung vorschlägt und die Schüler:innen entsprechend ihrer schulischen Leistungen als identifizierbar, messbar und differenzierbar darstellt (siehe hierzu Abb. 2).[4]

Aus der Kategorisierung leitet er die Notwendigkeit zur Reform der Schulorganisation ab: „Das einzig wirksame Mittel, auch die schwächeren Schüler zu einem Abschluss ihrer Ausbildung zu bringen, ist und bleibt die Einrichtung eines besonderen, der Leistungsfähigkeit derselben angepassten Unterrichtsganges." (Sickinger 1899, S. 34) Die Modifikation des Curriculums und bspw. eine Anpassung an das Karlsruher Curriculum wird zugunsten der Separierung der sitzenbleibenden Schüler:innen in eigene Bildungsgänge vernachlässigt, da für Sickinger auch das Karlsruher Modell nicht das Grundproblem der verschiedenen Schüler:innenschaft aufzulösen vermag. Vielmehr findet er in den dort weiterhin bestehenden, weniger gegliederten Schulen ein überzeugendes Mittel zum besseren Umgang mit den Schüler:innen. Das Problem der Versetzung, deren curriculare Ursache erkannt wird, wird zum Ansatz für eine organisatorische Differenzierung, welche wiederum differente Schulkarrieren und damit Potenzial für differente Subjektpositionen bereitstellt. Solche pathologischen Subjektpositionen sind qualitativ anders zu verstehen als die vorher schon bekannten Zuschreibungen. Es gab sicherlich (insgesamt oder in Einzelfächern) ‚gute' oder ‚schlechte' Schüler:innen, allerdings ist dieser Subjektstatus einerseits stärker auf den spezifischen Sozialrahmen Schule bezogen, damit lebenszeitlich begrenzt relevant und außerhalb dieser Institution nur gering mit Anschlüssen verbunden. Pathologische Subjektpositionen unterscheiden sich von diesen Schüler:innen darin, dass

4 Ein Wunsch nach einer Kategorisierung innerhalb der Schüler:innenschaft findet sich auch für die Berliner Begabtenschulen, wo ebenfalls Stufenmodelle diskutiert wurden (vgl. Schönbeck 1919, S. 118 f.).

Abb. 2: Gruppierung der Schüler:innen nach Leistungs- und Bildungsfähigkeit, Sickinger 1899, S. 29

Gruppierung der Schüler nach Leistungs- und Bildungsfähigkeit

I. Kategorie: gut			II. Kategorie: mittelmäßig			III. Kategorie: mangelhaft		
Anlagen	Fleiß	häusliche Verhältnisse	Anlagen	Fleiß	häusliche Verhältnisse	Anlagen	Fleiß	häusliche Verhältnisse
gut	gut	gut	gut	mitteln.	mittelm.	mittelm.	mangelh.	mangelh.
gut	gut	mittelm.	gut	mittelm.	mangelh.	mangelh.	gut	mittelm.
gut	gut	mangelh.	gut	mangelh.	gut	mangelh.	mittelm.	gut
gut	mittelm.	gut	gut	mangelh.	mittelm.	mangelh.	mittelm.	mittelm.
mittelm.	gut	gut	gut	mangelh.	mangelh.	mangelh.	mittelm.	mangelh.
mittelm.	gut	mittelm.	mittelm.	gut	mangelh.	mangelh.	mangelh.	gut
			mittelm.	mittelm.	gut	mangelh.	mangelh.	mittelm.
			mittelm.	mittelm.	mittelm.	mangelh.	mangelh.	mangelh.
			mittelm.	mittelm.	mangelh.			
			mittelm.	mangelh.	gut			
			mangelh.	gut	gut			

diese an das Begriffsfeld der Krankheit anschließen und zeitlich nicht begrenzt, sondern teilweise statisch gemeint sind. Insofern verändert sich die Subjektivierungsweise, also die Weise, wie und mit welchem Ergebnis die Beschulung das Selbstverständnis der adressierten Schüler:innen formt und als welche sie diese adressiert.

Sickinger ist aufgrund der Verbreitung und Rezeption seines Systems und seiner Schriften vielleicht der populärste und am kontroversesten diskutierte Akteur in dieser Debatte, der als einer der ersten Statistiken zur Krisensetzung, Reforminitiierung und -legitimierung in Anspruch nahm. Hierfür zog er Material der durch die Verwaltung zunehmend aufgebauten statistischen Stellen heran. Als ein weiteres Beispiel für diese neue Aufmerksamkeit für Versetzungszahlen kann auch der folgende Gesetzesauszug dienen: „Die Herren Kreisschulinspektoren wollen die Versetzungsergebnisse der sechs- und mehrstufigen Schulen regelmäßig überwachen und die Leiter dieser Schulen zur Ausstellung und Aufbewahrung von Übersichten über die jedesmaligen Versetzungsergebnisse bei ihren Schulakten veranlassen. Bleiben mehr als 20 (zwanzig) Prozent der Schüler einer Klasse sitzen, so ist die Ursache davon festzustellen." (Böckler 1905, S. 235) Sickinger schlägt zur Lösung des Versetzungsproblems keine curriculare Anpassung, keinen Förderunterricht, keine Verbesserung der Lehrerausbildung vor, sondern eine institutionelle Separierung. Hiermit einher geht neben der generellen Aufmerksamkeit für die abweichenden Schüler:innen auch ein verstärktes Interesse für Schüler:innenkenntnis und Individualisierung, vor allem auch in der Lehrer:innenschaft.[5] Die Beobachtung des einzelnen Schulkindes, aber auch der Überblick über die gesamten Klasse wurde in Preußen von den Lehrkräften bereitwillig aufgenommen. Schüler:innenkenntnis war von jeher eines der geforderten Wissensfelder des Lehrpersonals, ohne dass hierzu immer ausreichend methodische Fertigkeiten systematisch vermittelt worden waren. Diese Beobachtungen sollten aber vor allem der Verbesserung der eigenen Unterrichtstätigkeit dienen, die selbst mehr auf Beobachtungen zu stützen sei. Diese Entwicklung lässt sich gut anhand der ab 1900 entstehenden Schüler:innenpersonalbögen nachzeichnen, die der vereinfachten Beobachtung der Schüler:innen durch die Lehrer:innen dienen sollten und von denen eine Vielzahl von Ingenkamp identifiziert und diskutiert wurde (vgl. Ingenkamp 1990, S. 272–301). Abseits von der Bedeutung solcher Bögen für die Entwicklung der Psychometrie sind diese vor allem auch als Hinweis zu interpretieren, dass bei den Lehrkräften ein Interesse an einer stärkeren Beobachtung festzustellen war. Bereits 1921 verzeichnete die *Bibliographie des pädagogisch-psychologischen Instituts* in München fast einhundert Entwürfe für Schüler:innenpersonalbögen (vgl. Stern 1921, S. 529). Das mit den Personalbögen verbundene Interesse war sicher vielfältig, neben der Verbesserung der Beobachtungstätigkeit der Lehrer:innen dienten einige dieser Bögen dazu, diese zu verändern bzw. zu vereinnahmen und zu steuern; teilweise auch zu de-legitimieren, bzw. als Weg, um empirisches Material für potenziell neues Wissen zu gewinnen. Die in den Bögen eingeschriebenen Abstraktionen und Standardisierungsversuche zeitigten wiederum die Einführung (wissenschaftlich) kategorisierenden Denkens und pathologisierend-normierender Begrifflichkeiten und modifizierten zugleich frühere Funktionen administrativer Aufschreibtätigkeiten der Lehrkräfte. Rebhuhn, dessen Bogen im Rahmen der Auslese für die Berliner Begabtenschulen genutzt wurde, schlägt in seinen Beobachtungsthemen Aspekte vor wie: „1. Ist der Schüler im allgemeinen gesund? 2. Besitzt er auffällige Mängel in der Sinneswahrnehmung?" (Rebhuhn 1918, S. 8). Dabei grenzt er diese Beobachtungen explizit von Zensuren ab, die lediglich Werturteile über Leistungen und damit weniger objektiv sind als „Tatsachen", die mit einem Beobachtungsbogen zu identifizieren sind (vgl. Rebhuhn 1918, S. 5). Wie wir abschließend ausführen wollen, begünstigte die Integration „wissenschaftlichen" Wissens und Kategorisierungsverfahren (Psychologie, Medizin) in das Fachwissen der Schullehrkräfte und Lehrerseminare die Entstehung dessen, was wir oben als „Fachpathologie" markiert haben.

5 Dies lässt sich gut nachzeichnen anhand von Lehrerfortbildungskursen, die bspw. vom *Berliner Lehrerverein* angeboten wurden (vgl. Ewald 1913).

5. Diskussion: Die Entstehung von Fachpathologien

Ausgehend von den Entwicklungen um 1900 wird hier die These der „Fachpathologie" ausgeführt und in Konkurrenz zu anderen gängigen Überlegungen gesetzt. Mit Blick auf die Einleitung des kürzlich erschienenen Sammelbands zur Schülerauslese (vgl. Reh et al. 2021) wird deutlich, dass viele der hier verhandelten Themen eher unverbunden nebeneinanderstehen und Einflussbeziehungen kaum auszumachen sind. Wir würden demgegenüber die Bedeutung der Verbindung zwischen Elementarlehrer:innenfachlichkeit und pathologisierenden Begrifflichkeiten betonen. Die Ausdifferenzierung des Curriculums produzierte das Problem der Auslese und des Zurückbleibens als strukturelle Probleme der Schulorganisation, da einzelne Schüler:innen nicht den ihnen organisatorisch gestellten Anforderungen gerecht wurden, wodurch bestimmte soziale Funktionen des Schulsystems nicht in gewohnter Weise erfüllt werden konnten. Aus diesen Gründen galt es, einzelne Schüler:innen durch pädagogisch-psychologische Beobachtung und psychometrische Testverfahren verstärkt in den Blick zu nehmen. Hierbei gelangte aber nicht allein der/die Schüler:in mit ihren bzw. seinen Gesamtleistungen in den Vordergrund, sondern der in Fächer und entsprechendes Fachwissen aufgeteilte pädagogische Diskurs produzierte und ermöglichte fachspezifische Beobachtungen und Testverfahren, machte so auf Tätigkeiten der einzelnen Schüler:innen in den Einzelfächern aufmerksam und verlangte hierzu Beobachtungs- und Vermessungsmethoden. Nun entstand aufgrund der pathologischen Orientierung der Diskussionen der Zeit neues Fachwissen, das sich insbesondere auf abweichende Lernprozesse und pathologische Auffälligkeiten konzentrierte. Dieses Interesse setzte auch an der metaphorischen Kraft der Erkrankung an, die in die Beschreibung der Versetzungszahlen eingeschrieben wurde. So entstanden Schüler:innenprobleme auch in einzelnen Unterrichtsfächern als neue Fachprobleme, ohne diese aber didaktisch zu diskutieren. Vielmehr wurde explizit ein Bruch mit dem üblichen Schulwissen angestrebt, dem eine Mitverursachung der Probleme zugeschrieben wurde. Die Problemsetzungen und Beschreibung der Abweichungen als Typisierungen und Devianzen sind hierbei kurzum als ‚pathologisierende' Kategorisierungen zu verstehen. Das ‚Fachliche' des Phänomens bestand dabei darin, dass die Zuschreibungen an Ergebnissen und Leistungen aus verschiedenen Unterrichtsfächern ansetzten. Erst diese Maßstäbe erlaubten es, ein Problem festzustellen, empirisch zu belegen und damit die vorher fehlende wissenschaftliche und stabile Differenzierung innerhalb der Schüler:innenkohorte zu markieren. Die vorher bestehende Fachlichkeit kannte eine Normalentwicklungsgeschwindigkeit und damit korrespondierende Standardanforderungen, um die im Detail gerungen wurde und deren angemessener Umfang und Schwere kontinuierlich diskutiert wurden. Diese bot ebenfalls den Ansatzpunkt für eine an den Schüler:innen ansetzende Konstituierung von Abweichungsmessungen und Anlass für kategorisierende Typisierungen, mit welchen das Reservoir pathologisierender Zuschreibungen als neue Logik der Schüler:innenkategorisierung angelegt wurde. Die Schulorganisation wechselte von einer vorher unterschiedslosen Schüler:innenbehandlung, die sich aus der institutionellen Steuerung der Lehrer:innenbildung und curricularen Forderungen ergab, zu einer differenzierenden (und pathologisierenden) Subjektivierung der einzelnen Schüler:innen. Waren vorher Lehrer:innenbeobachtungen pädagogische Beobachtungen aus der Praxis für die Praxis, kam nun der Versuch einer spezifisch wissenschaftlichen Systematisierung der Schüler:innenschaft auf. Während die an den Beobachtungen ansetzenden organisatorischen Entscheidungen vorher kollegial verantwortet und durch Erfahrung legitimiert wurden, bezogen sie nun ihre Legitimierung aus ‚wissenschaftlichen' und ‚objektiven' Forschungsverweisen, deren Messung in gewissem Umfang wiederum an schulischen, d. h. fachlichen Strukturen ansetzte. Die Fachpathologie als Wissensmischform zwischen curricularem Unterrichtsfachwissen und pathologisierenden Beobachtungen will keine Schulprozessdiagnose sein, konnte ohne solche pädagogischen Vorarbeiten aber nicht entstehen. Eine Fachpathologie in dieser Vorstellung ist kein bei Schüler:innen zu entdeckender Entwicklungsrückstand wie Legasthenie oder Dyslexie (vgl. z. B. Bühler-Niederberger 1991; Valtin 1970). Ebenso wenig sind fachliche Rückstände mit in der Diversität der Schüler:innenschaft ‚natürlich' angelegten – und dann quasi ‚entdeckten' – Abweichungspotenzialen sowie ‚natürlich' angelegten Pathologien zu erklären, und wir würden auch nicht der Überlegung folgen, dass hier i. S. v. Interdisziplinarität neue interprofessionelle Kooperationen oder professionsinterne Innovationen entstanden. Stattdessen beschreibt die Fachpathologie eine in sich konsistente Abweichungslogik, die sich aus der Geschlossenheit und Begrenztheit des vorher etablierten hegemonialen fachlichen Wissenskorpus ableitet. Fachpathologien können entsprechend als Nebenfolgen fachlicher Ausdifferenzierung verstanden werden, die produktiv pädagogische und ggf. hierüber hinausgehende professionelle Interventionen ermöglicht hatten. Unter anderem entstanden so auch eine neue Qualität der Subjektivierung und neue Subjektpositionen, die – anders als bspw. Kaminski (2011) vorschlägt – sich nicht allein durch innovative psychologische Prüfungs- und Beobachtungsverfahren bildeten, sondern an ausdifferenzierten fachlichen Maßstäben und pädagogischen Leistungsfeststellungsverfahren ansetzten und in diesem Zuge Unterschiede innerhalb der Schüler:innenschaft produzierten.

Literaturverzeichnis

Ashelm, Ferdinand (1926): Der neue Schreibunterricht. Berlin: Helm-Lehrmittel-Verlag.

Beauvais, Clémentine (2017): Teacher, Tester, Soldier, Spy: Psychologists Talk about Teachers in the Intelligence-Testing Movement, 1910s–1930s. History of Education Quarterly 57, H. 3, S. 371–398.

Böckler, Wilhelm (1905): Verordnungen betreffend das Volksschulwesen im Regierungsbezirk Potsdam. Breslau: Hirt.

Bormann, Karl (1863): Schulkunde für evangelische Volksschullehrer. Auf Grund der Preussischen Regulative vom 1., 2. u. 3. October 1854 über Einrichtung des evangelischen Seminar-, Präparanden- und Elemantarschul-Unterrichts. 11., verb. Aufl. Berlin: Wiegandt und Grieben.

Bühler-Niederberger, Doris (1991): Legasthenie. Geschichte und Folgen einer Pathologisierung. Opladen: Leske und Budrich.

Burger, Eduard Wolfgang (1918): Die experimentelle Pädagogik in ihrer Entwicklung zur Neudeutschen Pädagogik. W. A. Lay's Gesamtpädagogik nach Entstehung und Bedeutung aufgrund der Quellen kritisch dargest. Wien, Leipzig: Verlag von A. Pichlers Witwe und Sohn.

Caruso, Marcelo (2021): Vorteil des Ungefähren. Bildungshistoriographie und die Konzeptualisierung von Jahrgangsklassen. In: Zeitschrift für Pädagogik 67, H. 2, S. 203–222.

Diesterweg, Adolph (Hrsg.) (1835): Wegweiser zur Bildung für Lehrer und die Lehrer werden wollen, und methodisch-praktische Anweisung zur Führung des Lehramtes. Essen: Bädeker.

Egenberger, Rupert (1913): Psychische Fehlleistungen. In: Zeitschrift für Kinderforschung 18, H. 3, S. 122–131; H. 4, S. 193–200; H. 5, S. 241–247; H. 6, S. 295–304; H. 7, S. 380–394.

Enderlin, Max (1927): Wilhelm August Lay. Sein Leben und sein Werk. In: Lay, Wilhelm A. / Enderlin, Max (Hrsg.): Die Lebensgemeinschaftsschule. Osterwieck: Zickfeldt, S. VII–XVIII.

Ewald, Ernst (Hrsg.) (1913): Die ersten fünfzig Semester der Wissenschaftlichen Vorlesungen des Berliner Lehrervereins. Berlin: Loewenthal.

Goltzsch, Emil Th. (1853): Einrichtungs- und Lehrplan für Dorfschulen, insbesondere für solche, an denen nur ein Lehrer angestellt ist. 2., verm. Aufl. Berlin: Wiegandt und Grieben.

Graff, Eberhard G. (1818): Die für die Einführung eines erziehenden Unterrichts nothwendige Umwandlung der Schulen. Allen, die den Durchbruch einer bessern Zeit befördern können und wollen. 2. Aufl. Leipzig: Steinacker.

Harten, C. (1891): Welche Gründe sprechen gegen die Einführung der A- und B-Klassen? Pädagogische Reform 15, H. 7, S. 38–40.

Heinecker, Willy (1913): Das Problem der Schulorganisation auf Grund der Begabung der Kinder. Langensalza: Beyer und Söhne.

Heinemann, Karl (1903): Die einklassige Volksschule in den Grundzügen ihrer Eigenart. 3. verb. Aufl. Leipzig: Hofmann.

Heinemann, Rebecca (2021): Im „Mittelpunkt sowohl der theoretisch-psychologischen wie der angewandt psychologischen Arbeit". Das personalistische Begabungskonzept William Sterns. In: Reh, Sabine / Bühler, Patrick / Hofmann, Michèle / Moser, Vera (Hrsg.): Schülerauslese, schulische Beurteilung und Schülertests 1880–1980. Bad Heilbrunn: Klinkhardt, S. 113–134.

Henze, Godehard / Zumhasch, Clemens (2000): Die „Berliner Begabtenschulen" – ein früher schulischer Versuch „hochbegabte" Schüler zu identifizieren und zu fördern. In: Kirk, Sabine / Köhler, Johannes / Lohrenz, Hubert (Hrsg.): Schule und Geschichte. Funktionen der Schule in Vergangenheit und Gegenwart. Bad Heilbrunn: Klinkhardt, S. 177–206.

Herbart, Johann Friedrich (1818): Pädagogisches Gutachten über Schul-Klassen, und deren Umwandlung, nach der Idee des Herrn Regierungsrath Graff. Auf dessen öffentliches Verlangen bekannt gemacht. In: Hartenstein, Gustav (Hrsg.): Johann Friedrich Herbart's Sämmtliche Werke. Leipzig: Voss, S. 268–318.

Ingenkamp, Karlheinz (1990): Pädagogische Diagnostik in Deutschland 1885–1932. Weinheim: Deutscher Studien-Verlag.

Isensee, Fanny / Töpper, Daniel (2021): Institutionalisierung von Entwicklungsnormen im Elementarschulwesen – Schülerentwicklung und Jahrgangsgruppierung in Preußen und den USA im 19. Jahrhundert. In: Zeitschrift für Pädagogik 2, S. 166–185.

Kaminski, Andreas (2011): Prüfungen um 1900. Zur Genese einer Subjektivierungsform. In: Historische Anthropologie 19, H. 3, S. 331–353.

Kehr, Karl (1885): Die Praxis der Volksschule. Ein Wegweiser zur Führung einer geregelten Schuldisziplin und zur Erteilung eines methodischen Schulunterrichts. 10. verb. Aufl. Gotha: E. F. Thienemann.
Kussmaul, Adolf (1877): Die Störungen der Sprache. Versuch einer Pathologie der Sprache. Leipzig: Vogel.
Lay, Wilhelm August (1897): Führer durch den Rechtschreib-Unterricht. Neues, naturgemäßes Lehrverfahren; gegründet auf psychologische Versuche und angeschlossen an die Entwicklungsgeschichte des Rechtschreibunterrichts. Karlsruhe: Nemnich.
Lobsien, Marx (1900): Über die Grundlagen des Rechtschreibunterrichts. Einige psychologisch-physiologische Untersuchungen. Dresden: Kaemmerer.
Lobsien, Marx (1911): Zur Entwicklung des akustischen Wortgedächtnisses der Schüler. In: Zeitschrift für pädagogische Psychologie und Jugendkunde 12, H. 4, S. 238–245.
Meumann, Ernst (1910): Psychologische Analyse des Lesens und Schreibens. In: Der Klassenlehrer 52, H. 4, S. 721–723.
Müller, Detlef K. (1977): Sozialstruktur und Schulsystem. Aspekte zum Strukturwandel des Schulwesens im 19. Jahrhundert. Göttingen: Vandenhoeck und Ruprecht.
Nath, Axel/Titze, Hartmut (Hrsg.) (2016): Differenzierung und Integration der niederen Schulen in Deutschland 1800–1945 (Datenhandbuch zur deutschen Bildungsgeschichte, Bd. 3). Göttingen: Vandenhoeck und Ruprecht.
Peter, Rudolf/Stern, William (1919): Die Auslese befähigter Volksschüler in Hamburg. Bericht über das psychologische Verfahren. Leipzig: Bart.
Pretzel, Carl L. A. (1904): Gegen die Mannheimer Schulorganisation. In: Die Deutsche Schule 8, H. 10, S. 603–618.
Rebe (1928): Begabtenklassen und -schulen. In: Schwartz, Hermann (Hrsg.): Pädagogisches Lexikon. Bielefeld: Velhagen und Klasing, S. 411–419.
Rebhuhn, Hermann (1918): Entwurf eines psychographischen Beobachtungsbogens für begabte Volksschüler. Leipzig: Barth.
Reh, Sabine/Bühler, Patrick/Hofmann, Michèle/Moser, Vera (2021): Einleitung. Prüfen, Testen, Auslesen und Zuweisen. Zum Inklusions-Paradox des Schulsystems. In: Reh, Sabine/Bühler, Patrick/Hofmann, Michèle/Moser, Vera (Hrsg.): Schülerauslese, schulische Beurteilung und Schülertests 1880–1980. Bad Heilbrunn: Klinkhardt.
Rückriem, Georg (Hrsg.) (1981): Ein BilderLeseBuch über Schule und Alltag von der Armenschule zur Gesamtschule 1827 bis heute. Berlin: Elefanten Press.
Sauer, Michael (1998): „Es schärfet des Menschen Verstand …“: Die Entwicklung des Rechenunterrichts. In: Sauer, Michael (Hrsg.): Vom „Schulehalten“ zum Unterricht. Preußische Volksschule im 19. Jahrhundert. Köln: Böhlau, S. 79–106.
Scherer, Wilhelm (1879): Eberhard Gottlieb Graff. In: Allgemeine Deutsche Biographie. 9 Bände. Leipzig: Duncker und Humblot, S. 566–568.
Scherer, Heinrich (1892): Wegweiser zur Fortbildung deutscher Lehrer in der wissenschaftlichen und praktischen Volksschulpädagogik u. zum Ausbau derselben. Leipzig: Brandstetter.
Schmidt-Stein, Gerhard (1963): Die Jahresklasse in der Volksschule. Stuttgart: Klett.
Schönbeck, Erich (1919): Erfahrungen in einer Berliner Begabtenklasse. In: Die Deutsche Schule 23, 113–122.
Schregel, Susanne (2021): „Übernormalen-Pädagogik“ und „Begabtenschulen“ zwischen Kaiserreich und Weimarer Republik. In: Reh, Sabine/Bühler, Patrick/Hofmann, Michèle/Moser, Vera (Hrsg.): Schülerauslese, schulische Beurteilung und Schülertests 1880–1980. Bad Heilbrunn: Klinkhardt, S. 135–152.
Schwerdt, Ulrich (2019): Kinder mit Behinderungen in der Volksschule des 19. und frühen 20. Jahrhunderts. Historische Modelle der Integration und ihre zeitgenössische Diskussion. Berlin: Peter Lang.
Sickinger, Anton (1899): Zur Frage der Organisation der Volksschule in Mannheim. Mannheim: Haas.

Stern, William (1921): Die differentielle Psychologie in ihren methodischen Grundlagen. Verm. um e. Nachw. 1921 nebst neuer Bibliographie. Leipzig: Barth.

Tenorth, Heinz-Elmar (2006): Bildsamkeit und Behinderung – Anspruch, Wirksamkeit und Selbstdestruktion einer Idee. In: Raphael, Lutz / Tenorth, Heinz-Elmar (Hrsg.): Ideen als gesellschaftliche Gestaltungskraft im Europa der Neuzeit: de Gruyter, S. 497–520.

Tews, Johannes (1906): Klassenorganisation der Volksschule. In: Rein, Wilhelm (Hrsg.): Encyklopädisches Handbuch der Pädagogik, Bd. 5. Langensalza: Beyer, S. 1–12.

Valtin, Renate (1970): Legasthenie – Theorien und Untersuchungen. Weinheim: Beltz.

Zerrenner, Karl Ch. G. (1829): Methodenbuch für Volksschullehrer. Vierte, sehr verm. und verb. Aufl. Magdeburg: Heinrichshofen.

Pathologisierung in Sonderschulüberprüfungsverfahren

Ein Versuch der Konzeptualisierung durch Fokussierung auf konsultierte Vergleichsgruppen

Till Neuhaus und Michaela Vogt

1. Einleitung

Pathologisch meint im alltagssprachlichen Gebrauch, dass etwas – bspw. eine Verhaltensweise, soziale Konstellation, Emotion oder körperliche Konstitution – krankhaft ist (vgl. Allex 2014, S. 15). Häufig wird argumentiert, dass der Prozess der Pathologisierung primär im Abgleich zwischen *normalen* und, in Abgrenzung dazu, anormalen Positionen, Befunden, Verhaltensweisen etc. liege, was zu einem vielfältigen Diskurs um das Konzept der *Normalität* geführt hat (vgl. Waldschmidt 2003). Seit Ende des 19. Jahrhunderts widmen sich große Teile verschiedener Disziplinen – gestärkt durch das Aufkommen von Statistik und damit einhergehend quantitativer Methodik (vgl. Bernstein 1996) – der Identifizierung von Normalität bzw. der Identifizierung von Normalität und darauf bezogenen Abweichungen. Das Aufkommen von Intelligenzdiagnostik kann dabei als eine Manifestation dieser (Forschungs-)Tendenzen gelesen werden (vgl. Ulmann 2008, S. 88–90), allerdings als eine besonders gewichtige für die Felder der Pädagogik, Psychologie und Erziehungswissenschaft. Dabei stellt der Prozess der Unterscheidung zwischen sogenannten normalen und anormalen[1] Positionen lediglich den ersten Schritt im Verlauf einer Pathologisierung dar, denn Abweichung (bspw. vom Durchschnitt) wird gemeinhin noch nicht mit Krankhaftigkeit assoziiert. Pathologisch werden Verhaltensweisen, Personen oder Konstellationen hingegen erst, wenn diese von der vorherrschenden Norm abweichen *und* diese Andersartigkeit mit einem – in diesem Fall gesellschaftlich – vorgegebenen

1 Neuere Studien gehen davon aus, dass Normalität sich erst durch die Abgrenzung zum vermeintlich A-Normalen konstituiert und festigt (vgl. Hofmann 2021). Vor diesem Prozess, sprich in Abwesenheit von Devianz, lässt sich weder in einem strengen Sinn Normalität noch Devianz thematisieren. Für die Relevanz darauf bezogener Unterscheidungen spricht zudem, dass in einem sich stetig stärker standardisierenden Schulsystem (vgl. Neuhaus/Jacobsen/Vogt 2021) auch graduell mehr Kinder als potenziell deviant und damit behandlungswürdig identifiziert werden.

Ziel bzw. einer Zielvorstellung konfligiert.[2] Diese Rückkopplung des Pathologischen über erstrebenswerte, verlangte oder anderswie ausgewiesene bzw. artikulierte Ziele lässt das, was – zu verschiedenen Zeiten sowie in unterschiedlichen Kulturen – als pathologisch verstanden wird, einem enormen Wandel unterliegen. So konnte bspw. für den pädagogischen Kontext nachgezeichnet werden, dass Unaufmerksamkeit erst im zeitlichen Verlauf als pathologisch wahrgenommen worden ist und diese Wahrnehmung in starken Zusammenhang mit sich wandelnden Ansprüchen an und Vorstellungen von Schüler:innen steht (vgl. Rabenstein/Reh 2009). Der Konzeptualisierung des Pathologischen als deviant und mit externen Vorgaben konfligierend folgend, argumentiert Bühler-Niederberger (2013, S. 1) für den Bereich der Legasthenie, dass Pathologisierung ebenso als „Klientifizierung" begriffen werden könne: Es wird eine Gruppe identifiziert, die aufgrund ihrer negativen[3] Devianz bezogen auf gesellschaftliche Normen und Ansprüche einer von spezialisierten Expert:innen durchgeführten Behandlung, Unterstützung oder andersgearteten Korrektur bedarf. Den (teils willkürlichen) Prozess der Etablierung menschgemachter Ordnungen bzw. Kategorisierungen diskutierte bereits Hacking (1986) ausgiebig und betitelte diesen als *making up people*. Hacking folgend sind große Teile der verwendeten Labels sozial konstruiert, was sich teilweise in ihrer Fluidität, ihrem Wandel sowie ihrer zeitlichen Inkonsistenz widerspiegelt (vgl. Hacking 1999): Während bspw. der Akt der Selbsttötung in der Antike als akzeptabel (teilweise sogar heroisch) betrachtet wurde, wird dieser in gegenwärtigen Diskursen vornehmlich vor dem Hintergrund mentaler Gesundheit thematisiert. Basierend auf der Annahme der Kontingenz von Labeln, Diagnosen, Bezeichnungen sowie Wissensordnungen kommen einige Beobachter:innen zu dem Schluss, „dass heute nahezu jede Verhaltensweise als Sucht diskreditiert und pathologisiert werden könne" (Schmidt-Semisch 2016, S. 838). Ähnliche Tendenzen lassen sich für die von Hacking (1986) diskutierte Gruppe der *Perversen* ausmachen, die – je nach zeitlichem, räumlichem sowie kulturellem Zuschnitt – inhaltlich anders ausgestaltet worden ist. Perversion diente sozusagen als Chiffre, die die Verständigung über den in

---

2 An dieser Stelle sollte erwähnt werden, dass Personen, Verhaltensweisen etc. in verschiedenen Zeiten als krankhaft betitelt wurden, wenn auch nur vermutet – aber nicht bewiesen – wurde, dass ihre Andersartigkeit mit gesellschaftlichen, persönlichen oder anderen Zielen konfligierte; es besteht also stets die Möglichkeit, dass es sich bei vermuteten Pathologisierungen um eine reflexive Lücke zwischen (menschlichem) Denken und der Realität handelt (vgl. Soros 2000).

3 Negative Devianz bedeutet in diesem Kontext, dass Abweichungen als behandlungswürdig betrachtet werden und die abweichende Gruppe durch eine (spezialisierte) Profession untersucht und behandelt wird. Im Gegensatz dazu existiert gleichsam positive Devianz, sprich das Übererfüllen und/oder das schnellere Erreichen gesetzter Ziele oder Entwicklungsschritte. Diese Gruppe wird in Folge ihrer Andersartigkeit nicht bzw. nur selten behandelt oder an andere Professionen abgetreten, stattdessen wird sie als Ideal ausgewiesen, gesondert geehrt oder für weitere, höherwertige Aufgaben und Positionen vorgeschlagen.

Gang gesetzten Prozess erst ermöglichte. Im Rahmen dieses Prozesses skizziert Hacking (2007, S. 305 f.) eine sieben- bzw. zehnteilige Abfolge[4], die er „Engines of Discovery" nennt und die die Etablierung von Wissensstrukturen und, mit ihnen einhergehend, Labeln sowie den Umgang mit Personen, die zu dieser Kategorie gezählt werden, strukturiert. Der von Hacking skizzierte Ablauf endet mit einem „reclaim our identity!" (ebd., S. 306), also der Kontestation der erzeugten Wissensbestände – und mit ihnen der menschgemachten Ordnungen – durch Betroffene, die aufgrund der Interaktion des geschaffenen Labels mit der Außenwelt Benachteiligung oder Ausgrenzung erfahren haben: dem sogenannten Looping-Effekt (vgl. ebd., S. 286).

Bei den hier in Kürze dargestellten Überlegungen zur Pathologisierung sollten allerdings noch zwei zentrale Zwecke von Pathologisierung kurz angedeutet werden: Einerseits fungiert sie, Hacking folgend, als Mechanismen der Wissensproduktion über verschiedene Gruppen, Verhaltensweisen etc. Pathologisierung stellt somit eine Fokussierung auf als relevant erachtete Personen, Mechanismen und Gegenstände dar. Andererseits wirken pathologisierende Prozesse allerdings auch auf nicht-pathologisierte Gruppen, denn sie bescheinigen den Devianten ihre Devianz, aber eben auch den Normalen ihre Normalität. Die Auflösung einer solchen Barriere resultiert – wie bspw. Illouz' (2011) Studien zur De-Pathologisierung psychiatrischer Befunde gezeigt haben – daher zwangsläufig in einer Ausweitung der Pathologisierungstendenzen auf bislang unbedachte Gruppen (für den sonderpädagogischen Kontext vgl. Boger 2018).

Werden diese Erkenntnisse auf den Gegenstand dieses Aufsatzes – die vermuteten Pathologisierungsmodi in (Sonderschul-)Überprüfungsverfahren – transferiert, so kann angenommen werden, dass trotz des rechtlich verbrieften Anspruchs auf inklusive Beschulung (vgl. Vogt/Neuhaus 2021a) Überprüfungsverfahren auch weiterhin durchgeführt werden *müssen*. Verfahren dieser Art mögen vielleicht im zeitlichen Verlauf unterschiedliche Bezeichnungen tragen[5]

4 Hacking folgend, beginnt der Prozess mit der numerischen Erfassung (count) sowie einer Abstraktion ebendieser Erfassung (quantify). Basierend auf diesen numerischen Markern können Normen festgesetzt (create norms) und Korrelationen errechnet werden (correlate). Auf diese Weise können Befunde pathologisiert (medicalise) sowie auf biologische Vorgänge (biologise) und genetische Faktoren (geneticise) zurückgeführt werden. Die ersten sieben Schritte konstituieren sozusagen den naturwissenschaftlich geprägten Erkenntnisprozess, die Schritte 8 bis 10 beschreiben die gesellschaftliche Verankerung über Normalisierung (normalise), Bürokratisierung (bureaucratise) sowie die Kontestation der erzeugten Wissensbestände durch verschiedene Gruppe (reclaim our identity).

5 Die erste standardisierte Version eines Überprüfungsverfahrens fand 1942 als *Magdeburger Verfahren* (vgl. Lenz/Tornow 1942) seine Anwendung. Im zeitlichen Verlauf veränderte sich, je nach Standort und Zeit die Bezeichnung der Verfahren. So fanden bspw. Hilfsschulaufnahmeverfahren in den 1950er Jahren statt, später (1960er und 1970er) Sonderschulüberprüfungsverfahren. Darauf folgten Varianten sonderpädagogischer Feststellungsverfahren: die Feststellung sonderpädagogischen Förder- sowie Unterstützungsbedarfs. Analog zur Chiffre „Inklusion" (Boger

sowie unterschiedliche Optionen und Möglichkeiten beinhalten, ihre Grunddynamik bleibt allerdings unverändert: Überprüfungsverfahren identifizieren Kinder, die aufgrund verschiedener (als negativ wahrgenommener) Ausprägungen als *zu* deviant für einen unkommentierten Regelschulbesuch gelten (vgl. Floth/Sauer/Vogt 2017) – in vergangenen Varianten wurden diese auf Sonder- oder Hilfsschulen umgeschult, heute werden sonderpädagogische Unterstützungsangebote (bspw. durch Inklusionshelfer:innen) ausgearbeitet. Damit sind Überprüfungsverfahren einerseits Prozesse der Klientifizierung, schließlich werden sonderpädagogische Bedarfslagen – und damit auf entsprechende Wissensordnungen bezogene Behandlungsweisen – innerhalb dieser Verfahren festgestellt. Gleichzeitig attestieren sie allen anderen Kindern, dass diese sich in einer Zone der Normalität (vgl. Link 2013) bewegen. Aufgrund der (vermutlich auch in die Zukunft hineinreichenden) Kontinuität von Überprüfungsverfahren, sind Studien, die die Abläufe, internen Logiken sowie vermuteten Pathologisierungsmodi vergangener sowie gegenwärtiger Verfahren rekonstruieren, analysieren und kritisieren, als durchaus relevant einzuschätzen.

An dieser Stelle soll mit dem vorliegenden Text ein Beitrag geleistet werden, indem eingangs (Abschnitt 2) Überprüfungsverfahren in ihrer grundsätzlichen Dynamik sowie ihrem Ablauf skizziert und anhand der oben angedeuteten Ausführungen hinsichtlich Pathologisierung bzw. dem *Making Up People* reflektiert werden. In einem zweiten Schritt (Abschnitt 3) werden diese tendenziell theoretischen Überlegungen anhand einer historischen Einzelfallstudie – einem Schüler:innenbogen, der in einem Verfahren 1959 in der BRD angefertigt wurde – konkretisiert. Ziel dieser Untersuchung ist es, einen Vorschlag zu unterbreiten, wie ein konkreter Modus der Pathologisierung aussehen könnte. Die Ergebnisse und Limitierungen dieses Versuchs werden in Abschnitt 4 kurz dargelegt.

2. (Sonderschul-)Überprüfungsverfahren als Prozesse der Pathologisierung?

Im Folgenden soll geprüft werden, inwiefern (Sonderschul-)Überprüfungsverfahren tendenziell pathologisierend wirken können. Dazu werden Forschungsergebnisse aus dem Bereich der Überprüfungsverfahren hinsichtlich ihrer Passung zu den oben skizzierten Überlegungen zur Pathologisierung abgeglichen. Im Anschluss an diese Ausführungen folgt eine historische Fallstudie, anhand derer

---

et al. 2021) können diese vielfältigen Verfahren als Gegenchiffre verstanden werden, wobei angenommen werden kann, dass eine Verfahrensänderung sowie Neubenennung potenziell immer dann stattfand, wenn Betroffene die zu diesem Zeitpunkt relevante Wissensordnung bzw. ihre Verfahren wirksam in Frage stellten (reclaim our identity) und so die beteiligten Akteur:innen zum Nachjustieren bewegten.

die Modi der Pathologisierung genau(er) nachvollzogen werden sollen, wobei es sich hier um ein (Theorie-)Angebot handelt, das keineswegs Anspruch auf epistemischen Vorrang erhebt.

In der Einleitung dieses Aufsatzes wurde ausgeführt, dass es sich bei Pathologisierung um einen (mindestens) zweigeteilten Prozess handelt: Erstens die Unterscheidung zwischen *normal* und *abweichend* sowie zweitens die Feststellung, ob die beobachtete Abweichung mit einem (extern verorteten) Ziel konfligiert und die identifizierte Gruppe daher von einer spezialisierten Wissensordnung bzw. deren Vertreter:innen behandelt werden muss. Werden Überprüfungsverfahren aus der Perspektive der Pathologisierung betrachtet, so fällt auf, dass Kinder, die zu einem solchen Verfahren angemeldet werden, zuvor von einer Regelschullehrkraft als deviant markiert worden sind. Devianz konstituiert sich in diesem Fall anhand von schwachen schulischen Leistungen – schlechten Noten und/oder die Wiederholung eines Schuljahres – sowie als auffällig wahrgenommenes Verhalten (bspw. häufiges Stören, Unaufmerksamkeit etc.) (vgl. Sauer/Floth/Vogt 2018). Hinsichtlich der beiden zentralen Marker von Devianz in dieser (Vor-)Phase des Überprüfungsverfahrens kann argumentiert werden, dass es sich um eine negative Abweichung von der antizipierten Norm handelt und Devianz sich vornehmlich aus dem Vergleich des Kindes mit den schullokalen Gegebenheiten (Klasse bzw. Mitschüler:innen, curriculare Anforderungen etc.) ergibt (vgl. Neuhaus/Vogt 2022a). Folgt man dieser Argumentation, so dient das Überprüfungsverfahren im Kern der Feststellung, ob das Kind in seinen Ausprägungen *zu* deviant ist, als dass es extern verortete Ziele – bspw. curriculare Vorgaben, festgeschriebene Leistungszuwächse etc. (vgl. Seitz 2004) – erreichen kann und in Folge dessen von Vertreter:innen der Sonderpädagogik betreut, unterstützt bzw. behandelt[6] werden muss. Für die Funktion sowie Durchführung des Verfahrens ist es daher irrelevant, ob die – als potenzielles Verfahrensresultat – sonderpädagogische Betreuung in einem separierenden Setting (z. B. der Sonderschule) oder im regulären Schulsetting unter Konsultation ebendieser spezialisierten Wissensbestände stattfindet.

Sobald der/die Schüler:in seitens der Lehrkraft – entweder über die Dimension der Leistung (Noten) und/oder über beobachtetes Verhalten – als potenziell deviant markiert worden ist, beginnt das eigentliche Überprüfungsverfahren mit dem Ziel der Bestimmung des zukünftigen Beschulungsortes sowie -modus. Da

6 Der Aspekt der Behandlung durch spezialisierte Expert:innen scheint in der Geschichte der Sonderpädagogik – je nach Lesart bzw. je nach Lesenden – immer einmal wieder durch, z. B. wenn von *besonderen* Grund- und Hauptschulen gesprochen wird (vgl. Möckel 2001). Hier muss allerdings bedacht werden, dass die Geschichte sonderpädagogischer Institutionen, Theorien und Vertreter:innen stark miteinander verquickt und ebenso von den Interessen der Erzählenden gefärbt ist (vgl. Hänsel 2005). Nichtsdestotrotz findet sich in der Geschichte bzw. dem Selbstverständnis der Disziplin die Idee, sich derer anzunehmen, die „vergessen, verspottet und beiseite geschoben wurden" (Ellger-Rüttgardt 1998, S. 25).

es sich um einen bürokratischen bzw. schuladministrativ organisierten Prozess handelt, der feststellen soll, ob das begutachtete Kind *normal* genug ist, um regulär beschult zu werden, kann ein Überprüfungsverfahren im hinteren Teil der von Hacking skizzierten *Engines of Discovery* verortet werden (normalise und bureaucratise; vgl. Hacking 2007, S. 306). Die vorangegangenen Dimensionen des Entdeckungs- bzw. Erkenntnisprozesses spielen allerdings ebenso eine (latente) Rolle im Verfahren und manifestieren sich über die konsultierten Expert:innen. Seit der Etablierung des Magdeburger Verfahrens (1942) besteht das konsultierte Expert:innengremium in der BRD aus drei Professionen: Einer Regelschullehrkraft, einem/r Mediziner:in sowie einer sonderpädagogischen Lehrkraft – jede/r Expert:in kann dabei als Repräsentant:in der jeweiligen Wissensordnung gelesen werden (vgl. Neuhaus/Vogt 2022a) und bringt eine genuine Perspektive in die Begutachtung mit ein. Bei einer solchen Betrachtung wird eine zentrale Schwäche des Modells von Hackings offengelegt, da es den Faktor der Kontingenz unterschätzt. Wissensbestände verändern sich nicht nur, wenn Betroffene gegen diese (sowie die damit assoziierten Ordnungen) opponieren, sondern ebenso aus sich selbst heraus, wenn neue Erkenntnisse gewonnen und an Praktiker:innen sowie nachkommende Expert:innen weitergegeben werden. Daher sollte angenommen werden, dass die konsultierten Expert:innen das Kind nach State-of-the-Art-Ansätzen begutachten und auf Basis ihrer Beobachtungen eine Teilexpertise verfassen. Diese Teilexpertisen werden in einem zweiten Schritt durch Vertreter:innen der Administration zusammengenommen und es wird ein finales Urteil formuliert, das an die schullokalen Akteur:innen zwecks Umsetzung zurückgespiegelt wird. Werden Überprüfungsverfahren – im Sinne eines pathologisierenden Prozesses – als Bestimmung des durch die Sonderpädagogik zu behandelnden Klientels gerahmt, so müsste eine „Vorrangstellung des sonderpädagogischen Gutachtens“ (Winkler 2013, S. 152) auszumachen sein. Auch wenn Kritiker:innen stets die geografischen, lokalen, zeitlichen sowie kulturellen Idiosynkrasien jedes Verfahrens sowie damit einhergehend die potenzielle Unvergleichbarkeit von Verfahren hervorheben, konnten verschiedene Einzelstudien das Primat der Sonderpädagogik in gegenwärtigen Varianten von Überprüfungsverfahren herausarbeiten (vgl. Moser 2014; Melzer et al. 2015; Quante/Urbanek 2021). Ebenso für die pathologisierende Wirkung von Überprüfungsverfahren spricht, das von Eggert (2007) attestierte „Unbehagen“ von Diagnostiker:innen hinsichtlich potenziell exkludierender Gutachten und Beurteilungen, da sie sich der Bedeutung des verhandelten Labels sowie der daraus erwachsenen gesellschaftlichen Konsequenzen – im Sinne eines Looping-Effekts (vgl. Hacking 2007; Tsou 2007) – bewusst sind. Neben dem hier angedeuteten Spagat zwischen Stigmatisierung und individueller Förderung (vgl. Neumann/Lütje-Klose 2020) in verschiedenen Ausgängen von Überprüfungsverfahren sollte allerdings auch die Rolle der Sonderschule als Institution bedacht werden: Bildung (vgl. Vogt/Neuhaus 2021b) sowie deren Zertifizierung (vgl. Neuhaus 2021) gelten in der modernen Welt – trotz ernstzunehmender Zweifel an dieser These (vgl. Taleb 2018, S. 165) – gemeinhin als zentrale Ressource für ein ökonomisch produktives, selbstbestimmtes und erfülltes Leben. Dabei stellt die Regelschule den zentralen Ort für den Erwerb der Ressource Bildung dar und wird daher von einigen u. a. als Ort der Bürgerwerdung betrachtet (vgl. Neuhaus / Vogt 2022a). Die nachwachsende Generation besucht Bildungsinstitution(en) und wird so einerseits mit notwendigen Fähig- und Fertigkeiten ausgestattet, andererseits wird sie über den Schulbesuch auch in weitere Teile der Gesellschaft integriert – ein Prozess, der auf eine lange Tradition zurückblickt (vgl. Neuhaus / Vogt 2022b). Vor diesen vielfältigen Initiationsritualen ruhen im Kind noch nicht ausgebildete Potenziale, deren Realisierung – u. a. durch Bildungsinstitutionen – angebahnt werden soll (vgl. Neuhaus / Pieper / Vogt i. D.). Wird ein Kind infolge eines Überprüfungsverfahrens als nicht regelschulfähig beurteilt und zwecks Unterstützung an sonderpädagogische Wissensordnungen überwiesen, so wird diesem Kind einerseits das Potenzial abgesprochen – im *normalen* Sinne –, ein selbstbestimmtes und produktives Leben führen zu können, andererseits wird ein zentrales Charakteristikum von Kindern in Frage gestellt: (ausreichendes) Entwicklungspotenzial (vgl. Vogt / Floth 2021).

Werden die hier gemachten Beobachtungen zusammengetragen, so liegt die Argumentation nahe, dass Überprüfungsverfahren als pathologisierende Prozesse gerahmt werden können. Von besonderer Relevanz bei dieser Beurteilung erscheinen einerseits die Parallelen zum *making up people*-Prozess, aber ebenso die verhandelten (potenziell exkludierenden) Beschulungsoptionen, das Primat der sonderpädagogischen Expertise sowie die gesellschaftliche Wahrnehmung bzw. (Wechsel-)Wirkung des im Verfahren verhandelten Labels. Im Folgenden soll anhand eines historischen Falls hergeleitet werden, welche Entscheidungs- und damit einhergehend Pathologisierungsmodi innerhalb des Verfahrens seitens der Expert:innen genutzt werden. Aufgrund der Vielschichtigkeit von Überprüfungsverfahren sollte der in der Folge skizzierte Modus als Angebot einer Rahmung verstanden werden und keinesfalls als einzige Art der Betrachtung.

3. Vergleichspraktiken als potenziell pathologisierender Modus in Überprüfungsverfahren – Erkenntnisse aus einem historischen Einzelfall

Der bislang ausgeführten Argumentation folgend, können die im Rahmen eines Überprüfungsverfahrens angefertigten (Teil-)Expertisen die Pathologisierung des begutachteten Kindes nach sich ziehen. In diesem Abschnitt soll nun primär auf den vermuteten Modus ebenjener Pathologisierung fokussiert werden. Da der Akt des (lokalen) Vergleichens bereits bei der Auswahl der zum Verfahren angemeldeten Kinder eine zentrale Rolle eingenommen hat (vgl. Sauer / Floth / Vogt

2018), wird in diesem Beitrag argumentiert, dass Überprüfungsverfahren als Prozesse des dezentralen Vergleichens betrachtet werden können (vgl. Neuhaus/Vogt i. D.), wobei die Wahl der jeweiligen *Comparata* von erheblicher Bedeutung für eine potenzielle Pathologisierung ist. Hinsichtlich Vergleichspraktiken ist bekannt, dass diese primär lokal operieren (vgl. Festinger 1954), d. h., dass Personen, Gegenstände oder Einheiten (unbewusst) mit jenen verglichen werden, die ihnen nahe bzw. ähnlich zu sein scheinen. Die Rahmung von Vergleichen als primär lokal mag zwar die Auswahl der zum Verfahren angemeldeten Kinder erklären, greift aber für die Betrachtung des eigentlichen Überprüfungsverfahrens (noch) zu kurz. Hinsichtlich Überprüfungsverfahren muss ebenso betont werden, dass die konsultierten Expert:innen im Sinne eines „Auftragshandeln[s]" (vgl. Trautmann/Wischer 2011) agieren (sollen), d. h. als Fachexpert:innen begutachten sollen; ebenso relevant erscheint der Fakt, dass die Aufmerksamkeit der Expert:innen durch den sogenannten Schüler:innenbogen – in Form von festgesetzten Fragen oder auszufüllenden Befunden – auf verschiedene Aspekte fokussiert wird, die dann seitens des/der Expert:in beurteilt werden sollen. Damit ergibt sich kognitionspsychologisch gesprochen folgender Sachverhalt: Das in dem/der Expert:in vorhandene Fachwissen dient als Anker bei der Entscheidungsfindung, da mental präsente Wissensbestände – im Sinne einer Verfügbarkeitsheuristik (vgl. Tversky/Kahneman 1973) – einfacher zu konsultieren bzw. abzurufen sind (vgl. Neuhaus 2020). Ebenso leitet der Schüler:innenbogen – als administrativ konstruiertes Instrument – die Entscheidungsfindung weiter an, sodass (sowohl über die vorhandenen Wissensbestände sowie die Aufmerksamkeitsverschiebung über den Bogen) eine doppelte Rückkopplung der/des Expert:in stattfindet und so ihre/seine Entscheidungsarchitektur(en) (vgl. Neuhaus/Großjohann 2022) größtenteils externalisiert werden. Wie bereits ausgeführt, begutachten drei verschiedene Expert:innen – je ein/e Expert:in aus dem Bereich Regelschule, Sonderpädagogik und Medizin – das Kind im Rahmen eines Überprüfungsverfahrens, wobei in einem nicht rekonstruierbaren, administrativen Prozess (vgl. Neuhaus/Vogt 2022a) diese Expertisen zwecks Entscheidungsfindung zusammengenommen werden. Damit umfasst ein Schüler:innenbogen drei inhaltlich unterschiedlich gelagerte Expertisen und leitet diese über Fragen bzw. Fragebereiche an – letztere beinhalten (implizit) die Comparata, mit denen das begutachtete Kind verglichen bzw. auf Basis derer das Kind potenziell pathologisiert wird. Ebenjene im Schüler:innenbogen[7] an-

7 Bei dem analysierten Schüler:innenbogen handelt es sich um eine historische Quelle aus dem Jahr 1959, was ebenso das Jahr ist, in dem das Verfahren stattfand. Der Bogen konnte in einem Frankfurter Schularchiv geborgen werden und beinhaltet sowohl die angelegten Fragenbereiche, die Ausfüllungen der Expert:innen sowie die seitens des Schulrates getroffene Beschulungsentscheidung. Da im Rahmen dieses Aufsatzes vornehmlich die Fragenbereiche hinsichtlich (implizit) vorhandener Comparata als zentraler Modus der Pathologisierung befragt wer-

gelegten Fragen werden in der Folge skizziert und hinsichtlich der vorhandenen Comparata – als potenzieller Modus der Pathologisierung – diskutiert. Ebenso werden die Ausfüllungen der drei Expert:innen diskutiert, allerdings nur, wenn diese sich inhaltlich von den vorgegebenen Fragen distanzieren und damit ihrem Auftragshandeln nicht mehr nachkamen.

Wird das (Teil-)Gutachten der *Regelschule* – in diesem Fall der Volksschule – betrachtet, so können drei ungleichgewichtete Foki innerhalb des Schüler:innenbogens ausgemacht werden: Den mit Abstand größten Teil der Überprüfung durch die Regelschullehrkraft stellt der Punkt „Geistige Entwicklung" (w_1952_17_Fra, S. 2) dar, der durch fünf Unterkategorien (Lesen, Schreiben, Rechnen, Sprache sowie Gedächtnisstoff) abgeprüft wird. Dabei offeriert der Bogen bereits Anleitungen der Beurteilung, z. B. für den Punkt Lesen: „Art der Lesemethode: Analytisch – Synthetisch (Kenntnisse Buchstaben; silben-, wort-, satzweises Lesen; Fertigkeit im Lesen von Schreib- und Druckschrift: fehlerfrei – stockend – langsam – mechanisch – den Sinn erfassend)" (ebd.). Der Einfluss dieser Anleitungen manifestiert sich auch in den Ausfüllungen der Regelschullehrkraft, die die Leistungen des Kindes wie folgt charakterisiert: „Sie [die Schülerin; d. A.] kann weder silben-, noch wort- und satzweise lesen. Sie kennt nur einzelne Buchstaben und Ganzwörter. Gelesen wurde die Schreibschrift." (ebd.) Ähnliche Anleitungen finden sich auch für die anderen Überprüfungsbereiche (Rechnen, Sprache, Schreiben und Gedächtnisstoff). Auf Basis der betrachteten Überprüfungsbereiche bzw. deren Unterkategorien kann argumentiert werden, dass die sogenannte geistige Entwicklung des begutachteten Kindes anhand schultypischer Fähig- und Fertigkeiten erhoben worden ist. Dabei orientiert sich der Bogen am Leistungsstand bzw. -vermögen eines/r als *normal* wahrgenommenen Grundschüler:in. Damit gilt für den Großteil des Regelschulgutachtens, dass das begutachtete Kind primär am Vergleichsmaßstab seiner Mitschüler:innen bzw. – abstrakter gefasst – am *normalen Schulkind* (vgl. Vogt 2021) ge- und vermessen worden ist. Ergänzt wird das Regelschulgutachten um zwei Fragen, die durchaus als Sammelkomplexe charakterisiert werden können: Zum einen soll die Lehrkraft das Kind hinsichtlich seiner „Leib-seelischen Entwicklung" (w_1952_17_Fra, S. 3) begutachten, wobei dieser Bereich am ehesten mit dem heute gebräuchlicheren Terminus des Sozialverhaltens betitelt werden könnte. Als relevante Beobachtungsmerkmale suggeriert der Schüler:innenbogen Beobachtungen zum „Sinn für Sauberkeit und Ordnung", aber ebenso „Körperliche Gewandtheit und Leistungsfähigkeit, Mut, Kameradschaft" und „Einordnung in die Klassengemeinschaft" (ebd.). Darüber hinaus werden emotional-volitive Zustände (Zerstörungssucht, Unverträglichkeit, Jähzorn, Hang zum Stehlen o. ä.) in diesem Bereich subsumiert. Die Ausfüllungen der/des Expert:in charakterisieren

den, bedarf es – zumindest für dieses Vorhaben – keiner größeren Menge bzw. Varianz an Quellen.

das begutachtete Kind – nach Aufzählung einiger positiver Eigenschaften – als „eine gute Klassenkameradin" (ebd.). Abgerundet wird die Regelschulexpertise durch Beobachtungen zur häuslichen Erziehung bzw. der wirtschaftlichen und persönlichen Verhältnisse der Eltern (ebd.). In diesem Fragenbereich werden Beobachtungen hinsichtlich der familiären Verhältnisse (Größe der Familie, Betreuungssituation, Geschwister) notiert. Der Bogen schlägt ebenfalls vor zu erfassen, ob Eltern und/oder Geschwister bereits die Sonderschule besucht haben (vgl. ebd.). Der/Die Expert:in notierte diesbezüglich, dass die häuslichen Verhältnisse in Ordnung zu sein scheinen, auch wenn die Eltern „wenig Interesse am Fortschritt des Kindes" zu haben scheinen (ebd.).

Auch wenn die Überprüfungsbereiche leib-seelische Entwicklung sowie häusliche Verhältnisse dieser Einschätzung anteilig widersprechen, kann – aufgrund des enormen Fokus auf die geistige Entwicklung innerhalb des Gutachtens – argumentiert werden, dass das zentrale Comparatum bzw. der zentrale Vergleichsmaßstab im Regelschulgutachten die projektierte Normentwicklung im Lern- und Lebensraum Schule darstellt. Das begutachtete Kind wird mit einer stilisierten Version des *normalen* Schulkindes verglichen, wobei die explizit abgeprüften Fähig- und Fertigkeiten sich stark an curricularen Vorgaben orientieren.

Die Überprüfung durch die *Sonderschule* spiegelt inhaltlich die Bereiche der Regelschulexpertise, arbeitet diese allerdings kleinschrittiger ab. So wird bspw. der Bereich der Merkfähigkeit systematischer – mit Hilfe einer Bildergeschichte – erhoben und durch die Bereiche „Bildauffassung (Aufzählen, Beschreiben, Erklären)" sowie „Denken und Urteilen (Auffassen und Widergeben einer Geschichte; Warum- und Unterschiedsfragen etc.)" ergänzt (w_1952_17_Fra, S. 4). Neben der bereits skizzierten Merkfähigkeit umfasst die Einschätzung der Sonderschule noch die Bereiche Lesefertigkeit, Schreiben, Rechenfertigkeit, Sprache sowie Motorik (vornehmlich der Hände beim Schneiden, Legen, Bauen oder Zeichnen) (vgl. ebd.). Hinzu kommen Beobachtungen zum Arbeitsverhalten – „Tempo, Ausdauer, Sorgfalt, Sauberkeit, Selbstständigkeit, Spontanaktivität, Ablenkbarkeit und Kontaktfähigkeit" (w_1952_17_Fra, S. 5) – sowie ein fakultativer Intelligenztest (in diesem Fall: Hamburg-Wechsler-IQ-Test). Zentraler Unterschied zur Überprüfung durch die Regelschule ist, dass der Schüler:innenbogen keine Beobachtungsvorgaben macht, wie bspw. die Lesefähigkeit des Kindes einzuschätzen sei. Während der Schüler:innenbogen die Regelschullehrkraft auf flüssiges, stockendes, sinnverstehendes etc. Lesen fokussiert, wird der Sonderschullehrkraft zugetraut, eine angemessene Einschätzung auch ohne diese Hilfen zu treffen. Dies spricht u. a. für das Vertrauen[8] in die Wissensordnung

8 Die fehlende Differenziertheit der sonderpädagogischen Expertise im Überprüfungsbogen könnte auch so gedeutet werden, dass diese Expertise schlichtweg als weniger relevant erachtet wurde. Dagegen sprechen allerdings zeithistorische Kontextquellen, die sich für ein klares „Primat" (Luxenburger 1959, S. 566) der sonderpädagogischen Expertise im Rahmen der Identifi-

der Sonderpädagogik in diesem Verfahren und deckt sich anteilig mit sowohl vergangenen als auch gegenwärtigen Beobachtungen bzgl. des Primats der Sonderschulexpertise in Überprüfungsverfahren. Da sowohl die Überprüfungsbereiche kleinschrittiger angelegt sind und lediglich wenig anleitende Vorgaben seitens des Bogens gemacht werden – der/die Sonderschullehrer:in operiert sozusagen primär auf Basis der in ihr/ihm vorhandenen Wissensbestände –, kann davon ausgegangen werden, dass sonderschultypische Comparata den zentralen Vergleichsmaßstab dieser Teilexpertise prägen. Die relative Autonomie von Sonderpädagog:innen findet sich auch schon in den Ausführungen zum ersten standardisierten Überprüfungsverfahren, dem Magdeburger Verfahren, wenn Lenz und Tornow (1942, S. 62 f.) für Freiheiten in der Beurteilung plädieren – sozusagen eine Argumentation zugunsten sonderpädagogischer Praktiker:innen. Zusammenfassend kann argumentiert werden, dass das zentrale Comparatum, mit dem das begutachtete Kind in dieser Phase des Verfahrens, teils implizit teils explizit, verglichen (und potenziell pathologisiert) wird, der/die *idealtypische Sonderschüler:in* ist.

Die *medizinische Expertise* umfasst lediglich zwei Teile und ist gemeinhin die Kürzeste. Zum einen wird die medizinische Vorgeschichte – „besondere [medizinische; d. A.] Verhältnisse in der Familie, Entwicklung des Kindes, überstandene Krankheiten" (w_1952_17_Fra, S. 6) – erhoben, andererseits eine generelle körperliche Untersuchung angestrebt. Diese besteht aus einer Erhebung der Größe sowie des Gewichtes, einer Untersuchung der Organe sowie des Nervensystems, Erfassung des Hör- und Sehvermögens und eine medizinische Betrachtung der Sprache (vgl. ebd.). Auf Basis der skizzierten Beobachtungsbereiche kann angenommen werden, dass die vom Bogen implizierte, zentrale Referenz (sowie damit einhergehend, der Vergleichsmaßstab) im normal entwickelten, gesunden Kind zu vermuten ist. Im vorliegenden Bogen löst sich der/die gutachtende Mediziner:in von den Begutachtungsvorgaben und notiert lediglich drei Wörter: „Erheblicher Intelligenzmangel – Sonderschule" (ebd.). Während sich Regelschullehrkraft und Sonderpädagog:in dem Diktat des schul-administrativen Werkzeugs, dem Überprüfungsbogen, im Sinne eines Auftragshandelns unterwarfen und das Kind auf Basis dessen begutachteten, löste sich der/die – per Definition außerschulisch agierende – Mediziner:in von diesem Zwang und legte kurzerhand seine/ihre eigenen Comparata an.

---

kation von Sonderschüler:innen aussprechen. Diese Beobachtung wird gestützt durch ähnliche Befunde von vor dem Untersuchungszeitraum (vgl. Hänsel 2019) sowie bis in die Gegenwart hinein (vgl. Winkler 2013; Quante/Urbanek 2021). Darüber hinaus konnte Sauer (i. D., S. 196–199) für den Untersuchungszeitraum von ca. 1950 bis ca. 1975 zeigen, dass sich das Verständnis von Hilfsschulbedürftigkeit von einem medizinischen zu einem sonderpädagogischen gewandelt hat, was ebenso für das Primat der sonderpädagogischen Expertise im Rahmen der Identifikation von potenziellen Hilfs- bzw. Sonderschüler:innen spricht.

Zusammenfassend kann festgehalten werden, dass in dem hier betrachteten Verfahren drei unterschiedliche Comparata konsultiert wurden. Einerseits fand, qua Regelschul- und Sonderschulexpertise, ein doppelter Zugriff des pädagogischen Sektors statt. Dieser kann als Taxonomie gelesen werden, in dem die beiden Professionen versuchen zu determinieren, ob das begutachtete Kind tendenziell *eher* einem/einer Regelschüler:in oder einem/einer Sonderschüler:in gleicht. Diese Taxonomie wird ergänzt durch Referenzen auf das körperlich-medizinisch normal entwickelte Kind unter Berücksichtigung individueller Krankheitsgeschichten; allerdings zeigt bereits die historische Einzelfallstudie, dass zumindest die medizinische Expertise sich grundsätzlich von den an sie gestellten Forderungen löste und ihre eigenen Comparata anlegte.

4. Zusammenfassung und Ausblick

Mit diesem Aufsatz wurden drei Ziele verfolgt: Eingangs sollte sich der Idee der Pathologisierung angenähert und diese mit weiteren Ansätzen zusammengebracht werden. Dies geschah über eine Verknüpfung verschiedener Diskurse, wobei Hackings Studien zum *Making Up People* als zentral ausgemacht worden sind. Zweitens sollten mit diesem Aufsatz Argumente dafür entwickelt und präsentiert werden, dass (Sonderschul-)Überprüfungsverfahren als tendenziell pathologisierend konzeptualisiert werden können. Dies konnte unter Berufung auf institutionelle sowie gesellschaftliche Stigmatisierungstendenzen sowie die Sonderrolle der sonderpädagogischen Profession in ebenjenen Verfahren verdeutlicht werden. Letztlich hatte dieser Aufsatz das Ziel, anhand einer historischen Fallstudie ein Theorieangebot hinsichtlich der Modi der Pathologisierung in Überprüfungsverfahren zu machen. Auf Basis kognitionspsychologischer Überlegungen wurde das vorliegende Material unter Gesichtspunkten der lokalen Vergleichsgruppen bzw. (implizit/explizit) konsultierter Comparata betrachtet. Dabei konnten drei zentrale Vergleichsreferenzen im Material identifiziert werden: Das *normale Schulkind*, der/die *idealtypische Sonderschüler:in* sowie das *medizinisch normalentwickelte Kind*. Zukünftige Forschung im Feld der Überprüfungsverfahren wird zeigen müssen, ob diese vorläufig identifizierten sowie dem Prozess der Pathologisierung zuträglichen Vergleichsgruppen auch in anderen Kulturen, Zeiten, Regionen sowie Standorten identifiziert werden können. Anhand der Identifikation der im Verfahren konsultierten Comparata könnte einerseits der kleinste gemeinsame Nenner von Überprüfungsverfahren – sozusagen eine *Grammar of Special Needs Assessment* – ausgemacht werden, andererseits könnten kulturelle, geografische oder zeitliche Eigenheiten als solche benannt werden. Letzteres würde ebenso dabei helfen, illegitime Pathologisierungsformen eingehender zu thematisieren.

Literaturverzeichnis

Allex, Anne (Hrsg.) (2014): Stop Trans*-Pathologisierung: Berliner Positionen zur Internationalen Kampagne. 3. wesentlich erweiterte Aufl. Neu-Ulm: AG SPAK Bücher.

Bernstein, Peter L. (1996): Against the Gods: The Remarkable Story of Risk. New York: John Wiley und Sons.

Boger, Mai-Anh (2018): Depathologisierung – Diagnostik der emotionalen und sozialen Entwicklung im inklusiven Kontext. inklusion-online.net/index.php/inklusion-online/article/view/462 (Abfrage: 15.08.2022).

Boger, Mai-Anh / Bühler, Patrick / Neuhaus, Till / Vogt, Michaela (2021): Re / Historisierung als Re / Chiffrierung – Zur Einführung in den Band. In: Vogt, Michaela / Boger, Mai-Anh / Bühler, Patrick (Hrsg.): Inklusion als Chiffre? Bildungshistorische Analysen und Reflexionen. Bad Heilbrunn: Julius Klinkhardt, S. 9–19.

Bühler-Niederberger, Doris (2013): Legasthenie: Geschichte und Folgen einer Pathologisierung. Wiesbaden: Springer.

Eggert, Dietrich (2007): Von den Stärken ausgehen. Individuelle Entwicklungspläne (IEP) in der Lernförderungsdiagnostik (5., verb. u. überarb. Aufl.). Basel: Borgmann.

Ellger-Rüttgardt, Sieglind (1998): Zur Geschichte der Heil- und Sonderpädagogik: Kurseinheit 1: Geschichte der Lernbehindertenpädagogik. Hagen: Fernuniversität-Gesamthochschule.

Festinger, Leon (1954): A Theory of Social Comparison Processes. In: Human Relations 7, H. 2, S. 17–140.

Floth, Agneta / Sauer, Lisa / Vogt, Michaela (2017): Zur Zuverlässigkeit des Hilfsschulaufnahmeverfahrens. Ergebnisse einer historisch-vergleichenden Analyse von Schülerpersonalbögen aus der BRD und der DDR. In: Tertium Comparationis 23, H. 2, S. 152–174.

Hacking, Ian (1986): Making Up People. In: Heller, Thomas C. / Sosna, Morton / Wellbery, David E. (Hrsg.): Reconstructing Individualism. Autonomy, Individuality and the Self in Western Thought. Stanford, CA: Stanford University Press, S. 161–171.

Hacking, Ian (1999): The Social Construction of What? Harvard: Harvard University Press.

Hacking, Ian (2007): Kinds of People: Moving Targets: Proceedings of the British Academy. In: Oxford University Press Inc. 151, S. 285–317.

Hänsel, Dagmar (2005): Die Historiographie der Sonderschule. Eine kritische Analyse. In: Zeitschrift für Pädagogik 51, H. 1, S. 101–115.

Hänsel, Dagmar (2019): Die Magdeburger Hilfsschule und ihre Lehrkräfte im Nationalsozialismus. In: IJHE Bildungsgeschichte – International Journal for the Historiography of Education 9, H. 1, S. 47–65.

Hofmann, Michèle (2021): Ausschluss des „Anormalen" – oder: Die Etablierung der Schweizer Primarschule als Regelschule. In: Zeitschrift für Grundschulforschung 14, H. 1, S. 169–183.

Illouz, Eva (2011): Die Errettung der modernen Seele. Therapien, Gefühle und die Kultur der Selbsthilfe. 6. Aufl. Frankfurt a. M.: Suhrkamp.

Lenz, Gustav / Tornow, Karl (1942): Das Magdeburger Verfahren: Anleitung zur Durchführung der Aussonderung hilfsschulbedürftiger Kinder unter Berücksichtigung des neuen Personalbogens für Hilfsschüler. München: Deutscher Volksverlag.

Link, Jürgen (2013): Versuch über den Normalismus: Wie Normalität produziert wird. Wiesbaden: Springer.

Luxenburger, Hans (1959): Die psychiatrische, psychologische und pädagogische Aussage über hilfsschulbedürftige Kinder. Bedeutung und Abgrenzung. In: Pädagogische Welt, H. 13, S. 566–570.

Melzer, Conny / Hillenbrand, Clemens / Sprenger, David / Hennemann, Thomas (2015): Aufgaben von Lehrkräften in inklusiven Bildungssystemen – Review internationaler Studien. In: Erziehungswissenschaft 26, H. 51, S. 61–80.

Möckel, Andreas (2001): Geschichte der besonderen Grund- und Hauptschule. 4. erweiterte Aufl. Heidelberg: Winter.

Moser, Vera (2014): Forschungserkenntnisse zur sonderpädagogischen Professionalität in inklusiven Settings. In: Trumpa, Silke / Seifried, Stefanie / Franz, Eva-Kristina / Klauß, Theo (Hrsg.): Inklusive Bildung. Erkenntnisse und Konzepte aus Fachdidaktik und Sonderpädagogik. Weinheim / Basel: Beltz Juventa, S. 92–106.

Neuhaus, Till (2020): A (Nudge) Psychological Reading of the Nigerian Scam. In: Brolly – Journal of Social Science 3, H. 3, S. 7–28.

Neuhaus, Till (2021): Theodor W. Adorno's Criticism of the German Concept of Bildung. In: Thesis 10, H. 1, S. 111–133.

Neuhaus, Till / Großjohann, Jens (2022): Kommunikationspsychologie: Nudging the Crisis – Fachspezifische Ansätze im Umgang mit der Covid-19-Pandemie. In: Klimczak, Peter / Newiak, Denis / Petersen, Christer (Hrsg.): Corona und die anderen Wissenschaften – Interdisziplinäre Lehren aus der Pandemie. Wiesbaden: Springer, S. 75–91.

Neuhaus, Till / Jacobsen, Marc / Vogt, Michaela (2021): Der verdeckte Megatrend? Bildungshistorische Reflexionen zur fortschreitenden Digitalisierung als Treiber von Standardisierungstendenzen. In: k:ON-Kölner Online Journal für Lehrer*innenbildung 4, H. 2, S. 233–252.

Neuhaus, Till / Pieper, Marlene / Vogt, Michaela (i. D.). Digitale Bildung zwischen Ideal, Realisierung und Kritik: Der Versuch einer Kontextualisierung von Digitalität durch den Begriff der Bildung. In: Newiak, Denis / Rommpel, Janine / Martin, Andreas (Hrsg.): Digitale Bildung jetzt! Innovative Konzepte zur Digitalisierung von Lernen und Lehre. Wiesbaden: Springer.

Neuhaus, Till / Vogt, Michaela (2023): Reduktions- und Transferprozesse von Wissen als Dynamiken der Verdeckung – Eine historische Fallstudie zu (Sonderschul-)Überprüfungsverfahren. In: Bender, Saskia / Flügel-Martinsen, Oliver / Vogt, Michaela (Hrsg.): Über die Verdeckung. Zur Analyse von Ein- und Ausschlussverhältnissen unter Bedingungen gesellschaftlicher Kontingenz. Bielefeld: transcript, S. 217–238.

Neuhaus, Till / Vogt, Michaela (2022a): Historical and International-Comparative Perspectives on Special Needs Assessment Procedures – Current Findings and Potentials for Future Research. In: Amrhein, Bettina / Naraian, Saraina (Hrsg.): Reading Inclusion Divergently: Articulations from around the world. Emerald Publishing, S. 35–48.

Neuhaus, Till / Vogt, Michaela (2022b): The Concept of German Bildung as a Realization of the Hero Archetype. In: Historia Scholastica 8, H. 2., S. 13–32.

Neumann, Phillipp / Lütje-Klose, Birgit (2020): Diagnostik in inklusiven Schulen – zwischen Stigmatisierung, Etikettierungs-Ressourcen-Dilemma und förderorientierter Handlungsplanung. In: Gresch, Cornelia / Kuhl, Poldi / Grosche, Michael / Sälzer, Christine / Stanat, Petra (Hrsg.): Schüler*innen mit sonderpädagogischem Förderbedarf in Schulleistungserhebungen. Einblicke und Entwicklungen. Wiesbaden: Springer, S. 3–28.

Quante, Alina / Urbanek, Claudia (2021): Aufgabenklärung in inklusiven Settings. Zuständigkeiten von allgemeinen und sonderpädagogischen Lehrkräften. In: Qfi – Qualifizierung für Inklusion 3, H. 1, S. 67–83.

Rabenstein, Kerstin / Reh, Sabine (2009): Die pädagogische Normalisierung der ‚selbstständigen Schülerin' und die Pathologisierung des ‚Unaufmerksamen'. Eine diskursanalytische Skizze. In: Bilstein, Johannes / Ecarius, Jutta (Hrsg.): Standardisierung – Kanonisierung. Erziehungswissenschaftliche Reflexion. Wiesbaden: VS Verlag für Sozialwissenschaften, S. 159–180.

Sauer, Lisa (i. D.): Zwischen Primarschulfähigkeit und Hilfsschulbedürftigkeit – Eine historische Analyse der Grenzzone in professionellen Gutachten aus dem Hilfsschulaufnahmeverfahren in der BRD. Dissertation: Universität Bielefeld.

Sauer, Lisa / Floth, Agneta / Vogt, Michaela (2018): Die Normierung des Primarschulkindes im Hilfsschulaufnahmeverfahren. In: Zeitschrift für Grundschulforschung 11, H. 1, S. 67–83.

Schmidt-Semisch, Henning (2016): „Sucht" als leerer Signifikant: Zur Pathologisierung und Medikalisierung von Alltagsverhalten. In: Anhorn, Roland / Balzereit, Marcus (Hrsg.): Handbuch Therapeutisierung und Soziale Arbeit. Perspektiven kritischer Sozialer Arbeit 23. Wiesbaden: Springer VS, S. 837–852.

Seitz, Simone (2004): Forschungslücke Inklusive Fachdidaktik. In: Schnell, Irmtraud / Sander, Alfred (Hrsg.): Inklusive Pädagogik. Bad Heilbrunn: Julius Klinkhardt, S. 215–232.
Soros, George (2000): Die Krise des globalen Kapitalismus: Offene Gesellschaft in Gefahr. Frankfurt a. M.: Fischer-Taschenbuch-Verlag.
Taleb, Nassim Nicholas (2018): Skin in the Game – Hidden Asymmetries in Daily Life. New York: Penguin / Random House.
Trautmann, Matthias / Wischer, Beate (2011): Heterogenität als Herausforderung für das Lehrerhandeln im Unterricht. In: Heterogenität in der Schule. Wiesbaden: VS Verlag für Sozialwissenschaften, S. 105–136.
Tsou, Jonathan Y. (2007): Hacking on the Looping Effects of Psychiatric Classifications: What is an interactive and indifferent kind. In: International Studies in the Philosophy of Science 21, H. 3, S. 320–344.
Tversky, Amos / Kahneman, Daniel (1973): Availability: A heuristic for judging frequency and probability. In: Cognitive psychology 5, H. 2, S. 207–232.
Ulmann, Gisela (2008): Normalisierung und Pathologisierung der Kindheit im Jahrhundert des Kindes. In: Huck, Lorenz / Kaindl, Christina / Lux, Vanessa / Pappritz, Thomas / Reimer, Katrin / Zander, Michael (Hrsg.): „Abstrakt negiert ist halb kapiert". Beiträge zur marxistischen Subjektwissenschaft. Morus Markard zum 60. Geburtstag. Marburg: BdWi, S. 87–99.
Vogt, Michaela (2021): Das Hilfsschulaufnahmeverfahren als „Grenzzone" der Schülerauslese in BRD und DDR. In: Reh, Sabine / Bühler, Patrick / Hofmann, Michèle / Moser, Vera (Hrsg.): Schülerauslese, schulische Beurteilung und Schülertests 1880–1980. Bad Heilbrunnen: Julius Klinkhardt, S. 259–273.
Vogt, Michaela / Floth, Agneta (2021): Schülerantizipationen als Chiffren: Zur Verdeckung von systemischen Fehlstellen schulischer Überprüfungsverfahren in der DDR. In: Vogt, Michaela / Boger, Mai-Anh / Bühler, Patrick (Hrsg.): Inklusion als Chiffre – Bildungshistorische Analysen und Reflexionen. Bad Heilbrunn: Julius Klinkhardt, S. 237–250.
Vogt, Michaela / Neuhaus, Till (2021a): Fachdidaktiken im Spannungsfeld zwischen kompetenzorientiertem fachlichen Lernen und inklusiver Pädagogik: Vereinigungsbemühungen oder Verdeckungsgeschehen? In: Zeitschrift für Grundschulforschung 14, H. 1, S. 113–128.
Vogt, Michaela / Neuhaus, Till (2021b): Self-Cultivation and the Concept of German Bildung. In: Peters, Michael Adrian / Besley, Tina / Zhang, Huajun (Hrsg.): Moral Education and the Ethics of Self-Cultivation – Chinese and Western Perspectives. Wiesbaden: Springer, S. 151–167.
Waldschmidt, Anne (2003): Die Flexibilisierung der „Behinderung". In: Ethik in der Medizin 15, H. 3, S. 191–202.
Winkler, Felix (2013): Rechtsprobleme des Verfahrens zur Feststellung von sonderpädagogischem Förderbedarf in Nordrhein-Westfalen – Eine Analyse unter Berücksichtigung der Rechtsprechung. Aachen: Shaker.

Die Selbstbestimmung und ihre Feinde

Das Motiv bedrohter Selbstbestimmung in der bundesdeutschen Nachkriegspädagogik

Florian Heßdörfer

Mit dem Motiv der Selbstbestimmung umkreist der moderne Bildungsbegriff ein Ideal, das eine gesteigerte Aufmerksamkeit auf Phänomene der Fremdbestimmung und Abhängigkeit mit sich bringt. Die Frage, wie dieses Spannungsfeld zwischen dem Ziel der Autonomie und den nicht zu vermeidenden Praxen ihrer Einschränkung verhandelt wird, kann stets nur in historisch konkreter Perspektive beantwortet werden. Besonders augenfällig tritt die Bearbeitung dieses Spannungsfeldes dort auf, wo gesellschaftliche Rahmenbedingungen einer beschleunigten Veränderung unterliegen; auf prägnante Weise kann eine solche Veränderung in der Bundesrepublik der 1950er Jahre beobachtet werden.

Vor allem in den Arbeiten, die sich an einer Bestimmung der ‚Grundlagen', ‚Grundzüge' oder des ‚Wesens' der Pädagogik und ihrer Aufgaben versuchen (u. a. Guardini 1953; Litt 1956b; 1958; Petzelt 1955; Spranger 1951; Weinstock 1958), fallen mehrere wiederkehrende Themen ins Auge, die als zeitgenössische Bedrohung des pädagogischen Raums und seines Bildungsauftrags herausgearbeitet werden: die Vereinnahmung des Lebens durch Technik, die Durchsetzung der Marktlogik und die Etablierung neuer Staatlichkeitsformen. Auch wenn sich diese Themenfelder zum kulturkritischen Panorama einer ‚Pathologie der Moderne' summieren lassen, entsteht in der Auseinandersetzung mit ihnen eine neue Verortung des Pädagogischen und seines Anspruchs. Zur Rekonstruktion dieser Verortung werden für die folgenden Ausführungen drei Schritte vorgeschlagen: Während der erste Teil vier Motive der Bedrohung differenziert, untersucht der zweite Teil Strategien der Abwehr, die zur aktiven Eindämmung der als bedrohlich wahrgenommenen Zeittendenzen vorgebracht werden und zum Selbstverständnis und zur Ortsbestimmung der pädagogischen Reflexion beitragen. Zum Abschluss geht der dritte Teil einen Schritt über die analytische Sondierung hinaus. Dort wird das Konzept des ‚Ressentiments' genutzt, um eine kritische Perspektive auf das Quellenmaterial zu eröffnen und unsere ungleichzeitige Komplizenschaft mit dem Denkhorizont der 1950er Jahre ins Auge zu fassen. Die Frage, inwiefern hier mit dem Motiv des ‚Nicht-Mitmachens' eine Figur des Ressentiments zum Vorschein kommt, die sich als pädagogisches Basismotiv etabliert, bildet das Ende der Überlegungen.

1. Figuren der Bedrohung: Das Andere der Pädagogik

Das Material, auf dem die folgenden Überlegungen zur bundesdeutschen Nachkriegspädagogik basieren, konzentriert sich auf den Zeitraum zwischen 1949 und 1959. Diese Konzentration fokussiert einen Korpus von Quellen, die zum einen aus der *Schriftenreihe der Bundeszentrale für Heimatdienst* stammen – dem Vorläufer der späteren *Bundeszentrale für politische Bildung* (vgl. Hentges 2013) –, aus der *Schriftenreihe Weltbild und Erziehung* des Werkbund-Verlags sowie aus pädagogischen Monografien, die sich allgemeinen ‚Grundlagen' und den ‚Grundfragen' des Pädagogischen widmen. Der inhaltliche Schwerpunkt dieser Quellen umfasst vor allem systematische Fragen zu dem, was die Autoren als (Neu-)Bestimmung des Bildungs- und Erziehungsbegriffs „in der industriellen Gesellschaft" (Schelsky 1957) bzw. in der „demokratischen Massengesellschaft" (Weinstock 1958) verhandeln.

Diese Arbeit der Bestimmung wird von den Autoren in zwei unterschiedlichen Weisen geleistet. Auf der einen Seite finden sich Versuche, die Pädagogik auf die festen Fundamente historischer (vgl. Luther 1959), religiöser oder transzendentalphilosophischer Begründungszusammenhänge (vgl. Guardini 1953; Holzamer 1949) zu stellen. Exemplarisch formuliert Alfred Petzelt die Notwendigkeit solcher zeitlos festen Fundamente, die aus der richtigen Begriffsbestimmung der Pädagogik hervorgehen sollen: Der „Begriff der Pädagogik [ist] der richtungsgebende Fels, der unerschüttert als Voraussetzung abseits von allem Tatsächlichen bleiben muß, [...] um als überzeitlicher fixer Punkt allem Verlaufenden eben diese Eindeutigkeit zu verleihen. [...] Mit bloßer Empirie ist in der Pädagogik nichts Wesentliches geschafft worden" (Petzelt 1955a, S. 38 f.). Auf der anderen Seite versuchen Autoren wie Theodor Litt, sich den empirischen Rahmenbedingungen der Gegenwart anzunähern, um in der Arbeit an diesen Bedingungen die zeitgenössische Verortung der Bildung und ihrer Aufgabe zu bestimmen. Vor allem in diesen ‚horizontalen' Begründungs- und Bestimmungsversuchen treten jene Momente auf, die wir im Folgenden sondieren: Momente, in denen die Pädagogik im Modus der Abwehr zu sich kommt und die Bestimmung der Gegnerschaft als Mittel ihrer Selbstbestimmung wählt.

Die Technik. Unter dem Schlagwort des ‚Technischen' versammeln sich eine ganze Reihe von Motiven, die als problematische Gegenspieler der Bildung und ihrer Ziele identifiziert werden. In historischer Perspektive rekonstruiert Theodor Litt das Verhältnis von ‚Technik' und ‚Bildungsideal' als ein Spannungsfeld, das sich seit der „deutschen Klassik" (vgl. Litt 1958b) angedeutet und seitdem intensiviert habe. In vignettenhafter Verdichtung erinnert Litt an die Gleichzeitigkeit von James Watts Dampfmaschinenerfindung und Goethes ‚Werther'-Roman, welche die Pole eines Widerspruchs markieren, der sich nicht auflösen ließe, sondern als konstitutiver Widerspruch bearbeitet und ausbalanciert werden müsse. Als konstitutiv gilt ihm dieser Widerspruch insofern, als die zunehmende Versachlichung und Technisierung der Lebensverhältnisse die Folie bilden, von der sich die sentimentale Rückbesinnung auf die Innerlichkeit abhebt – und in diesem Rückzug zugleich die Verdinglichung eben dieser Verhältnisse betreibt, weil die eigene Komplizenschaft mit ihnen verleugnet wird. Dabei basiere der Technik-Pol auf der Verschränkung von naturwissenschaftlichem Erkenntnisfortschritt und dessen Anwendung in technologisch-industrieller Innovation – eine überaus wirkmächtige Verschränkung, gegenüber der das ‚klassische' Anliegen der Bildung im „geschichtlichen Gesamtprozess" ins Hintertreffen gerate und sich in einer Position der „Verfeindung" und „Diskrepanz" wiederfinde (Litt 1958b, S. 13). Litt artikuliert diesen Widerspruch als Kontrast zwischen zwei Beziehungen zur ‚Natur' – einer quantitativ-formalisierenden und einer qualitativ-sinnhaften: „Was damit gemeint ist, leuchtet ein, wenn wir das Gefüge mathematisch-quantitativer Relationen, zu dem sich die Natur in dieser Wissenschaft entleert und formalisiert, zusammenhalten mit jenem in unerschöpflichem Qualitätenreichtum und unausdenkbarer Bedeutungsfülle sich ausbreitenden Ganzen, als welches dieselbe Natur das ihr sich öffnende menschliche Gemüt anspricht." (ebd., S. 13 f.)

In seiner Arbeit über *Pädagogische Perspektiven* (Spranger 1951) weist Eduard Spranger auf eine psychologische Dimension des technischen Fortschritts hin, in der die Bereiche des menschlichen ‚Wollens' und ‚Müssens' verschwimmen. Weit davon entfernt, ein Werkzeug in menschlichen Händen zu sein, habe der technische Komplex die Menschen regelrecht „infiziert" – und dabei einen Teil menschlicher Entscheidungsmacht in die Werkzeuge verlagert, deren Eigenlogik nun Folgschaft beanspruche, wenn auch im Namen menschlicher Absichten. So führe „die abendländische Technik" zu einer „Vermählung von Wollen und Müssen" und bewirke „die paradoxe Verwachsung des Systems strenger Notwendigkeiten mit einem titanischen Wollen und Gestaltungsdrang. Er schaltet sich hinter das geordnete Getriebe und benutzt es. Wir alle sind von solchem technischen Denken infiziert" (Spranger 1951, S. 5). Analog zu dieser Konstellation hätten sich zahlreiche Pädagog:innen auf eine Weise der Psychologie bedient, welche diese zu einem Werkzeug im Dienste der Erziehung mache und Erziehung zu einer „technique sociale" bzw. zu einer „Technik der Menschenführung" (ebd., S. 9 f.) degradiere. Was Spranger als ‚Infektion' markiert, weitet sich in zwei weiteren Veröffentlichungen der *Bundeszentrale für Heimatdienst* zu einer „Dämonie der Technik" (Weinstock 1958, S. 76) aus. In Heinrich Weinstocks Ausführungen zur Erziehung in der „Massengesellschaft des technischen Zeitalters" (1958) kehrt das Eigenleben der Technik als eine ‚Verführung' durch die „ins technische Zeug gebannte Kraft" (ebd., S. 76) wieder, welche die Selbstwahrnehmung der ihr Ausgelieferten befalle: „Wer hilft uns gegen der Titanen Übermut, der im Herzen des Technikers selber (der jeder von uns modernen Menschen ist) aufsteht und im Rausch der Erfolge keinen Zweifel des Menschen an sich selbst und seinem Tun aufkommen läßt?" (ebd., S. 76) Ähnlich resümiert Wilhelm Luthers Beitrag zum *Wesen menschlicher Freiheit* (Luther 1959) das negative Potenzial des technisch-naturwissenschaftlichen Fortschritts, der „das abendländische Erbe der persönlichen Freiheit ernsthaft gefährdet" (ebd., S. 48). Im Zentrum seiner Kritik steht die Diagnose, dass sich „die Kategorien der naturwissenschaftlich-technischen Bearbeitung auf die Bereiche der Seele" (ebd., S. 49) ausgeweitet hätten und in diesem Prozess Begriff und Gestalt des Menschlichen auf eine Weise veränderten, die Weinstock mit den Schlagworten „Selbstentfremdung", „Entpersönlichung, Entinnerlichung und Versachlichung" (ebd., S. 50) apostrophiert.

Auch wenn diese Kritik bekannte Elemente eines kulturkritischen Technikdiskurses zusammenführt, organisieren sie sich auf dem pädagogischen Feld mit zwei strategischen Zielen: Auf der einen Seite treten sie als Grenzposten des pädagogischen Raums auf, der sich gegenüber diesen Dynamiken absichern und behaupten muss; auf der anderen Seite lässt sich die so skizzierte Bedrohungslage im Sinne einer Aufgabenstellung umformulieren und die vorbeugende Bewältigung der Gefahr zum theoretisch-praktischen Kerngeschäft von Pädagog:innen erklären.

Die Ökonomie. In enger Verbindung mit der Kritik des naturwissenschaftlich-technischen Fortschritts steht dessen Auswirkung auf die Welt des Arbeitslebens. Vor allem bei Theodor Litt setzt sich die Konfrontation zwischen Technik und Bildungsideal in Gestalt einer fortschreitenden Unvereinbarkeit von „Arbeits- und Lebensordnung" (Litt 1958b, S. 107) fort. Wie im Titel seines Beitrags *Das Bildungsideal der deutschen Klassik und die moderne Arbeitswelt* (vgl. ebd., S. 107) angedeutet, entwirft Litt ein Vergangenheitsbild, in dem sich Leben und Arbeit noch nicht im Sinne einer unversöhnlichen „Antinomie" (ebd., S. 107) gegenüberstanden. Sowohl das (neu-)humanistische Konzept der Bildung als auch das Ideal des Handwerks dienen hierbei als historisch beglaubigte Kontrastfolien eines ganzheitlich-integrativen Weltverhältnisses – eines „Lebensverhältnis[ses], das Mensch und Natur in dieser Begegnung eingehen" und beispielhaft im handwerklichen Tun als ein „Sichfinden und -durchdringen von Geist und Materie" (ebd., S. 19) realisieren. Litts Erzählung über die fortschreitende „Versachlichung der Welt" (ebd., S. 78), die durch Marktlogik, Arbeitsteilung und ökonomische Sachzwänge vorangetrieben wird, greift zahlreiche Elemente einer auch im Marxismus vorzufindenden Kritik auf, integriert diese jedoch in eine konservativ-liberale Kulturkritik, die weniger auf die politische Bekämpfung der verkehrten Verhältnisse setzt, sondern die konkrete Klage über die Zeitverhältnisse mit der abstrakten Anrufung einer „Wiederherstellung des zwischenmenschlichen Umgangs" (ebd., S. 136) verbindet. Die „Gefahr der totalen Selbstentfremdung" durch die „Rationalisierung der Arbeitsordnung" (ebd., S. 31), die sogar den „einzelnen Denker zum Vollstrecker eines durch ihn hindurchlaufenden Gesamtprozesses" (Litt 1958a, S. 16) zu machen drohe, ruft die so bedrohten Individuen eher zur Selbstsorge auf als zur politischen Organisation.

Dieses Augenmerk auf die Individualitäten hängt eng mit der Positionierung zum sogenannten „West-Ost-Gegensatz" (Litt 1958b) zusammen, der Seitens der

Bundeszentrale für Heimatdienst ab 1957 verstärkt thematisiert und zum Teil einer antikommunistischen Ausrichtung wird (vgl. Thomas 2014). Auf exemplarische Weise betten Theodor Litt, Heinrich Weinstock und Wilhelm Luther ihre Klage über die modernen Arbeitsverhältnisse in die politische Kritik dessen ein, was als kommunistischer Lösungsansatz dieses Dilemmas im Raum steht. Luther konstatiert dementsprechend eine doppelte „Bedrohung der Freiheit von Ost und West" (Luther 1959, S. 54), die er als jeweilige Extrempositionen im Kontinuum von Individualität und Sozialität beschreibt: Dem „radikalen Individualismus" des Westens sei ebenso zu misstrauen wie der „Verabsolutierung des Sozialen" (ebd., S. 69) im Osten. Gerade im ökonomischen Überschwang des Westens entstehe eine „Führungsschicht" aus „Produktionsleiter[n] und Betriebsführer[n], die, von der Größe ihrer organisatorischen Verfügungsgewalt berauscht, der Meinung sind, man könne auch die sozialen und politischen Probleme durch bloße Organisation lösen" (ebd., S. 53).

Vor dem Hintergrund einer ähnlichen Diagnose kommt Heinrich Weinstock im Band *Die politische Verantwortung der Erziehung in der demokratischen Massengesellschaft des technischen Zeitalters* (1958) zu dem Schluss, dass sich die gegenwärtige Pädagogik zur Erreichung ihres Anliegens umfassend politisieren müsse. Es sei eine regelrechte „Verschwörung von Politik und Pädagogik wider die Einkreisung der Freiheit durch die Zeitmächte" notwendig, welche gegen die „Dreieinheit des Zeitverderbens" (ebd., S. 94) opponieren müsse: Nur so könne die Enthumanisierung des Menschen, die Mechanisierung der Arbeit und die Zentralisierung des Staates wirksam aufgehalten werden (Weinstock 1958, S. 103).

Der Staat. Anders als die Kritik der Technik und der Ökonomie zeigt sich das pädagogische Verhältnis zum Staat ambivalenter. Auf der einen Seite eignet sich die Abwehr totalitärer Staatsanmaßungen gut zur Absicherung pädagogischer Individualitätsansprüche. Auch wenn sich solche Kritik leichter an „der System gewordenen Macht der Finsternis" (Litt 1958a, S. 58) üben lässt, als welche Litt den ‚Kommunismus' apostrophiert, so ergeben sich im Hinblick auf ein liberaldemokratisches Staatsverständnis, für das der „Staat [...] seinem ureigensten Wesen nach die Verneinung eines jeden Totalitarismus ist" (ebd., S. 136), auch vor der eigenen Haustür Anlässe für Kritik. Vor allem dort, wo der Staat als quasipädagogische Instanz in Erscheinung tritt, die ihren Bürger:innen ungefragte Fürsorge und Erziehung zuteilwerden lässt, treten jene liberalen Abwehrreaktionen auf, die seit Humboldts Überlegungen zu den „Grenzen der Wirksamkeit des Staates" (Humboldt 1986) zum pädagogischen Repertoire gehören. So warnt Weinstock vor dem „Irrweg zum totalen Fürsorgestaat" (1958, S. 115), während Litt einen falsch verstandenen Erziehungsauftrag durch den „Staat des Totalitarismus" beklagt: „Je zahlreicher und je intensiver die ‚Schulungen' sind, durch die dieser Staat sich in den Seelen zu verankern versucht, um so krasser tritt es hervor, daß diese angebliche Erziehung das Gegenteil dessen ist, was sie zu sein behauptet: sie ist Dressur zu amtlich vorgeschriebenen Meinungen und Haltungen und damit systematische Unterdrückung dessen, was echte Erziehung mit allen Mitteln emporzuentwickeln bestrebt ist." (Litt 1956b, S. 38)

An dieser Differenzziehung von Staats- und Erziehungsauftrag ist bemerkenswert, dass sie aus der ersten Veröffentlichung der 1952 eingerichteten *Bundeszentrale für Heimatdienst* stammt und damit einen Grundstein für das legt, was sich diese Zentrale als pädagogisch-politischen Auftrag setzte. In diesem Zusammenhang knüpft Theodor Litt an seine früheren Ausführungen zur Staatstheorie an (vgl. Litt 1924) und erläutert ein Staatsverständnis, das zwischen zwei Polen vermittelt: Weder dürfe der Staat als eine ‚äußerliche' Sache verstanden werden, die unabhängig vom Willen der Staatssubjekte bestehe, noch dürfe man ihn „zu einer gesellschaftlichen Veranstaltung verharmlosen" (ebd., S. 23). Das Leben eines demokratischen Volkes – und insbesondere des deutschen – hänge vom richtigen Verständnis dieses Staatsverhältnisses ab: „Wir sind als Staatsvolk verloren, wenn es uns nicht in letzter, in allerletzter Stunde ein ‚unmittelbares' Verhältnis zum Staat zu gewinnen gelingt." (ebd., S. 23) Von dieser Annahme aus konstruiert Litt nicht nur eine gesellschaftskonstitutive Rolle des Staates, die auf dem wechselseitigen Verhältnis seiner Mitglieder zu sich und ihrer Gemeinschaft basiert und diesem Verhältnis äußere Form gibt, sondern positioniert den Auftrag der Erziehung gerade dort, wo es darum geht, ein solches Verhältnis ohne festes Fundament denk- und lebbar zu machen: „Ein Staat, der so mit Bewußtsein auf jede überdauernde Form Verzicht leistet" (ebd., S. 38), bedarf bewusster Akteure, die der Demokratie als fortdauerndem „Widerstreit" Form geben und ihn aushalten: Die „innere Verwandtschaft von Demokratie und Erziehung" (ebd., S. 39) dürfe die „deutschen Erzieher" durchaus „mit einem gewissen Stolz erfüllen", da sie aktiven Anteil an diesem „zum Leben zu erweckenden Staat" haben, dessen ‚Wesen' jene Beziehungsförmigkeit ausmacht, die auch im Zentrum des pädagogischen Handlungsraums steht.

Litt entwickelt seine staatstheoretische Position in direkter Abgrenzung zu Friedrich Oetinger, der mit dem pädagogischen Schlagwort der „Partnerschaft" zwar einige Aufmerksamkeit unter Pädagog:innen der 1950er Jahre gewinnt (vgl. Gagel 1995, S. 49–76), jedoch in Litts Augen mit diesem Schlagwort eben jene ‚Verharmlosung' des Politischen betreibt, die zu dessen „Verflößung ins Soziale, ja Allgemein-Menschliche" (Litt 1956b, S. 20) führe. Oetingers Einsatz für die Motive der Partnerschaftlichkeit und Kooperation platziert diese nicht nur als doppelte Basis für das Leben in Schule und Staat, sondern fügt sie in die Forderung nach einer neuen Kultur der Staatsbürgerschaft ein. Nach 1945 sei eine unwiderrufliche „Zertrümmerung der Staatsmetaphysik in all ihren Gestalten" (Oetinger 1953, S. 268) eingetreten, die nach neuen Begrifflichkeiten und Handlungsmustern verlange und weder blind für die Ursachen der nationalsozialistischen ‚Katastrophe' sei noch hoffnungslos im Hinblick auf einen darauf bezogenen Lernprozess. In direkter Replik auf Litts Beharren auf dem ‚Widerstreit' als dem lebendigen Zentrum des Staates, artikuliert Oetinger die Möglichkeit einer Kongruenz von Staat-

und Menschlichkeit: „Partnerschaft ist der Versuch, den Umgang mit der Macht auf einer Ebene zu üben, wo die Menschlichkeit tonangebend ist." (ebd., S. 275) Anders als Litt, dessen Denken die Relationalität als ‚grundlosen Grund' pädagogisch-politischen Handelns umkreist, vollzieht Oetingers Partnerschafts-Plädoyer eine geringfügige aber wesentliche Verschiebung dieses Verhältnis-Motivs: Er fokussiert zwar den Stellenwert von Beziehungen, konstruiert mit dem Bild der Partnerschaftlichkeit jedoch einen Raum, in dem die Gefahren dieser Bezogenheit aufgehoben sind: nicht durch die Änderung der Lebensverhältnisse, sondern durch den guten Willen und den richtigen Geist (‚Teamspirit') derer, die sich im Namen der Partnerschaft zusammenfinden.

Die Masse. Ein populäres Gegenbild einer ‚lebendigen' Gemeinschaft bildet die Figur der Masse. Sowohl als Stichwort pessimistischer Zeitdiagnose als auch als Kontrastfolie für das pädagogische Individualitätsmotiv liefert sie eine dunkle Antithese dessen, was im Autonomie- und Humanitätsideal des Bildungskonzepts zusammenläuft. Aus konservativ-reaktionärer Sicht dient die Masse als exemplarische Warnung vor einem irregeleiteten Gleichheitsversprechen. Wilhelm Luther nutzt hier erneut die Rückbindung an antike Diskussionslinien und erinnert an Platons „Kritik an der arithmetischen oder köpfezählenden Gleichheit, [...] die außer der Gleichheit vor dem Gesetz auch die Gleichheit des Lebensstiles und Geschmacks verlangt" (Luther 1959, S. 35). Diese Kritik sei dringender als je zuvor geboten, da „auch heute der Demokratie die größte Gefahr von seiten der Gleichheit droht" (ebd., S. 35). Als aktuelle Beispiele dienen dabei sowohl die US-amerikanische Neigung zu „einförmigen Regulierungen und peinlich genauer Kontrolle", die sich zudem mit der Überbetonung „allgemeine[r] Wohlfahrt und Wohlergehen" (ebd., S. 35) verbinde, als auch eine als ‚angelsächsisch' apostrophierte Aufwertung „des cooperative spirit oder team spirit", welche „die Tendenz zum Gruppenkollektivismus" befördern und „eine staatsfeindliche, gruppenegoistische Tendenz oder sektiererischen Charakter annehmen" (ebd., S. 96 f.) würde. Ganz im Sinne einer extremismus-theoretischen Grundannahme findet sich diese Bedrohungslage für Luther ebenso ‚im Osten' wieder, wo der Einzelne nicht im ‚Teamspirit' untergehe, sondern im „arbeitenden Kollektiv" (ebd., S. 100): „Der Einzelne ist hier eine Nummer, eine Schraube oder ein Rädchen im vorausentworfenen politischen und technischen Apparat, ein determinierter und spezialisierter Funktionär einer riesigen Planwirtschaft." (ebd., S. 48)

Während Luther die Masse eher als Produkt verkehrter politischer Rahmenbedingungen thematisiert, erscheint sie in anderen Zusammenhängen als Effekt mehrerer Ursachen. So verweist Heinrich Weinstock auf das Zusammenspiel von Bevölkerungszunahme, Medienwandel sowie technologischer und bürokratischer Rationalisierung, das zu einer „kalten Diktatur der total rationalisierten Massengesellschaft" (Weinstock 1958, S. 80) führe, gegen welche die „Einheitsfront von Politik und Pädagogik" (ebd., S. 104) zusammenhalten müsse. Für Eduard Spranger hat sich in diesem Kontext bereits ein neuer, „fest gewordener

Menschentypus" herausgebildet, dessen prägnantestes Merkmal es sei, dass „er allenthalben gelebt wird, aber sein Leben nicht mehr führt" (Spranger 1951, S. 17). Sprangers „Massenmensch" befindet sich im permanenten Rückzug vor einer Außenwelt, deren Panorama ebenso leer erscheint, wie sein eigenes Inneres: „Rundfunk, Kino, Kaffeehausmusik, Sportleidenschaft, Kreuzworträtsel, Totospiel leisten ihm bei seiner Flucht vor sich selbst Hilfe" (ebd., S. 17 f.).

In der Summe ergeben diese vier Bedrohungen – Technik, Ökonomie, Staat und Massengesellschaft – ein ebenso unwirtliches wie klar definiertes Terrain, auf dem sich die zeitgenössische Pädagogik positionieren kann.

2. Strategien der Abwehr: Die Sicherung des pädagogischen Raums

Bei den bisher referierten Autoren, die sich den zeitgenössischen Bedrohungslagen der 1950er Jahre widmen, überlagern sich zwei unterschiedliche Strategien, mit denen das pädagogische Feld begrenzt und verhandelt wird. Auf der einen Seite erscheinen Themen und Motive, die als möglichst überzeitliche Markierungen dieses Feldes aufgerufen werden. Dazu gehören sowohl das antike Ideal einer demokratischen Polis als auch das humanistische Bild einer weltzugewandten Selbstbestimmungsfähigkeit und das quasi-religiöse Motiv einer ethischen Selbstbeschränkung, die sich im Angesicht des Höheren und Überindividuellen eines bescheidenen Eigenmaßes besinnt. Vor diesem Hintergrund tritt die kritische Arbeit an den Zeittendenzen sowohl als Gelegenheit auf, diese Motive in ihrer Bedeutung zu reaktualisieren, als auch die eigene Sprecherposition in den gegenwartsgeschichtlichen Auseinandersetzungen zu markieren. Diese Sprecherposition wird auf doppelte Weise abgesichert: einerseits mit Hilfe diskursiver Komplizenschaften, andererseits durch die im engeren Sinne ‚pädagogische' Kopplung von kritischer Problembeschreibung und Vorschlägen zur Problembehandlung. Die folgenden Themen und Motive stehen hierbei im Mittelpunkt.

2.1 Pädagogische Komplizen

Als Komplizen sollen im Folgenden jene Motive und Begriffe bezeichnet werden, die zwar innerhalb des pädagogischen Feldes aufgegriffen und verhandelt werden, jedoch weit über dieses hinausgehen. Diese Komplizenschaft verläuft in zwei Richtungen: In der einen Richtung sorgt die Bezugnahme auf solche Komplizen für eine Verschiebung pädagogischer Begriffs- und Problemverhältnisse; in der anderen Richtung profitieren die zu Komplizen gewordenen Konzepte von jenem Anspruch auf Plausibilität und Humanität dessen, was sich zum Bereich ‚pädagogischer Relevanz' zählen darf.

Wettstreit. In der Diskussion der Zeitverhältnisse tritt das Motiv des Wettstreits in verschiedener Hinsicht als pädagogische Komplizin auf. Bezüglich der Sorge um die verwaltete ,Massengesellschaft' und ihre nivellierenden Tendenzen erscheint die Bezugnahme auf den Wettstreit als Fürsprache für ,belebende' Wettkampf- und Konkurrenzverhältnisse, in denen Differenzen zwischen Individuen ausgetragen und sichtbar gemacht werden und dabei den Maßstab der Individualität aktualisieren. Litt positioniert den „wetteifernden Kampf" und das „wechselseitig[e] Sichmessen" als notwendiges Korrektiv innerhalb einer „Staats- und Gesellschaftsordnung", denen die moderne Tendenz zur ,Mechanisierung' der Individuen und ihrer Verhältnisse bescheinigt werden kann (Litt 1958a, S. 17). In ähnlicher Hinsicht verbindet Friedrich Oetinger sein Leitkonzept der Partnerschaft mit der Praxis des Wettstreits: Anders als im Feindschaftsverhältnis ermögliche es der Wettkampf unter Partnern, sowohl die ,gesunde Kraft' der einzelnen als auch die *„Befreiung von mir selbst"* innerhalb einer „Mannschaft" zu fördern: „Unser partnerschaftlicher Gesichtspunkt läßt keinen Zweifel darüber aufkommen, daß es sich beim Wetteifer um eine ganz und gar *gesunde* Kraft handelt." (Oetinger 1953, S. 170) Wo Litt die ,Mechanisierung' als Gegenbild des Wettkampfs aufruft, findet Oetinger die verwandte Figur der ,Kristallisierung', welche im Rahmen der allgemein gültigen „Gesetze" drohe, die Menschen in ihre „kristallisierte[n] Rollen" einzuschließen (ebd., S. 171). Gleichzeitig fungiert die Wettkampffigur nicht nur als pädagogisch sanktioniertes Konkurrenzverhältnis, welches das ,freie Spiel der Kräfte' fördern soll, sondern auch als politischer Marker, der eine Positionierung innerhalb der Ost-West-Differenzierung vornimmt. Das bedrohliche „Schicksal der Mechanisierung", die zwar auch innerhalb des Westens erkannt wird und gebändigt werden soll, sei gerade im „Kommunismus […] zu ihrer hartnäckigsten und bösartigsten Form emporgetrieben" worden (Litt 1958a, S. 79).

Exzellenz. Aus dieser Aufwertung des Wettstreits geht ein weiteres Motiv hervor, das breite pädagogische Aufmerksamkeit genießt. Wettstreit dient nicht allein als praktisches Medium des Individualismus und zur Anregung ,gesunder Kräfte', sondern bringt zudem die positive Abweichung von Durchschnittlichkeit zutage – Spitzenleistung und Exzellenz. Dabei wird die Förderung und Identifizierung von Exzellenz keineswegs als Selbstzweck verstanden, sondern in unmittelbare Nähe zu gesellschaftlichen Organisationsfragen gestellt. Damit die zahlreichen Leitungs- und Verantwortungspositionen, die innerhalb eines demokratischen Gemeinwesens zu besetzen sind, nicht mehr nach Gesinnungs- und Machtkriterien vergeben werden, sondern im Rahmen eines umfassenden Leistungs- und Eignungsparadigmas, brauche es – in der Formulierung Wilhelm Luthers – die Herausbildung einer „demokratische[n] Bildungselite" (Luther 1959, S. 105). Nur eine solche Elite könne dem konformistischen Druck der „modernen Massendemokratie" (ebd., S. 105) standhalten und ihn ,von oben her' ausgleichen – ein Gedanke, der in den fast gleichen Worten bei Heinrich Weinstock wiederkehrt: Um dem „Massensumpf“, dem „Gruppenegoismus und -kollektivismus“ vorzubeugen, brauche gerade die Demokratie „jene Elite, ohne die keine gesellschaftliche und staatliche Ordnung bestehen kann“ (Weinstock 1958, S. 110 f.). Eduard Spranger treibt dieses Verhältnis von Demokratie und Elite begrifflich weiter und stellt den demokratischen Bedarf nach einer aristokratischen Führungsschicht fest, welche den Gegenpol zur bedrohlichen ‚Gleichmacherei‘ biete: „Eine Demokratie will […] gerade eine besonders hochwertige Aristokratie erziehen: keine Aristokratie der ererbten Privilegien und des Geldsacks, sondern eine sittlich und geistig geadelte Führerschicht. Jede Gleichmacherei in Sachen der Bildung ist daher ein Schaden, den der betreffende Staat sich selber zufügt.“ (Spranger 1951, S. 66 f.)

Staatlichkeit. Mit diesen Ausführungen wird deutlich, dass die pädagogische Komplizenschaft mit Wettbewerbs- und Exzellenzmotiven in enger Verbindung zum Motiv der Staatlichkeit verhandelt wird und diese Motive in eine pädagogisch-politische Rahmung integriert. Auch wenn der pädagogische Raum gegenüber dem Ein- und Übergriff des Staates verteidigt wird – und diese Verteidigung als Lehre aus der totalitären Gleichschaltung der nationalsozialistischen Erziehung verhandelt wird –, findet sich in den pädagogischen Begründungszusammenhängen eine deutliche Verschränkung politischer und pädagogischer Handlungslogiken. So stellt Weinstock in seinem Beitrag für die Schriftenreihe des *Heimatdienstes* die Rolle des Staates in eine pädagogisch-anthropologische Perspektive, aus der die menschliche Verantwortung für die eigene Freiheit erst im zum Staat arrangierten Gemeinwesen zur Vollendung kommt: „Der Mensch, als das Wesen der Freiheit genötigt, befähigt, berufen, sein Leben verantwortlich zu führen, worüber es sich ständig Rechenschaft zu geben hat, vermag diese Rechnung nur in einem ordentlichen Staat in Ordnung zu bringen, den aber wiederum nur der ordentliche Mensch zustande bringt.“ (Weinstock 1958, S. 10) Aus diesem Anspruch heraus resultiere ein klarer pädagogischer Auftrag, „eine Pädagogik des Lernens, des Gehorsams, der Zucht“ zu realisieren, die „keineswegs ‚Unterdrückung des erwachenden Selbstgefühls‘, sondern im Gegenteil ganz und gar ‚Erziehung zur Selbständigkeit‘ meint“ (ebd., S. 26). Solche Verschränkungen von Gehorsam und Autonomie erlauben die Konstruktion einer Parallelität von Staats- und Menschenbildung: Die wohlregulierte Selbstbestimmung, zu der die Schule als Staatsorgan erziehen soll, formt nicht nur das bürgerliche Engagement in der Demokratie vor, sondern legitimiert die Schule als konkreten Ausdruck eines Staates, der in ihr seine wichtigsten Grundlagen schafft. Anders als die oftmals kritisierten Re-Education-Maßnahmen, die eine „‚Demokratie auf Befehl‘“ (Weniger 1954, S. 9) angestrebt und die verbreitete „Staatsfeindschaft“ und „Staatsmüdigkeit“ (ebd., S. 11) noch verstärkt hätten, scheint der Vorteil der Pädagogik darin zu bestehen, jenseits von Befehl und Willkür zu operieren. In diesem Sinne biete die pädagogische Bezugnahme auf den Staat zwei strategische Vorteile: Einerseits wertet sie den pädagogischen Raum in seiner unmittelbar staatstragenden Rolle auf; andererseits verbietet sie die direkte Übernahme politischer Kategorien auf die Pädagogik und sichert sich damit die Hoheit innerhalb dieses Raums: Politische Bildung ohne Rücksicht auf die Eigenlogik des Pädagogischen drohe zu Indoktrination oder bloßer „Funktionärsschulung“ (ebd., S. 21) zu werden. An dieser Stelle deutet sich ein Grundmuster an, das wir am Ende unserer Überlegungen wieder aufnehmen werden: Das als ‚pädagogisch‘ markierte Verhältnis zum Außerpädagogischen inszeniert sich als eine negative Form der Teilhabe, die sich um das passiv-aktive Motiv des ‚Nichtmitmachens‘ als Handlungs- und Beziehungsform herum gruppiert.

2.2 Pädagogische Therapie

Dort, wo sich die pädagogische Reflexion in der Abwehr positioniert, gewinnt sie eine zunächst negative Kontur: Sie trennt sich von dem, was sie nicht ist und wozu sie nicht beitragen will. Gleichzeitig bleibt in dieser Positionierung eine Leerstelle: Außer den Rückgriffen auf Großkonzepte wie „Humanität“, „Verantwortung“ (Weniger 1954, S. 20 f.) oder „Ganzheit“ (Holzamer 1949, S. 189) bleibt die Frage nach der aktiven Rolle und der konkreten Aufgabe pädagogischer Akteur:innen weitgehend vage. Einige Autoren bringen dabei ein (Selbst-)Deutungsangebot ins Spiel, das dieses Dilemma auf zeitgemäße und zukunftsträchtige Weise bearbeitet. In einer Situation, in der klar scheint, dass ihre problematischen Grundlagen nicht in absehbarer Zeit behoben werden, setzen sie auf ein pädagogisches Aufgabenformat, das sich mit den Begriffen der ‚Therapie‘ und der ‚Abwehrkraft‘ umreißen lässt. Bei aller Kritik der schädlichen Zeiteinflüsse reklamiert bspw. Wilhelm Luther die Eigenverantwortung derer, die ihr ausgeliefert sind – sie hätten „dafür zu sorgen, daß ihre Person stark genug ist, sich gegen die von seiten der Apparatur her drohenden nivellierenden und reduzierenden Einflüsse im Arbeitsprozeß erfolgreich zu behaupten“ (Luther 1959, S. 75). Während Luther dementsprechend die „Lösung des Problems […] in einer neuen sinnvollen Erziehung“ (Luther 1959, S. 75) erkennt, ergänzt Weinstock diesen Ansatz um eine medizinische Metaphorik und erklärt, man habe es mit einem modernen gesellschaftlichen „Virus“ zu tun, „welches das anfällige Gewebe der Freiheit bösartig wuchern läßt“, sodass die pädagogische Reaktion auf diese Erkrankung allein in der richtigen Kombination von Analyse und Praxis bestehen könne – „nur auf Grund solcher Diagnose der Zeit, die der pädagogischen Theorie obliegt, vermag die Therapie der erzieherischen Praxis jeweils heilsam zu werden“ (Weinstock 1958, S. 65).

Anders als solche pauschalisierenden Zugänge, welche die Aufgabe der „Erziehung“ auf „Notwehr und Gefahrenschutz“ hin ausrichten wollen (ebd., S. 65), folgen die Überlegungen Theodor Litts einem ähnlichen Grundmuster, übersetzen die Analyse aber stärker in eine innerpädagogische Reflexion. Zunächst distanziert sich Litt von der vereinfachenden kulturkritischen Analyse, die er den

„Bußprediger[n] der Moderne“ (Litt 1958b, S. 104) zurechnet: Der Widerspruch zwischen Bildungs- und Arbeitswelt dürfe nicht als „unversöhnliche Feindschaft“ begriffen werden – eine solche Zuspitzung fördere in erster Linie das „wichtigtuerische Gehabe“ derjenigen, die sich damit hervortäten und die Aura der „Daseinsverzweiflung“ (ebd., S. 104) kultivierten. Im Gegenzug plädiert Litt für den grundlegenden Bildungswert von Erfahrungen der Irritation und Widersprüchlichkeit: „Es könnte sein, daß der Mensch von sich selbst, seinem Wesen und seiner Bestimmung, gerade dann am meisten erführe, wenn er […] von dem Widerstreit nicht zu versöhnender Daseinsmächte aufgestört und umgetrieben wird.“ (ebd., S. 108 f.) Gleichzeitig hebt er die dialektische Dynamik aus „Entäußerlichung und Verinnerlichung“ hervor, welche im (Arbeits-)Handeln grundlegende Subjekt-Objekt-Verhältnisse konstituiert und verdeutlicht, dass es keinen innerlichkeitsorientierten Selbstbezug ohne einen ‚entäußernden‘ Sachbezug gibt (ebd., S. 81) – wenngleich diese Dynamiken in der modernen Arbeitswelt häufig unterbrochen und zugunsten der „Diktatur der Sache“ (Litt 1958b, S. 72) verschoben würden. Der „konkrete Mensch“ sei dort zwar nicht gänzlich verschwunden, trete jedoch erst in Erscheinung, „wenn er aus der Disziplin der Sache herausgetreten und sich selber zurückgegeben ist“ (ebd., S. 73). Weil diese temporäre „Entselbstung“ unter den Bedingungen der modernen Arbeitswelt nicht zu beseitigen sei, schließt Litt seine Überlegungen dazu mit vier Elementen einer „erleuchtenden Reflexion“ (ebd., S. 122) ab, deren Ziel im produktiv-bildenden Aushalten der Antinomie besteht:

(1) Es müsse ein Begriff der Arbeit etabliert werden, der diese nicht als alttestamentarischen ‚Fluch‘ begreift – erst wenn sie „freigesprochen ist von der Anklage, in einem fluchwürdigen Fehltritt ihren Ursprung zu haben“ (ebd., S. 122), könne sie als selbstgewählter – und nicht fremdverschuldeter – Teil des Alltags integriert werden. (2) Gleichzeitig sollten die Zeitgenossen gegen die „Versuchung gewappnet“ werden, „sich […] an die der Arbeitswelt entspringenden Sachforderungen zu verlieren“ – und diesen permanenten Widerstand gegen die ‚Entselbstung‘ als eine dialektische Form der Selbstbildung leben, welche im Menschen die Erkenntnis festige, „daß die Bemühung um die Sache ihn gleichzeitig als Menschen bildet und doch auch in seinem Menschsein bedroht“ (Litt 1958b, S. 122). (3) Ebenso müsse die komplementäre Tendenz vermieden werden, sich der Versuchung der Sache durch Rückzug in die Innerlichkeit zu entziehen und die antinomische Spannung durch eine falsche Teilung zweier scheinbar getrennter Sphären zu ersetzen – „den Widerspruch durch äußere Teilung auf[zu]lös[en]“ (ebd., S. 122). (4) Schließlich fasst Litt seine antinomische Ethik der Arbeit in eine anthropologische Perspektive ein, in welcher die Bruchlinie einer unmöglichen ‚Harmonie‘ zum Motor fortdauernder Bildungsprozesse wird: „Der Mensch lernt in sich das Wesen kennen, dem es nicht beschieden ist, in bruchlosem Wachstum zur Harmonie heranzureifen, sondern dem es obliegt, in stetem Ringen mit immer von neuem aufbrechenden Gegensätzen Selbst zu werden und Welt zu gestalten.“ (ebd., S. 124)

In der Summe dieser vier Elemente formuliert Litt ein pädagogisches Programm, das sich zwar bereits im Titel in die Traditionslinie des *Bildungsideals der deutschen Klassik* einschreibt, das seine Aufgaben und seine Orientierung jedoch weitgehend aus der Immanenz der Zeitverhältnisse heraus zu konstruieren versucht, deren Überwindung außerhalb seiner Fragestellung liegt.[1] Indem er die Frage des ‚Aushaltens' und der „Abwehrkräfte" (Litt 1956a, S. 17) in den Mittelpunkt stellt, problematisiert er das Paradigma abstrakter Selbstbestimmung und knüpft an jene ‚therapeutische' Funktion der Pädagogik an, die heute im Paradigma der Prävention und der Resilienz fortbesteht (vgl. Anders et al. 2022). Zugleich hängt die Entscheidung für eine solche Ausrichtung an einem neuen Verständnis pädagogischer Ideale. Litt skizziert zwar die historische Genese des ‚klassischen Ideals', gleichzeitig leben seine Überlegungen von der Bereitschaft, dieses Ideal nicht als erhabenen Kontrapunkt gegen die Zeitverhältnisse fortzuschreiben und es damit seinen materiellen Grundlagen zu entziehen. Es sei ein letztlich gefährlicher „Luxus", die „Jugend im Zeichen eines Ideals heranzubilden, das die als Triebkraft wirkenden Verhältnisse entweder ignoriert oder diskreditiert" (Litt 1958b, S. 148). Mit dieser bewussten Distanznahme gegen die ‚Diskreditierung' zeigt sich Litts pädagogische Reflexion als Versuch, außerhalb der oben beschriebenen Strategien der Abwehr zu denken – weil eben diese Abwehr blind für die Art und Weise ist, in der sie sich das aneignet, was sie verteidigt oder kritisiert.

3. Selbstbestimmung und Ressentiment

Um dieses Verhältnis von Abwehr und Aneignung auch jenseits des Quellenmaterials zu untersuchen, nutzen wir im abschließenden Abschnitt das Konzept des Ressentiments. Es dient dazu, die verschiedenen Dimensionen der Abwehr zusammenzufassen und die Frage zu stellen, wie sich die Haltung der ‚diskreditierenden' Abwehr zu dem verhält, was sie verteidigt. Da diese Abwehr den Einflüssen und Ansprüchen gilt, welche die Reichweite und Geltung des pädagogischen Feldes einschränken, lässt sich das Verteidigte mit dem Motiv der Selbstbestimmung fassen: Diese bildet nicht nur ein normatives Ziel individueller Bildungsprozesse, sondern repräsentiert auf systemischer Ebene den Anspruch eines Bildungssystems, dessen Grenzen nicht nur die Eigenlogik des Pädagogischen markieren, sondern auch das Hoheitsgebiet pädagogischer Selbstbestimmung. Auf diese Weise fungiert das Motiv der Selbstbestimmung als abstraktes Komplement der Strategien der Abwehr: Die Übergriffe, die vom Staat, von der Technisierung

1 In ähnlicher Weise formuliert Helmut Schelsky in seiner Beschreibung der gegenwärtigen Bildungs- und Berufslandschaft einen weitgehend ernüchterten Bildungsbegriff: „‚Bildung' wird in diesem Zusammenhange mehr und mehr zu einer professionellen Lebensart." (Schelsky 1957, S. 49)

oder der Massengesellschaft her beklagt werden, treten als feindliche Unterbrechungen jener Selbstbestimmungsfähigkeit auf, die erst dann auf die Höhe ihres eigenen Anspruchs zu kommen scheint, wenn ihre äußeren Gefährdungen überwunden sind. Dieser negative Bezug auf die Selbstbestimmung, der diese in erster Linie als deren Bedrohung und als Erfahrung der Fremdbestimmung erlebt, folgt in mehrfacher Hinsicht dem Muster des Ressentiments. Für die wesentlichen Elemente dieses Musters nutzen wir den analytischen Vorschlag Joseph Vogls, der vier unterschiedliche Ebenen unterscheidet (Vogl 2021, S. 161):

(1) Im Zentrum des Ressentiments steht ein Selbstverhältnis, das Vogl als „eigentümlich gebrochene Selbstaffirmation" charakterisiert. Die affirmative Kraft dieses Selbstbezugs basiert auf einer „negativen Ableitung", die sich als ‚unbedingtes Nein' gegenüber dem Äußeren und Anderen des Selbst vollzieht. (2) Dieses Verhältnis der „verneinenden Selbstbejahung" geht mit einer entsprechenden Dynamik einher, welche „Aktivität durch Passivität und diese durch Hemmung ersetzt". Wie der Selbstbezug auf dem Umweg des verneinten Fremdbezugs hergestellt wird, so tritt auch die Aktivität als vermittelte und unterbrochene Reaktion auf die Erfahrung der Passivität in Erscheinung. Die Aktivität des Ressentiments vollzieht sich als betriebsamer „Handlungsstau", dessen Unruhe die eigene „Ohnmacht" zugleich abwehrt und kultiviert. (3) Aus dieser Konstellation resultiert ein Innen-Außen-Verhältnis, in dem die überlegene Handlungsmacht des Außen die Erfahrung der eigenen „Zurücksetzung" verstetigt und im Inneren ein Gefühl des „Lebensneids" hinterlässt, der als „brennende[r] Mangel an Sein" das affektive Gegenbild des negativen Selbstbezugs darstellt. Einen Weg, um die erdrückende Kombination von Ohnmachtserfahrung und Lebensneid wieder nach außen zu wenden, bietet der Mechanismus der Delegation. Im Fall des Ressentiments verknüpft sich diese „Abgabe von Aktivitätsressourcen" jedoch mit „einer Art ‚Punitivismus' oder Straffreudigkeit": Die Delegation kann vor allem dann genossen werden, wenn die entäußerte Aktivität eben jene Hemmung, Bestrafung und Beschränkung ausagiert, von der sich das ressentimentale Subjekt selbst gezeichnet fühlt. (4) Weil die Grunderfahrung des Ressentiments diffus verteilte Gefühlslagen produziert, verbindet sich diese Diffusion mit dem Bedürfnis nach konkreten Gegenständen, an denen sich die Abwehrhaltung orientieren und Gestalt gewinnen kann. Vogl bezeichnet diesen Aspekt als „Konkretismus", der die Suche nach der ‚Schuld' konkreter Personen der Rekonstruktion der Verhältnisse und ihrer Effekte vorzieht: „Kausalreflexe und Evidenzen werden gegenüber veritabler Ursachenforschung privilegiert, das Ressentiment kommt mit der Ungewissheit von Verursachungen nicht zurecht." (ebd., S. 162)

Auch wenn diese vier Elemente das Ressentiment in erster Linie als Subjektformation beschreiben, hängt der Erfolg dieser Struktur damit zusammen, dass sie zugleich als „Moral des Ökonomischen (oder ökonomisches Moralprinzip)" fungiert: als „senti-mentale Mixtur aus rechnerischer Vernunft und toxischen Empfindungen“ (ebd., S. 162). Von diesen Überlegungen aus lassen sich die anfangs sortierten Elemente der ‚pädagogischen Abwehr‘ in eine erweiterte Perspektive setzen. Auf der einen Seite fügen sich die Bereiche der Abwehr in das ressentimentale Schema der ‚Bevormundung‘ ein, welche den pädagogischen Handlungsraum einschränkt und ihn Bedingungen aussetzt, über die er nicht verfügen kann: Die prägende Kraft des ‚technischen Zeitalters‘ droht die Bildungswirkung des ‚richtigen Wissens‘ und der ‚aufrichtigen Reflektion‘ ebenso zu übertrumpfen wie die Massenkultur die Ehrfurcht vor den Ausnahmecharakteren. Gleichzeitig geben die pädagogischen Begründungs- und Verteidigungsreden das paradoxe Bild eines ‚blockierten Ressentiments‘ ab: Die mit Neid gemischte Abneigung scheint nur zur Hälfte ausagiert zu werden und kommt nur in seltenen Fällen dazu, ihr Objekt unmittelbar zu treffen. Dies geschieht entweder, wenn dieses Objekt hinreichend weit entfernt ist – wie der ‚Kommunismus‘, der sich in den ‚Osten‘ zurückgezogen hat – oder wenn das Objekt der Abneigung aus sachlich einwandfreien Gründen getroffen werden darf – wie bei den entfremdenden Arbeitsverhältnissen, die ohnehin des Anspruchs auf ‚Menschlichkeit‘ entbehren und ein legitimes Feindbild abgeben. Solche ‚Freifahrtscheine‘ für das Ressentiment fallen vor allem dort auf, wo ansonsten ein vorsichtig-abwägendes Urteilen stattfindet, etwa bei Theodor Litts ‚Abrechnung‘ mit dem „Menschenbild des Kommunismus“ und dem Irrweg des „Arbeitskollektivs“ (Litt 1958b, S. 100): Während Litts pädagogische Handlungsempfehlung auf ein bewusstes ‚Aushalten‘ moderner Entfremdungstendenzen setzt und vor der Hingabe an die allwaltende ‚Versachlichung‘ warnt, illustriert sein Blick nach Osten eine Welt, die sich der Mühe dieses Aushaltens verweigert und widerstandslos der ‚Diktatur der Sache‘ hingibt. In seiner Darstellung scheint der ‚Kommunismus‘ eben das aktiv zu wollen, dem sich der ‚Westen‘ mit Mühe widersetzen soll: „Er *will* die ihm unterworfenen Menschen planmäßig in die Verfassung bringen, in der sie sich befinden müssen, um, der eigenen Impulse beraubt, wie Glieder eines beliebig lenkbaren Mechanismus zu funktionieren.“ (Litt 1958b, S. 79)

Vor allem die historische Situation der Nachkriegszeit bildet eine entscheidende Barriere für das ‚Ausleben‘ des Ressentiments. Das Strafbedürfnis, das eine zentrale Rolle für das Ressentiment spielt, muss sich in einer ambivalenten Situation einrichten; während sich nicht geringe Teile der Gesellschaft als von den Siegermächten bestraft erleben, verhindert die historische Ausnahmesituation das offene Ausagieren dessen, was das Ressentiment nahelegen würde: die Abwehr derjenigen ‚feindlichen‘ Instanzen, deren Überlegenheit die eigene Hemmung und Handlungsunfähigkeit zu verursachen scheint. Der pädagogische Diskurs öffnet in dieser Lage eine Tür: Im Rückgriff auf pädagogische Kategorien lässt sich das Handeln der Sieger auf eine Weise kritisieren, die diesem Handelnseine – zumindest pädagogische – Legitimität streitig machen. Die „kräftig[e] und nicht immer geschickt[e] Nachhilfe derer, die uns diese Niederlage bereitet hatten“ (Litt 1956b, S. 4), kann ebenso kritisiert werden wie der „entscheidende Fehler“, den die Siegermächte begangen hätten, als sie den Deutschen eine Demokratie rein „formalen Charakter[s]“ zugestanden hätten, die nur „eine Art von Spiel“ sei und daher keinen Raum für echte Selbstbestimmung lasse (Weniger 1954, S. 9). Spranger treibt die Klage über die beschränkte Selbstbestimmung so weit, dass er die neuerliche Herausbildung des „systemgebundenen Menschen“ als eine Gefahr zeichnet, die den Nationalsozialismus noch übertreffe, und davor warnt, dass in diesem Falle „der Schritt aus dem noch gemäßigten Hitler'schen System in ein viel radikaleres nicht mehr zu verhindern“ (ebd., S. 51) sei. Das Mitgefühl, das Sprangers Reden ausdrückt, gilt vor allem dem Opferstatus der Deutschen und blickt mit einer eigentümlichen Sorge auf die Nachkriegsjugend: „[I]ch [wünsche] nicht, daß sie zum dritten Male Opfer werde.“ (ebd., S. 57)

In diesen Äußerungen tritt eine pädagogisch grundierte Kritik zutage, durch die sich das Motiv des Opfers zieht. Während auf diese Weise eine kaum verdeckte Täter-Opfer-Umkehr lanciert wird, etabliert sich dieses Motiv zugleich als systematisches Element in pädagogischen Begründungszusammenhängen. Die Strategien der Abwehr, die das pädagogische Feld gegen sein Außen begrenzen, bekräftigen den darin enthaltenen Selbstbestimmungsanspruch, verwandeln ihn aber zugleich in eine Arbeit an dem, was ihn zu vereiteln scheint. Die Affirmation der Selbstbestimmung ist von der Klage über ihre Unmöglichkeit schwer zu unterscheiden: „Man bejaht, um zu verneinen“ (Vogl 2021, S. 164) und verschiebt das Entscheidend-Abwesende dorthin, wo ‚der Andere‘ darüber verfügt. „Der andere hat stets, was niemand besitzt.“ (ebd., S. 165) In diesem Zusammenhang deutet sich eine Verschiebung im Konzept der Selbstbestimmung an: Wenn diese nicht mehr als normatives Ideal bzw. als ‚regulative Idee‘ der Autonomie verhandelt wird, sondern innerhalb eines normalistischen Bezugsrahmens positioniert wird, geschieht ihr der Einbezug in das, was Joseph Vogl als ‚ökonomistische Moral‘ paraphrasiert. Sie wird zu einer Frage des Mehr-oder-weniger und zu einer Ressource, deren umkämpfte Verteilung die permanente Frage nach der eigenen Bevor- und Benachteiligung im Verteilungsprozess eröffnet. Innerhalb dieses Rahmens konstituieren sich neue Pathologien der Selbstbestimmung: Anders als der der Autonomie inhärente Abgrund der Freiheit, der im Zentrum der Selbstbestimmung die Pathologie der reinen und unregulierten ‚Willkür‘ platziert, etablieren sich im normalistischen Selbstbestimmungshorizont zwei andere Abweichungen. Sobald die Selbstbestimmung auf einem Kontinuum verortet wird, erscheint auf der einen Seite die ‚Abweichung nach unten‘, die in der bisher thematisierten Literatur mit den Begriffen der ‚Massengesellschaft‘, des ‚systemgebundenen Menschen‘ oder der ‚Diktatur der Sache‘ umrissen wird: Phänomene aus einer Pathologie der Moderne, die als Verführung zur Fremdbestimmung wahrgenommen werden. Auf der anderen Seite wird die ‚Abweichung nach oben‘ im Muster des Verteilungskampfes thematisiert: Ein Zuviel der Selbstbestimmung erscheint als unrechtmäßige Aneignung einer knappen Ressource, die allen nur in begrenztem Maße zusteht. Beide Abweichungen knüpfen an die Logik des Ressentiments an. Auf der einen Seite trifft das Strafbedürfnis diejenigen, die mit ihrer unrechtmäßigen Aneignung den eigenen Mangel an Freiheit zu verursachen scheinen; gleichzeitig trifft es aber auch denjenigen, der sich der Versuchung der Fremdbestimmung ergibt und „es nicht fertigbringt, sich aus dem Zustand mißlaunigen Unbehagens [...] emporzureißen" (Litt 1958b, S. 19). Auf diese Weise verwandelt sich das Problem der Selbstbestimmung in ein ‚ökonomisches' Problem des Maßes, dessen Spannungsfeld austariert und ausgehalten werden muss. Auch Alfred Petzelts indirekte Anspielung auf die Aristotelische Demokratie-Definition, wonach jeder Mensch sowohl „Regierender wie Regierter" sei und der „gute Staatsbürger regiert, indem er regiert wird" (Petzelt 1955, S. 78), fügt sich in dieses Muster. Die Durchdringung von Aktivität und Passivität erfordert das pädagogische Handwerk ihrer Balance und die Aufmerksamkeit auf die Gefahr des Entgleitens in eine der beiden Richtungen.[2]

In der Kopplung von Ressentiment und normalistischer Logik verwandelt sich die Selbstbestimmung in ein zentrales pädagogisches Motiv, das Anschlussstellen zu anderen Themenfeldern anbietet und die Erziehung zur Autonomie mit der Frage nach dem Verhältnis zu den konkreten gesellschaftlichen Kräften verschränkt. Innerhalb dieser Konstellation deutet sich in der Figur des ‚Nichtmitmachens' ein Muster an, das einen Schlüssel für die eigene Verortung und deren Selbstverständnis anbietet. Sie kombiniert Elemente, die eine diffuse pädagogische Selbstverortung erlauben, und sie in eben dieser Diffusität anschlussfähig machen. Die folgenden Thesen umreißen ein vorläufiges und skizzenhaftes Bild dieser Figur:

Im Gegensatz zum *Nicht*machen markiert das Nicht*mit*machen eine negative begründete Form der Aktivität, deren wesentliches Attribut die aktive Distanzie-

2 In aller Deutlichkeit präsentiert sich diese Konstellation schließlich dort, wo das Ressentiment selbst zum Thema wird. In seinem Buch über die „Partnerschaft" rekurriert Friedrich Oetinger im Kapitel über die „Gefahrenzonen der politischen Erziehung" auf Nietzsches Analyse des „‚Giftauge[s] des Ressentiments'" und zeichnet das folgende Gesellschaftsbild: „Ob Vertriebene oder Heimkehrer, ob Nazis oder Antifaschisten, ob Emigranten oder Widerstandkämpfer, jeder hegt seinen geheimen Groll gegen einen anderen, dem er die Rache gönnt, aber nicht an den Leib kann." (Oetinger 1953, S. 242) Mit dieser Formulierung rückt er nicht nur Millionen Opfer des Nationalsozialismus aus dem Blick, sondern markiert die Handlungsblockierung als zentralen Effekt des Ressentiments und beantwortet so die diesbezügliche Frage „Was läßt sich tun?". Das Sozialverhältnis der „Partnerschaft" tritt als „Heilmittel" auf, das dem „wackeligen nationalen Selbstbewußtsein" den Weg aus der Zwickmühle von „Machtlosigkeit" und „Überheblichkeit" weisen soll: „Es gibt nur einen Ausweg: unseren Kräften Auslauf in kooperierende Aktivität verschaffen, wo sie ganz von selbst unter die Zucht der Verantwortung fallen." (ebd., S. 243) Damit öffne sich zugleich der Ausweg aus einem weiteren nationalen Dilemma, das Oetinger in die schmerzhaft naive Frage kleidet: „Warum sind wir in aller Welt nicht beliebt?" (ebd., S. 245) Die Antwort hierauf dreht das Neid-Motiv des Ressentiments schlichtweg um und empfiehlt die entschlossene Abkehr vom „Unmögliche[n]", die jene Zufriedenheit ermögliche, die den Deutschen dringend geraten wird: „Wir brauchen als nationales Aushängeschild mehr Zufriedenheit." (ebd., S. 245)

rung bildet; was getan wird, folgt dem Abstand zu dem, was in diesem Tun nicht getan wird. Als soziale Praxis bearbeitet das Nichtmitmachen die Suche nach einer beschränkten Form der Teilhabe, welche diese Einschränkung aktiv herstellt und aufwertet: Insofern folgt der Anteil der Pädagogik dem paradoxen Muster des ‚Anteils der Anteillosen' (Rancière) und reklamiert den Anspruch, aus dem Außen heraus die Fürsprache des Ganzen zu besetzen. Das Nichtmitmachen der Pädagogik setzt auf eine negative Form der Autonomie, die im Bruch mit dem äußeren Müssen ein innerlich verankertes Sollen evoziert; dieses Sollen korrespondiert mit der pädagogischen Unmöglichkeit, jene Selbstbestimmung aktiv herzustellen, die zugleich ihr Telos ist. Der Bruch mit dem Müssen eröffnet im Nichtmitmachen die permanente Verhandlung über das richtige Maß der Verweigerung; die Pädagogik nimmt sich dieser Verhandlung an und erfasst sie als Fall ohne Präzedenz. Stets aufs Neue müssen die Verweigerung des Müssens und die Ansprüche des Sollens individuell verhandelt werden. Im Arrangement des Nichtmitmachens kultiviert die Pädagogik die Unterbrechung des ‚Lebens' durch die ‚Schule': Diese ist die allgemeine Chiffre für einen ins Positive gewendeten Aufschub des Handelns, von dem stets zugleich gilt, dass ihm das Recht, die Notwendigkeit als auch der Zwang zu Handeln fehlt.

Verstehen wir diese Figuration des Nichtmitmachens als pädagogische Form der Selbstinterpretation, wird ihre ressentimentale Struktur deutlich. Im Sinne einer von Scheler als „‚organische [strukturelle] Verlogenheit'" (Vogl 2021, S. 164) charakterisierten Ambivalenz vermengen sich in ihr Affirmation und Abwehr auf kaum zu unterscheidende Weise: Der Staat, die Technik, die Masse und die Ökonomie werden als pädagogische Gegenwelten aufgebaut, gleichzeitig fließt in ihre Konstruktion eine affektive Qualität, die unmittelbar aus den erledigten und entwerteten Wunschbildern zurückzuströmen scheint. Die Distanz, die in der Abwehr dieser Motive aufgebaut wird, erscheint im selben Maße als selbstbestimmte Absicherung des pädagogischen Raums wie als aktive Aneignung jener Zurücksetzung, mit der das ohnmächtige Mandat der Pädagogik gezeichnet ist. Auf diesem Weg kehrt das, was als das Andere der Pädagogik markiert wurde, in diese zurück. Vor allem dort, wo der Rückgriff auf transzendentale oder historische Begründungszusammenhänge des Pädagogischen nicht wieder aufgenommen werden soll, dienen diese Elemente als Gegenstände einer Selbstbestimmung im Modus der Abwehr, deren Credo zu lauten scheint: Niemals war die Bildung dort, wo die Maschine, der Markt oder der Staat ist.

Literaturverzeichnis

Anders, Yvonne/Hannover, Bettina/Jungbauer-Gans, Monika/Köller, Olaf/Lenzen, Dieter/McElvany, Nele/Seidel, Tina/Tippelt, Rudolf/Wilbers, Karl/Wößmann, Ludger (2022): Bildung und Resilienz. Münster: Waxmann.

Gagel, Walter (1995): Geschichte der politischen Bildung in der Bundesrepublik Deutschland 1945–1989/90. Zwölf Lektionen. Opladen: Leske und Budrich.
Guardini, Romano (1953): Grundlegung der Bildungslehre. Würzburg: Werkbund.
Hentges, Gudrun (2013): Staat und politische Bildung – Von der „Zentrale für Heimatdienst" zur „Bundeszentrale für politische Bildung". Wiesbaden: VS.
Holzamer, Karl (1949): Einführung in die Pädagogik. Mainz: Kirchheim und Co.
Humboldt, Wilhelm (1986): Ideen zu einem Versuch, die Grenzen der Wirksamkeit des Staates zu verstehen. Stuttgart: Reclam.
Litt, Theodor (1924): Die philosophischen Grundlagen der staatsbürgerlichen Erziehung. In: Lampe, Felix / Franke, Georg H. (Hrsg.): Staatsbürgerliche Erziehung. Breslau / Leipzig: Hirt und Sohn, S. 19–38.
Litt, Theodor (1956a): Die Erziehung im Zeitalter der Organisation. In: Schlemmer, J. (Hrsg.): Erziehung wozu? Eine Vortragsreihe. Stuttgart: Kröner, S. 7–18.
Litt, Theodor (1956b): Die politische Selbsterziehung des deutschen Volkes. Bonn: Bundeszentrale für Heimatdienst.
Litt, Theodor (1958a): Wissenschaft und Menschenbildung im Lichte des West-Ost-Gegensatzes. Heidelberg: Quelle und Meyer.
Litt, Theodor (1958b): Das Bildungsideal der deutschen Klassik und die moderne Arbeitswelt. Bonn: Bundeszentrale für Heimatdienst.
Luther, Wilhelm (1959): Vom Wesen menschlicher Freiheit. Erziehung zur Freiheit und Mitverantwortung an den deutschen Höheren Schulen, insbesondere am Humanistischen Gymnasium. Bonn: Bundeszentrale für Heimatdienst.
Oetinger, Friedrich (1953): Partnerschaft. Die Aufgabe der politischen Erziehung. Stuttgart: Metzler.
Petzelt, Alfred (1955a): Grundzüge systematischer Pädagogik. Freiburg i. Br.: Lambertus.
Petzelt, Alfred (1955b): Wissen und Haltung. Eine Untersuchung zum Begriff der Bildung. Freiburg i. Br.: Lambertus.
Schelsky, Helmut (1957): Schule und Erziehung in der industriellen Gesellschaft. Würzburg: Werkbund-Verlag.
Spranger, Eduard (1951): Pädagogische Perspektiven. Beiträge zu Erziehungsfragen der Gegenwart. Heidelberg: Quelle und Meyer.
Thomas, Rüdiger (2014): Zur Auseinandersetzung mit dem deutschen Kommunismus in der Bundeszentrale für Heimatdienst. In: Creuzberger, Stefan / Hoffmann, Dierk (Hrsg.): „Geistige Gefahr" und „Immunisierung der Gesellschaft". Antikommunismus und politische Kultur in der frühen Bundesrepublik. München: Oldenbourg, S. 124–144.
Vogl, Joseph (2021): Kapital und Ressentiment. Kurze Theorie der Gegenwart. München: Beck.
Weinstock, Heinrich (1958): Die politische Verantwortung der Erziehung in der demokratischen Massengesellschaft des technischen Zeitalters. Bonn: Bundeszentrale für Heimatdienst.
Weniger, Erich (1954): Politische Bildung und staatsbürgerliche Erziehung. Würzburg: Werkbund.

Problem Digitalisierung?

Wie im Modus pathologisierender Untergangsrhetorik über Digitalität in der Schule gesprochen wird

Sabrina Schröder und Patrick Bettinger

1. Einleitung und thematische Heranführung

Nicht zuletzt seit der Verabschiedung prominenter bildungspolitischer Strategiepapiere zur (Medien-)Bildung in der digitalen Welt (vgl. KMK 2016), der Verabschiedung des DigitalPaktes Schule (vgl. KMK 2019a), der Vorlage entsprechender Standards für die Lehrer:innenbildung (vgl. KMK 2019b) sowie den flankierenden Stellungnahmen wird das Thema Digitalisierung in der Schule breit rezipiert. Spätestens seit der Corona-Pandemie existiert – längst nicht nur in erziehungswissenschaftlichen Subdisziplinen – eine rege Debatte darüber, inwiefern der Einsatz digitaler Medien in (formalen) Bildungssettings Lern- und Bildungsprozesse unterstützen kann, aber auch, welche (nicht-)intendierten Veränderungen für Bildungsinstitutionen sich dadurch ergeben (können).

Die Diskussionen haben dabei die Thematisierung eines eng gefassten und konkreten Unterrichtsgeschehens längst überschritten. Sie drehen sich zunehmend um die Frage, wie sich Bildungseinrichtungen in organisationaler Hinsicht verändern und inwiefern im Zuge dessen auch Zielsetzungen überdacht werden müssen (vgl. Cress et al. 2018; Petko et al. 2018). Die Fragen zeigen an, dass sich die Vorstellung eines rein instrumentellen Verständnisses von Medien längst in Richtung einer „Kultur der Digitalität" (Stalder 2017) verschoben hat.

Auch wenn also im öffentlichen Diskurs vielfach ein Ausbau der digitalen Infrastruktur – v. a. an den deutschen Schulen – gefordert wird, sind gegenwärtige Auseinandersetzungen zur Digitalisierung in der Schule längst nicht nur durch eine verstärkte Hinwendung der Bildungsinstitutionen zu digitalkulturellen Entwicklungen gekennzeichnet. In den Kämpfen um die Frage nach der Bedeutung und der Umsetzung des (angemessenen oder gar ‚pädagogisch wertvollen') Mediengebrauchs, werden immer wieder auch solche Positionen in die Debatte eingebracht, die sich – insbesondere mit Blick auf die Nutzung digitaler Medien in der Schule – ablehnend bis abwertend den pädagogischen Einsätzen gegenüber zeigen. Beispielhaft lässt sich das am polemisch gebrauchten Begriff der „Frühdigitalisierung" (Lankau 2019, S. 63) verdeutlichen: Bildungspolitische Initiativen, bspw. die Digitalisierungsoffensive der Kultusministerkonferenz (KMK), werden dahingehend kritisiert, dass im pädagogischen Diskurs der Einsatz digitaler Geräte für alle Alters- und Klassenstufen „per se" als innovativ, gewissermaßen als eine Art „Heilslehre“ (Lankau 2019, S. 59) gelte. Vielfach wird jedoch gerade der ‚frühzeitige‘ Medieneinsatz in familiären und schulischen Zusammenhängen problematisiert und stattdessen proklamiert, dass Leistungen von Schüler:innen proportional zur Häufigkeit ihres Mediengebrauchs sinken würden (vgl. Spitzer 2019, S. 114). Die Vorschläge zur Problemlösung gehen dann von der Differenzierung des Medieneinsatzes je „nach Schulformen oder Altersstufen“ (Lankau 2019, S. 59) bis hin zur Verhinderung der sogenannten Frühdigitalisierung und der Forderung etwa danach, dass „Klassenzimmer digitalfreie Zonen sein [sollen], damit eine echte soziale Interaktion stattfindet“ (Lembke / Leipner 2015, S. 126 f.). Nicht nur am Begriff der Frühdigitalisierung ließe sich ein ganzes Arsenal (pädagogischer) Problembeschreibungen und Interventionsmaßnahmen diskutieren, die der Prävention negativer Folgen für die kindliche Entwicklung dienen und der Pädagogik zum verantwortungsvollen Handeln (und Theoretisieren) im Digitalisierungsdiskurs verhelfen sollen.

Diese Form der polarisierenden ‚Medienkritik‘ ließe sich mit guten Argumenten als polemisch und irrelevant abtun. Gleichwohl entfalten diese Positionen im öffentlichen Diskurs durchaus Wirkmächtigkeit und Anschlussfähigkeit, was nicht zuletzt darin ersichtlich wird, dass ihre medienpessimistischen Protagonist:innen regelmäßig als Expert:innen adressiert werden. Es handelt sich – so die von uns verfolgte These – mitnichten um verstreute Einzelvorträge, oder -beiträge. Im Gegenteil: Es bestehen systematische Bemühungen, durch unterschiedliche Formen der Vernetzung (bspw. durch Gründungen von Initiativen und Vereinen) eine möglichst große Sichtbarkeit für diese Art der Medienkritik zu erzeugen.[1]

Öffentliche Anerkennung erhalten diese Expert:innen nicht selten darüber, dass sie sich populistischer Strategien bedienen: Sie entwickeln beängstigende Drohszenarien zu den Effekten des kindlichen und jugendlichen Medienkonsums, sie ‚trauen sich auszusprechen‘, was sich die ‚etablierte‘ (Medien-)Pädagogik nicht wagt, und zeigen auf diese Weise in der „Auseinandersetzung mit pädagogischen Themen entschiedenes Handeln im Interesse der ‚Wahrheit‘“ (Andresen 2018, S. 785). Mit ihren teils explizit auf bildungspolitische Interventionen und Schulreformen zielenden Beiträgen wird nicht nur beiläufig davon ausgegangen, dass die Disziplin Pädagogik diesem Auftrag nicht gewachsen ist. Besonders häufig wird mit der Digitalisierung der Geltungsanspruch des pädagogischen Wissens dem Objektivitätsversprechen der Naturwissenschaften, konkreter: dem neurowissenschaftlichen Wissen, gegenübergestellt und eine „‚gehirngerechte‘ Reform von Schule und Unterricht“ (Müller 2007, S. 216) gefordert. Eine „Pädagogik auf wissenschaftlicher Basis“ (Spitzer 2010, S. IX) solle

1 Siehe exemplarisch die Initiative *diagnose:media* (https://www.diagnose-media.org/), der Verein *MEDIA PROTECT e. V.* (https://www.medienratgeber-fuer-eltern.de/mediaprotect.html) oder das *Bündnis für humane Bildung* (https://www.aufwach-s-en.de/).

evidenzbasiert und „methodisch an der Medizin orientier[t]" vorgehen (Müller 2007, S. 216).

Nicole Becker (2014) hat mit der Auswertung von Fachliteratur zwischen den Jahren 2006 bis 2012 gezeigt, dass die pädagogische Auseinandersetzung mit neurowissenschaftlichen Erkenntnissen u. a. infolge der PISA-Debatte zunahm, weil damit die Hoffnung verbunden wurde, durch die Erkenntnisse zum Lernen des Gehirns pädagogisches Handeln optimieren zu können (vgl. Becker 2014, S. 219). Wenn es allerdings konkret um Schlussfolgerungen und Orientierungswissen für das pädagogische Handeln ging, wurde das neurowissenschaftliche Terrain verlassen und auf „populärwissenschaftliche Publikationen" zurückgegriffen, „in denen Neurowissenschaftler selbst die pädagogische Relevanz neurobiologischer Erkenntnisse herausarbeiten" (ebd., S. 215).[2] Nicht nur wurden an dieser Stelle reformpädagogische Motive bemüht. Gleichzeitig sind die dadurch gewonnenen Erkenntnisse auch so banal – Kinder lernen am erfolgreichsten mit „Freude und mit Glück" (Spitzer 2007, S. 202), dass sie der „Trivialisierung pädagogischen Wissens" (Becker 2006, S. 147) weiteren Vorschub leisteten.

Es ließen sich weitere Punkte anführen, warum wir davon ausgehen, dass sich in den polarisierenden Positionierungen gegen Digitalität in Schule, Kindheit und Jugend mehr verbirgt als nur eine Kritik an den Digitalisierungsoffensiven, an Medien oder an ihrer Integration in den Schulalltag. Gerade weil diese polarisierenden Perspektiven Anschlussfähigkeit herstellen – auch, wie wir zeigen werden, an neurechte Perspektiven –, halten wir eine Auseinandersetzung mit den Strategien für relevant, durch welche Medien, Digitalität oder die Digitalisierung diskursiv als ‚krankmachend' dargestellt werden.

Wir wollen im Folgenden schlaglichtartig diskursive Einsätze herausstellen, die im Kontext von Schule und Bildung Digitalität als ein Problem markieren, das sich im Sinne einer ‚Untergangsrhetorik' erzählen und entsprechend bearbeiten lässt. Dafür werden wir zunächst unser Verständnis von Normalisierung und Pathologisierung darlegen und anschließend die pathologisierenden Erzählstrategien beleuchten, welche in den von uns betrachteten Positionen aufscheinen.

2. Normalisierung und Pathologisierung

Mit Bezug auf Canguilhem formuliert Foucault (2016) in *Die Anormalen*, dass die Norm im Unterschied zum Naturgesetz weniger auf Repression, sondern vielmehr auf Produktion hin ausgerichtet sei: „In jedem Fall [...] bringt die Norm zugleich ein Prinzip der Bewertung und ein Prinzip der Korrektur mit sich.

2 „Besonders häufig wird auf die Veröffentlichungen von Manfred Spitzer, Gerald Hüther, Gerhard Roth und Joachim Bauer verwiesen, die gleichzeitig auch mit zahlreichen eigenen Beiträgen in Sammelwerken und pädagogischen Zeitschriften vertreten sind." (Becker 2014, S. 215)

Die Funktion der Norm besteht nicht darin, auszuschließen oder zurückzuweisen. Sie ist im Gegenteil immer an eine positive Technik der Intervention und Transformation, an eine Art normatives Projekt gebunden." (Foucault 2016, S. 71f.)

Die Norm, wie sie Foucault mit Canguilhem versteht, stellt Anforderungen und übt so gewissermaßen den Zwang aus, diesen Anforderungen Genüge zu tun. Die Norm ist politisch (vgl. ebd., S. 71), weil sie als Durchsetzung einer spezifischen Deutungshoheit verstanden werden kann, die den ihr Folge leistenden Individuen eine Existenz verspricht, während sie den von ihr abweichenden Individuen diese Existenz verwehrt. Mit Blick auf die Frage nach der Anerkennbarkeit spezifischer Subjektpositionen in spezifischen Diskursen (vgl. auch Schröder/Wrana 2015) wird also sichtbar, dass die Norm auch ausschließt: Sie deutet im Moment ihres Aufscheinens auf etwas von ihr Verschiedenes hin; nur: dieser Ausschluss verläuft weniger über fixe Grenzen, er ist vielmehr im Sinne einer Drohung zu verstehen, die auf Transformation drängt. Dieses Phänomen hat Link als Denormalisierungsangst im flexiblen Normalismus beschrieben: „Wenn es keine Wesensgrenze gibt, dann können wir alle ‚anormal' sein oder werden. Wenn sich alle Werte auf dem Kontinuum verschieben können, dann können wir womöglich unversehens über die Grenze gleiten und nicht wieder zurückkommen." (Link 2001, S. 83) Die permanente Gefahr eines Ausschlusses aus dem ‚Raum des Normalen' mobilisiert die Selbstführung der Subjekte. Diese müssen Link zufolge „durch Selbsterfahrungsprogramme in der ‚Erfahrung ihrer je individuellen Grenzen' und in der Einschätzung von Denormalisierungsrisiken geschult werden" (ebd., S. 84) – eine Aufgabe, die v. a. „Massenmedien" (ebd., S. 84) übernehmen würden.

Medial erzeugte Bilder oder dramatische Erzählungen zur ‚Gefahr der Digitalisierung' ermöglichen es, Denormalisierungsängste zu schüren und eine ‚Normalität' mit Bezug auf ihre Übertretung in Szene zu setzen. Über die Norm wird eine Folie ‚normaler Identitäten' produziert – und gleichsam all das, was nicht dazu gehört: die Anormalen bzw. die Pathologien. Weil der Raum dazwischen fluid bleibt, plädieren wir dafür, das Verhältnis von Pathologisierung und Normalisierung in dem Sinne zu verstehen, wie Foucault das Verhältnis von Grenze und Übertretung beschrieben hat: als eine „sich spiralig einrollende[] Beziehung, die nicht einfach dadurch gelöst werden kann, daß man sie aufbricht" (Foucault 1988, S. 74).

In diesem Verständnis kommt das Normale überhaupt erst durch seine Überschreitung in den Blick. Ihre „regulierende Funktion", wie Canguilhem (1977, S. 165) es nennt, wird erst in dem Moment erfahrbar, wo eine Normwidrigkeit die Norm selbst auf die Probe stellt und auf ihre performative Wiederholung bzw. Re-Inszenierung drängt. In diesem Sinne müssen auch Pathologisierungen als produktive Verhältnisse verstanden werden – sie sind weniger die (repressive) Kehrseite der Normalisierung als vielmehr ihr Ermöglichungsgrund.

Wir möchten noch einen für die Argumentation relevanten Punkt aus der Einleitung in diesem Band aufgreifen, der auf die performative Seite von Pathologisierung als eine ‚Krank-Sprechung' hinweist. Diese Kranksprechung erfolgt innerhalb eines spezifischen Wahrheitssystems,[3] welches weder auf eine empirisch auszumachende Grenze von Gesund-Sein und Krank-Sein angewiesen ist noch von einem metaphysischen Wahrheitsbegriff ausgehen muss.

Foucault ging es darum, die Regeln und Mechanismen zu analysieren, die es ermöglichen, ‚im Wahren zu sein'. Das heißt, nach den Bedingungen zu fragen, unter denen ‚Wahrsprechen' möglich ist und in welcher Weise etwas zum Gegenstand eines Wissens werden kann. Dieses Wahrsprechen hat damit zu tun, wie Wissen „positioniert", „eingesetzt" und „in Anschlag gebracht" wird, sodass es „Macht ausüben" (Thompson 2004, S. 46) und Wirksamkeit entfalten kann. Im Folgenden werden wir versuchen, dieses machtvolle In-Anschlag-Bringen eines Wissens über die Digitalisierung von Kindheit, Jugend und Schule als ein solches Wahrheits-Spiel zwischen gesund und krank nachzuzeichnen.

3. Pathologisierende Erzählstrategien – eine exemplarische Betrachtung medienkritischer Diskursfragmente

Wir werden zeigen, dass und wie die Rede von Digitalisierung in der Schule pädagogische Positionierungen hervorruft – ohne dass es dafür eine ‚pädagogische Theorie' braucht. Vielmehr gestaltet sie sich, wie das Oelkers (1991) beschreibt, in einer pädagogisierenden „Haltung der Sorge, die freilich immer zugleich mit der Hoffnung auf Überwindbarkeit der Defizite artikuliert wird" (Oelkers 1991, S. 214). Der Verweis auf eine vermeintlich fehlgeleitete Pädagogik, die falsche Annahmen über das (digitale) Lernen schüre, erfolgt damit im Namen einer pädagogischen Sorge um die Kinder.

Die narrative Dramatisierung der gegenwärtigen Digitalkultur (in der Schule) eröffnet die Möglichkeit der Pathologisierung von Kindheit und Jugend. Sie wird zu einem Grund für die pädagogische Sorge, die immer auch die „Pädagogisierung" oder Erziehung „der Öffentlichkeit" zum Ziel hat (ebd., S. 214, 225). Es sind v. a. die ‚Sorgeberechtigten', die mit den Büchern zur Digitalisierungskritik sowie durch die entsprechenden Initiativen adressiert werden.

3 Vgl. hierfür auch die historischen Analysen von Robel und Thießen (2018), die die seit dem 18. Jahrhundert sich vollziehende Verschiebung des Pathologisierungsdiskurses aus der Exklusivität medizinischer Diskurse in die soziale Öffentlichkeit als „Verschmelzung individuellen Verhaltens mit sozialen Verhältnissen" (ebd., S. 4) untersuchen. Für diesen Hinweis danken wir Anne Otto.

3.1 Schüren von Denormalisierungsängsten

Sucht, schlechte Noten, Gewalt, Depression, Suizidgefahr, Krankheit – nichts scheint undenkbar, wenn es um die Folgen einer kindlichen und jugendlichen Nutzung digitaler Endgeräte geht. In der Auflistung der „Risiken und Nebenwirkungen von Smartphones“ von Spitzer (2019, S. 149) werden schlagwortartig zahlreiche körperliche, geistig-seelische und gesellschaftliche Problemkomplexe genannt. Neben bekannten Argumenten, bspw. Bewegungsmangel, Haltungsschäden oder Aufmerksamkeitsstörungen, finden sich auch überraschende Hinweise, wie etwa auf die Verbreitung von Geschlechtskrankheiten durch ein erhöhtes Risikoverhalten (vgl. ebd., S. 149). Deutlich werden soll den Leser:innen, dass die „Medienverwahrlosung“ (Pfeiffer 2003) „cyberkrank“ (Spitzer 2015) mache und ein „psychopathologisches Zwangsverhalten“ (Teuchert-Noodt 2017, S. 94) oder Drogenkonsum und körperliche Verfallserscheinungen nach sich ziehe.

Insbesondere über ‚Fallbeschreibungen‘ wie die folgende wird diese Bedrohung offenkundig: „Eine Mutter beklagt mir gegenüber: Ihr Sohn habe sie beim Versuch, ihm das Handy abzunehmen, in die Hand gebissen“ (Spitzer 2019, S. 15). Der Fall ist für Spitzer eindeutig: „Ein klares Zeichen von *Sucht*!“ (ebd., S. 15). Fielitz und Marcks (2020, S. 57 ff.) nennen diese Rhetorik, die sich gerade nicht durch einen wissenschaftlichen, sondern vielmehr durch einen alltagssprachlichen Stil auszeichne, „Storytelling“: Beim Storytelling wird ein ‚tragischer Alltagsheld‘ eingesetzt, der es erlaubt, mit seinem Schicksal Emotionen hervorzurufen. Dadurch werden erstens die eigenen Praktiken im Umgang mit dem Kind in den Blick gebracht und das Storytelling eignet sich zweitens zur Generalisierung von Einzelphänomenen (vgl. ebd., S. 57 ff.). Obwohl, so Oelkers, die Literatur „Bedingungen eines solchen Schlusses“ offenlässt, wird doch die Möglichkeit zur Generalisierung, bspw. durch häufige Wiederholung des Problems, nahegelegt: „Daraus ergibt sich für den Leser eine latente Bedrohung, die mit jedem neuen Fall bestätigt wird und Pädagogisierungsstrategien befördert“ (Oelkers 1991, S. 219).

Diese latente Bedrohung lässt sich als ein ‚Subjektivierungsangebot‘ verstehen. Das Fallbeispiel des beißenden Kindes ermöglicht es Erziehungspersonen, sich zur gebissenen Mutter ins Verhältnis zu setzen und dabei den Blick sowohl auf den eigenen Medienkonsum als auch auf den der Kinder zu lenken. Das Narrativ einer ‚Gefahr der Digitalisierung‘ übernimmt dabei die „Funktion einer gouvernementalen Reg(ul)ierung“, die qua Dramatisierung „Technologien der Selbst- und Fremdführung miteinander verzahnt“ (Seier / Surma 2008, S. 175).

Die Drohkulisse der Abweichung erzeugt eine Situation der dauerhaften Spannung. Die Grenze der Normalität wird – auch wenn sie flexibel ist – zum dominanten Moment in Bezug auf das eigene Handeln und regt zur Selbstverhältnissetzung an: Lesende lernen „durch die Lektüre, sich selbst zu situieren“. Nach Link ist dies ein Angebot, um die eigene „Position in der normalistischen

Kurvenlandschaft präziser ‚offen gestehen‘ zu können“ (Link 2001, S. 90). Mit dem beißenden Kind wird den Lesenden ein Denormalisierungsrisiko aufgezeigt, genauso wie die Möglichkeiten der Abwendung dieses Risikos. Die Kritiker:innen der Digitalisierung, die im Modus der pädagogischen Sorge sprechen, schulen in Denormalisierungsrisiken (ebd., S. 90) – auch, indem sie sie v. a. den Sorgeberechtigten zurechnen.

Zwei Strategien, diese Denormalisierungsangst zu konkretisieren, sind besonders auffällig: erstens der Verweis auf eine notwendige *Impulskontrolle* und zweitens eine Art *klassistische Diskriminierung*.

3.1.1 Impulskontrolle

Immer wieder wird in den populärwissenschaftlichen Texten, die sich auf neurowissenschaftliche Erkenntnisse stützen, um vor der Digitalisierung kindlicher Lebenswelten zu warnen, auf das ‚Marshmallow-Experiment‘ hingewiesen und Impulskontrolle gepredigt: „Wenn Sie wollen, dass Ihr Kind später gut in Mathematik wird, ist das Beste, was Sie tun können, ihm schon in jungen Jahren Impulskontrolle beizubringen.“ (Lembke/Leipner 2015, S. 53) Die Impulskontrolle, Selbstdisziplin und damit der Belohnungsaufschub werden „neben den Kompetenzen im Umgang mit den Geräten“ als entscheidende Merkmale von Medienmündigkeit beschrieben (Hübner 2019, S. 41). Weil das Kind diese Selbstbeherrschung nur dadurch lerne, dass es zu „vielfältigster eigener Aktivität“ angeregt wird, „die seine Handlungsfähigkeit herausfordert und dadurch stärkt“ (ebd., S. 41), muss alles von ihm ferngehalten werden, was die „eigene Willensbetätigung […] behindert“ (ebd., S. 41). Da das Kind zunächst keine Impulskontrolle hat und daher „automatisch und ganz schnell in eine Abhängigkeit hineingezogen“ werde (Teuchert-Noodt 2017, o. S.), sei die „kindliche Medienabstinenz […] die unerlässliche Basis für die spätere Medienmündigkeit“ (Hübner 2019, S. 44).

Sollten die Sorgeberechtigten diese ‚sanfte Führung‘ nicht verstehen, finden sich auch explizitere Drohungen in der Literatur. Aussagekräftig ist etwa eine Passage bei Lembke und Leipner (2015), die in ihrem Buch für besonders wichtige Aspekte jeweils einen Schaukasten hinter ihre Kapitel setzen, in dem *das Gehirn selbst* spricht. Zum Thema Impulskontrolle lassen sie das Gehirn folgende Worte sagen: „Ihr vergewaltigt mit digitalen Medien mein Stirnhirn, das bei mir die oberste Kontrollinstanz darstellt. Es ist für alle exekutiven Funktionen zuständig, einschließlich der Impulskontrolle“ (Lembke/Leipner 2015, S. 58). Einer Beklemmung über diese Wortwahl folgt die Irritation im Hinblick auf den als kausal konstruierten Wahrheitsanspruch. Einzig vernünftig zum Schutz vor gravierenden neurophysiologischen Schäden scheint die präventive Abstinenz von digitalen Medien.

3.1.2 Klassistische Diskriminierung

Wie eben beschrieben, kann die Drohkulisse als ein ‚Subjektivierungsangebot' verstanden werden – zugleich sollte deutlich werden, dass mit Subjektivierungsangeboten immer auch Verwerfungen von Subjektivität einhergehen (vgl. Butler 2010).[4] Häufig wird bezüglich des Medienkonsums eine Grenzziehung zwischen ‚vernünftigen' und ‚unvernünftigen' Sorgeberechtigten etabliert. Als (auch empirisch) evident herausgestellt wird nicht nur: „Je gebildeter die Eltern sind, desto weniger Zeit verbringen sie mit digitalen Medien" (Spitzer 2019, S. 80) – gefragt wird gar, ob Kinder, die „bis zu sechs Stunden pro Tag online" sind, „überhaupt noch denken" können (Teuchert-Noodt 2019, S. 91 f.). Auch hier wird in reichlicher Selbstverständlichkeit der (größtmögliche) Verzicht auf Medien als angemessenes Verhalten vernünftiger Eltern dargestellt. Die Infragestellung dieser Selbstverständlichkeit führt umgekehrt zur Infragestellung ihrer Vernünftigkeit oder Bildung. Die neurechte Publizistin Kositza (2013, o. S.) formuliert in ihrer Rezension von Spitzers Buch zur Digitalen Demenz: „Für Eltern, die ihre Kinder ohnehin vernünftig erziehen – also unter weitestgehender Umschiffung digitaler Ablenkmedien –, bietet das Buch v. a. eine Bestätigung und eine fundierte Argumentationsgrundlage."

Die Drohkulisse wird hier über das Labeling der Eltern als unvernünftig, ungebildet und uneinsichtig hergestellt. Die Anforderung, „auf digitale Hilfsgeräte und den Fernseher möglichst weitgehend zu verzichten, [und] stattdessen Zeitungen und Bücher zu lesen" (Teuchert-Noodt 2019, S. 95), kann als ein Schüren (klassistischer) Diskriminierungsängste verstanden werden. Die Möglichkeit zur Nutzung digitaler Medien als *Bildungs*-Medien wird nicht erwähnt, dafür umso kontrastreicher ihr Einsatz zu Unterhaltungs- und Vergnügungszwecken inszeniert.

3.2 Mythosbildung

Die Drohungen und Empfehlungen speisen sich u. a. aus der Herstellung zweier Mythen: Das ist erstens der Mythos des Gehirns als autonom lernende Instanz und zweitens die Wiederbelebung des reformpädagogischen Mythos des sakralen Kindes.

4 Die Kinder sind dabei das strategische Objekt zwischen den Subjektivierungsangeboten und -verwerfungen. Das Verhalten der Kinder wird medial „als Horrorinszenierung beschrieben und zugleich als das von Opfern dargestellt [...]. Nur so läßt sich vermutlich der Gestus der Sorge in einer lockeren Alltäglichkeit aufrechterhalten" (Oelkers 1991, S. 219).

3.2.1 Hirnmythos

Der Mythos des ,selbstlernenden Hirns' (vgl. auch Reichenbach 2014) übernimmt aus Sicht der hier betrachteten Positionen die Funktion, der Pädagogik bisher Unerklärliches erklärbar zu machen: „Das Lernen zu verstehen heißt, das Gehirn zu verstehen." (Spitzer 2009, S. 23)

Lernen wird dabei zu einem Synonym von *„Neuroplastizität"* (Teuchert-Noodt 2019, S. 87): Das Gehirn lernt permanent und „implizit", weil Hirnfunktionen immer, „unbewusst" und „autonom" arbeiten (ebd., S. 85). Die Neurobiologin Teuchert-Noodt stellt daher heraus: „Der Begriff des Lernens ist im Zusammenhang mit der frühen und kindlichen Entwicklung regelrecht unangebracht. Die Sinnesorgane eines Neugeborenen können gar nicht anders, als mit offenen Sinnen alle erfahrbaren Eindrücke wie ein Schwamm aufzusaugen und in reifende Strukturen einzubinden" (ebd., S. 86).

Das ist gewissermaßen die Oberfläche des Mythos: Um ,Lernen' zu verstehen, muss sich dem plastischen Gehirn und seinen Aktivitäten gewidmet werden. Die tiefer liegende Ebene dieses Verstehens, der Einblick *in* das Gehirn, wird über die entsprechenden bildgebenden Verfahren erreicht – Reichenbach (2014, S. 228) hat sie einst als „Fetische der Hirnforschung" und „dramatische Onto- und Topologisierer *par excellence*" bezeichnet.

Auch Niewels (2011, S. 644) spricht von einer „normalisierende[n] Wirkmacht" der bildgebenden Verfahren. Sie zeigt, wie die Glaubwürdigkeit neurowissenschaftlicher Argumentation über die *Popularisierung* von Bildern gesteuert wird. Ganz ähnlich wie die Produktion von Zahlen (bspw. Zeugnisnoten) erzeugt auch die Produktion von Bildern von Stoffwechselprozessen im Gehirn eine „Objektivitätsaura" (vgl. Heintz 2007, S. 79). Allein aufgrund dieser ,Aura' entfalten die Zahlen und Bilder Wirkmächtigkeit.

Die Vorstellung vom lernenden Gehirn in Kombination mit der durch bildgebende Verfahren erzeugten ,auratischen Evidenz' einer empirischen Abbildbarkeit von Lernprozessen ist eine fundamentale Stellschraube, mit der Digitalisierungskritiker:innen ihre Behauptungen stützen. Medienverbote werden z. B. dadurch begründbar, dass mit Bildgebungsstudien gezeigt werden kann, „dass beim Sehen und beim Antizipieren von Gewalt teilweise gleiche Hirnregionen aktiviert sind" (Spitzer 2005, zit. nach Becker 2010, S. 32). Spitzer zieht daraus – nicht zuletzt unter kompletter Missachtung der Medienwirkungsforschung – den gleichwohl simplen wie universalistischen Schluss: „Wer Gewalt sieht, wird selbst gewalttätig" (ebd.). Pädagogische Handlungsrelevanz gewinnt die Narration zum ,Mythos Gehirn' schließlich v. a. durch den Verweis auf die vor Störungen zu bewahrende ,natürliche Entwicklung' des Kindes.

3.2.2 Kindmythos

Kurz sei an die Auseinandersetzungen zur Sakralisierung des Kindes in der Reformpädagogik erinnert: Oelkers zeigt, wie nicht das konkrete Individuum ‚Kind', sondern „das mythische Bild" von ihm „eine Schlüsselrolle in der pädagogischen Diskussion Anfang des 20. Jahrhunderts" übernimmt (2005, S. 116). Das Kind wird dabei „zum Gegenstand grenzenloser Erwartungen" erhoben, „die sich gerade nicht wissenschaftlich kontrollieren lassen" (ebd., S. 116). Aufgabe der Erwachsenen ist es, sich des „ursprünglichen Kindes, der unverdorbenen und darum glücklichen Natur" (ebd., S. 121) durch pädagogische *Enthaltsamkeit* zu versichern: „[...D]ie Erziehung muss sich von Erwachsenenprojektionen frei halten und sich ganz auf die Natur beziehen, wenn sie kindgemäß verfahren will" (ebd., S. 120). Das Ziel einer *Erziehung vom Kinde aus* folgt letztlich dem „romantischen Prinzip der Nichtstörung" (ebd., S. 128): Alle Hemmungen, die der natürlichen Entwicklung des Kindes entgegenstehen, sind zu beseitigen.

Auch wenn keine:r der von uns betrachteten Medienkritiker:innen *explizit* eine reformpädagogische Aktualisierung der Erziehung unter neurowissenschaftlicher Perspektive fordert – sie rufen ebensolche Motive auf.[5] Hübner etwa spricht – unter Verweis auf den Medienpädagogen Werner Sesink – davon, dass das Aufkommen der neuen (digitalen) Technologien dazu führe, dass 100 Jahre nach dem sogenannten ‚Jahrhundert des Kindes' das Kind vergessen wurde: „Das 20. Jahrhundert begann mit dem Ruf nach einer Pädagogik vom Kinde aus und endete mit dem Ruf nach einer Pädagogik vom Computer aus (Sesink 2004, S. 80)" (Hübner 2019, S. 38).[6] Aufgabe der Pädagogik sei es daher, zwischen diesen beiden Polen zu vermitteln und diese Vermittlung als „für die Pädagogik konstitutiv" zu begreifen (ebd., S. 51).

Das bedeutet, digitale Medien dürfen dem Kind nur so weit zugemutet werden, wie es seinem Entwicklungsstand entspricht – d. h., aus Hübners Sicht, frühestens mit zwölf Jahren. Mit Hannah Arendts Vita Activa argumentiert er, dass Kinder einen „‚pädagogischen Raum' [benötigten; d. A.], in dem sie die zeitliche Ruhe sowie die ihnen gemäßen Herausforderungen und Anregungen finden, die sie brauchen, um sich gesund zu entwickeln" (ebd., S. 40). Mit Arendt wird die Einrichtung eines solchen Schutzraums als „grundlegende" Aufgabe einer „huma-

---

5 Becker hat bspw. gezeigt, dass die Rezeption der Neurowissenschaften in der Pädagogik altbekannte reformpädagogische Motive aufleben ließ. Um einige Beispiele zu nennen: Das Gehirn lerne am liebsten „spielerisch" (Becker 2010, S. 26), der Unterricht solle auf der Basis der Hirnforschung so umgestellt werden, dass er „handlungsorientiert und schülerzentriert" funktioniere, „und in den Schulen sollte eine neue Fehlerkultur Einzug halten" (Becker 2014, S. 209).

6 Wie angezeigt, zitiert Hübner hier Werner Sesink. Dieser spricht allerdings nicht von *der Pädagogik*, sondern bezieht sich ganz konkret auf die Verheißungen reformpädagogischer Auslegungen der Technik. Im Original heißt es: „Gegenwärtig beglückt uns die Idee einer neuen *Reformpädagogik*, doch diesmal nicht – wie vor 100 Jahren – ‚vom Kinde aus' (Key 1902), sondern *vom Computer aus*." (Sesink 2004, S. 80)

ne[n] Pädagogik“ des 21. Jahrhunderts verstanden, „die Ehrfurcht vor dem Wunder des Geborenseins“ (ebd., S. 51) zeige. Mit zwölf Jahren darf laut Hübner dieser pädagogische Schonraum verlassen werden, denn dann hat sich die „Denk- und Urteilsfähigkeit der Kinder so weit entwickelt […], dass sie auch logisch-kausale Zusammenhange genau erfassen kann“ (ebd., S. 45). Nun sei das Kind bereit und daher sei es „sinnvoll und notwendig, mit ihnen über Computertechnologie zu sprechen“ (ebd., S. 45).

Nicht nur ist interessant, wie eine reformpädagogische Auslegung des Arendt'schen Natalitätskonzepts zur humanistischen Sakralisierung des Kindes genutzt wird. Besonders erwähnenswert scheint uns, dass aus neurowissenschaftlicher Perspektive der Mythos vom heiligen Kind, das ohne fremde und störende Einflüsse wachsen können muss, aktualisiert wird, denn nur auf diese Weise vollziehen sich die impliziten Lernprozesse im Gehirn entwicklungsgemäß von selbst.

Allerdings – und das ist der entscheidende Unterschied – ist die reformpädagogisch begründete Distanz zum Kind und zu seiner Welt, die dem Erwachsenen *prinzipiell* verschlossen bleibt (vgl. Oelkers 2005, S. 123), aus neurowissenschaftlicher Perspektive kein Problem mehr. Das neurowissenschaftliche Potenzial zur Aufklärung darüber, was eine angemessene, d. h. *kindgemäße*, Mediennutzung sei, wird nicht nur als Faktum angenommen, sondern auch auf ein bestimmtes Entwicklungsalter des Kindes bzw. Gehirns hin beziffert. Zumindest aus Perspektive der Neurowissenschaften scheint man damit endlich zu *wissen*, was das Kind wann braucht.

3.3 Bullshitting

„Digitale Medien sind Gift für kleine Kinder, weil sie einfach so sind, wie sie sind.“ (Lembke / Leipner 2015, S. 56) Mit Blick auf das 1986 erschienene Buch des Philosophen Harry G. Frankfurt mit dem Titel *On Bullshit* lässt sich begründen, warum ein solcher Satz nichts anderes ist als genau das: Bullshit (vgl. auch Schröder 2019). Frankfurt rückt das Bullshitten in die Nähe des Bluffens – es ist weder ein wahres noch ein falsches Sprechen, also auch kein Lügen. Er schildert zur Verdeutlichung eine Anekdote, die sich in den 1930er Jahren zwischen Fania Pascal und Ludwig Wittgenstein abgespielt haben soll. Pascal berichtet: „Eines Tages ließ ich mir die Mandeln herausnehmen, lag im Evelyn Nursing Home und bedauerte mich selbst. Da kam Wittgenstein zu Besuch. Ich krächzte: ‚Ich fühle mich wie ein Hund, den man überfahren hat.‘ Wittgenstein war entrüstet: ‚Sie haben doch gar keine Ahnung, wie sich ein überfahrener Hund fühlt.‘“ (Pascal, zit. nach Frankfurt 2014, S. 21 f.)

Abgesehen davon, dass Wittgenstein auch einen Scherz gemacht haben könnte, fragt sich Frankfurt, was wohl genau Wittgensteins Problem mit der Aussage sei. Er kommt zu dem Schluss, dass „ihre Aussage [...] nicht dem nötigen *Bemühen um die Wahrheit* verpflichtet" sei (ebd., S. 25, Herv. d. A.). Entscheidend sei, dass Pascal „gar nicht erst versucht", die Dinge richtig darzustellen, so als sei es ihr „vollkommen gleichgültig, ob das, was sie sagt, wahr oder falsch ist. In diesem Sinne ist ihre Aussage *vom Streben nach Wahrheit abgeschnitten*" (ebd., S. 26, Herv. d. A.). Und genau das ist bei Frankfurt ein wesentliches Charakteristikum für die Produktion von Bullshit. Er betont, dass das Bullshitten gewissermaßen ein *Nichtverhältnis* zur Wahrheit *und* zur Lüge darstellt: „Der Lügner und der der Wahrheit verpflichtete Mensch beteiligen sich gleichsam am selben Spiel, wenn auch auf verschiedenen Seiten. Beide orientieren sich an den Tatsachen, nur daß der eine sich dabei von der Autorität der Wahrheit leiten läßt, während der andere diese Autorität zurückweist und es ablehnt, ihren Anforderungen zu entsprechen. Der Bullshitter hingegen ignoriert diese Anforderungen in toto" (ebd., S. 44). Die Hauptthese von Frankfurts Buch ist entsprechend die, dass „[g]erade in dieser fehlenden Verbindung zur Wahrheit – in dieser Gleichgültigkeit gegenüber der Frage, wie die Dinge wirklich sind – [...] das Wesen des Bullshits [liege]" (ebd., S. 27).

Ein von uns hier thematisiertes Problem ist also weniger, dass Mediziner:innen wie Spitzer ‚keine Ahnung von der Pädagogik' haben und sie daher ‚falsch' rezipieren. Problematisch ist vielmehr, dass sie pädagogisches Wissen ‚gefälscht' verwenden: Sie nehmen Bezug, aber eben nicht so, dass „ihre Aussage[n] [...] dem nötigen *Bemühen um die Wahrheit* verpflichtet" wären (ebd., S. 25, Herv. d. A.). Sie nutzen die Pädagogik als Pappkameradin.

3.4 Pappkameradisierung

Die Prognosen zur Pathologisierung der digitalisierten Kindheit und Jugend werden – wie beschrieben – einerseits an die Sorgeberechtigten gerichtet. Andererseits richten sie sich in starkem Maße an die Adresse der Pädagogik,[7] die die vermeintlich eindeutigen Gefahren des Einsatzes digitaler Medien bewusst ignoriere. Exemplarisch lässt sich dies mit einem Statement zur Digitalisierungsoffensive von Spitzer zeigen:

> „Digitale Medien erzeugen Sucht und schaden der Bildung. Jedes Mal, wenn ich in der Zeitung lese, dass Deutschland bei der Digitalisierung im Mittelfeld oder darunter liegt, denke ich, es besteht vielleicht noch Hoffnung für die Bildung in unserem Land – trotz aller gegenteiliger Bemühungen unserer bildungsverantwortlichen Poli-

---

7 ‚Die Pädagogik' wird von den hier betrachteten Autor:innen oftmals pauschal mit dem Handlungsfeld Schule gleichgesetzt – auch diese Engführung hat Becker in ihren Studien herausgestellt: *„Pädagogik, das ist die Theorie und die Praxis des Lernens und Lehrens in Schulen und Pädagogikprofessoren bringen den Lehrern bei, wie sie ihren Schülern etwas beibringen"* (2006, S. 144).

tiker und der Mehrheit der Medien-Pädagogik-Professoren um eine flächendeckende Verdummung der nächsten Generation." (Spitzer 2019, S. 134)

Über die Produktion von Bullshit und die Zuweisung der Rolle der Pappkameradin kann die Pädagogik zur verachtenswerten Pseudowissenschaft stilisiert werden (vgl. auch Ricken 2007): „Es ist immer wieder erstaunlich, welchen Unsinn manche Professoren der Pädagogik verbreiten und damit dann sogar in gewissen intellektuellen Kreisen Gehör finden können!" (Spitzer 2019, S. 218) Es braucht in einem solchen diskursiven Modus gar keinen Verweis auf irgendeine Studie, einen Satz oder darauf, wer „manche Professoren" sind und aus welchem Grund was genau als „Unsinn" markiert werden sollte. Schon Reichenbach hat das in seinem Text zur Schulkritik bestens herausgestellt: „Geräuschvolle pädagogische Debatten benötigen offenbar keine Bezugnahme auf (empirische) Forschungsperspektiven oder -resultate (oder gar ihre Hinterfragung) und kommen vielmehr bestens ohne Kenntnis der theoretischen oder praktischen Sichtweisen einschlägiger Fachleute aus" (Reichenbach 2014, S. 226). Fielitz und Marcks (2020, S. 100 f.) nennen diese Form der Rhetorik „Gaslighting": Der „Verweis auf ein Hörensagen" reicht aus, um „die eigene Position mit einer Aura von Selbstverständlichkeit" auszustatten.

Dementsprechend werden jegliche Versuche vehement abgelehnt, das Verhältnis von Menschen und Medien produktiv zu wenden, wie dies in der Medienpädagogik etwa im Kontext des seit vielen Jahren diskutierten Schlagwortes der Medienkompetenz bzw. der Handlungsorientierung geschieht (vgl. Moser / Grell / Niesyto 2011; Schorb 2017). Zur Frage nach der Bedeutung von Medienkompetenz für Kinder schreibt Spitzer nur zynisch: „Was würden Sie sagen, wenn jemand das Training von Alkoholkompetenz im Kindergarten oder als Schulfach einführen würde?" (Spitzer 2012, S. 308) Es wird deutlich, dass eine konstruktive Beteiligung an Fachdebatten offenbar gar nicht beabsichtigt ist. Die Auseinandersetzung mit pädagogischen und insbesondere *medien*pädagogischen Diskursen, die durchaus fundierte medienkritische Positionen umfassen (siehe exemplarisch Dander 2017; Hartong 2019; Niesyto / Moser 2018), werden schlichtweg ignoriert oder gar negiert.

Die pädagogische Praxis und erziehungswissenschaftliche Forschung werden in ihrem Erkenntnis- und Wahrheitsanspruch pauschal als lobbyistisch (vgl. Spitzer 2012) bzw. ahnungslos und fehlgeleitet dargestellt, weil ihre Erkenntnistheorien und -politiken nicht den Logiken naturwissenschaftlicher Forschung entsprechen. Auf diese Weise lässt sich ein Mangel an ‚Umsetzungsbereitschaft' hinsichtlich der Erkenntnisse diagnostizieren, die es dank den Neurowissenschaften doch längst gibt.[8]

8 Nur folgerichtig ist es, dass Spitzer fordert, die Pädagogik müsse – genauso wie die Medizin – Schlussfolgerungen für Lernprozesse aus Natur- und v. a. Neurowissenschaften *ableiten* und

4. Anschluss der polarisierenden Digitalisierungskritik an neurechte Perspektiven

Auch wenn deutlich geworden sein dürfte, dass die Strategien zur Erzeugung von Pathologisierungserzählungen im Kontext Kindheit, Jugend, Schule und Digitalisierung hier nicht erschöpfend dargestellt werden können, wollen wir abschließend der These nachgehen, dass diese potenzielle Anschlussstellen für neurechte Diskurse bieten.

Die polarisierende Digitalisierungskritik operiert über das Spiel mit der Angst: „Smartphones machen uns unzufrieden, unglücklich und auf Dauer depressiv und führen sogar zu einer erhöhten Wahrscheinlichkeit, sich das Leben zu nehmen" (Spitzer 2019, S. 160). Dabei, so Spitzer, seien doch die Kinder „unser höchstes Gut" (ebd., S. 135) und eigentlich gelte doch: „Bildung macht frei" (Spitzer 2012, S. 61). Während beim Lesen neben erneuter Beklemmung die Frage entsteht, ob Spitzer solche Aussagen *bewusst* als fehlgeleitete Provokationen einsetzt,[9] wird deutlich, dass diese aus neurechter Perspektive auf fruchtbaren Boden fallen.

Das zeigen etwa diverse Rezensionen in der vom neurechten Antaios-Verlag herausgegebenen Zeitschrift „Sezession". Kositza besprach hier 2013 und 2018 Spitzers Bücher zur digitalen Demenz und zur Smartphone-Epidemie. Spitzer wird von ihr aufgrund seiner Promotionen in Medizin und Philosophie als ein „Gelehrter" (Kositza 2018, o. S.) beschrieben, seine Bücher wären „Wegweiser durch Dutzende wissenschaftliche Studien", mit denen belegt werden könne, dass Smartphones „dick, dumm, aggressiv" machten. „Wir alle", so Kositza, „wünschen uns Kinder mit aufrechtem Gang, mit wachem Blick für die unmittelbare Umwelt." Das Fazit ihrer Rezension zu Spitzers Buch lautet entsprechend: „Den neuen und erneut kulturpessimistischen Spitzer sollte man lesen oder verschenken: An Leute mit Bedarf an Gegengift." (ebd.)

Auch im ‚Erziehungsbuch' der neurechten Publizistin Sommerfeld wird Spitzer als „der schärfste Medienkindheitskritiker" (Sommerfeld 2019, S. 189) dankend aufgenommen. Mit ihm erklärt sie, dass eine frühkindliche Mediennutzung der kindlichen Entwicklung zuwiderlaufe, weil den Kindern dadurch die Versuchungen des Erwachsenenlebens aufgedrängt würden (ebd., S. 192): „Deshalb gibt es auch genug vernünftige Lehrer (unter ihnen ein Gutteil Anthroposophen, ein Gutteil Aussteiger und ein Gutteil Rechte, Schnittmengen vorhanden), die ihre Kinder konsequent von Bildschirmkonsum fernhalten." (ebd., S. 194)

---

diese dann „auf ihre Anwendbarkeit, Wirksamkeit und vielleicht auch Nebenwirkungen hin ‚klinisch', d. h. in der Praxis des Lehrens, […] überprüfen" (Spitzer 2009, S. 34).

9 Der Journalist Sascha Lobo hat Spitzer einst als „eine Art Digital-Sarrazin" bezeichnet (https://www.morgenpost.de/kultur/tv/article208618833/Anne-Wills-Roboter-Talk-verliert-sich-in-Nebensaechlichkeiten.html; Abfrage: 08.11.2021).

Problematisiert wird hier wieder der frühkindliche und daher der ‚natürlichen' Entwicklung zuwiderlaufende Medienkonsum. Zugleich wird aber auch der Medienkonsum eines „leicht verdaulichen Meinungskonfekt[s] der Leitmedien" im Speziellen kritisiert, wie wir von einem Mitglied des „Instituts für Staatspolitik" (IfS) in einem Gastbeitrag in der Sezession erfahren (Mann 2018, o. S.). Was der Autor aus Spitzers Idee einer Smartphone-Epidemie lernt, ist, dass es eine „Informationshygiene" brauche, damit Kinder und Jugendliche lernen können, sich gegen die „Übernahme einer vorkonfektionieren [sic!] Meinung" (ebd., o. S.) zu wehren.

Wie gezeigt, sind wir weniger an Analogien zwischen spezifischen Autor:innen der polarisierenden Medienkritik und den neuen Rechten interessiert als vielmehr daran, wie die „kommunikative Überzeugungsarbeit" (Fielitz / Marcks 2020, S. 57) gelingt. Sabine Andresens Analysen „rechtspopulistische[r] Narrative über Kinder, Kindheit, Familie und Erziehung" (Andresen 2018, S. 768) sind hilfreich für die Frage, warum eine pädagogisch gerahmte neurechte Bezugnahme auf die Thesen aus dem Spektrum der polarisierenden Medienkritik so gut funktioniert. Sie zeigt, dass sich die Weise des Sprechens häufig entweder als „Entlarvung" oder als „Skandalisierung" (ebd., 784) darstellt, um so das Publikum zu mobilisieren (vgl. ebd.). Als Entlarvung versteht sie die „Charakterisierung der liberalen Erziehung bzw. de[n] Umgang mit Kindern in liberalen Milieus als irrational, schwach und widersprüchlich" (ebd., S. 769). Als Skandalisierung gilt eine „Sprache der Gefährdung" (ebd., S. 770), in der „der Rückbezug auf Kinder und Kindheit als Beleg[] für einen gesellschaftlichen Niedergang" (ebd., 770) genutzt wird. Auch Fielitz und Marcks beschreiben, wie die rhetorischen Strategien Rechter (v. a. in Social Media) darauf abzielen, ein „Panikorchester" (Fielitz / Marcks 2020, S. 51 ff.) zu erzeugen und Ängste hervorzurufen oder zu verstärken.

Während also einerseits eine Angst in Bezug auf die Digitalisierung geschürt wird, wird gleichermaßen diagnostiziert, dass sich die Pädagogik entweder falsch oder gar nicht um das Thema kümmere. Die polarisierenden Digitalisierungskritiker:innen versuchen auf diese Weise, die Pädagogik vorzuführen, zu entlarven und ihr Unvermögen zu skandalisieren – ein willkommener Nährboden für sich ‚über den Mainstream hinwegsetzende' (neurechte) ‚Erziehungsratschläge'.

5. Schluss: Diskursinterventionen

Insgesamt macht die hier vorgenommene Sondierung des diskursiven Feldes der polarisierenden medienkritischen Positionen wiederkehrende Pathologisierungsstrategien deutlich, welche unterschiedliche Formen des Schürens von Ängsten, der Dramatisierung und Mythologisierung nutzen. Einschränkend sei an dieser Stelle angemerkt, dass unsere schlaglichtartige Betrachtung aus einer selektiven Auswahl einschlägiger Diskursfragmente besteht, damit keinen

Repräsentativitätsanspruch hegt und sich auch nicht als empirisch fundierte Diskursanalyse versteht. Vielmehr geht es uns darum, anhand wiederkehrender Muster die Gestalt der vorgetragenen Positionen zu verdeutlichen und deren argumentative Logik zu hinterfragen.

Es wäre ein Leichtes, die populistischen Argumente nur als irrlichternde Versuche der Aufmerksamkeitsgenerierung unter dem Deckmantel vermeintlich wohlmeinender Medienkritik zu verstehen. Und doch sind sie u. E. nicht nur aufgrund ihres öffentlichen Widerhalls ernst zu nehmen: Durch zahlreiche Querverweise innerhalb des Kreises einschlägiger Akteur:innen sowie die vielfältigen Aktivitäten, Vernetzungsstrukturen und Initiativen (s. o.) lassen sich durchaus Tendenzen der Entwicklung einer ‚anderen' oder ‚alternativen' Medienpädagogik nachzeichnen, die sich ihren eigenen Diskursraum schafft. Dieser Diskursraum ist zwar kaum an fachwissenschaftliche Debatten anschlussfähig, erlangt aber durchaus an anderer Stelle (öffentliche) Sichtbarkeit.

Die beschriebenen Phänomene können als Versuche gelesen werden, das Pathologisierungsnarrativ der (mindestens für Kinder und Jugendliche) krank machenden Medien zu normalisieren. Die Hintergrundfolie dieser Pathologisierungsrhetorik bildet ein omnipräsentes ‚Krisennarrativ': In fast religiöser Manier wird (bis zu einem gewissen, je unterschiedlich bestimmten, Alter) digitale Enthaltsamkeit gepredigt. Das von uns betrachtete diskursive Feld ist von einem alarmistischen Duktus geprägt, der durch Eindeutigkeitsfiktionen kaum positive oder produktive Effekte oder einen Graubereich der Mediennutzung kennt, sondern Schutz für die den ‚digitalen Medien' ausgelieferten Kinder und Jugendlichen fordert. Eine differenzierte Betrachtung pädagogischer Handlungsfelder, etwa in Form der Berücksichtigung der Besonderheiten des Systems Schule, erscheint angesichts der als universell gültig dargestellten Aussagen aus Sicht der Autor:innen obsolet.

Die Nutzung digitaler Medien wird in den betreffenden Beiträgen meist im Sinne eines Reiz-Reaktions-Schemas ausgelegt, das en passant die Bedeutung der Didaktik relativiert und soziokulturelle Rahmungen von Lernprozessen irrelevant erscheinen lässt. Diese Dominanz der dabei vorherrschenden, sehr engen Vorstellung vom Lernen mit Medien geht einher mit der Ignoranz konkreter Szenarien des Lehrens und Lernens und deren eigentlicher Komplexität (vgl. Herzig 2014). Mit der von den Autor:innen eingenommenen Haltung ist es dann augenscheinlich ein Leichtes, die Problemkonstellationen, welche etwa mit dem digitalen Wandel von Schule einhergehen und vielschichtige Veränderungsprozesse mit sich bringen, ausgehend von einfachen Wahrheiten als pauschal fehlgeleitete und möglichst aufzuhaltende, wenn nicht sogar umzukehrende Entwicklung zu (v)erklären. Letztlich läuft dies auf eine Trivialisierung pädagogischer Prozesse sowie die Delegitimierung der wissenschaftlichen Disziplin und des professionellen pädagogischen Handelns hinaus. Insofern wird über die Pathologisierungserzählungen die Pädagogik selbst als heilungsbedürftige Disziplin dargestellt – der Buchtitel *Medizin für die Bildung* (Spitzer 2010) ist hier wörtlich zu verstehen.

Aus diesen und anderen Gründen plädieren wir für eine ‚Diskursintervention' (Vogel/Deus 2020) statt für ein Ignorieren solcherlei Polemiken. Mit Heim (2020), der den Begriff am Beispiel rechter und nationalistischer Diskurse entfaltet, lassen sich die Skandalisierungs- und Normalisierungsstrategien von derlei extremen Diskurspositionen nicht ohne Weiteres produktiv wenden, denn „normative Ausgrenzungen und Disqualifizierung ‚rechter' Sprecher:innenpositionen fungieren als strategische Grundlage für deren Legitimitätsbeschaffung" (ebd., S. 148). Wenn also die Ausgrenzung bestimmter polarisierender Positionen selbst als strategische Legitimationsgrundlage der Wiedereinsetzung dieser Positionen dient, kann das Ignorieren zum Problem werden.

Demgegenüber sollte die „*Trivialität und Banalität* der Positionen und ihr parasitäres Verhältnis zu altbekannten und verbreiteten Deutungsmustern und Kollektivsymboliken in verschiedenen Diskurssträngen" (ebd., S. 151 f.) herausgestellt werden – etwa „mit Mitteln der kritischen Analyse, aber auch durch Formen der Parodie und Satire" (ebd., S. 152). Nach Heim gehe es dann weniger darum, Positionen zu ignorieren oder bewusst auszugrenzen, sondern darum, sie „diskursiv einzubeziehen, um sie *vorzuführen*" (ebd.). Angesichts der vehement vorgebrachten Pathologisierung einer digitalisierten Kindheit und Jugend in den von uns betrachteten ‚kritischen' Stimmen, scheint es uns produktiv, diesen Gedanken aufzugreifen und weitere Anschlüsse und Entwicklungen in diesem Feld zu beobachten.

Literaturverzeichnis

Andresen, Sabine (2018): Rechtspopulistische Narrative über Kindheit, Familie und Erziehung. Zwischenergebnisse einer ‚wilden' Recherche. In: Zeitschrift für Pädagogik 64, H. 6, S. 768–787.

Becker, Nicole (2006): Die Lust an den Versuchungen der Hirnforschung. Über die paradoxen Folgen neurowissenschaftlicher Stellungnahmen zu pädagogischen Fragen. In: Infantilisierung des Lernens? Neue Lernkulturen – ein Streitfall. Jahrbuch für Pädagogik 2006. Frankfurt a. M.: Peter Lang, S. 141–156.

Becker, Nicole (2010): Technologien, Bilder, Reduktionen. Erziehungswissenschaftliche Reflexionen über den Reiz neurowissenschaftlicher Offerten. In: Schlüter, Steffen/Langewand, Alfred (Hrsg.): Neurobiologie und Erziehungswissenschaft. Die neueren Konjunkturen pädagogischer Wissenschaftsforschung aus historischer und systematischer Perspektive. Bad Heilbrunn: Klinkhardt, S. 22–37.

Becker, Nicole (2014): Mehr verstehen, besser handeln? Zum Verhältnis von Pädagogik und Neurowissenschaften. In: Fatke, Reinhard/Oelkers, Jürgen (Hrsg.): Das Selbstverständnis der Erziehungswissenschaft: Geschichte und Gegenwart. 60. Beiheft der Zeitschrift für Pädagogik. Weinheim/Basel: Beltz Juventa, S. 208–225.

Butler, Judith (2010): Raster des Krieges. Warum wir nicht jedes Leid beklagen. Frankfurt a. M./New York: Campus.

Canguilhem, Georges (1977): Das Normale und das Pathologische. Frankfurt a. M.: Ullstein.

Cress, Ulrike / Diethelm, Ira / Eickelmann, Birgit / Köller, Olaf / Nickolaus, Reinhold / Pant, Hans A. / Reiss, Kristina (2018): Schule in der digitalen Transformation – Perspektiven der Bildungswissenschaften. acatech DISKUSSION. www.nationalesmintforum.de/fileadmin/medienablage/content/themen/aktuelles/2018/aktuelle-studien/2019/Schule_in-der_digitalen_Transformation_Web-1.pdf (Abfrage: 23.08.2022).

Dander, Valentin (2017): Wie ‚medienkritisch' ist die Medienpädagogik? Fragen und Angebote zu Analyse, Ethik und Selbstreflexion einer ‚Disziplin'. In: MedienPädagogik: Zeitschrift für Theorie und Praxis der Medienbildung, H. 29, S. 105–138.

Fielitz, Maik / Marcks, Holger (2020): Digitaler Faschismus. Die sozialen Medien als Motor des Rechtsextremismus. Berlin: Duden.

Foucault, Michel (1988): Zum Begriff der Übertretung. In: Foucault, Michel: Schriften zur Literatur. Frankfurt a. M.: Fischer, S. 69–89.

Foucault, Michel (2016): Die Anormalen. Vorlesungen am Collège de France 1974–1975. Frankfurt a. M.: Suhrkamp.

Frankfurt, Harry G. (2014): Bullshit. Frankfurt a. M.: Suhrkamp.

Hartong, Sigrid (2019): Bildung 4.0? Kritische Überlegungen zur Digitalisierung von Bildung als erziehungswissenschaftliches Forschungsfeld. In: Zeitschrift für Pädagogik 65, H. 3, S. 424–444.

Heim, Tino (2020): Normalisierungs- und Skandalisierungsstrategien unterlaufen – Inhalte und Rationalitätskerne ernstnehmen. Thesen und Perspektiven für Gegenstrategien zu rechten Diskursinterventionen. In: Vogel, Friedemann / Deus, Fabian (Hrsg.): Diskursinterventionen. Springer VS, S. 141–160.

Heintz, Bettina (2007): Zahlen, Wissen, Objektivität: Wissenschaftssoziologische Perspektiven. In: Mennicken, Andrea / Vollmer, Hendrik (Hrsg.): Zahlenwerk. Kalkulation, Organisation und Gesellschaft. Wiesbaden: Springer VS, S. 65–85.

Herzig, Bardo (2014): Wie wirksam sind digitale Medien im Unterricht? Gütersloh: Bertelsmann.

Hübner, Edwin (2019): Entwicklungsorientierte Medienpädagogik im Zeitalter der verschwindenden Schrift. In: Bleckmann, Paula / Lankau, Ralf (Hrsg.): Digitale Medien und Unterricht. Eine Kontroverse. Weinheim / Basel: Beltz, S. 38–52.

KMK (2016): Bildung in der digitalen Welt. Strategie der Kultusministerkonferenz. www.kmk.org/fileadmin / Dateien/pdf / PresseUndAktuelles/2018 / Digitalstrategie_2017_mit_Weiterbildung.pdf (Abfrage: 13.10.2021).

KMK (2019a): DigitalPakt Schule 2019 bis 2024. www.kmk.org/fileadmin/pdf/Themen / DigitaleWelt / VV_DigitalPaktSchule.pdf (Abfrage: 13.10.2021).

KMK (2019b): Standards für die Lehrerbildung: Bildungswissenschaften. Beschluss der Kultusministerkonferenz vom 16.12.2004 i. d. F. vom 16.05.2019. www.kmk.org/fileadmin/veroeffentlichungen_beschluesse/2004/2004_12_16-Standards-Lehrerbildung-Bildungswissenschaften.pdf (Abfrage: 13.10.2021).

Kositza, Ellen (2013): Sieben Stunden, vierzehn Minuten – Manfred Spitzer zur digitalen Demenz. sezession.de/36727/sieben-stunden-vierzehn-minuten-manfred-spitzer-zur-digitalen-demenz (Abfrage: 28.12.2020).

Kositza, Ellen (2018): Manfred Spitzer: Die Smartphone Epidemie. sezession.de/62756/manfred-spitzer-die-smartphone-epidemie (Abfrage: 28.12.2020).

Lankau, Ralf (2019): Vom Unterrichten zum Bildungscontrolling. Über die Blindheit gegenüber den Zielen der „Digitalisierung" von Schule und Unterricht. In: Bleckmann, Paula / Lankau, Ralf (Hrsg.): Digitale Medien und Unterricht. Eine Kontroverse. Weinheim / Basel: Beltz, S. 54–66.

Lembke, Gerald / Leipner, Ingo (2015): Die Lüge der digitalen Bildung. Warum unsere Kinder das Lernen verlernen. München: Redline.

Link, Jürgen (2001): Aspekte der Normalisierung von Subjekten. Kollektivsymbolik, Kurvenlandschaften, Infografiken. In: Gerhard, Ute / Link, Jürgen / Schulte-Holtey, Ernst (Hrsg.): Infografiken, Medien, Normalisierung. Zur Kartografie politisch-sozialer Landschaften. Heidelberg: Synchron, S. 77–92.

Mann, Wiggo (2018): Digitaler Konsum und Konsensmeinung. sezession.de/59890/digitaler-konsum-und-konsensmeinung (Abfrage: 28.12.2020).

Moser, Heinz / Grell, Petra / Niesyto, Horst (Hrsg.) (2011): Medienbildung und Medienkompetenz. Beiträge zu Schlüsselbegriffen der Medienpädagogik. München: kopaed.

Müller, Thomas (2007): Lernende Gehirne. Anthropologische und pädagogische Implikationen neurobiologischer Forschungspraxis. In: Mietzner, Ulrike / Tenorth, Heinz-Elmar / Welter, Nicole (Hrsg.): Pädagogische Anthropologie – Mechanismus einer Praxis. 52. Beiheft der Zeitschrift für Pädagogik. Weinheim / Basel: Beltz, S. 202–219.

Niesyto, Horst / Moser, Heinz (Hrsg.) (2018): Medienkritik im digitalen Zeitalter. München: kopaed.

Niewels, Claudia (2011): Versuchungen des Normalen. Folgen bildgebender Verfahren für die allgemeine Pädagogik. In: Vierteljahrsschrift für wissenschaftliche Pädagogik 87, H. 4, S. 644–653.

Oelkers, Jürgen (1991): Topoi der Sorge. Beobachtung zur öffentlichen Verwendung pädagogischen Wissens. In: Oelkers, Jürgen / Tenorth, Heinz-Elmar (Hrsg.): Pädagogisches Wissen. 27. Beiheft der Zeitschrift für Pädagogik. Weinheim / Basel: Beltz, S. 213–231.

Oelkers, Jürgen (2005): Reformpädagogik. Eine kritische Dogmengeschichte. 4. Aufl. Weinheim / München: Juventa.

Petko, Dominik / Döbeli Honegger, Beat / Prasse, Doreen (2018): Digitale Transformation in Bildung und Schule: Facetten, Entwicklungslinien und Herausforderungen für die Lehrerinnen- und Lehrerbildung. In: Beiträge zur Lehrerinnen- und Lehrerbildung 36, H. 2, S. 157–174.

Pfeiffer, Christian (2003): Medienverwahrlosung als Ursache von Schulversagen und Jugenddelinquenz? Hannover: Kriminologisches Forschungsinstitut Niedersachsen e. V., S. 1–7.

Reichenbach, Roland (2014): Schulkritik. Eine „metaphorologische" Betrachtung. In: Fatke, Reinhard / Oelkers, Jürgen (Hrsg.): Das Selbstverständnis der Erziehungswissenschaft: Geschichte und Gegenwart. 60. Beiheft der Zeitschrift für Pädagogik. Weinheim / Basel: Beltz Juventa, S. 226–240.

Ricken, Norbert (Hrsg.) (2007): Über die Verachtung der Pädagogik. Analysen – Materialien – Perspektiven. Wiesbaden: Springer VS.

Robel, Yvonne / Thießen, Malte (2018): Editorial. In: WERKSTATTGESCHICHTE, H. 78, S. 3–7.

Schorb, Bernd (2017): Handlungsorientierte Medienpädagogik. In: Schorb, Bernd / Hartung-Griemberg, Anja / Dallmann, Christine (Hrsg.): Grundbegriffe Medienpädagogik. München: kopaed, S. 134–141.

Schröder, Sabrina (2019): „Bullshit im Kleid der Wissenschaft". Vortrag im Workshop „Fakten schaffen!? Erziehungswissenschaftliche Erkenntnisbildung und die Problematizität des Faktischen", Martin-Luther-Universität Halle-Wittenberg, 29.11.2019.

Schröder, Sabrina / Wrana, Daniel (2015): Normalisierungen – eine Einleitung. In: Bühler, Patrick / Forster, Edgar / Neumann, Sascha / Schröder, Sabrina / Wrana, Daniel (Hrsg.): Normalisierungen: Wittenberger Gespräche III. Halle / Wittenberg: Martin-Luther-Universität, S. 9–33.

Seier, Andrea / Surma, Hanna (2008): Schnitt-Stellen – Mediale Subjektivierungsprozesse in THE SWAN. In: Villa, Paula-Irene (Hrsg.): Schön normal. Manipulationen am Körper als Technologien des Selbst. Bielefeld: Transcript, S. 173–198.

Sesink, Werner (2004): In-formatio. Die Einbildung des Computers. Beitrage zur Theorie der Bildung in der Informationsgesellschaft. Münster: Lit.

Sommerfeld, Caroline (2019): Wir erziehen. Zehn Grundsätze. Schnellroda: Antaios.

Spitzer, Manfred (2007): Kritik der Disziplin aus (neuro-)biologischer Sicht. In: Brumlik, Micha (Hrsg.): Vom Missbrauch der Disziplin. Antworten der Wissenschaft auf Bernhard Bueb. Weinheim / Basel: Beltz, S. 169–203.

Spitzer, Manfred (2009): Medizin für die Schule. Plädoyer für eine evidenzbasierte Pädagogik. In: Caspary, Ralf (Hrsg.): Lernen und Gehirn. Der Weg zu einer neuen Pädagogik. Freiburg u. a.: Herder, S. 23–35.

Spitzer, Manfred (2010): Medizin für die Bildung. Ein Weg aus der Krise. Berlin / Heidelberg: Springer Spektrum.

Spitzer, Manfred (2012): Digitale Demenz. Wie wir uns und unsere Kinder um den Verstand bringen. München: Droemer.

Spitzer, Manfred (2015): Cyberkrank! Wie das digitalisierte Leben unsere Gesundheit ruiniert. München: Droemer.

Spitzer, Manfred (2019): Die Smartphone-Epidemie. Gefahren für Gesundheit, Bildung und Gesellschaft. Stuttgart: Klett-Cotta.

Stalder, Felix (2017): Kultur der Digitalität. Berlin: Suhrkamp.

Teuchert-Noodt, Gertraud (2017): Digitale Medien: die große Gefahr für unser Gehirn? visionsblog.info/2017/05/20/die-cyberattacke-auf-unser-gehirn/(Abfrage: 13.10.2021).

Teuchert-Noodt, Gertraud (2019): Die Rechnung kann nicht ohne den Wirt gemacht werden: Das Gehirn des Kindes. In: Bleckmann, Paula / Lankau, Ralf (Hrsg.): Digitale Medien und Unterricht. Eine Kontroverse. Weinheim / Basel: Beltz, S. 85–96.

Thompson, Christiane (2004): Diesseits von Authentizität und Emanzipation. Verschiebungen kritischer Erziehungswissenschaft zu einer ‚kritischen Ontologie der Gegenwart'. In: Ricken, Norbert / Rieger-Ladich, Markus (Hrsg.): Michel Foucault: Pädagogische Lektüren. Wiesbaden: VS, S. 39–56.

Vogel, Friedemann / Deus, Fabian (Hrsg.) (2020): Diskursintervention. Normativer Maßstab der Kritik und praktische Perspektiven zur Kultivierung öffentlicher Diskurse. Wiesbaden: Springer VS.

Vorkehrungen und Verkehrungen

Überlegungen zur Struktur und Funktion achtsamkeitsbasierter Programme in der Schule

Imke Kollmer

1. Einleitung

Achtsamkeit (*mindfulness*) ist in aller Munde, wobei präziser gesagt werden muss: in aller geschlossenen Munde. Denn ein Imperativ dieser als stressreduzierend (vgl. Engel/Schiemann/Salisch 2020) oder depressionsvermindernd (vgl. Schmidt 2020, S. 124ff.) geltenden Praxis liegt im Schweigen. Emphatisch aufbereitet ist dann in pädagogischen Settings vielmehr die Rede von „Stille-Inseln" (Kaltwasser 2008) und vom „Klang der Ruhe" (Altner 2019, S. 36). Achtsamkeitsbasierte Programme im schulischen Kontext[1] basieren auf „‚harten' wissenschaftlichen Daten" (Kaltwasser 2020, S. 194) und weisen einen „Nutzbarkeitshorizont" (Iwers-Stelljes 2007, S. 213) aus. Damit eng verwoben können sie als „eine Form der universellen Prävention" (Luong 2018, S. 34) aufgefasst werden. Und wie wir im Folgenden sehen werden, reklamieren achtsamkeitsbasierte Programme nicht zuletzt für sich, spezifische und diffuse Zumutungen postmoderner, hochdynamischer, ausdifferenzierter Gesellschaften bearbeitbar zu machen und (besser) bearbeiten zu können. Dieser Komplex bildet den Ausgangspunkt der vorliegenden Ausführungen. Konkrete Ausformungen und spezifische Praxen der Achtsamkeit spielen dabei, ebenso wie ihre historischen Wurzeln, eine untergeordnete Rolle. Ich werde auf entsprechende Aspekte im Folgenden daher nur kursorisch und zu illustrativen Zwecken verweisen. Im Zentrum des vorliegenden Beitrags stehen Begründungsfiguren und Deutungsmuster – oder präziser: die westliche Deutung und Umsetzung –, die sich aus einer analytischen Perspektive auf achtsamkeitsbasierte Pädagogik identifizieren lassen. Deutungsmuster werden hier im strukturtheoretischen Sinne aufgefasst. Als zentrale Referenz dienen die Ausführungen Oevermanns (2001), denen folgend Deutungsmuster „krisenbewältigende Routinen" (S. 38) sind, deren Geltung zu einem je konkreten Zeitpunkt in einem je spezifischen (Problem-)Zusammenhang stabil besteht und

1 Ich kann weder Aussagen hinsichtlich der empirischen Häufigkeit und Verbreitung entsprechender Programme treffen noch in Bezug auf die konkrete Umsetzung im pädagogischen Kontext. Was sich jedoch grundlegend festhalten lässt, ist der Umstand, dass Achtsamkeit im Rahmen von Bildungseinrichtungen – und das schließt neben dem schulischen vor allem den hochschulischen Bereich ein – Hochkonjunktur hat (vgl. Schindler 2020).

keiner permanenten Neuaushandlung bedarf. Deutungsmuster verfügen über „einen hohen Grad der situationsübergreifenden Verallgemeinerungsfähigkeit" (ebd., S. 38). Sie tragen damit zur „Vergemeinschaftung hervorgegangene[r] Legitimationen einer Lebensweise" (ebd., S. 38) bei. Forschungslogisch eignen Deutungsmuster sich also besonders in den Arenen erziehungsrelevanter Themen zur Erschließung jener dominanten Interpretationsmuster innerhalb je konkreter kollektiver Lebensweisen.

Zur Konturierung der Auslegung der Idee von Achtsamkeit erweist sich Jon Kabat-Zinn, die zentrale und wohl meistzitierte Referenz des westlichen Achtsamkeitsdiskurses, als hilfreicher Schlagwortgeber. Achtsamkeit ist ihm folgend „Gewahrsein, das kultiviert wird, indem wir in andauernder und bestimmter Weise aufmerksam sind" (Kabat-Zinn 2013, S. 13), und „eine weise und potenziell heilsame Art, mit dem, was uns im Leben widerfährt, in Beziehung zu sein" (Kabat-Zinn 2020, S. 9). Achtsamkeit ist, bei Kabat-Zinn ebenso wie im Kontext pädagogischer Programme, häufig eng verbunden mit meditativen Praktiken, also mit unterschiedlich akzentuierten Formen der Beschäftigung mit dem Selbst: „Und doch geht es bei Achtsamkeit paradoxerweise überhaupt nicht darum, irgendwas zu tun. Im Gegenteil, sie ist ein Nicht-Tun, ein radikales Nicht-Tun." (Kabat-Zinn 2019, S. 10) Wenngleich er sich in seinen Büchern und Programmen an Erwachsene richtet, dient die ihm folgende Auslegung von Achtsamkeit als zentrale Grundlage, auf der auch die Programme für Kinder und Jugendliche resp. Schüler:innen fußen.

Achtsamkeitsbasierte Programme, d. h. Programme, die sich in einem engen wie weiten Sinne auf Kabat-Zinn und seine säkulare Deutung von Achtsamkeit beziehen, gelten als „vielversprechender Ansatz" (Zenner 2016, S. 220). Die sich aufdrängende Frage, für wen oder für welchen Zweck es sich um einen vielversprechenden Ansatz handelt, wird durch einen Verweis auf die durchaus umfassende Wirksamkeitsforschung zu beantworten versucht. Bemerkenswert ist hierbei zunächst der Umstand, dass die westliche Ausprägung der Achtsamkeit vor allem im klinischen und (verhaltens-)therapeutischen Kontext mit Erwachsenen Anwendung findet (vgl. ebd., S. 221). Im Zentrum der damit verbundenen Wirksamkeitsforschung stehen die positiven Effekte im Bereich der physischen und psychischen Gesundheit, der Verbesserung und Steigerung kognitiver Leistungen und der Emotionsregulation insbesondere der Impulskontrolle und des Beziehungserlebens (vgl. Valtl 2021, S. 34). Auch neuronale und molekulare Wirkmechanismen werden hinsichtlich der Auswirkungen auf das Gehirn untersucht und dienen teilweise als Grundlage für „(therapeutische) Verhaltens- und Lebensstilmodifikationen sowie Beziehungsgestaltung" (Michaelsen / Esch 2021, S. 71). Eine grundlegende semantische Nähe zu diagnostischen und auch pathogenetischen Aspekten und klinischen Störungsbildern im Bereich der Wirksamkeitsforschung in pädagogischen Kontexten ist zwar zunächst weniger deutlich ausgeprägt, aber durchaus anschlussfähig. Ich zeige dies im Folgenden auf.

Mein Vorgehen gliedert sich in drei Teile. In Kapitel 2 lege ich in aller Kürze dar, was die westliche Auslegung von Achtsamkeit im Kern ausmacht. Ich beschränke mich hierbei auf eine knappe Darstellung zentraler Elemente. Mein Fokus richtet sich vor allem auf die Begründung der Implementation achtsamkeitsbasierter Programme im schulischen Kontext aus der Perspektive der Autor:innen entsprechender Programme. Daran anschließend möchte ich Überlegungen zu dominanten Deutungsmustern ebenjener Notwendigkeit entsprechender Elemente im schulischen Kontext ausführen. Mit anderen Worten: Achtsamkeit wozu? Ein zentrales Element, auf das ich meine Betrachtungen im Sinne eines ersten Zwischenresümees engführen möchte, bezieht sich auf einen tiefgreifenden Kulturpessimismus, in dessen Zentrum die Autor:innen die Behebung der binnenfamilialen resp. der elterlichen Verfehlungen und Versäumnisse der Schule überantwortet sehen. In Kapitel 3 nehme ich sodann ein zentrales Element achtsamkeitsbasierter Programme im schulischen Kontext in den Blick. Den Anker bildet hierbei die Dimension der Prävention, ihrer immanent paradoxalen Struktur und ihrer gesellschaftlichen Funktion und Bedeutung, die sich als Spielart einer pädagogischen Normalisierungsstrategie ausweisen lässt. In Kapitel 4 widme ich mich ausblickhaft der Frage: Welches Problem erzeugt eigentlich Achtsamkeit? Erkenntnisleitend ist hierbei die Auseinandersetzung mit unterschiedlichen Explikationen von Kritik. Achtsamkeitsbasierte Programme reklamieren für sich, eine kritische Haltung gegenüber den Verwerfungen postmoderner Gesellschaften einzunehmen und sind zugleich widerspruchsfrei und positivistisch verfasst. In Kapitel 5 verdichte ich die Befunde und weise Achtsamkeit als spezifische Steigerung einer Anpassungsanforderung im schulischen Kontext aus.

2. Achtsamkeit in pädagogischen Kontexten

Achtsamkeit wird in pädagogischen Kontexten[2] als Akt der Selbstfürsorge aufgefasst. Sie dient „zur Stärkung der persönlichen Integrität, der Beziehungsfähigkeit und Beziehungskompetenz" (Jensen 2014, S. 9). Achtsamkeit wird dabei auch eine Wirkung zugeschrieben, die mit einer Verbesserung der Gesundheitskompetenz (vgl. Iwers/Roloff 2021a, S. 2), der Verminderung von Stress (vgl. Kaltwasser 2020, S. 194) sowie der Selbstregulation und der Stärkung von

2 Ich differenziere hier nicht in ausreichendem Maß pädagogische Realkontexte, d. h. empirisch protokollierbare pädagogische Kontexte (z. B. schulischer Unterricht) und die Imagination pädagogischer Settings im Kontext achtsamkeitsbasierter Programme. Auch scheint es mir sinnvoll zu sein, die verschwimmenden Grenzen von Ratgebern, Programmen sowie ihrer Evaluation im Rahmen achtsamkeitsbasierter Pädagogik näher zu untersuchen. Nicht zuletzt erscheint mir eine empirische Analyse der Praxis achtsamkeitsbasierter Programme sehr aufschlussreich hinsichtlich einer Ausdifferenzierung und Präzisierung des hier vorgenommenen heuristischen Zugriffs.

Resilienz und Empathie (vgl. Iwers/Roloff 2021a, S. 2) korrespondiert – Befunde, die sich vor dem Hintergrund der strukturellen Zumutungen von Postmoderne und Spätkapitalismus zunächst uneingeschränkt positiv ausweisen lassen. Auch wenn es kritische Perspektiven auf die Implementation achtsamkeitsbasierter Programme im schulischen Kontext gibt, bspw. hinsichtlich der „Generationendifferenz, so als könne ungefragt für Kinder nicht schädlich sein, was bei Erwachsenen positive Wirkungen zeigt" (Dietrich/Uhlendorf 2019, S. 18), bieten die hier skizzierten positiven Effekte und Befunde aus der Perspektive einer evidenzbasierten (Wirksamkeits-)Forschung doch zunächst plausible Gründe für die Implementation achtsamkeitsbasierter Programme und Übungen im schulischen Kontext. Denn: Überwiegen nicht die Vorteile einer achtsamkeitsbasierten Perspektive gegenüber ihren Kritiker:innen und der Persistenz einer den Bedürfnissen der Kinder zuwiderlaufenden Verfasstheit pädagogischer Kontexte? Um mich dieser Frage zuzuwenden, greife ich zunächst einige von den Vertreter:innen einer achtsamkeitsbasierten Pädagogik identifizierte Anknüpfungspunkte zur Notwendigkeit der Implementation im pädagogischen Kontext auf und diskutiere sie anschließend.

2.1 Deutungsmuster der Implementation achtsamkeitsbasierter Angebote im schulischen Kontext oder: Die massenmediale Vereinnahmung der Kinder im häuslichen Bereich und die Verantwortungslosigkeit der Eltern

Die achtsamkeitsbasierten Programme, die im schulischen Kontext als Ratgeber oder ‚Schatzkisten' genutzt werden, eint neben dem Aspekt einer Orientierung an Achtsamkeit im oben skizzierten Sinne der Rekurs auf eine umfassende „Entfremdungskritik" (vgl. Dietrich/Uhlendorf 2019, S. 20). So ist Achtsamkeit „für die Schulpädagogik kein kleines Add-on, sondern eher ein Schlüsselthema, das das Potenzial zu einer grundlegenden Transformation von Schule in sich trägt" (Valtl 2021, S. 32). Ich möchte im Folgenden einige Passagen aus entsprechenden Programmen[3] aufgreifen, um von dort ausgehend die Notwendigkeit für mehr Achtsamkeit aus der Perspektive der Autor:innen näher in Augenschein zu nehmen: „Für Kinder und Jugendliche, die an die Geschwindigkeit der heutigen In-

3 Für die Auswahl der pädagogischen Programme (Altner 2019; Jensen 2014; Kaltwasser 2008; 2016; Kaufmann 2011; Krämer 2019) war nicht nur entscheidend, dass sie eine pädagogisch relevante Perspektive der letzten 15 Jahre abbilden, sondern auch dass diese in einem Verlag erschienen sind und damit – im Gegensatz zu Modellen der E-Book-Selbstpublikation oder zu Inhalten aus Social Media – einer grundlegenden Prüfung unterzogen wurden. Der Großteil der Publikationen erfolgte im Sachbuchsegment bei Beltz. Hier finden sich, neben weiteren Büchern zu dem Thema, auch eine Vielzahl von Sets mit Übungs- und Reflexionskarten.

formationsgesellschaft und der Social-Media-Welt gewöhnt sind, ist es ein großer Schritt, sich auf die Reizarmut einzulassen und mit sich selbst in Kontakt zu kommen. Aber gerade die Stille, die plötzlich im Raum entsteht, ist für viele ein erstaunliches und wohltuendes Element." (Krämer 2019, S. 179)

Vera Kaltwasser, eine der Hauptvertreter:innen von Achtsamkeit in der Schule, illustriert den bei Krämer angedeuteten Konflikt zwischen der Dynamik der Postmoderne und der impliziten Bedürfniszuschreibung der Kinder, in besonders bildreicher Sprache:

> „Kinder und Jugendliche werden von einer allgegenwärtigen Bilderflut überschwemmt und permanent beschallt. [...] Dem sind Kinder hilflos ausgeliefert, wenn sie nicht Strategien lernen, selbstwirksam zu sein. Zudem sind Kinder ein begehrtes Ziel ausgeklügelter Werbestrategien, die raffiniert bis in die Kinderzimmer reichen. Von immer neuen Technologien werden sie zu versierten Usern, ohne dass sie bemerken, wie diese elektronische Aufrüstung sie in einen permanenten Stresszustand versetzt." (Kaltwasser 2020, S. 191)

Und eine Passage, die bei Nils Altner mit „Deep Learning – Lernen im digitalen Zeitalter" überschrieben ist, spitzt diesen Befund dramatisch zu: „Eine Studie hat gezeigt, dass Menschen, die eine Stunde pro Tag *World of Warcraft* spielen, nach sechs Wochen in den Gehirnarealen, die für Mitgefühl verantwortlich sind, signifikant an Substanz verloren haben und deutliche Suchtmerkmale aufweisen." (Altner 2019, S. 13) Die dänische Autorin Helle Jensen trifft einen weniger alarmistischen Ton und nimmt eine moderatere, zunächst eher zugewandte Perspektive ein, wenngleich auch sie davon spricht, dass auffälliges Verhalten von Schüler:innen sich gegebenenfalls dadurch begründen lässt, dass „deren Eltern so in ihr eigenes Leben eingespannt sind, dass für die Kinder nichts mehr übrig bleibt und sie dadurch viel zu wenig Erwachsenenkontakt hatten und haben" oder „deren Eltern es schwerfällt, mit ihren Kindern einfach so zu Hause zu sein, und die deshalb immer irgendwelche Aktivitäten unternehmen müssen, sodass die Kinder konstant überstimuliert sind" (Jensen 2014, S. 127). Und auch José kritisiert elterliches Handeln in Bezug auf die kindliche Entwicklung. Anstelle eines permissiven Verhaltens wird elterlicher Eifer kritisiert. In Bezug auf die gesunde Entwicklung des Kindes im kindlichen Freispiel „steuern Eltern eher in die entgegengesetzte Richtung und füllen die freie Zeit der Kinder mit angeleiteten Aktivitäten wie z. B. Musikschule und Sportunterricht, was nicht dem entspricht, was die Forscher befürworten würden" (José 2016, S. 51). Familiale Erziehung wird hier zur Wissenschaft erhoben, und verdächtig oder schuldig macht sich als Elternteil, wer nicht im Sinne einer Versozialwissenschaftlichung der eigenen Lebenspraxis Forschungsergebnisse rezipiert und daran das eigene Erziehungshandeln ausrichtet. Überspitzt formuliert werde also bspw. davon ausgegangen, dass musikalische Früherziehung und angeleitete(r) Bewegung oder Sport – einem dominanten Deutungsmuster in den Milieus, deren normative Standards an Bildung und Erziehung sich von denen anderer Milieus dem Selbstverständnis nach abheben, folgend – gut für Kinder sind, die Psychologie habe jedoch gezeigt, dass das Freispiel besser für die Entwicklung von Kindern sei und in jenen Familien fortan entsprechend umgesetzt werden sollte.

Bei den untersuchten Texten der hier aufgeführten Autor:innen lassen sich im Kern, wenn auch mit unterschiedlicher Konnotation, zuvörderst „Probleme der Familienerziehung“ (Dietrich/Uhlendorf 2019, S. 21) identifizieren. Hierbei handelt es sich um einen von drei Problemhorizonten, die Dietrich und Uhlendorf diskursanalytisch und mit einem kindheitstheoretischen Fokus herausarbeiten. Des Weiteren identifizieren sie „gesamtgesellschaftliche Probleme der Spätmoderne“ und „Probleme heutiger Schulen und deren aktuelle Entwicklungen“ (ebd., S. 21), von denen erstgenanntes Thema oben bereits expliziert wurde. Ich richte mein Augenmerk im Folgenden primär auf die elterliche Erziehungskompetenz resp. den impliziten Vorwurf der elterlichen Erziehungs*in*kompetenz. Trotz der unterschiedlichen Tonlagen eint die Autor:innen die Diagnose einer „Erziehungsmisere, die seit einigen Jahren schwelt“ (Kaufmann 2011, S. 14). Die kulturpessimistische Rede von der „Macht der Bildschirme“ (Altner 2019, S. 8) dient hierbei als Verschleierung der Urheberschaft jener Erziehungsmisere: der Eltern. Diese zugeschriebene, *en passant* geradezu diagnostizierte Disziplinlosigkeit der Eltern bringt mich zu einem ersten Zwischenresümee.

2.2 Zur Notwendigkeit der Disziplin in der Schule durch die Disziplinlosigkeit im häuslichen Bereich oder: Die Erziehungsinkompetenz der Eltern

Einige Autor:innen kommen im Verlauf ihrer Schilderungen ‚aus der Deckung‘, wenn sie das, was sie als Kern des Problems ausmachen, den Eltern überantworten. So verweist Kaltwasser darauf, dass mittlerweile

> „in der Schule Fähigkeiten vermittelt werden sollen, die ‚eigentlich‘ in den Elternhäusern zu leisten sind. Die Einübung von Impulskontrolle ist ein fundamentales Erziehungsziel, das Eltern, die selbst unter großem Druck stehen, am ehesten vernachlässigen, weil sie selbst auf Ruhe hoffen, wenn sie den Impulsen der Kinder nachgeben: Der Schokoriegel darf dann eben sein, und das Tablet darf halt auch eingeschaltet werden“ (Kaltwasser 2020, S. 198).

Vor dieser Folie lässt sich auch die zunächst irritierende Passage über *World of Warcraft* bei Altner (2019, S. 13) einordnen. Nur vor dem Hintergrund der Deutung, dass innerfamiliale Disziplinlosigkeit und letztlich Erziehungsunfähigkeit herrschen, ergibt diese Passage überhaupt Sinn. Hier spielt nicht irgendein autonomer erwachsener Mensch eine Stunde *World of Warcraft* pro Tag, sondern ein Kind[4], dessen Freizeitbeschäftigung von den Eltern gar nicht wahrgenommen und beachtet – und damit auch nicht kontrolliert – wird. Einen moderateren Ton schlägt, wie bereits erwähnt, Jensen an, die nicht mit der Schärfe von Kaltwasser und Altner auf die elterlichen Versäumnisse schaut – was allerdings wenig an der Grundausrichtung jener gleichlautenden impliziten Problemdiagnose ändert: Die Eltern sind nicht (mehr) in der Lage, die Verantwortung für die Erziehung ihrer Kinder zu übernehmen.

Hinsichtlich der Gelingensbedingungen familialer Erziehung bleibt eine achtsamkeitsbasierte pädagogische Perspektive blass. Vor dem Hintergrund der bisherigen Befunde lässt sich primär konstatieren, dass diesem Verständnis folgend eine gelungene Erziehung eine solche ist, die, unter den Bedingungen einer schwelenden Erziehungsmisere, angepasste, konforme, funktionierende Subjekte hervorbringt. Die Verantwortung für diese Umsetzung tragen die Eltern. Die attestierte Erziehungsunfähigkeit, die dem folgend ihren Ursprung in der elterlichen Disziplinlosigkeit hat, geht einher mit einer Thematisierung abweichenden Verhaltens auf Seiten der Kinder. Die Thematisierung des Abweichenden, Nicht-Normalen erfolgt hier nicht im Modus einer normativ zurückhaltenden *Beschreibung*, sondern in einer normativ aufgeladenen und zugleich implizit bleibenden *Zuschreibung*. Die Artikulation der Deutung elterlicher Erziehungsunfähigkeit durch die Autor:innen achtsamkeitsbasierter Programme verbleibt zugleich eigentümlich zurückhaltend. Denn nicht nur „das Verhältnis zwischen Normalisierung und Abweichung [hat sich] verschoben" (Waldschmidt 2004, S. 192), sondern mit ihr auch die Artikulierbarkeit des Abweichenden.

3. Die strukturelle Verfasstheit achtsamkeitsbasierter Programme im schulischen Kontext: Vorkehrungen und Verkehrungen

Wie also kann, wird wiederum die Perspektive der Autor:innen eingenommen, diesem *Verfall* begegnet werden? Ich möchte auch hier zunächst eine Vorbemerkung in Bezug auf die Auslotung des schulischen Kontextes voranstellen. Die hier skizzierten Programme und Übungen sind so angelegt, dass sie im schulischen Kontext ohne größeres Zutun implementiert werden können. Die Ausbildungs- und Fortbildungsangebote, die in den Ratgebern vielfach beworben werden – bspw. bietet auch oben genannte Autorin Kaltwasser entsprechende Kurse regelmäßig an –, richten sich explizit an Lehrer:innen.

4 Oder eine erwachsene Person, die strukturell in der kindlichen Sphäre verblieben ist.

Wie bereits dargelegt wurde, lässt sich eine semantische Nähe zur Sphäre der Diagnostik ebenso herausarbeiten wie eine an sonderpädagogisch relevanten Störungsbildern orientierte Semantik.[5] Bemerkenswert ist dies insofern, als der sonderpädagogische Bezugspunkt nicht als solcher ausgewiesen wird und damit implizit bleibt. Die semantische Nähe zeigt sich punktuell bspw. in Rekursen auf spezifische Störungsbilder oder Defizite vor allem in der – elterlich ‚verschuldeten' – emotional-sozialen Entwicklung einzelner Kinder.[6]

Wie eingangs erwähnt, möchte ich nur kursorisch auf die konkreten Praktiken eingehen. Altner (vgl. 2019, S. 24) verweist explizit darauf, dass die Übungen allein, in Kleingruppen oder im Klassenverband durchgeführt werden können. Bei Jensen (2014, S. 141) werden viele Übungen direkt im Sitzkreis begonnen und Krämer (2019) spricht von Einheiten, die zu Beginn des Unterrichts durchgeführt werden. Das Selbstverständnis entspricht also, trotz der Möglichkeit der individuellen Durchführung, eher einer kollektiven Praxis.

Doch wie ist das *pädagogische* Selbstverständnis in dieser Praxis? Zur Beantwortung dieser Frage, widme ich mich zunächst dem mehr oder weniger explizit präventiven Charakter achtsamkeitsbasierter Programme oder, wie es bei Kaltwasser (2020, S. 195) heißt: „Die Einübung in die Haltung der Achtsamkeit […] kann hier als Primärprävention gelten."

3.1 Prävention als Paradigma

Leanza (2016, S. 155) bezeichnet Prävention als „eine Sorge um etwas, das noch nicht geschehen ist und auch nicht geschehen soll" die zugleich mit einer „Erwartungshaltung, die Handlungsdruck erzeugt" (ebd., S. 155), einhergeht. Bröckling (2019, S. 77) folgend will Prävention „nichts schaffen, sie will verhindern". Und Fuchs (2008, S. 363) bezeichnet den ganz und gar unscharfen Begriff der Prävention als „den Wunsch, das Vermögen, die Strategie, einer Zukunft zuvorzukommen, die, wenn man ihr nicht zuvorkäme, anders und schlechter ausfiele, als wenn man ihr zuvorgekommen wäre". Kurzum: Das dauerhypothetische Eintreten des – inhaltlich unbestimmten – Negativen zu verhindern, erscheint als die nie stillstellbare Aufgabe der Prävention. Es gilt also zu klären, wie sich eine allgemeine Idee von Prävention, die zugleich immer ‚Prävention *von*' ist, mit Vorstellungen einer Idee universeller Prävention verknüpfen lässt.

---

5 Eine (sonder-)pädagogische Haltung im Sinne eines professionalisierungstheoretischen Fallbezugs (vgl. Oevermann 1996) deutet sich hier hingegen nicht an.

6 Insofern kann – an anderer Stelle – daran anschließend im Sinne einer Suchhypothese systematisch nach einer impliziten Sonderpädagogik Ausschau gehalten werden. Doch das ist hier nur eine Randbemerkung.

Diese Form der generalisierten Prävention – oder wie es auch bei Kaltwasser und vor allem im medizinischen Kontext heißt: die Primärprävention – weist eine bemerkenswerte Grundspannung auf, die Bröckling (2019, S. 122) als „Entgrenzung der Interventionen" beschreibt: „Wenn keiner mehr richtig krank ist, kann auch niemand ganz gesund sein." (ebd., S. 122) Bröckling knüpft dies an die Idee der Salutogenese, also der Gesundheitsförderung im Gegensatz zur Pathogenese bzw. des Ausfindigmachens von Erkrankungen. Dieser Umstand ist im Sinne des Konzepts der Achtsamkeit, das sich ja in Bezug auf die Förderung der Gesundheitskompetenz und der Stressreduktion explizit mit einem salutogenetischen Label versieht. Latent[7] jedoch zeigt sich seine pathogenetische Grundausrichtung und auch die Begriffe von Prävention und Intervention verwischen. Was nun die ‚richtige' Benennung ist, vermag kaum mehr zu entscheiden sein. Wichtiger scheint mir Bröcklings Befund der relativen Unterschiedslosigkeit der Zustände von Krankheit und Gesundheit mit ihrem schmalen Übergangskorridor.

Ich möchte hier ein weiteres Beispiel von Bröckling aufgreifen, das auf den ersten Blick keine unmittelbare Nähe zum Komplex der Achtsamkeit, jedoch eine interessante Strukturhomologie aufweist. Bröckling skizziert in Bezug auf den US-amerikanischen Film *Minority Report* – einen Spielfilm, bei dem Verbrechen vor ihrem Eintreten verhindert werden und dadurch bspw. keine Morde oder sonstige strafrechtlich relevante Delikte mehr auftreten – die „paradoxe[] Konstruktion eines Täters ohne Tat" (Bröckling 2008, S. 38). Hierbei handelt es sich um die fiktive Möglichkeit der totalen Umsetzung von Maßnahmen. Gesteigert wird dieser Umstand dadurch, dass es sich nicht um eine totale Straf-, sondern um eine totale Präventionspraxis handelt: Geplante – und d. h. vor allem nur schon *gedanklich* formierte – Tötungsdelikte finden nicht mehr statt. Es gibt eine hundertprozentige Quote der Verhinderung schwerer Verbrechen. Ein Fall, in dem die Grenzen von Utopie und Dystopie auf beeindruckende und zugleich bedrückende Weise verschwimmen. Bedrückend daran ist die Totalität ihrer Eindirektionalität: Gut ist, was im Sinne der Absolutheit des *Seinsollenden* sich

7 Ich rekurriere im vorliegenden Beitrag vielfach auf die – nicht immer überschneidungsfreien – Begriffspaare ‚explizit/implizit' und ‚manifest/latent'. Es ist insofern notwendig, ihre Differenzen darzulegen. Bei letztgenanntem Begriffspaar berufe ich mich nicht auf die psychoanalytische Idee von ‚manifest' und ‚latent', wie sie bei Freud vor allem in der Traumdeutung begrifflich verankert ist, sondern ich beziehe mich auf ein strukturtheoretisches Verständnis (vgl. Oevermann 1996; 2001). Am Beispiel der hier genannten Prävention – diese erfolgt im Modus der Sprache – vollzieht eine entsprechende Artikulation sich sowohl explizit, d. h. ausdrücklich, als auch manifest, d. h. auf der Ebene des Inhaltlichen. Soll das Latente rekonstruiert werden, bedarf es also einer grundlegenden Unterscheidung zwischen manifestem Sinn und latenter Sinnstruktur (vgl. Wernet 2021, S. 27 ff.). Während das Latente sich im Manifesten ‚verbirgt' und damit zur Rekonstruktion auf eine Artikulation angewiesen ist, ist demgegenüber das Implizite mitgedachter und mitgemeinter Bestandteil, der sich jedoch nicht sprachlich niederschlägt. Je nach Erkenntnisinteresse können die Perspektiven sich – wie im vorliegenden Beitrag – ergänzen.

vollzieht und damit die absolute Verhinderung; die Tilgung *alles* Negativen. Damit wird nicht weniger als ein konstitutives Element unseres Mensch-Seins strukturell getilgt: „Immer bewegt sich menschliche Existenz im Spannungsverhältnis zwischen Sein und Nichtsein, Positivem und Negativem, Affirmation und Verneinung. Negativität ist ein konstitutives Moment unserer Lebenswelt und unseres Wirklichkeitsverständnisses.“ (Angehrn 2014, S. 13)

In Bezug auf das hier explizierte Sujet der Achtsamkeit im schulischen Kontext, lassen sich im Anschluss an Bröcklings Ausführungen ebenjene Aspekte aufgreifen und weiterdenken: Ist es bei Bröckling der Täter ohne Tat, liegt in Bezug auf die Übungen in der Schule das Äquivalent eines ‚Störers ohne Störung des Unterrichts‘ vor. Dies bedarf einer Erläuterung, war doch bislang gar nicht die Rede von geradezu klassischen pädagogischen Handlungsproblemen.

3.2 Normalisierungsstrategien der Pädagogik

Obgleich Prävention in den Konzepten punktuell durchaus offensiv thematisiert wird, erweist sich der Zusammenhang von Konzepten schulisch gerahmter Achtsamkeitsübungen mit (Aspekten von) Abweichendem und Pathologischem zumindest nicht auf allen Ebenen unmittelbar. Dies hängt u. a. mit einer Verkehrung der Zuschreibung und ebenjener Idee einer Generalprävention zusammen: Kennt der schulische Unterricht vor allem ‚störende‘ Schüler:innen – und damit einzelne, konkrete Personen oder kleinere Gruppen – und diszipliniert diese klassenöffentlich oder parzelliert sie im ‚Trainingsraum‘, (vgl. Jornitz 2004; Pongratz 2010), ändert sich nun das adressierte Subjekt. Anstatt einzelne ‚Störenfriede‘ zu identifizieren und für ihr ‚Fehlverhalten‘ zu sanktionieren, wird die gesamte Klasse in die Pflicht genommen, eine achtsame Haltung zu entwickeln.

Dies führt uns zu Normalisierungsstrategien der Pädagogik und überrascht nicht, denkt man doch an andere Befunde aus dem (grund-)schulpädagogischen Diskurs. Beispielhaft sei hier auf die diskursanalytisch herausgearbeitete Bewegung „vom ‚Störer‘ im Frontalunterricht zum ‚Hilfebedürftigen‘ im offenen Unterricht“ (Rabenstein/Reh 2009, S. 169 ff.) und die damit korrespondierende „diskursiv[e] Durchsetzung des Normalitätsentwurf[s] der ‚selbstständig arbeitenden Schülerin‘“ (ebd., S. 177) verwiesen. Hier tritt insbesondere vor dem Hintergrund psychiatrischer und psychotherapeutischer Diskurse die „Durchsetzung von Normalitätsannahmen und Pathologisierung“ (ebd., S. 161) klar hervor. In einer objektiv-hermeneutischen Rekonstruktion von Selbsteinschätzungsbögen für Schüler:innen legen Menzel und Rademacher die verschleierte Erzeugung der „Deckungsgleichheit“ (Menzel/Rademacher 2012, S. 79) von Fremd- und Selbstkontrolle dar und kommen zu dem Ergebnis, dass es sich hierbei um eine Form der Diagnostik handelt, die ihrerseits als „gesellschaftliches Machtmittel und damit als Kontrollstrategie zu fassen ist“ (ebd., S. 97). Die untersuchten Bögen stammen aus einer Montessori-Schule und sind Bestandteil der Freiarbeitsphasen. Das zugrundeliegende pädagogische Selbstverständnis steht in markantem Widerspruch zur herausgearbeiteten Sinnstruktur. Diese in Anlehnung an Bourdieu und Passeron (1973) als *sanfte Tour* bezeichnete Strategie erweist sich als anschlussfähig hinsichtlich der hier vorliegenden strukturellen Verfasstheit von Übungen der Achtsamkeit: „Als sanfte Tour bezeichnet Pierre Bourdieu jene Formen des Pädagogischen, die ihre Macht nicht nur verleugnen, sondern in dieser Verleugnung zugleich durchsetzen." (Menzel/Rademacher 2012, S. 79)

In Bezug auf den hier diskutierten Gegenstand ist dieser Aspekt unmittelbar anschlussfähig, wird doch die Praxis in störungsfreien Situationen, also bspw. in einem unaufgeregten Unterrichtsbeginn, einfach *umgesetzt*, wohingegen sie in „herausfordernden Situationen" ebenso gilt resp. *durchgesetzt* wird, „[w]enn es zum Beispiel darum geht, bei einer Entspannungsübung still zu liegen und seinen Körper zu scannen, und das für das Kind mit Unruhe und vielleicht sogar mit Schmerzen verbunden ist" (Jensen 2014, S. 128 f.). Diese offen artikulierte Grenzüberschreitung scheint jedoch kein Problem darzustellen, sieht sie sich doch ganz im Dienste des Kindes oder mit Foucault gesprochen: „Das häßliche Metier des Strafens wird sich solchermaßen in das schöne Metier des Heilens verkehren" (Foucault 2007, S. 43). Im Sinne der oben skizzierten kollektiven Praxis, handelt es sich hierbei dann auch um die individualisierte Bearbeitung eines kollektivierbaren Problems oder präziser im Sinne Bourdieus und Passerons um die Durchsetzung der individualisierten Bearbeitung eines kollektivierbaren Problems.

4. Uneingeschränkte Positivität oder: Welches Problem erzeugt eigentlich Achtsamkeit?

Achtsamkeitsbasierte Angebote im schulischen Kontext verstehen sich als Antwortversuch auf die Herausforderungen einer beschleunigten und das Selbst vergessen(d)en Postmoderne. Die bisherige Diskussion hat diesem Anliegen gegenüber insbesondere die kulturpessimistische Grundhaltung und Zuschreibungen gegenüber der Sphäre der Herkunftsfamilie betont. Aber sollte diese in den Programmen vielfach implizit bleibende Textur gegenüber ihrem Anspruch nicht in den Hintergrund treten? Kann man nicht das Lamento der Erziehungsmisere zur Kenntnis nehmen und sich den positiven Aspekten zuwenden? Ist nicht ein Anliegen, das sich der Beantwortung der Frage widmet, wie „Schüler/innen immer bewusster mit sich und den anderen umgehen lernen [können]" (Kaltwasser 2016, S. 11), über seine kulturpessimistische Unterfütterung zu stellen? Aus einer pädagogisch-praktischen Perspektive mögen diese Einwände berechtigt erscheinen.

Und auch die zahlreichen eingangs erwähnten evidenzbasierten Studien zeigen auf, dass entsprechende Programme wirken (vgl. Iwers / Roloff 2021b). Was ließe sich denn gegen achtsame Schüler:innen sagen? Ist der Umstand, dass Schüler:innen durch entsprechende Übungen eventuell ruhiger, besonnener und eben achtsamer werden, nicht positiv zu bewerten? Diese Differenz zeigt sich umso deutlicher in Bezug auf die Zustimmungsfähigkeit gegenüber manifest sanktionierenden Praktiken und offenkundigen Praktiken der Normalisierung. Denn selbst, wenn dem Verweis auf eine ‚harte Datenbasis' und ‚evidenzbasierte Pädagogik' einiges entgegengehalten werden kann (vgl. Bellmann / Müller 2011), erweist sich doch die pädagogische Absicht, die innere Ruhe und bessere Konzentrationsfähigkeit reklamiert, zunächst als positive. Kurzum: Welches Problem erzeugt eigentlich Achtsamkeit? Dieser Frage widme ich mich abschließend.

Wird nun eine analytische Perspektive eingenommen, sollte das reklamierte Selbstverständnis achtsamkeitsbasierter schulischer Programme nicht ihre Struktur und Funktion überdecken. Denn diese Anwendungen versuchen, das konstitutive Spannungsverhältnis – jene eingeschriebene dialektische Verfasstheit – postmoderner Gesellschaften aufzuheben. Die Überlegungen werfen zunächst ein theoretisches und methodisch-analytisches Problem hinsichtlich ihrer wissenschaftstheoretischen Ausrichtung auf: „Aus diesem Grund also könnte man, um es dialektisch auszudrücken, sagen, daß gerade das als positiv Auftretende wesentlich das Negative, das heißt das zur Kritik Stehende, sei." (Adorno 2007, S. 34) Aber ist es nicht dennoch ein Gewinn für alle Beteiligten, wenn die Grundstimmung in der Klasse positiv(er) ist? Hier zeigt sich m. E. strukturell ein Problem, was Illouz und Cabanas (2019) plakativ als „Glücksdiktat" formuliert haben. Das zu Kritisierende betrifft dann nicht den Aspekt, Schüler:innen Achtsamkeit zu lehren, und auch nicht das kulturpessimistische Fundament, aus dem diese praktische Konsequenz hervorgeht, sondern die undialektische Vermittlung und gesteigerte Verschleierung einer uneingeschränkt als positiv geltenden Kategorie: das Münden in eine „regressive Ideologie", in der „es dann einfach das Positive sein wird, an das die Menschen glauben sollen" (Adorno 2007, S. 33) und welches sie umzusetzen in der Lage sein müssen.

Zugespitzt lässt sich darüber hinaus konstatieren, dass im vorliegenden Erkenntnisobjekt jegliche methodische Kritik und theoretische Bindung gekappt wurde, denn ein zentraler Aspekt von Kritik – und die Autor:innen der hier betrachteten Bücher nehmen für sich gewiss eine grundlegend kritische Perspektive in Anspruch – liegt in der Differenz methodischer und praktischer Kritik (vgl. Oevermann 1996, S. 99). Mein Beitrag orientiert sich zwar an einem ‚Einsatzbereich' resp. einer konkreten Praxis – er beansprucht jedoch nicht, diese Praxis als *praktische Praxis* und *praktische Kritik*, die immer „Kritik an bestehenden Verhältnissen ist" (ebd., S. 99), angemessen würdigen zu können. Ich beanspruche allerdings, die Kritik (an) der Praxis der Begründungsfiguren achtsamkeitsbasierter Programme mit den Mitteln methodischer Kritik, die

„immer Kritik an der Geltung von Behauptungen und Überzeugungen über die Beschaffenheit der erfahrbaren Welt“ (ebd., S. 99) ist, zu konfrontieren. Die Frage ist, wie es sich andersherum verhält.

Die – grundlegend erwartbare – Kritik an achtsamkeitsbasierten Programmen wird von den Autor:innen selbiger durchaus antizipiert: So wird in vielen programmatischen Texten bereits ein umfassendes Bataillon an kritischen Perspektiven auf entsprechende Programme mitgeliefert, um diese dann im gleichen Zuge zu widerlegen oder sich der Reflexion der benannten Problemdimensionen, allen voran disziplinierenden Elementen, zu vergewissern. Ich möchte ein Beispiel von Kaltwasser nennen, das in ähnlicher Form auch bei anderen Autor:innen zu finden ist: „Zu Anfang gab es Widerspruch von den Kolleg/innen, die hier ungute Anklänge an die ‚Schwarze Pädagogik‘ sahen oder gar Assoziationen an militärische Appelle vorbrachten.“ (Kaltwasser 2016, S. 56) Bemerkenswert hieran ist, dass die Autorin in der reinen Behauptung – Problem benannt, Problem gebannt –, die Kritik sei verfehlt, das Gegenargument zu entkräften versucht. Das mag im Kontext der jeweiligen Ratgeber auch gelingen, jedoch stellt sich die Frage, wie die strukturelle Verfasstheit dieser Programme sich mit der Selbstauskunft in einen stimmigen Zusammenhang bringen lässt. Hieran schließen meine Überlegungen an. Wichtig ist mir zu betonen, dass es mir nicht um eine *Vermittlung* dieser m. E. nicht vermittelbaren Positionen geht.

Die hier in den Blick genommenen Ratgeber und Praxisbücher sind aufgrund ihrer eher praktischen Ausrichtung nicht mit einem expliziten erkenntnis- und wissenschaftstheoretischen Fundament resp. nicht mit einer eindeutigen Differenzmarkierung zwischen praktischer und methodischer Kritik ausgestattet. Sie nehmen dies allerdings durchaus, wenn auch nur punktuell, in Anspruch. Im Sinne einer methodischen Kritik kann die analysierte Praxis sich also völlig unbeeindruckt zeigen, geht es doch hier nicht um einen ernsthaften argumentativen Austausch, so man nicht das erkenntnislogische Fundament teilt. Und – das möchte ich hier betonen – auch die Dignität einer je konkret vorzufindenden Praxis nicht durch wissenschaftliche Kritik beschädigt wird und werden sollte. Anders verhält es sich, wenn die Befunde der Analyse betrachtet werden, die sich an den Kern des vorliegenden Bandes zurückkoppeln lassen. Denn die methodische, nicht-praktische Kritik hat Praxis im Blick. Und diese Praxis, sofern meine ersten Befunde und Annäherungen tragfähig sind, erweist sich als eine, die vor dem Hintergrund einer besonders stark verschleiernden und verschleierten Pathologisierungs*tendenz* verfährt. Diese Verschleierung wird dann ‚im Namen der Wissenschaft‘ gestärkt.

5. Verdichtung und abschließende Bemerkungen

Ich möchte abschließend die Befunde verdichten und weiterführende theoretische Bezugshorizonte aufzeigen. Zunächst gilt es, anhand der bisherigen

Betrachtung die Eindrücke zu bündeln, dass die mobilisierten Begründungsfiguren und deren strukturelle Verfasstheit in merklichem Widerspruch zueinander stehen. Meine Ausführungen lassen auf drei zentrale Dimensionen engführen: die (implizite) Pathologisierung der Eltern, das Zusammenspiel von Prävention, Erziehung und Verschleierung sowie die Aufhebung von Ambivalenzen und damit verbunden die Auslobung eines uneingeschränkten Positivitätsdiktums. Auch wenn Kaltwasser (2008, S. 21) postuliert: „Hier sollen – wohlgemerkt – nicht die Eltern gescholten werden, denn sie wollen auch heute das Beste für ihre Kinder", lässt sich erstens der Befund der impliziten Pathologisierung der Eltern nicht substanziell erschüttern. Die herausgearbeitete Struktur basiert auf den durch die Autor:innen erfolgten Alltagsbeobachtungen sowie Zuschreibungen der medialen Vereinnahmung der Kinder und der damit einhergehenden Erziehungsunfähigkeit. Diese lässt sich nicht durch den Hinweis tilgen, man möchte die Eltern nicht als Ursache der Probleme konkreter Schüler:innen ausweisen. Die Schilderungen in Bezug auf das Verhalten der Kinder mögen auch vielfach zutreffen, jedoch wird hier im wahrsten Sinne des Wortes das Kind mit dem Bade ausgeschüttet. Die Eltern werden qua jeweiliger Erfahrung der Autor:innen latent herabgewürdigt. Damit erfolgt *en passant* eine Verkehrung „zwischen dem Normalfall verantwortlicher Eltern und dem Sonderfall gestörter Eltern" (Oevermann 1996, S. 172). Dieser Umstand ist weitreichend, denn damit wird den Eltern, denen man im Sinne Oevermanns „als Erwachsenen und als Subjekten einer naturwüchsigen sozialisatorischen Praxis" (ebd., S. 172) – Oevermann rekurriert hier auf die innerfamiliale Interaktion – grundsätzlich Autonomie unterstellt, die Fähigkeit zur Autonomie und zu autonomem Erziehungshandeln abgesprochen. Dies wird umso deutlicher, vergegenwärtigt man sich die fehlende Begründungsbasis der Elternschelte. Die (schulpraktische) Alltagserfahrung, so viel ist klar, reicht hierfür nicht aus.

Wenn zweitens Jesper Juul in seinem Vorwort zu Jensens Buch die Problematik thematisiert, „dass die Schule staatliche und gesellschaftliche Ziele verfolgt und nicht etwa die Interessen der Schüler, der Lehrer oder der Schulleiter" (Jensen 2014, S. 11), so zeigt sich zunächst eine grundlegende Unzufriedenheit mit dem bestehenden schulischen System. Leistungsstreben, Anpassung und eine Ausrichtung am ökonomischen System scheinen den Kern der Kritik auszumachen, wenn Juul darüber hinaus postuliert: „Zu Ehren und im Namen von Konkurrenz und Beschäftigung soll die beste Schule der Welt erschaffen werden." (ebd., S. 11) Eine Schule der Achtsamkeit könnte, so die Pointe, auf jene staatlich vorgegebenen Orientierungslinien verzichten. Sie nimmt dies auch in Anspruch, jedoch hat sich gezeigt, dass dadurch das verschleiernde Zusammenspiel von Prävention, Erziehung und Disziplinierung zwar leiser, aber strukturell nicht weniger wuchtig in Erscheinung tritt.

Und wenn neben all den bisher geschilderten Perspektiven – auch als Reaktion auf die Kritik an achtsamkeitsbasierten Übungen – darauf verwiesen wird, dass

Übungen der Achtsamkeit in besonderem Maße dazu geeignet sind, eine Ambiguitätstoleranz auszubilden und zu fördern (vgl. Keuffer 2021, S. 98), schmälert dies drittens nicht die Eindirektionalität in Bezug auf die Aufhebung von Ambiguität, Ambivalenzen und die Auslobung eines uneingeschränkten Positivitätsdiktums vor dem Hintergrund der Entfaltung einer Folie der Negativität und des Kulturpessimismus. Letztgenannter Aspekt ist insofern bemerkenswert, als zwar programmatisch darauf verwiesen wird, jene gesellschaftlich vermittelten Uneindeutigkeiten auszuhalten und sich dazu verhalten zu können: die Richtung jedoch ist dabei ganz klar im Sinne einer Aufhebung von Ambiguität und konstitutiven Ambivalenzen. Das, was in Bezug auf die Gesellschaft an Kritik geübt wird, erweist sich als zu Bearbeitendes, an dessen Ende ein uneingeschränktes Positives steht.

Daran anschließend kann für die pädagogisch situierte Praxis der Achtsamkeit postuliert werden, dass diese entgegen ihrem pädagogischen Selbstverständnis durchaus im Sinne der Leistungsorientierung ausdifferenzierter Gesellschaften verfährt. Dies erfolgt jedoch, wie mit Bourdieu und Bröckling bereits angedeutet wurde, in einer verschleierten Form, d. h. ohne die Aufhebung bestehender Asymmetrien und Machtverhältnisse, und verschiebt nicht zuletzt die Legitimationsbasis pädagogischen resp. pädagogisch gerahmten Handelns.

Dabei lässt sich an das anschließen, was Wernet (2003) aus schultheoretischer Perspektive als Übersteigerung und Purifizierung aufwirft. In Bezug auf die Parsons'schen *Pattern Variables* und ihre sich gegenseitig ausschließende Logik der strukturellen Verfasstheit von Familie und Gesellschaft kommt Wernet zu dem Ergebnis, dass die Schule – und darunter fällt auch die Grundschule – kein Zwischenmodell darstellt, in dem eine eigentliche „*Vermittlungsleistung*" (ebd., S. 94) hergestellt wird. Theoretisch, so Wernet, sei dies aber zunächst verbindlich, was sich jedoch mit Parsons selbst widerlegen und eben übersteigern und purifizieren lässt. Die Pointe ist, dass „[a]n die Stelle des Modells einer Zwischenwelt [...] dann das Modell einer gesteigerten Repräsentation zentraler Prinzipien der modernen Gesellschaft [tritt]. Aus sozialisationstheoretischer Perspektive erscheint die Schule nicht als Ort der allmählichen Heranführung der Schüler an die gesellschaftlich-erwachsenenweltlichen Strukturen. Diesen Strukturen folgt die moderne Schule vielmehr in purifizierter Prägnanz" (ebd., S. 96).

Achtsamkeit, so die daran anschließende Überlegung, dient dann vor allem dem Aushalten dieser gesteigerten Anpassungsanforderung. Auch gegenüber denen, die – aus welchen Gründen auch immer – Schwierigkeiten haben, diese schulischen und letztlich gesellschaftlichen Anpassungsanforderungen zu erfüllen.

Diese Verschiebungen der Modi des Handelns in pädagogischen Settings – ihre expliziten und impliziten sowie ihre manifesten und latenten Begründungsfiguren – gilt es nicht nur hinsichtlich ihrer subtilen und verschleiernden Normalisierungs- und Pathologisierungspotenziale zu rekonstruieren, sondern vor allem hinsichtlich ihres, zumeist implizit bleibenden, wissenschaftstheoretischen Fundaments zu diskutieren. Bewegt man sich jenseits der für die pädagogische Professionalität konstitutiven widersprüchlichen Einheit pädagogischen Handelns, wird versucht, diese also aufzulösen – was zugleich nur einseitig geschehen kann –, so bewegt man sich sinnlogisch in einem Spektrum, das Adorno wie folgt skizziert: „Ich würde denken, daß in der nächsten Stufe der regressiven Ideologie es dann einfach das Positive sein wird, an das die Menschen glauben sollen etwa in dem Sinn, wie man in Heiratsannoncen die Formulierung ‚positive Lebenseinstellung' als etwas ganz besonders Empfohlenes empfindet." (Adorno 2007, S. 33) Vielleicht haben wir in der westlichen Auslegung von Achtsamkeit eine Kandidatin gefunden, die dieser Befürchtung ein Stück weit näherkommt.

Literaturverzeichnis

Adorno, Theodor W. (2007): Vorlesung über Negative Dialektik. Fragmente zur Vorlesung 1965/66. Frankfurt a. M.: Suhrkamp.

Altner, Nils (2019): Wege zur mehr Achtsamkeit und Mitgefühl in der Schule. Eine Schatzkiste voller Übungen und Spielideen. Hannover: Klett Kallmeyer.

Angehrn, Emil (2014): Dispositive des Negativen. Grundzüge negativistischen Denkens. In: Angehrn, Emil/Küchenhoff, Joachim (Hrsg.): Die Arbeit des Negativen. Negativität als philosophisch-psychoanalytisches Problem. Weilerswist: Velbrück, S. 13–36.

Bellmann, Johannes/Müller, Thomas (Hrsg.) (2011): Wissen, was wirkt. Kritik evidenzbasierter Pädagogik. Wiesbaden: VS Verlag für Sozialwissenschaften.

Bourdieu, Pierre/Passeron, Jean-Claude (1973): Grundlagen einer Theorie der symbolischen Gewalt. In: Bourdieu, Pierre/Passeron, Jean-Claude: Grundlagen einer Theorie der symbolischen Gewalt. Frankfurt a. M.: Suhrkamp, S. 7–87.

Bröckling, Ulrich (2008): Vorbeugen ist besser … Zur Soziologie der Prävention. In: Behemoth. A Journal on Civilisation 1, H. 1, S. 38–48.

Bröckling, Ulrich (2019): Kontraktpädagogik. Wir müssen immer tun, was wir wollen. In: Bröckling, Ulrich: Gute Hirten führen sanft. Über Menschenregierungskünste. Berlin: Suhrkamp, S. 222–242.

Cabanas, Edgar/Illouz, Eva (2019): Das Glücksdiktat und wie es unser Leben beherrscht. Berlin: Suhrkamp.

Dietrich, Cornelie/Uhlendorf, Niels (2019): „Freiheit zur Leere oder Freiheit zur Lehre?" Achtsamkeit in der Schule. psychosozial 42, H. 4, S. 18–30.

Engel, Nina/Schiemann, Stephan/Salisch, Maria von (2020): Schulbasierte Achtsamkeitsprogramme mit Kindern und Jugendlichen. In: Praxis der Kinderpsychologie und Kinderpsychiatrie 69, H. 4, S. 289–304.

Foucault, Michel (2007): Die Anormalen. Frankfurt a. M: Suhrkamp.

Fuchs, Peter (2008): Prävention. Zur Mythologie und Realität einer paradoxen Zuvorkommenheit. In: Saake, Irmhild/Vogd, Werner (Hrsg.): Moderne Mythen der Medizin. Studien zur organisierten Krankenbehandlung. Wiesbaden: VS Verlag für Sozialwissenschaften, S. 363–378.

Iwers, Telse/Roloff, Carola (2021a): Einleitung. In: Iwers, Telse/Roloff, Carola (Hrsg.): Achtsamkeit in Bildungsprozessen. Professionalisierung und Praxis. Wiesbaden: Springer, S. 1–7.

Iwers, Telse/Roloff, Carola (Hrsg.) (2021b): Achtsamkeit in Bildungsprozessen. Professionalisierung und Praxis. Wiesbaden: Springer.

Iwers-Stelljes, Telse (2007): Rezension. Nils Altner: Achtsamkeit und Gesundheit. In: Gruppendynamik und Organisationsberatung 38, H. 2, S. 213–215.

Jensen, Helle (2014): Hellwach und ganz bei sich. Achtsamkeit und Empathie in der Schule. Vorwort von Jesper Juul. Weinheim / Basel: Beltz.
Jornitz, Sieglinde (2004): Der Trainingsraum: Unterrichtsstörung als Bumerang. In: Pädagogische Korrespondenz, H. 33, S. 98–117.
José, Marco (2016): Positive Psychologie und Achtsamkeit im Schulalltag. Förderung der Empathie. Wiesbaden: Springer.
Kabat-Zinn, Jon (2013): Achtsamkeit für Anfänger. Freiburg i. Br.: Arbor.
Kabat-Zinn, Jon (2019): Wach werden und unser Leben wirklich leben: Wie wir Achtsamkeit im Alltag praktizieren. Freiburg i. Br.: Arbor.
Kabat-Zinn, Jon (2020): Das heilende Potenzial der Achtsamkeit. Eine neue Art, zu sein. Freiburg i. Br.: Arbor.
Kaltwasser, Vera (2008): Achtsamkeit in der Schule. Stille-Inseln im Unterricht: Entspannung und Konzentration. Weinheim / Basel: Beltz.
Kaltwasser, Vera (2016): Praxisbuch Achtsamkeit in der Schule. Selbstregulation und Beziehungsfähigkeit als Basis von Bildung. Weinheim / Basel: Beltz.
Kaltwasser, Vera (2020): Achtsamkeit. Paradigmenwechsel im Bildungswesen – Von der Bedeutung der Bewusstseinsschulung für die Persönlichkeitsentfaltung. In: Springmann-Preis, Sigrid (Hrsg.): Notsignale aus dem Klassenzimmer. Hilfen und Lösungswege gemeinsame finden. Paderborn: Ferdinand Schöningh, S. 191–200.
Kaufmann, Rita E. (2011): Selbstbestimmung und Beziehungslernen. Achtsamkeit im Schulleben vermitteln. Weinheim / Basel: Beltz.
Keuffer, Josef (2021): Achtsamkeit in der Schule – Qualifizierung der Trainer und Anwendung im Alltag von Lehrenden und Lernenden. In: Iwers, Telse / Roloff, Carola (Hrsg.): Achtsamkeit in Bildungsprozessen. Professionalisierung und Praxis. Wiesbaden: Springer, S. 89–102.
Krämer, Susanne (2019): Wache Schule: Mit Achtsamkeit zu Ruhe und Präsenz. Paderborn: Junfermann.
Leanza, Matthias (2016): Prävention. In: Bühler, Benjamin / Willer, Stefan (Hrsg.): Futurologien. Ordnungen des Zukunftswissens. Paderborn: Wilhelm Fink, S. 155–167.
Luong, Mihn Tam (2018): Achtsamkeit und Muße in der Schule. Eine Mixed-Methods-Studie zu den Auswirkungen einer achtsamkeitsbasierten Intervention. Freiburg i. Br.: Dissertation.
Menzel, Christin / Rademacher, Sandra (2012): Die „sanfte Tour". Analysen von Schülerselbsteinschätzungen zum Zusammenhang von Individualisierung und Kontrolle. In: sozialer sinn 13, H. 1, S. 79–99.
Michaelsen, Maren M. / Esch, Tobias (2021): Die neuronale Basis von Meditation und Achtsamkeit im Bildungskontext. In: Iwers, Telse / Roloff, Carola (Hrsg.): Achtsamkeit in Bildungsprozessen. Professionalisierung und Praxis. Wiesbaden: Springer, S. 61–76.
Oevermann, Ulrich (1996): Theoretische Skizze einer revidierten Theorie professionalisierten Handelns. In: Combe, Arno / Helsper, Werner (Hrsg.): Pädagogische Professionalität. Untersuchungen zum Typus pädagogischen Handelns. Frankfurt a. M.: Suhrkamp, S. 70–182.
Oevermann, Ulrich (2001): Die Struktur sozialer Deutungsmuster – Versuch einer Aktualisierung. In: sozialer sinn 2, H. 1, S. 35–81.
Pongratz, Ludwig (2010): Einstimmung in die Kontrollgesellschaft. Der Trainingsraum als gouvernementale Strafpraxis. In: Pädagogische Korrespondenz 41, S. 63–74.
Rabenstein, Kerstin / Reh, Sabine (2009): Die pädagogische Normalisierung der ‚selbständigen Schülerin' und die Pathologisierung des ‚Unaufmerksamen'. Eine diskursanalytische Skizze. In: Bilstein, Johannes / Ecarius, Jutta (Hrsg.): Standardisierung – Kanonisierung: Erziehungswissenschaftliche Reflexionen. Wiesbaden: Springer VS, S. 159–180.
Schindler, Simon (2020): Ein achtsamer Blick auf den Achtsamkeits-Hype. In: Organisationberatung, Supervision, Coaching 27, H. 1, S. 111–124.
Schmidt, Jacob (2020): Achtsamkeit als kulturelle Praxis. Zu den Selbst-Welt-Modellen eines populären Phänomens. Bielefeld: Transcript.

Valtl, Karlheinz (2021): Achtsamkeit und sozial-emotionales Lernen. In: Iwers, Telse/Roloff, Carola (Hrsg.): Achtsamkeit in Bildungsprozessen. Professionalisierung und Praxis. Wiesbaden: Springer, S. 31–48.

Waldschmidt, Anne (2004): Normalität. In: Bröckling, Ulrich/Krasmann, Susanne/Lemke, Thomas (Hrsg.): Glossar der Gegenwart. Frankfurt a. M.: Suhrkamp, S. 190–196.

Wernet, Andreas (2003): Pädagogische Permissivität. Schulische Sozialisation und pädagogisches Handeln jenseits der Professionalisierungsfrage. Opladen: Leske und Budrich.

Wernet, Andreas (2021): Einladung zur Objektiven Hermeneutik. Opladen und Toronto: Barbara Budrich.

Zenner, Charlotte Annelene (2016): ABC fürs Leben – Sind Achtsamkeitsprogramme im Schulkontext ein wirksamer Ansatz? Frankfurt (Oder): Dissertation.

Die Behandlung des ‚Normalen'

Professionssoziologische und gouvernementalitätstheoretische Annäherungen an Coaching im Lehrberuf

Ralf Parade und Marian Stuchell

Coaching für Lehrkräfte ist im Trend (vgl. Ryter 2018). Das zeigt sich nicht nur an der bunten Palette verlinkter Coachingangebote auf den Webseiten der Lehrkräfteakademien des Landes, sondern kann auch anhand der Follower:innenzahlen diverser spezialisierter Coach:innen auf Instagram und anderen Social-Media-Plattformen nachvollzogen werden. Und wen mag es verwundern? In einem Beruf, der ohnehin durch Ungewissheit gekennzeichnet ist (vgl. Helsper 2003; Paseka et al. 2018), suggeriert das Coaching in Zeiten erodierender Wissensfundamente von Professionen (vgl. Pfadenhauer 2021) Lehrpersonen, dass die Bewältigung all ihrer Probleme aus ihnen selbst heraus erfolgen könne. ‚Nebenwirkungen' einer auf Selbstoptimierung und Funktionalisierung zielenden Coachingkultur werden dabei jedoch selten in den Blick genommen. Insofern widmet sich der folgende Beitrag nicht nur – wie üblich – der Selbstbeschreibung des Coachings und der affirmativen Bezugnahme auf vermeintliche Vorteile für Lehrpersonen (1), sondern im Rekurs auf gouvernementalitätstheoretische Arbeiten wird Coaching als Element gegenwärtiger Menschenführungskünste kenntlich gemacht (2) und am Falle des Lehrberufs das Desiderat aufgegriffen (3), welche spezifische Attraktivität Coaching für verschiedene Expert:innen- und Klient:innengruppen ausstrahlt (vgl. Traue 2011, S. 245). Den Abschluss des Beitrages (4) bilden eine Zusammenfassung der bisherigen Rekonstruktionen und ein Ausblick, welcher Aufgaben sich künftige Forschungsarbeiten zu Coaching im Lehrberuf anzunehmen haben.

1. Professionelles Selbstporträt im Coachingdiskurs und aktuelle Tendenzen im Lehrberuf

Wer oder was sich eigentlich genau hinter dem recht jungen beruflichen Phänomen des Lehrer:innencoachings verbirgt, ist alles andere als eindeutig zu bestimmen. Weder handelt es sich hierbei um ein geschütztes Berufsbild mit institutionell geregelten Zugängen, noch hat sich bisher eine begriffliche Definition von

Lehrer:innencoaching etabliert. Von daher hängt die inhaltliche Ausgestaltung von Coachingangeboten in erster Linie von der Interpretation und dem Coachingverständnis der einzelnen Anbieter:innen ab und ist damit stark durch deren individuelle Berufsbiographie, Werte und vor allem die ausgewählten Coachingmethoden geprägt.

Die meisten Coach:innen für Lehrpersonen, die sich in den sozialen Medien präsentieren, stammen selbst aus dem Lehrberuf, andere wiederum haben einen psychotherapeutischen oder sozialpädagogischen Ausbildungshintergrund und im Anschluss häufig Weiterbildungen in psychologischer Beratung oder systemischem Coaching absolviert. Insofern handelt es sich beim Coaching für Lehrkräfte, ähnlich wie bei anderen spezifischen Coachingformaten wie Life-, Business-, Karriere- oder Gendercoaching, keineswegs um eine homogene Expert:innengruppe mit spezifischem Ausbildungs- und Wissensprofil. Im direkten Vergleich zu klassischen Expert:innengruppen, etwa der Medizin oder den Rechtswissenschaften, gilt die Coachingszene entsprechend als unzureichend professionalisiert.[1] Ähnlich wie andere neue Dienstleistungs- und Wissensberufe müssen Coach:innen daher ihre Zuständigkeiten und ihr berufliches Dasein gegenüber der Gesellschaft noch begründen und legitimieren.

Aus diesem Grund und um das damit zusammenhängende „Scharlatanerieproblem“ (Kühl 2006b, S. 88) im eigenen Berufsfeld in den Griff zu bekommen, bemühen sich Coachingverbände, wie der *Deutsche Bundesverband Coaching e. V.* (DBVC) und die *Deutsche Gesellschaft für Supervision* (DGS) sowie renommierte Vertreter:innen der Coachingszene, wie Stefan Kühl, Beate Fietze, Astrit Schreyögg oder Christoph Schmidt-Lellek, die Professionalisierung von Coaching voranzutreiben. Ihr Professionalisierungsziel besteht in erster Linie darin, Definitionen für Zuständigkeiten und Qualitätsstandards festzulegen und entsprechende Zertifikationssysteme einzuführen. So bestimmt die DGS das Coaching aktuell als eine „professionelle Beratung, Begleitung und Unterstützung von Personen mit Führungs- / Steuerungsfunktionen und von Expert:innen in Unternehmen / Organisationen“ (DBVC 2023). Basierend auf solchen Definitionsansätzen können Zuständigkeiten für das Coaching begründet und entsprechend von anderen Beratungsformaten, wie etwa der Psychotherapie, der Expert:innenberatung, dem Training oder der Supervision, abgegrenzt werden. In der einschlägigen Literatur zum Professionalisierungsdiskurs im Coaching findet sich eine Bandbreite

1 Der Begriff ‚Profession‘ bezieht sich hier auf jene Berufe, die sich durch bestimmte Berufsgruppenmerkmale wie u. a. spezielles Fachwissen, eindeutige Begriffsdefinitionen und Monopolisierung des Tätigkeitsfeldes, Berufsverbände zur Selbstverwaltung sowie Gemeinwohlorientierung von anderen Berufsgruppen abgrenzen lassen (vgl. Lundgreen 1999, S. 20). Zwar weisen Pfadenhauer und Sander (2010, S. 362) darauf hin, dass ein solch „*indikatorische[r] Ansatz*“ aus professionssoziologischer Sicht als obsolet gelten kann; in professionspolitischen Diskursen, wie dem hier aufgerufenen zum Coaching, dient jenes Begriffsverständnis jedoch weiterhin der Distinktion und der Aufwertung der eigenen Berufsgruppe.

an Definitions- und Abgrenzungsbemühungen gegenüber anderen Beratungsformaten, auf deren Grundlage sich das professionelle Selbstbild von Coaching rekonstruieren lässt.

Demnach seien die Differenzen zwischen Psychotherapie und Coaching relativ eindeutig bestimmbar. Im Gegensatz zum:zur Coach:in handele es sich bei der Berufsbezeichnung ‚Psychotherapeut:in' gemäß dem Psychotherapeutengesetz (PsychThG) um eine institutionell gesicherte Berufsbezeichnung, die nur von Ärzt:innen, psychologischen Psychotherapeut:innen oder Kinder- und Jugendpsychotherapeut:innen geführt werden dürfe. Weiterhin gälten Psychotherapeut:innen als einem Heilberuf angehörig, wohingegen sich Coach:innen im professionellen Selbstverständnis vielmehr als Dienstleister:innen für Gesunde in berufsbezogenen Konflikten verständen. Coaching solle als Beratungsform also weniger in die Tiefen der Psyche einer Person vordringen und sich primär auf Probleme, die im Zusammenhang mit der Berufsrolle entstehen, beschränken, wohingegen im Rahmen von Therapie existenziellere Probleme mit pathologischer Relevanz bearbeitet würden (vgl. Schmidt-Lellek 2015). Den Ausführungen der Coachingautor:innen Schmidt-Lellek und Fietze (2018) zufolge unterscheide sich Coaching von der Expert:innenberatung oder dem Training darin, dass es nicht um eine fachliche Schulung gehe, sondern die gecoachte Person von den Coach:innen selbst als Expert:in in eigener Sache betrachtet werde. Es solle im Coaching also vielmehr um eine selbstständige Entwicklung neuer Sichtweisen und Orientierungen durch dialogische Interaktion und Selbstreflexion gehen, indem die – wie es in der Coachingliteratur oft heißt – ‚schlummernden Potenziale' oder ‚Ressourcen' der Klient:innen freigelegt werden.

Coaching und Supervision galten für Professionalisierungsvertreter:innen beider Lager anfangs noch als unterschiedliche Beratungsformate. So sollte Coaching für die Veränderung von Personen in Leitungsfunktionen (oben) und Supervision für jene in ausführenden Funktionen (unten) in Organisationen zuständig sein (vgl. Schreyögg 2000). Auch sollte die beraterische Interventionspraxis der Supervision eher langfristig therapeutisch verlaufen und sich das Coaching vielmehr als das kurzfristigere und pragmatischere Format etablieren (vgl. Kühl 2006a, S. 9). Heutzutage scheinen die Vertreter:innen und Interventionsfelder von Coaching und Supervision allerdings in vielen Fällen identisch und der Distinktionsstreit beigelegt worden zu sein. So änderte der Supervisionsverband DGSv im Jahr 2016 mit eben dieser Begründung auch seinen Namen in *Deutsche Gesellschaft für Supervision und Coaching e. V.* Allerdings hält sich die Supervision nach wie vor als alleinstehendes Beratungsformat in der Sozialen Arbeit und Psychotherapie, wo sie sich als erfolgreicher „Professionalisierungsparasit" (ebd., S. 9) etabliert hat. Coaching – folgt man den Einschätzungen Kühls (ebd., S. 10) – hat sich jedoch als der attraktivere Begriff auf dem Markt mehr und mehr gegenüber der Supervision durchgesetzt.

Ein Coaching für Lehrkräfte sollte gemäß dem professionellen Selbstverständnis als eine Beratungs-, Begleitungs- und Unterstützungsleistung von im Schuldienst tätigen Lehrkräften verstanden werden. Darin müsste es sich auf die Bearbeitung lehrberufstypischer Problemlagen beziehen, wie etwa die Leistungsfähigkeit und Berufszufriedenheit oder Bewältigungsstrategien im Umgang mit Schulleitungspersonen, Kolleg:innen und Schüler:innen. Jedoch sollte es nicht wie im Training um eine fachliche Schulung, bspw. didaktischer, pädagogischer oder wissenschaftlicher Kompetenzen gehen, sondern darum, im dialogischen, hierarchiefreien, reflexiven Prozess neue Perspektiven der Person auf sich selbst in Verbindung mit der Berufsrolle offenzulegen.

Tatsächlich finden sich ähnliche Selbstverortungen in der noch recht überschaubaren Fachliteratur zum Coaching für Lehrkräfte. So plädiert Arnold (2011) dafür, dem durch Öffentlichkeit und Bildungspolitik „verunsicherten Beruf" (ebd., S. 313) ein Lehrer:innencoaching zur Seite zu stellen. Hierin solle die Lehrperson ganzheitlich angesprochen und ressourcenstärkend begleitet werden und das ganz auf Grundlage des Coachingimperativs, dass Personen Expert:innen ihrer eigenen Situation seien. Auch solle es die Lehrkräfte darin begleiten, einen selbstreflexiven Umgang mit sich selbst zu entwickeln, um so alte problematische Gewohnheiten und Erfahrungen aufbrechen zu können (vgl. ebd., S. 320). Dabei sollten – so Arnold – die Coach:innen jedoch stets im Sinne der Reflexion und Verantwortung gegenüber der Lehrkraft handeln. Auch Ryter (2018) spricht sich in ihren Auseinandersetzungen mit Coaching als neuem Trend in der Lehrer:innenbildung deutlich für die Etablierung von Individualcoaching für Lehrpersonen aus und betont dabei die Potenziale, die es für die Professionalisierung[2] ihres beruflichen Handelns mit sich bringe.

Der Wunsch, durch Coaching die Professionalisierung des Lehrberufes weiter voranzutreiben, findet sich keineswegs nur in den Konzepten und Befürwortungen von Coachingverbänden und deren Expert:innen, sondern auch in den bildungspolitischen Programmen einiger Bundesländer. So wurde 2011 im Zuge einer Reform des nordrhein-westfälischen Vorbereitungsdienstes die *Personenorientierte Beratung mit Coachingelementen* (POB-C) für Referendar:innen in ihrer zweiten Ausbildungsphase eingeführt (vgl. Krächter 2018). Seit 2012 bietet das Bundesland Baden-Württemberg seinen im öffentlichen Schuldienst tätigen Lehrkräften wiederum die Teilnahme an Lehrer:innen-Coachinggruppen nach dem Konzept des sog. „Freiburger Modells" an (Ministerium für Kultus, Jugend und Sport Baden-Württemberg 2023), welches von dem medizinischen Psychotherapeuten Joachim Bauer entwickelt und evaluiert wurde (vgl. Bauer/

2 Auf ein einschlägiges Professionsverständnis oder eine diesbezügliche Theorie bezieht sich Ryter (2018) hierbei allerdings nicht. Vielmehr wird unter Professionalisierung ein Berufswissen verstanden, das sich nicht allein durch fachliche Expertise, sondern bspw. auch durch Fähigkeiten der Emotionsdeutung in Konfliktsituationen auszeichnet (vgl. ebd., S. 30 ff.).

Unterbrink/Zimmermann 2007). Auch im Freistaat Sachsen haben Lehrkräfte seit der Einführung des ‚Qualitätsbudgets' die Möglichkeit, ein Coaching auf Kosten der Schule im Zuge von Personalentwicklungs- bzw. Lehrer:innenfortbildungsmaßnahmen in Anspruch zu nehmen. Neben weiteren Beispielen sei zudem auf das kürzlich erschienene Gutachten der *Ständigen Wissenschaftlichen Kommission der Kultusministerkonferenz* (SWK) verwiesen, in dem Coaching als präventive Maßnahme zur Gesundheitsförderung nahegelegt wird (vgl. SWK 2023, S. 28).

Die bisher geschilderten Professionalisierungsbemühungen und Institutionalisierungstendenzen im Bereich der Lehrkräfte(-weiter-)bildung verdeutlichen noch einmal die bereits eingangs erwähnte Konjunktur des Coachings im Lehrberuf. Festzuhalten ist dabei jedoch, dass es sich nicht aus dem Bildungssystem und der Lehrprofession heraus entwickelt hat, sondern als ein Produkt (und ein Hervorbringungsmoment) gesamtgesellschaftlicher Entwicklungen der letzten Jahrzehnte gelten kann.

2. Entstehung des Coachings aus gouvernementalitätstheoretischer Perspektive

Nach den bisherigen mehrheitlich selbstporträtierenden Darlegungen ist einer expandierenden Coachingkultur im Lehrberuf kaum etwas Schlechtes vorzuhalten, denn wer hätte etwas einzuwenden gegen die selbstgeleitete Arbeit am eigenen (beruflichen) Glück, Selbstoptimierung und eine Verbesserung pädagogischer Praxis? Um im Folgenden die Janusköpfigkeit jenes Unterfangens aufzuzeigen, wird eine gouvernementalitätstheoretische Perspektivierung von Coaching vorgenommen. Hierfür bedarf es zunächst der genaueren Kennzeichnung dessen, was unter Gouvernementalität verstanden werden kann, sowie der Analyse der historischen Verästelungen und der Pfade, die zur Entstehung des Coachings und schließlich zur Implementierung der damit verbundenen Diskurse, Techniken und Artefakte im Bildungssystem und konkret der Lehrkräftebildung geführt haben.

Ohne hier Foucaults Erörterungen einer Historie der Gouvernementalität[3] hinreichend würdigen zu können (vgl. Foucault 2004/2017a; Foucault

3 Foucault führte den Begriff ‚Gouvernementalität' in der Spätphase seines Schaffens im Rahmen zweier Vorlesungsreihen am Collège de France zwischen 1977 und 1979 ein und bestimmte ihn in dreifacher Weise: „Ich verstehe unter ‚Gouvernementalität' die aus den Institutionen, den Vorgängen, Analysen und Reflexionen, den Berechnungen und den Taktiken gebildete Gesamtheit, welche es erlauben, diese recht spezifische, wenn auch sehr komplexe Form der Macht auszuüben, die als Hauptzielscheibe die Bevölkerung, als wichtigste Wissensform die politische Ökonomie und als wesentliches technisches Instrument die Sicherheitsdispositive hat. Zweitens verstehe ich unter ‚Gouvernementalität' die Tendenz oder die Kraftlinie, die im ge-

2004/2017b), sei doch wenigstens skizzenhaft daran erinnert, dass dieser in der Mitte des 16. Jahrhunderts einen sukzessiven Prozess einsetzen sieht, in dem sich bisherige Herrschaftspraktiken des Souveräns hin zu ‚Künsten der Regierung' wandeln, vormalige Formen der gewaltvollen Unterwerfung qua Gesetz durch subkutan und indirekt wirkende Taktiken und Techniken der Menschenführung ersetzt und ergänzt werden. Mit der Inauguration der politischen Ökonomie und dem Ausbau des Verwaltungsapparates im 18. Jahrhundert kommt es zu einer allmählichen Ablösung der Souveränitätsgesellschaften hin zu einem auf Disziplinarprozeduren, Dressur und Regulierung basierten Regime, das vermehrt auf pädagogische Praktiken zurückgreift und als dessen Produkt die staatliche Schule als Disziplinierungs-, Normalisierungs- und Integrationsinstanz gelten kann (vgl. Foucault 1977/2014). Mit der Invisibilisierung durchaus ambivalent zu denkender Machtmechanismen emergiert fortschreitend eine auf Sicherheitsdispositive zurückgreifende Regierungsform, die – mit Deleuze (1993/2016) gesprochen – als „Kontrollgesellschaft" gefasst werden kann und in der unternehmerische Imperative totalitär, jedoch auch fast nicht spürbar als neues Maß der Dinge fungieren (vgl. Rose 2000; Bröckling 2007). Gegenwärtige Ausformungen der ‚sanften Führung' neoliberaler Gouvernementalität werden – ohne in ökonomistischer oder Ideologiekritik zu versiegen – von den Govern-

samten Abendland unablässig und seit sehr langer Zeit zur Vorrangstellung dieses Machttypus geführt hat, den man über alle anderen hinaus die ‚Regierung' nennen kann: Souveränität, Disziplin, und die einerseits die Entwicklung einer ganzen Serie spezifischer Regierungsapparate und andererseits die Entwicklung einer ganzen Serie von Wissensarten nach sich gezogen hat. Schließlich denke ich, daß man unter ‚Gouvernementalität' den Vorgang oder vielmehr das Ergebnis des Vorgangs verstehen sollte, durch den der mittelalterliche Staat der Gerichtsbarkeit, der im 15. und 16. Jahrhundert zum Verwaltungsstaat wurde, sich nach und nach ‚gouvernementalisiert' hat." (Foucault 2004/2017a, S. 162 f.) Foucaults (keineswegs linear und in Kausalzusammenhängen zu denkende) genealogische Erkundungen einer Geschichte der Gouvernementalität führen u. a. entlang griechischer und römischer Führungskonzepte über Machtphänomene im christlichen Pastorat, die Staatsräson im 17. Jahrhundert, die kontrollierenden, regulierenden und normierenden Techniken der Disziplinarmacht am Beispiel der Polizei bis hin zur fortschreitenden Freisetzung der Individuen im Zuge einer neuen Regierungstechnologie im Liberalismus des 18. Jahrhunderts bzw. ihrer späteren Ausdrucksgestalten im deutschen Ordo- und amerikanischen Neoliberalismus. Repressive Souveränitätsmacht, Disziplinarmacht und qua Sicherheitsdispositiven operierende neoliberale Gouvernementalität sind dabei nicht als sich ablösende historische Phasen der Regierung, sondern vielmehr als sich im Laufe der Zeit verschiebende Achsen einer Dreieckskonstellation zu denken. Wie Foucault (2004/2017a, S. 22) selbst bemerkt, gibt es „kein Zeitalter des Rechtlichen, kein Zeitalter des Disziplinarischen, kein Zeitalter der Sicherheit"; vielmehr ändere sich vor allem „die Dominante oder genauer das Korrelationssystem zwischen den juridisch-rechtlichen Mechanismen, den Disziplinarmechanismen und den Sicherheitsmechanismen" (ebd., S. 23). Zentralbegriff im Rahmen seiner fragmentarisch ausbuchstabierten Theorie der Gouvernementalität ist – wie es der Begriff ‚Gouvernementalität' (von frz. ‚gouvernemental': die Regierung betreffend) bereits ankündigt – die ‚Regierung' als analytisches Bindestück zwischen Sozial- und Selbsttechniken sowie Wissensformen und Machttechniken (vgl. Lemke 2014, S. 260 f.).

mentality Studies (vgl. Burchell / Gordon / Miller 1991; für Deutschland: Bröckling, Krasmann / Lemke 2000) aufgegriffen, in deren Zuge – und das ist an dieser Stelle von besonderer Relevanz – auch auf die Interferenz ökonomischer und psychologischer Sozial- und Selbsttechnologien hingewiesen wurde (vgl. Rose 1998; 2000). Als deren Ergebnis kann, so viel sei im Vorgriff erwähnt, auch das Coaching gelesen werden.

Wie diskursanalytisch Interessierten nahegelegt wird, Brüche und divergierende Entwicklungspfade im Diskurs als analytischen Einsatzpunkt zu wählen, so wird im Folgenden auch ein solcher Bruch Einsatz einer kurzen, dadurch verkürzten Geschichte des Coachings sein, wenngleich seine Antezedenzien weiter zurückreichen mögen.[4]

Ein Einsatzpunkt – oder vielmehr Meilenstein – der Entstehungsgeschichte des Coachings kann in der Konvergenz sozialreformerischer Bewegungen und einer flächendeckenden Umjustierung der Therapeutik in den ausgehenden 1960er und vor allem 1970er Jahren – dem Jahrzehnt des ‚Psychobooms' (Tändler 2016) – gesehen werden. Mit dem allmählichen Abgesang der Psychoanalyse einhergehend, hatten sich in den vorangegangenen Dekaden neue therapeutische Technologien entwickelt, von denen die Humanistische Psychologie als eine der erfolgreichsten gelten kann. In ihr amalgamierten Selbsthilfeethos und psychologische Subjektivierungspraktiken; die von der *counter culture* der 1960er Jahre vorgetragene Kritik an einem entfremdeten Dasein wurde aufgegriffen und zum neuen Ideal authentischer Selbstverwirklichung umgemünzt, deren Herbeiführung fortan Aufgabe der Therapie sein sollte:

> „Wer hinter jenen psychologischen Idealen der Selbsterfüllung zurückblieb, war nun krank. [...] Damit war der Zuständigkeitsbereich der Psychologen stark ausgeweitet. Nicht nur verlegten sie sich von psychischen Störungen auf das wesentlich größere Feld des neurotischen Unglücks, sondern nun auch vom neurotischen Unglück auf die Vorstellung, Gesundheit und Selbstverwirklichung seien *Synonyme*. Selbstverwirklichung in den Mittelpunkt von Modellen des Selbst zu stellen hatte zur Folge, daß die meisten Leben auf einmal ‚nichtselbstverwirklicht' waren. Diese Grundidee bildet den Kern des unheimlichen Publikumserfolgs der Psychologie." (Illouz 2018, S. 270 f.)

Im Allgemeinen kennzeichnete (häufig einem Gruppenmodell folgende) Therapien der nachpsychoanalytischen Ära – von der Verhaltens- über Familien- und Sexual- bis hin zu Urschrei- oder Gestalttherapie – eine allmähliche Verwischung der Grenzen zwischen Pathologischem und Normalem. Normalität wurde zum Symptom, die „Therapie für Normale" (Castel / Castel / Lovel 1982, S. 304) hielt

4 In den Rekonstruktionen Traues (2010; 2011) etwa bis hin zu den bereits auf Suggestivkräfte setzenden ‚magnetischen' Therapien im 18. Jahrhundert.

Einzug, zielte künftig mehr auf Selbstverwirklichung, Potenzialentfaltung und (Selbst-)Optimierung bzw. *personal growth* denn auf Wiederherstellung von Gesundheit ab. Einen Beitrag dazu leistete auch die Rezeption der Kybernetik im Rahmen von Psychologie und Therapeutik, in deren Zuge die kausal orientierte Erkundung des Vergangenen zugunsten der final orientierten Vorstellung von optionalen Zukünften in den Hintergrund trat (vgl. Traue 2011, S. 247 f.).

> „Die kybernetische Therapeutik markiert gegenüber den hermeneutischen Techniken eine Verschiebung in den modernen Technologien der Selbstführung. Der kybernetische Berater nimmt die Rolle eines *Suggestionspartners* ein. Anteilnahme, Provokation, zirkuläres Fragen und die Verwendung von Humor sind Bestandteile von Gesprächstechniken, die darauf abzielen, die vitalistischen Steigerungsformeln der kybernetischen Therapeutik als Subjektivierungsprogramme wirksam werden zu lassen. Die Programmatik der kybernetisch-therapeutischen Techniken sagt aus, es sei möglich, sich selbst durch Selbstaffizierung und durch Kommunikation mit anderen zu verändern. Dabei handelt es sich allerdings nicht um einfache Selbstsuggestionsprogramme, sondern um eine Technologie der *Nachahmung*, die als Einrichtung von Feedbackschleifen beschrieben wird." (ebd., S. 249 f.)

Doch nicht nur psychologische Diskurse und therapeutisch angeleitete Selbsttechniken, die nun – ganz im Sinne neoliberaler Gouvernementalität – auf Aktivierung, Selbstregulierung, Optimierung und Optionalisierung der Lebensführung[5] ausgerichtet waren, sondern auch ihre Verbreitung unterlag in den 1960er und v. a. 1970er Jahren einem rapiden Wandel. Mit der Demokratisierung und Popularisierung der Therapie und vermittels massenmedialer Verbreitungskanäle expandierten psychologisch-therapeutische Wissensbestände und Deutungsmuster im Alltagsdiskurs, was dazu führte, dass die darin mitgelieferten Subjektivierungsprogramme die Selbst-Welt-Verhältnisse breiter Bevölkerungsteile westlicher Industrienationen überschrieben oder wenigstens präfigurierten. Auch im Bildungssystem resp. der Schule fand die fortschreitende Psychologisierung und Therapeutisierung ihren Niederschlag – das betraf nicht nur etwa Erziehungstheorien, sondern auch Lehrkräfte sahen sich mit

---

5 Traue und Pfahl (2014, S. 254 f.) sprechen auch von einem „Optionalisierungsdispositiv" der Therapeutik: „Es macht biographische Optionen sichtbar, eröffnet ein Sprechen über Möglichkeiten, ihre Wahl, und die Optimierung von Prozessen des Wählens und Entscheidens. Biographische oder unternehmerische Wunsch-Zukünfte, durch eine ‚Kunst des Zielens' in Reichweite gerückt, sollen dabei nicht durch eine Ausschaltung des Gefühls herbeigeführt werden, sondern ganz im Gegenteil durch eine Einbindung des Fühlens. Therapeutische Beraterinnen und Berater stehen den Klientinnen und Klienten als aktivierende Animatoren imaginierter Identitäten zur Verfügung. Therapie und Beratung können also als eine zentrale Instanz post-fordistischer Gouvernementalität beschrieben werden. Individuen werden so angerufen, dass ihre eigene Lebensführung ihnen als ein Feld von real existierenden Optionen erscheint, die durch geschicktes individuelles Handeln gewählt und realisiert werden können."

spezifischen Subjektvierungsanforderungen konfrontiert, waren sie es doch, die Schüler:innen zu Eigenverantwortung und Selbstführung anhalten, Kreativität und Innovationsgeist wecken und dabei mit gutem Beispiel vorangehen sollten (vgl. Tändler 2015).

Meinte nun die Bezeichnung ‚Coach' im 16. Jahrhundert noch eine Kutsche, später das Trainieren der jungen Pferde (‚to coach'), die vor eben jene gespannt werden sollten, und wurden damit im 19. Jahrhundert bereits Nachhilfelehrkräfte resp. ‚private tutors', dann auch ‚athletic trainers' bezeichnet (vgl. Traue 2011, S. 193 f.; Kluge 2012), so erfährt sie in der eben geschilderten Zeit der 1960er und 1970er Jahre nochmals eine Ausweitung ihrer Anwendungsfelder im Kontext der Beratung. Als einer der Pionier:innen des Coachings in den 1970er Jahren wird zum einen der US-amerikanische frühere Autohändler Werner Erhard gehandelt, der nach Selbststudien von Humanistischer Psychologie, Kybernetik, Encounter, Transaktionsanalyse, Scientology, Zen-Buddhismus und weiteren Strömungen zunächst als Trainer bei der Firma *Mind Dynamics* Unternehmer in Persönlichkeitsentwicklung schulte und dann 1971 erfolgreich mit dem eigenen Unternehmen *Erhard Seminars Training* debütierte, das Workshops zur Persönlichkeitstransformation anbot, und damit als Vorläufer des Life-Coachings gelten kann. Zum anderen ist es der US-Tennisspieler Timothy Gallwey, der – als Wegbereiter des Performance-Coachings – mittels mentaler Programmierung und Verhaltensflexibilisierung Spitzenleistung beim Sport versprach und mit diesem Prinzip nicht nur im Sport, sondern auch in der Unternehmenswelt Anklang fand (vgl. Bernet 2015, S. 105 f.; Tändler 2016, S. 443 f.; Drath 2021, S. 24 f.).

Seinen Durchbruch erlangte das Coaching jedoch in den USA und Großbritannien in den 1980er Jahren. Von zentraler Bedeutung hierfür war ein Strukturwandel von Arbeit und ein damit einhergehender Umbau der Personalführung – oder treffender: des Personalmanagements –, der sich schleichend im Übergang zum Post-Fordismus vollzog und bei dem von einem Modell der Einschließung, Disziplinierung[6] und Überwachung sowie der Minimierung des Störfaktors Mensch in Betrieben hin zu einem Modell gewechselt wurde, das die produktive Nutzbarmachung der Ressource Mensch als ganze Person in den Vordergrund stellte, auf Selbstkontrolle, Selbstökonomisierung und Selbstrationalisierung setzte, Arbeit zusehends entgrenzte und hierfür psychologische Techniken der Selbst- und Fremdführung adaptierte (vgl. Voß 1998; 2012; Voß / Pongratz 1998; Rose 1999; 2000). Im Zuge des auf Rationalisierungsprozessen fußenden Outsourcings verschiedener Aufgabenfelder aus den Betriebsabläufen und eines expandierenden Sektors externer Dienstleistungen – insbesondere im Bereich der Personalentwicklung – erfreute sich das Coaching wachsender Beliebtheit und trat seinen bislang beinahe ungebremsten Siegeszug an (vgl. Traue 2011, S. 252; Bernet 2015,

6 Traue (2010, S. 192) konstatiert für diese Zeit einen „Wandel von einer disziplinarischen zu einer biopolitischen Personalverwaltung".

S. 106 f.). In Deutschland setzten diese Prozesse etwas verzögert ein. Coaching etablierte sich in den ausgehenden 1980er Jahren zunächst als „Beratung für Manager mit einem Fokus auf konkreten Herausforderungen im Business“ (Drath 2021, S. 25, Herv. d. O. entfernt) und weitete in den 1990er Jahren seine Einflusssphäre aus.[7]

Die Schule blieb dabei zunächst als potenzielles Handlungsfeld resp. Feld der Kund:innenakquise ausgespart, doch setzte auch hier mit einer ‚moderneren‘ Bildungsverwaltung und der Implementierung verschiedener Elemente aus Neuer Steuerung und New Public Management eine Verbetrieblichung ein (vgl. Fend 2008, S. 108 f.; Brüsemeister 2012, S. 184 ff.; Münch 2018, S. 17 ff.), als deren logische Konsequenz auch der Rückgriff auf externe Beratungsangebote im Sinne des Coachings gelten kann. Dies betraf zunächst noch die Zielgruppe der Schulleiter:innen resp. der ‚schulischen Führungskräfte‘ (vgl. Schreyögg 2000), vermehrt aber auch Lehrkräfte im Allgemeinen (vgl. Schreyögg 2003; Kansteiner / Stamann 2015), und mittlerweile existiert ein florierender Markt freier Anbieter:innen, der quasi-autopoietisch Hilfebedarfe erzeugt, die zu bedienen er angibt[8], und dabei Lehrkräfte als Privatpersonen adressiert.

Zusammenfassend lässt sich bis hierhin festhalten, dass das Coaching als Beratungsdispositiv an der Schnittstelle von Therapeutik und Managerialismus (vgl. Traue 2011, S. 256) ein prototypisches Beispiel der Techniken einer Regierungsweise abgibt, die weniger auf Überwachung und Disziplinierung, sondern vielmehr auf ein „Führen der Führungen“ (Foucault, 1982/1994, S. 255) setzt und Individuen als Unternehmer ihrer selbst anruft (vgl. Rose 2000; Bröckling 2007). Das Expert:innenwissen der Psychologie (sowie ihrer ökonomisierten, deprofessionalisierten und trivialisierten Abkömmlinge), das hatte bereits Nicolas Rose (2000, S. 18 f.) bemerkt, spielt dabei „die Rolle des Relais zwischen ökonomisch erwünschten und persönlichen Zielen, es lehrt die Kunst der Selbstverwirklichung, die Beschäftigte sowohl als Individuen als auch als Beschäftigte verbessert“. Die Psychotechniken des Coachings, in denen sich Herrschaftstechniken und Selbstführung verbinden, so ließe sich festhalten, leiten dazu an, in das eigene Humankapital zu investieren, es aufrechtzuerhalten, zu reproduzieren und gar zu vergrößern. Coaching bündelt hierfür verschiedene Topoi therapeutischer wie ökonomischer Diskurse: Prozessorientierung, Wettbewerb, Selbstorganisation und -steuerung sowie Kreativitätsdiskurs fusionieren (vgl. Traue 2010, S. 199–210) und spiegeln die eigentümliche Liaison wider, die „homo psychologicus“ (Foucault 1961/2016, S. 550) und „homo oeconomicus“ (Foucault 2004/2017b, S. 371 f.) als Adresse des Coachings eingehen.

---

7 Zur Verbreitung diesbezüglicher Publikationen in Deutschland seit den 1980er Jahren siehe Drath 2021, S. 28.

8 Ähnliches konstatierte Oelkers (1995) bereits zu pädagogischen Ratgebern, die die Notwendigkeit ihrer Nutzung performativ hervorbringen.

Schließlich werden im Coaching dieselben Mechanismen wirksam, die bereits allgemein für Beratung als Ort neoliberaler Subjektivierung herausgearbeitet wurden (vgl. Duttweiler 2007): Im Coaching wird durch Anleitung zur Selbstbeobachtung und unter Zuhilfenahme psychologisch-therapeutischer Wissensbestände eine Wahrheit über das gecoachte Subjekt generiert, die anzuerkennen und mit der sich zu identifizieren es als vermeintliche Quelle jener Wahrheit nicht umhinkommt. In diesem Zuge responsibilisiert Coaching die als aktiv Handelnde angerufenen Subjekte, jener Wahrheit bzw. der aus ihr resultierenden Entscheidung – und eine Entscheidung in Phasen der Heteronomie oder Desorientierung impliziert bereits die anschließende Handlungsverantwortung – Taten folgen zu lassen. Damit wird es erschwert, Problemanlässe zu externalisieren und Strukturgegebenheiten anzuklagen, was Gefahren der Entpolitisierung birgt. Gerade darin aber besteht die subjektivierende Machtwirkung des Coachings, Subjekte als frei und eigenaktiv Handelnde hervorzubringen, ihre Problemlagen zu individualisieren und sie damit einer neoliberalen Ratio zu unterwerfen, die gleichsam jene Problemlagen mitproduziert.

3. Attraktivität für den Lehrberuf

Nachdem die professionellen Selbstverortungen und Intentionen des Coachings gegenüber dem Lehrberuf herausgestellt und im nächsten Schritt durch gouvernementalitätstheoretische Perspektiven seine diskursiven Praktiken und Machttechniken historisch rekonstruiert und anschließend kritisch betrachtet wurden, bleibt es allerdings nach wie vor erklärungsbedürftig, weshalb sich das Coachingangebot mancher Dienstleister:innen ausgerechnet auf Lehrkräfte bezieht. Was macht Coaching gerade für im Lehrberuf tätige Personen so attraktiv, dass sich daraus ein ganzer Markt entwickelt hat? Von außen betrachtet, handelt es sich bei Lehrkräften in Deutschland schließlich um eine relativ einkommensstarke, meist verbeamtete Berufsgruppe, deren Karrieren und Beschäftigungsverhältnisse dementsprechend als eine der stabilsten und sichersten überhaupt gelten. Warum also könnten Lehrkräfte ein gesteigertes Bedürfnis bzw. Interesse daran zeigen, sich coachen zu lassen, wenn ihr Berufsfeld doch vergleichsweise weniger stark von Marktlogiken und Wettbewerbsdynamiken durchzogen zu sein scheint und eben gerade kein unvorhersehbarer Karriereweg beschritten wird, der oftmals Einsatzpunkt von Coaching ist (vgl. Reckwitz 2017, S. 215 f.).

Um diese von außen nicht ganz ersichtlich erscheinende Nachfrage von Lehrkräften nach Coaching näher begreifen zu können, werden im Folgenden zentrale Spezifika des Lehrberufs herauspräpariert, die eine besondere Anschlussfähigkeit für das Coaching als selbstinszenierten ‚Heilsbringer' ermöglichen.

3.1 Strukturtheoretische Überlegungen zum Coachingbedürfnis von Lehrkräften

Auch wenn sich das berühmte Freud'sche Diktum vom „unmöglichen Beruf", in dem man sich „des ungenügenden Erfolgs von vornherein sicher sein kann" (Freud 1937/1950, S. 94), streng genommen neben Therapie und Politik auf die Erziehung und weniger auf das „Kerngeschäft" (Tenorth 2006, S. 585) des Lehrberufs, nämlich den Unterricht bzw. das Lehren bezieht, so leitet es doch einige grundlegende Schwierigkeiten, mit denen sich diese Berufsgruppe alltäglich konfrontiert sieht, immer wieder treffend ein. Ob nun als anstrengend erlebte Schüler:innen, überfüllte Klassen, schwieriges Leitungspersonal oder unzureichender pädagogischer Gestaltungsraum: Den Lehrberuf kennzeichnen zweifelsohne eine Vielzahl berufstypischer Herausforderungen mit hohem persönlichen Frustrationspotenzial, an denen das Coaching ansetzen könnte und es auch tut. Doch gerade angesichts dieser Vielzahl an zu berücksichtigenden individuell empfundenen Belastungsfaktoren gerät schnell aus dem Blick, was im pädagogischen Handeln von Lehrkräften konkret geschieht und was die Eigenart und Typik der Belastung im spezifischen pädagogischen Arbeitsfeld Schule überhaupt ausmacht (Combe 1996, S. 503). So liegen viele Probleme bereits in den Struktur- und Handlungslogiken des Lehrberufs selbst begründet und sind gerade nicht nur Folge vermeintlich autonomen und damit eigenverantwortlichen Handelns der Lehrkräfte.

Aus struktur- und systemtheoretisch informierter Perspektive kennzeichnen den Lehrberuf eine ganze Reihe antinomischer, also in sich widersprüchlicher Handlungsanforderungen (vgl. Helsper 1996; 2021, S. 166 ff.), anhand derer sich möglicherweise die charakteristische Krisenanfälligkeit der Berufsgruppe näher verstehen lässt. Eine grundlegende Spannung im Lehrberuf äußert sich offenkundig bereits darin, dass sich das berufliche Handeln von Lehrkräften auf die Arbeit an Personen im organisatorischen Kontext bezieht. Genauer gesagt richtet sich diese Arbeit auf die gezielte Veränderung von Kindern und Jugendlichen in Schulen (vgl. Vanderstraeten 2008, S. 103). Hierin offenbart sich schon ein erstes großes Konflikt- und Frustrationspotenzial der Berufsrolle, denn Personen bzw. Schüler:innen als Adressat:innen einer als Erziehung auftretenden „absichtsvollen Kommunikation" (vgl. Luhmann 2005, S. 189) der Lehrkraft sind stets in der Lage, diese zurückzuweisen oder zu enttäuschen. Dabei besteht immer das Problem einer „doppelten Kontingenz" (Luhmann/Schorr 2015, S. 121) im Sinne einer potenziellen Diskrepanz von Erwartungen und Erwartungserwartungen sowie ihrer Erfüllung sowohl auf Seiten der Pädagog:innen als auch der Schüler:innen – oder mit Luhmann kurz und prägnant: „Beide wissen, dass beide wissen, dass man auch anders handeln kann." (ebd., S. 121) In solchen Interaktionszusammenhängen steht die Lehrkraft dann zusätzlich auch noch unter dem Entscheidungszwang, eine Form pädagogischer Kommunikation in der unmittelbaren Handlungssituation gegenüber dem:der Schüler:in wählen und auch begründen zu müssen (vgl. Oevermann 2016, S. 64), obgleich dabei die mögliche Wahl zwischen Skylla und Charybdis bestehen mag. Helsper (2021) spricht in diesem Zusammenhang auch von einer Begründungsantinomie zwischen Handlungszwang und Begründungsverpflichtung auf der einen und der zugleich mangelhaften legitimen Wissensbasis für Handeln auf der anderen Seite (vgl. ebd., S. 168 f.). Die Tatsache, dass die wechselseitige Kommunikation innerhalb der Interaktionszusammenhänge zwischen der Lehrkraft und den Schüler:innen sich dann auch noch durch einerseits diffuse, partikulare und andererseits spezifische Rollenlogiken kennzeichnet, erschwert die Verwirklichung idealtypischer Handlungsansprüche zusätzlich (vgl. Wernet 2003; Terhardt 2011; Helsper 2021). Durch diese Unsteuerbarkeit und Ungewissheit über den Ausgang des eigenen pädagogischen Handelns (vgl. Combe / Paseka / Keller-Schneider 2018, S. 54) bzw. damit zusammenhängender persönlicher Entscheidungen, die sich zwangsläufig in der Arbeit mit Personen als „nicht-trivialen Systemen" (Luhmann 2005) ergibt, werden persönliche Enttäuschung über das eigene Scheitern, Unsicherheiten oder Erfolgsgrenzen im Lehrberuf früher oder später unvermeidbar und gehören zur Berufsnormalität. Es existieren keine pädagogischen Erfolgsrezepte oder richtige Entscheidungen, denn es wird immer Schüler:innen geben, die trotz aller Bemühungen und Chancen nicht ‚abgeholt' werden wollen oder können. Aus diesem Grund ergibt sich für Lehrkräfte auch eine „Nicht-Standardisierbarkeit" (Oevermann 2002, S. 7) ihrer beruflichen Praxis, mit der sie zwangsläufig *irgendwie* umgehen müssen. Dieses „strukturelle Technologiedefizit" (Helsper 2021, S. 144; siehe auch Luhmann / Schorr 1979/2015, S. 118 ff.) und das damit zusammenhängende Risiko des Scheiterns kennzeichnen in ähnlicher Weise auch andere Professionen und professionalisierungsbedürftige Berufsgruppen, doch müssen sich Lehrkräfte im Unterrichtsgeschehen zusätzlich nicht nur an einzelnen Schüler:innen, sondern auch noch an der Gesamtheit einer Klasse orientieren. Das berufliche Handeln der Lehrkraft steht also unter den widersprüchlichen, nebeneinander laufenden Bedingungen einer „doppelten Systemdifferenz" (Luhmann / Schorr 1979/2015, S. 122), da in ihnen einerseits die Beziehungsstrukturen und die damit verknüpften reziproken Erwartungen an einzelne Schüler:innen vorherrschen und andererseits die Lehrkraft sich in erster Linie an der reibungslosen Vermittlung des Unterrichtsstoffs gegenüber der Schulklasse und weiteren Akteursgruppen schulischer Organisation zu orientieren hat (vgl. Wenzl 2010; Wernet 2003). Was für ein Unterrichtsstoff dabei genau gelehrt wird, geht vorrangig aus den Vorgaben bzw. Curricula der Schulorganisation hervor, welche die Lehrkraft vor dem Hintergrund der Erwartung zu vermitteln hat, dass alle Schüler:innen am gleichen Ort zum gleichen Zeitpunkt mit gleichem Wissen ein möglichst gleiches Lernergebnis erzielen (vgl. Tenorth 2006, S. 586). Hierin äußert sich eine weitere widersprüchliche Erwartung an den Lehrberuf: die des Austarierens zwischen Autonomie und Heteronomie (vgl.

Helsper 1996, S. 535). Wie im vorhergehenden Punkt bereits angedeutet wurde, hat sich jene antinomische Anforderung an die Lehrperson, die – im Kant'schen Sinne – Freiheit bei dem Zwange zu kultivieren, im Laufe der Zeit zugespitzt: Zwar wird noch immer – ein Relikt aus früheren Tagen – zur Konformität diszipliniert, damit Unterrichtsstoffe möglichst störungsfrei abgehandelt und die Bildungsziele der Schulorganisation eingehalten werden können, Zwangsmaßnahmen wurden aber zunehmend von Techniken ‚sanfter Disziplinierung' im reformpädagogischen Geiste abgelöst und hin zu radikaler Selbstführung und Eigenverantwortung im Sinne neoliberaler Gouvernementalität ausgebaut (vgl. zum Übergang der Schule in der Disziplinar- hin zur Kontrollgesellschaft bspw. Pongratz 2009, S. 187 ff.).

Lehrkräfte als Angehörige einer sog. ‚semi-profession' (vgl. Etzioni 1969) bewegen sich also immer im Spannungsfeld zwischen Organisation und Profession (vgl. Vanderstraeten 2008), da ihnen in der Vermittlung und Ausgestaltung zwar ein hohes Maß an professioneller Handlungsautonomie verbleibt, jedoch die Themen und strukturellen Rahmenbedingungen des Lehrens selbst von der Organisation vorgegeben werden. Womöglich liegt genau hierin eine der wesentlichen Ursachen für das Frustrations- und Enttäuschungspotenzial im Lehrberuf. Im Gegensatz zur Strukturlogik im Ärzt:innenberuf stellt sich im Lehrberuf gerade kein auf Freiwilligkeit basiertes, therapieäquivalentes Arbeitsbündnis zwischen Professionellen und Klient:innen ein. Stattdessen wird die pädagogische Interaktion zwischen Lehrkraft und Schüler:innen unter den Bedingungen der gesetzlichen Schulpflicht und der Lernvorgaben durch die Schulorganisation erzwungen (vgl. Oevermann 2002, S. 44). Bei den Schüler:innen kommt das genuine Interesse am Unterrichtsstoff dann gerade nicht durch die eigene „Neugierde" (Oevermann 2003, S. 63) zustande, sondern in erster Linie durch die Motivation, mögliche Bedrohungen, also Sanktionen und Tadel, von sich abzuwenden (vgl. Holzkamp 1992, S. 9). Insofern tragen die im institutionellen Schulbetrieb existierenden Zwänge und Abhängigkeiten fundamental dazu bei, dass ein pädagogisches Arbeitsbündnis zwischen Lehrkraft und Schüler:innen strukturell verhindert wird. Nach Oevermann (2002, S. 49 ff.) ist diese Misere auch ein Ergebnis ausgebliebener Professionalisierung des Lehrberufs.

Die strukturellen Ursachen der Enttäuschung vieler Lehrkräfte darüber, zu den Schüler:innen nicht richtig durchzudringen, ihren Bedürfnissen und Ideen keinen Raum geben zu können, die Sehnsucht danach, radikal anders Schule und Unterricht gestalten zu können, oder die tiefe Abneigung gegenüber schulischer Bürokratie sowie dem pädagogischen Establishment lassen sich weder verstehen noch verändern, wenn die Bedingungen und Widersprüche des Lehrberufs nicht zunächst selbst offengelegt werden.

Doch solche strukturtheoretischen Reflexionen über das Berufstypische, das sich in der strukturellen Logik des eigenen Falls widerspiegelt, sind eher nicht Bestandteil der Lösungsstrategien und Konzepte von Coaching. Anstatt den beruflichen Hindernissen mit einem „wissenschaftlich-reflexiven Habitus" (Helsper 2001, S. 11) oder durch berufspolitische Verbandsstrukturen zu begegnen, wird im Coaching den Lehrkräften suggeriert, den Ausweg aus ihrer problematischen beruflichen Lage durch eine vermeintliche Überwindung ihrer inneren psychischen Barrieren zu finden (vgl. Bernet 2015, S. 110). Wohl scheint die Sehnsucht nach Selbstverwirklichung, -wirksamkeit und -befreiung vermittels eines Freilegens der eigenen Potenziale durch Coaching deswegen besonders verheißungsvoll für Lehrkräfte zu sein, weil ihre widersprüchlichen beruflichen Handlungsstrukturen ja gerade diese Ideale systematisch konterkarieren. Umso geläuterter muss sich das Subjekt hinter der Lehrer:innenrolle dann fühlen, wenn die persönlichen Kränkungen, Enttäuschungen und Leiden im Beruf mit den meist selbst aus dem Lehrberuf ausgestiegenen Coach:innen nicht nur geteilt, sondern von diesen emphatisch gespiegelt werden.

3.2 Burnoutrisiko im Lehrberuf als Realfiktion und Coaching als Subjektivierungspraktik sowie Element eines Präventionsdispositivs

Im Nachgang soll der Fokus auf die präventiven Aspekte von Coaching gelegt werden. Wenn Bröcklings These stimmt und Prävention „in der neuzeitlichen Erfahrung radikaler Kontingenz" (Bröckling 2017a, S. 83) gründet,[9] dann – so war den Ausführungen im vorangegangenen Teil zu entnehmen – ist der Lehrberuf aufgrund des stets kontingenten Ausgangs seiner pädagogischen Ambitionen besonders ‚anfällig' für präventive Unternehmungen. Nicht zuletzt zeigt sich das im Planungseifer referendarischer Unterrichtsvorbereitung (vgl. Pille 2013, S. 96 f.) und der Enttäuschung und radikalen Markierung von (fremdverschuldeter) Unterrichtsstörung, wenn der antizipierte Unterrichtsplan letztlich nicht aufgeht (vgl. Twardella 2010); oder aber in präventiven Praktiken eingeübter Kontingenzbewältigung, die bereits im Studium als „rückgreifender Vorgriff" (Combe / Buchen 1996, S. 288) institutionalisiert werden. Verschärft wird dieser Umstand durch die Erosion professioneller Wissens- und damit Legitimationsfundamente, die zwar ein breites Handlungsspektrum optionalisiert, damit jedoch auch potenzielle Folgen des Handelns ausweitet und veruneindeutigt. Die Lehrperson ist in diesem Sinne der spätmoderne „Präventionist" (ebd., S. 288) par excellence. Coaching liefert hier ein Ventil für Unsicherheitserleben und kanalisiert es in ein lauthals herausgeschrienes „You can do it by your own!" – frei von den lähmenden Effekten trübsalhaft-reflexiven Nachsinnierens.

Folgt man Bröcklings Ausführungen weiter, ist es das „fortwährend aktualisierte Gefühl der Entsicherung, der Ausgesetztheit gegenüber allgegenwärtigen

9 Was, das betont auch Bröckling (2017a, S. 83), nicht bedeuten soll, dass es nicht bereits in früheren Zeiten Praktiken der Vorsorge und Vorbeugung gegeben hätte.

Gefahren und Risiken, aus dem die präventiven Semantiken und Strategien ihre Legitimität und Anziehungskraft gewinnen" (ebd., S. 74). Mit Blick auf den Lehrberuf scheint damit noch ein weiterer Aspekt erwähnenswert, der einen besonderen Hang zur Prävention und damit auch zur Inanspruchnahme von Coachingangeboten befördert, nämlich das diskursiv verankerte Narrativ eines besonderen Risikos für pathologische Erschöpfungszustände, dem der Lehrberuf resp. seine Angehörigen ausgesetzt seien. Freilich reichen Diskurse über Belastungen von Lehrpersonen deutlich weiter zurück – zu denken wäre hier bspw. an Melanchthons (1533/2018) Satire „De miseriis paedagogorum" oder Zeugnisse gesellschaftlicher Verachtung gegenüber jenem ‚Berufsstand' im 19. Jahrhundert (vgl. Reh / Scholz 2007, S. 299 ff.) –, zu einem zentralen Bruch im Diskurs trugen jedoch Krankheitsstatistiken[10] bei, die im 19. Jahrhundert die allmähliche Installation eines biopolitischen Präventionsdispositivs epistemisch fundierten (vgl. Leanza 2017, S. 157 ff.) und bald auch berufsspezifische Erkenntnisse lieferten. Demnach galt der Lehrberuf bereits Ende des 19. Jahrhunderts als besonders prädestiniert[11] für eine Krankheit namens Neurasthenie, die als erste Sozialpathologie gehandelt wird und gewisse Parallelen zum heutigen Burnoutkonzept aufweist (vgl. Roelcke 1999; Kury 2012). Neurasthenie wurde einige Zeit[12] als typische ‚Lehrerkrankheit' apostrophiert (vgl. Parade 2021) und so lassen sich bis zur heutigen Zeit Konjunkturen der Belastungs- und Risikodiskurse zum Lehrberuf feststellen, die insbes. seit dem Millennium stetig neuen Auftrieb erhalten haben – zuletzt im Hinblick auf die Corona-Pandemie oder den akut bestehenden Lehrkräftemangel. Dabei befruchten sich Spezial- und Interdiskurs wechselseitig: Psychologisch-quantitative Studien zur Belastung und damit verbundene Erkrankungsrisiken im Lehrberuf erhalten breiten medialen Wiederhall (bspw. Schaarschmidt / Kieschke 2013) und das öffentliche wie bildungspolitische Interesse motiviert neue Studien sowie die Entwicklung und Evaluation an sie anschließender Präventions- und Interventionsprogramme. Gleichzeitig prozessieren in diesen (berufsspezifischen) Risikodiskursen Deutungsmuster und Subjektpositionen, die als Subjektivierungsofferten Selbst-Welt-Verhältnisse von

10 Ian Hacking (1982, S. 281) sah insbesondere zwischen 1820 und 1840 eine „avalanche of printed numbers" losbrechen.

11 Im 1893 veröffentlichten „Handbuch der Neurasthenie" lag der ‚Lehrerstand' hinter Kaufleuten und Beamten immerhin auf dem dritten Platz der am häufigsten betroffenen Berufsgruppen (vgl. Hösslin 1893, S. 67 f.).

12 Dies war genau so lange der Fall, bis biologistische und kulturkritische Erklärungsmuster im Übergang zum 20. Jahrhundert Neurasthenie – von einer sozialätiologischen Herleitung kommend – als persönlichen Makel auswiesen und Betroffene zunehmend inferiorisiert wurden. Fortan war vielmehr das neurasthenische Kind als Ergebnis fehlgeleiteter Erziehung im Fokus und sollte pädagogischer Behandlung überführt werden (vgl. etwa Fuchs 1905; Ziehen 1907). Für die ausführlichere Darlegung einer Wissensgeschichte der Erschöpfungserkrankungen im Kontext des Lehrberufs sei auf das aktuell laufende Qualifikationsprojekt Ralf Parades *Die erschöpfte Lehrkraft – Belastungsdiskurs und Selbst-Positionierungen* verwiesen.

Lehrpersonen mitprägen, welche dann in einem „looping effect" (Hacking 1995) zurückwirken. Aus gouvernementalitätstheoretischer Perspektive lässt sich das eng mit Risikodiskursen verschränkte Dispositiv der Burnoutprävention als eine Machttechnik lesen, die neoliberale Formen der Arbeit und ihrer Regierung protegiert (vgl. Zelinka 2022, S. 310). Lebensweltliche Erfahrungen der Erschöpfung stehen aus dieser Perspektive dem gesellschaftlichen Leistungsimperativ sowie damit verknüpften Vorstellungen unternehmerischer Selbstfunktionalisierung und -optimierung entgegen. Die soziale Kontrollfunktion der Pathologisierung (vgl. Schetsche 2003) wird im Übergang zu einer ‚Führung der Führungen' über eine prospektive Angst vor Pathologisierung auf Basis von Wahrscheinlichkeiten hergestellt und mit präventiven Diskursen, Praktiken und Artefakten verknüpft, die ein Dispositiv formieren.[13] Coaching adressiert in diesem Sinne ein resilientes Selbst, das letztlich selbst schuld ist, sollte es an der Verantwortung scheitern, Erschöpfungszuständen in der Arbeit zuvorzukommen: „Der zwanglose Zwang der präventiven Vernunft beruht nicht zuletzt auf einer generalisierten Schuldzuweisung. Welche kleinen oder großen Katastrophen die Einzelnen auch ereilen mögen, in letzter Konsequenz sind sie stets ein Ergebnis ihrer unzureichenden Sorge um sich." (Bröckling 2017a, S. 112) Wie Bröckling mit Blick auf das resiliente Selbst nochmals betont, geht es hier jedoch nicht (mehr) um eine Vereitelung negativ imaginierter Zukünfte durch Eliminierung der Risiken (bspw. durch Veränderung der Systemumwelt), sondern lediglich – in einer resignierten Variante – um eine Stärkung innerer Widerstandskräfte gegenüber den Risiken – auf dass man nicht vollständig an ihnen zerbrechen möge (vgl. Bröckling 2017b, S. 123). Angehörige des Lehrberufs als Agent:innen einer normalisierenden Institution resp. eines Fabrikationsortes für unternehmerische Selbste sind in diesem Sinne und im Wissen um ihr berufsspezifisches Risikoprofil in besonderem Maße dazu angehalten, Sorge für die Aufrechterhaltung ihrer Funktionalität und

13 Um Missverständnissen vorzubeugen, die sich auch aus der zuweilen recht diffusen Verwendung des Begriffs ‚Dispositiv' bei Foucault und einer daran anschließenden Debatte (vgl. etwa Deleuze 1991; Agamben 2008) ergeben könnten: Ein Dispositiv stellt im hier aufgerufenen Sinne freilich nicht die bloße Summe von Diskursen, Artefakten, Institutionen, nicht-diskursiven Praktiken usf. dar, sondern vielmehr handelt es sich dabei um ein – mit Foucault (1978, S. 120) gesprochen – stetig im Werden befindliches „Netz, das zwischen diesen Elementen geknüpft werden kann", und das auf ein Bezugsproblem verweist bzw. dessen strategische Funktion es ist, auf ein solches zu reagieren. Mit Keller (2011, S. 258) ließe sich pointiert formulieren: „*Dispositive vermitteln als ‚Instanzen' der Diskurse zwischen Diskursen und Praxisfeldern (Praktiken)*. Ein Dispositiv ist der institutionelle Unterbau, das Gesamt der materiellen, handlungspraktischen, personellen, kognitiven und normativen *Infrastruktur* der Produktion eines Diskurses und der *Umsetzung* seiner angebotenen ‚Problemlösung' in einem spezifischen Praxisfeld. Dazu zählen bspw. die rechtliche Fixierung von Zuständigkeiten, formalisierte Vorgehensweisen, spezifische (etwa sakrale) Objekte, Technologien, Sanktionsinstanzen, Ausbildungsgänge u. a. Diese Maßnahmenkomplexe sind einerseits Grundlagen und Bestandteile der (Re-)Produktion eines Diskurses, andererseits die Mittel und Wege, durch die ein Diskurs in der Welt interveniert."

weitere Optimierung zu tragen. Außerdem dürfte die Denormalisierungsangst, die den Einsatz präventiver Praktiken häufig motiviert (vgl. Bröckling 2017a, S. 90), gerade bei Vertreter:innen der Institution Schule weit verbreitet sein. Die Inanspruchnahme von Coaching hat hier nicht nur den Reiz, sich demonstrativ als optimierungs- und transformationswilliges unternehmerisches Selbst hervorzubringen und an sich durch Erlernen präventiver und resilienzfördernder Techniken zu arbeiten, sondern dabei auch im Sinne des Stigmamanagements (vgl. Goffman 1963) weit genug vom Ruch der Therapie entfernt zu sein, um nicht in den Verdacht krankhafter Züge zu kommen.

4. Ausblick

Zusammenfassend kann gesagt werden, dass das Anliegen des Beitrages zum Ausdruck gekommen sein sollte, keine simple Philippika über Coaching als expandierende Beratungsform für den Lehrberuf zu verfassen, sondern Coaching vielmehr als neoliberales Dispositiv (vgl. Binkley 2011, S. 94) kenntlich zu machen. Während dabei Strukturprobleme des Lehrberufs unberührt bleiben, zielt Coaching an der Schnittstelle von Macht, Wissen und Selbsttechniken auf die Anrufung von Lehrpersonen als Unternehmer:innen des eigenen Lebens ab. Durch Resilienzförderung, Achtsamkeitstrainings und dergleichen werden sie im besten Falle zu widerstandsfähigen und achtsamen ‚Energie-Expert:innen', die darauf bedacht sind, dass ihr Akku, so die oft bemühte Mensch-Maschinen-Metapher (vgl. Bröckling 2013), nicht tiefenentlädt. Die ‚Seelenhirten' des pastoralen und später therapeutischen Modells mutieren im Coaching zu semiprofessionellen Berater:innen der Selbstführung.

Nun ist es so, dass Programme der Menschenführung, zu deren Elementen Coaching zweifelsohne zu zählen ist, „die Freiheit ihrer Adressaten [...] voraussetzen müssen", was sie „anfällig für deren Eigensinn" macht (Bröckling 2017c, S. 60). Aus diesem Umstand, den Bröckling herausstellt, lässt sich ein Desiderat ableiten, dass gouvernementalitätstheoretische Arbeiten zumeist nur ungenügend bearbeiten – nämlich die Subjektivierungseffekte in den Blick zu nehmen, die Regierungsprogramme und ihre Dispositive zeitigen. Anzuschließen hätten damit Arbeiten ausgehend von einer methodologisch und methodisch kontrollierten Empirischen Subjektivierungsanalyse (vgl. Schürmann/Pfahl/Traue 2018; Bosančić/Pfahl/Traue 2019; Parade/Uhlendorf 2021, S. 235 f.), die im Sinne einer doppelten Empirie menschliche Selbst-Welt-Verhältnisse und soziale wie kulturelle Ordnungen beforscht und in Relation setzt. Als ein weiterer vielversprechender Forschungseinsatz kann aus strukturtheoretischer Warte die Rekonstruktion der Fallbestimmungen, Interventionen und Problemlösungsstrategien des Coachings gelten, um grundlegende Einblicke in berufliche Handlungslogiken und Selbstverständnisse zu erlangen. Schließlich könnten biografieanalytische Ansätze genutzt werden, um typische Prozessverläufe des Einmündens ehemaliger Lehrpersonen in den Coachingberuf herauszuarbeiten. Es bleibt also zu hoffen, dass sich der Trend des Coachings im Lehrberuf in einen Trend der kritischen Erforschung desselben übersetzt.

Literaturverzeichnis

Agamben, Giorgio (2008): Was ist ein Dispositiv? Zürich / Berlin: Diaphanes.

Arnold, Rolf (2011): LehrerCoaching – Herzstück einer transformativen Weiterbildung von Lehrkräften. In: Birgmeier, Bernd (Hrsg.): Coachingwissen. 2. Aufl. Wiesbaden: VS Verlag für Sozialwissenschaften, S. 315–323.

Bauer, Joachim / Unterbrink, Thomas / Zimmermann, Linda (2007): Gesundheitsprophylaxe für Lehrkräfte – Manual für Lehrer-Coachinggruppen nach dem Freiburger Modell. Dresden: Selbstverlag der Technischen Universität Dresden.

Bernet, Brigitta (2015): Der Coach. In: Frei, Alban / Mangold, Hannes (Hrsg.): Das Personal der Postmoderne. Inventur einer Epoche. Bielefeld: Transcript, S. 105–119.

Binkley, Sam (2011): Psychological life as enterprise: Social practice and the government of neoliberal interiority. In: History of the Human Sciences 24, H. 3, S. 83–102.

Bosančić, Saša / Pfahl, Lisa / Traue, Boris (2019): Empirische Subjektivierungsanalyse: Entwicklung des Forschungsfeldes und methodische Maximen der Subjektivierungsforschung. In: Bosančić, Saša / Keller, Reiner (Hrsg.): Diskursive Konstruktionen. Kritik, Materialität und Subjektivierung in der wissenssoziologischen Diskursforschung. Wiesbaden: Springer VS, S. 135–150.

Bröckling, Ulrich (2007): Das unternehmerische Selbst. Soziologie einer Subjektivierungsform. Frankfurt a. M.: Suhrkamp.

Bröckling, Ulrich (2013): Der Mensch als Akku, die Welt als Hamsterrad. Konturen einer Zeitkrankheit. In: Neckel, Sighard / Wagner, Greta (Hrsg.): Leistung und Erschöpfung: Burnout in der Wettbewerbsgesellschaft. Frankfurt a. M.: Suhrkamp, S. 179–200.

Bröckling, Ulrich (2017a): Prävention: Die Macht der Vorbeugung. In: Bröckling, Ulrich (Hrsg.): Gute Hirten führen sanft. Über Menschenregierungskünste. Frankfurt a. M.: Suhrkamp, S. 73–112.

Bröckling, Ulrich (2017b): Resilienz: Belastbar, flexibel, widerstandsfähig. In: Bröckling, Ulrich (Hrsg.): Gute Hirten führen sanft. Über Menschenregierungskünste. Frankfurt a. M.: Suhrkamp, S. 113–139.

Bröckling, Ulrich (2017c): Der Mensch ist das Maß aller Schneider. Anthropologie als Effekt. In: Bröckling, Ulrich (Hrsg.): Gute Hirten führen sanft. Über Menschenregierungskünste. Frankfurt a. M.: Suhrkamp, S. 45–70.

Bröckling, Ulrich / Krasmann, Susanne / Lemke, Thomas (Hrsg.) (2000): Gouvernementalität der Gegenwart. Studien zur Ökonomisierung des Sozialen. Frankfurt a. M.: Suhrkamp.

Brüsemeister, Thomas (2012): Von der Bürokratischen Schulverwaltung zum Bildungsmanagement? In: Geiss, Michael / De Vincenti, Andrea (Hrsg.): Verwaltete Schule. Geschichte und Gegenwart. Wiesbaden: Springer VS, S. 181–206.

Burchell, Graham / Gordon, Colin / Miller, Peter (Hrsg.) (1991): The Foucault Effect. Studies in Governmentality. Chicago: The University of Chicago Press.

Castel, Françoise / Castel, Robert / Lovell, Anne (1982): Psychiatrisierung des Alltags. Produktion und Vermarktung der Psychowaren in den USA. Frankfurt a. M.: Suhrkamp.

Combe, Arno (1996): Pädagogische Professionalität, Hermeneutik und Lehrerbildung. Am Beispiel der Berufsbelastung von Grundschullehrkräften. In: Combe, Arno / Helsper, Werner (Hrsg.): Pädagogische Professionalität. Untersuchungen zum Typus pädagogischen Handelns. Frankfurt a. M.: Suhrkamp, S. 521–569.

Combe, Arno/Buchen, Sylvia (1996): Belastung von Lehrerinnen und Lehrern. Fallstudien zur Bedeutung alltäglicher Handlungsabläufe an unterschiedlichen Schulformen. Weinheim/München: Juventa.

Combe, Arno/Paseka, Angelika/Keller-Schneider, Manuela (2018): Ungewissheitsdynamiken des Lehrerhandelns. Kontingenzzumutung – Kontingenzbelastung – Kontingenzfreude – Kontingenzbewusstsein. In: Paseka, Angelika/Keller-Schneider, Manuela/Combe, Arno (Hrsg.): Ungewissheit als Herausforderung für pädagogisches Handeln. Wiesbaden: Springer VS, S. 53–80.

Deleuze, Gilles (1991): Was ist ein Dispositiv? In: Ewald, François/Waldenfels, Bernhard (Hrsg.): Spiele der Wahrheit. Michel Foucaults Denken. Frankfurt a. M.: Suhrkamp, S. 153–162.

Deleuze, Gilles (1993/2016): Postskriptum über die Kontrollgesellschaften. In: Menke, Christoph/Rebentisch, Juliane (Hrsg.): Kreation und Depression. Freiheit im gegenwärtigen Kapitalismus. 3. Aufl. Berlin: Kadmos, S. 11–17.

Deutscher Bundesverband Coaching e. V. (DBVC) (2023): Definition Coaching. dbvc.de/der-dbvc/definition-coaching (Abfrage: 02.02.2023).

Drath, Karsten (2021): Die Geschichte des Coachings. In: Rauen, Christoph (Hrsg.): Handbuch Coaching. 4. Aufl. Göttingen: Hogrefe, S. 17–35.

Duttweiler, Stefanie (2007): Beratung als Ort neoliberaler Subjektivierung. In: Anhorn, Roland/Bettinger, Frank/Stehr, Johannes (Hrsg.): Foucaults Machtanalytik und Soziale Arbeit. Eine kritische Einführung und Bestandsaufnahme. Wiesbaden: VS Verlag für Sozialwissenschaften, S. 261–275.

Etzioni, Amitai (1969): The Semi-Professions and their Organization: Teachers, Nurses, and Social Workers. New York: Free Press.

Fend, Helmut (2008): Schule gestalten. Systemsteuerung, Schulentwicklung und Unterrichtsqualität. Wiesbaden: VS Verlag für Sozialwissenschaften.

Foucault, Michel (1978): Ein Spiel um die Psychoanalyse. Gespräch mit Angehörigen des Departement de Psychoanalyse der Universität Paris/Vincennes. In: Foucault, Michel: Dispositive der Macht. Über Sexualität, Wissen und Wahrheit. Berlin: Merve, S. 118–175.

Foucault, Michel (1982/1994): Das Subjekt und die Macht. In: Dreyfus, Hubert L./Rabinow, Paul (Hrsg.): Michel Foucault. Jenseits von Strukturalismus und Hermeneutik. 2. Aufl. Weinheim: Beltz Athenäum, S. 243–261.

Foucault, Michel (1977/2014): Überwachen und Strafen. Die Geburt des Gefängnisses. 19. Aufl. Frankfurt a. M.: Suhrkamp.

Foucault, Michel (1961/2016): Wahnsinn und Gesellschaft. Eine Geschichte des Wahns im Zeitalter der Vernunft. 22. Aufl. Frankfurt a. M.: Suhrkamp.

Foucault, Michel (2004/2017a): Sicherheit, Territorium, Bevölkerung. Geschichte der Gouvernementalität I. 5. Aufl. Frankfurt a. M.: Suhrkamp.

Foucault, Michel (2004/2017b): Die Geburt der Biopolitik. Geschichte der Gouvernementalität II. 5. Aufl. Frankfurt a. M.: Suhrkamp.

Freud, Sigmund (1937/1950): Die endliche und die unendliche Analyse. In: Ders.: Gesammelte Werke, Bd. XVI. Frankfurt a. M.: Fischer, S. 57–99.

Fuchs, Arno (1905): Dispositionsschwankungen bei Kindern. In: Evangelisches Schulblatt 49, H. 3, S. 107–125.

Goffman, Erving (1963): Stigma. Notes on the Management of Spoiled Identity. Englewood Cliffs/New Jersey: Prentice-Hall.

Hacking, Ian (1982): Biopower and the avalanche of printed numbers, Humanities in Society 5, S. 279–295.

Hacking, Ian (1995): The Looping Effects of Human Kinds. In: Sperber, Dan/Premack, David/Premack, Ann James (Hrsg.): Causal Cognition. A Multidisciplinary Debate. New York: Oxford University Press, S. 351–383.

Helsper, Werner (1996): Antinomien des Lehrerhandelns in modernisierten pädagogischen Kulturen. Paradoxe Verwendungsweisen von Autonomie und Selbstverantwortlichkeit. In: Combe, Arno/Helsper, Werner (Hrsg.): Pädagogische Professionalität. Untersuchungen zum Typus pädagogischen Handelns. Frankfurt a. M.: Suhrkamp, S. 521–569.

Helsper, Werner (2001): Praxis und Reflexion. Die Notwendigkeit einer „doppelten Professionalisierung" des Lehrers. In: Journal für Lehrerinnen- und Lehrerbildung 1, H. 3, S. 7–15.

Helsper, Werner (2003): Ungewissheit im Lehrerhandeln als Aufgabe der Lehrerbildung. In: Helsper, Werner/Hörster, Reinhard/Kade, Jochen (Hrsg.): Ungewissheit. Pädagogische Felder im Modernisierungsprozess. Weilerswist: Velbrück, S. 142–161.

Helsper, Werner (2021): Professionalität und Professionalisierung pädagogischen Handelns: Eine Einführung. Opladen/Toronto: Barbara Budrich.

Holzkamp, Klaus (1992): Die Fiktion administrativer Planbarkeit schulischer Lernprozesse. In: Braun, Karl-Heinz/Wetzel, Konstanze (Hrsg.): Lernwidersprüche und pädagogisches Handeln. Bericht von der 6. Internationalen Ferien-Universität Kritische Psychologie, 24. bis 29. Februar 1992 in Wien. Marburg: Arbeit und Gesellschaft, S. 91–113.

Hösslin, Rudolph von (1893) Ätiologie. In: Müller, Franz Carl (Hrsg.): Handbuch der Neurasthenie. Leipzig: F. C. W. Vogel, S. 62–86.

Illouz, Eva (2018): Die Errettung der modernen Seele. Therapien, Gefühle und die Kultur der Selbsthilfe. 5. Aufl. Frankfurt a. M.: Suhrkamp.

Kansteiner, Katja/Stamann, Christoph (Hrsg.) (2015): Personalentwicklung in der Schule zwischen Fremdsteuerung und Selbstbestimmung. Bad Heilbrunn: Klinkhardt.

Keller, Reiner (Hrsg.) (2011): Wissenssoziologische Diskursanalyse. Grundlegung eines Forschungsprogramms. Wiesbaden: VS Verlag für Sozialwissenschaften, S. 179–277.

Kluge, Friedrich (2012): Coach. In: Kluge, Friedrich: Etymologisches Wörterbuch der deutschen Sprache. 25. durchges. und erw. Aufl. Berlin/Boston: De Gruyter. DOI.org/10.1515/kluge (Abfrage: 12.03.2023).

Krächter, Simone (2018): Coaching in der Lehrerbildung. Wirkungen und Wirkfaktoren im Kompetenzentwicklungsprozess. Bad Heilbrunn: Klinkhardt.

Kühl, Stefan (2006a): Die Supervision auf dem Weg zur Profession? Professionalisierung im Spannungsfeld zwischen Expansionsbestrebung und Selbstbescheidung. In: Organisationsberatung, Supervision, Coaching 13, S. 5–18.

Kühl, Stefan (2006b): Coaching zwischen Qualitätsproblemen und Professionalisierungsbemühung. Thesen zur Entwicklung des Coachings. In: Organisation, Supervision, Coaching 13, S. 86–90.

Kury, Patrick (2012): Der überforderte Mensch. Eine Wissensgeschichte vom Stress zum Burnout. Frankfurt a. M.: Campus.

Leanza, Matthias (2017): Die Zeit der Prävention. Eine Genealogie. Weilerswist: Velbrück.

Lemke, Thomas (2014): Gouvernementalität. In: Kammler, Clemens/Parr, Rolf/Schneider, Ulrich J. (Hrsg.): Foucault Handbuch. Leben – Werk – Wirkung. Sonderausgabe. Stuttgart/Weimar: Metzler, S. 260–263.

Luhmann, Niklas (2005): Sozialisation und Erziehung. In: Luhmann, Niklas (Hrsg.): Soziologische Aufklärung 4. Beiträge zur funktionalen Differenzierung der Gesellschaft. Wiesbaden: VS Verlag für Sozialwissenschaften, S. 183–192.

Luhmann, Niklas/Schorr, Karl Eberhard (1979/2015): Reflexionsprobleme im Erziehungssystem. Frankfurt a. M: Suhrkamp.

Lundgreen, Peter (1999): Berufskonstruktion und Professionalisierung in historischer Perspektive. In: Apel, Hans-Jürgen/Horn, Klaus-Peter/Lundgreen, Peter/Sandfuchs, Uwe (Hrsg.): Professionalisierung pädagogischer Berufe im historischen Prozess. Bad Heilbrunn: Klinkhardt, S. 19–34.

Melanchthon, Philipp (1533/2018): De miseriis paedagogorum. Über die Leiden der Lehrer. Stuttgart: Reclam.

Ministerium für Kultus, Jugend und Sport Baden-Württemberg (2023): Lehrer-Coachinggruppen nach dem Freiburger Modell Gesundheitsprävention durch Stärkung der Beziehungskompetenz. arbeitsschutz-schule.kultus-bw.de/,Lde/Startseite/Aktuelles/Lehrer-Coachinggruppen+Freiburger+Modell (Abfrage: 02.02.2023).
Münch, Richard (2018): Der bildungsindustrielle Komplex. Schule und Unterricht im Wettbewerbsstaat. Weinheim/Basel: Beltz Juventa.
Oelkers, Jürgen (1995): Pädagogische Ratgeber. Erziehungswissen in populären Medien. Frankfurt a. M.: Diesterweg.
Oevermann, Ulrich (2002): Professionalisierungsbedürftigkeit und Professionalisiertheit pädagogischen Handelns. In: Kraul, Magret/Marotzki, Winfried/Schweppe, Cornelia (Hrsg.): Biographie und Profession. Bad Heilbrunn: Klinkhardt, S. 19–34.
Oevermann, Ulrich (2003): Brauchen wir heute noch eine gesetzliche Schulpflicht und welches wären die Vorzüge ihrer Abschaffung? In: Pädagogische Korrespondenz 30, S. 54–70.
Oevermann, Ulrich (2016): „Krise und Routine" als analytisches Paradigma. In: Becker-Lenz, Roland/Franzmann, Andreas/Jansen, Axel/Jung, Matthias (Hrsg.): Die Methodenschule der Objektiven Hermeneutik. Stuttgart: Lucius und Lucius, S. 43–114.
Parade, Ralf (2021): Von Nervenschwachen und Ausgebrannten – „Lehrerkrankheiten" damals und heute. In: Böhme, Nadine/Dreer, Benjamin/Hahn, Heike/Heinecke, Sigrid/Mannhaupt, Gerd/Tänzer, Sandra (Hrsg.): Mythen, Widersprüche und Gewissheiten der Grundschulforschung. Eine wissenschaftliche Bestandsaufnahme nach 100 Jahren Grundschule. Wiesbaden: Springer VS, S. 339–345.
Parade, Ralf/Uhlendorf, Niels (2021): Empirische Herangehensweisen der Subjektivierungsforschung im erziehungswissenschaftlichen Kontext. In: Engel, Juliane/Epp, André/Lipkina, Julia/Schinkel, Sebastian/Terhart, Henrike/Wischmann, Anke (Hrsg.): Bildung im gesellschaftlichen Wandel – Qualitative Forschungszugänge und Methodenkritik. Schriftenreihe der DGfE-Kommission Qualitative Bildungs- und Biographieforschung. Opladen: Barbara Budrich, S. 231–245.
Paseka, Angelika/Keller-Schneider, Manuela/Combe, Arno (Hrsg.) (2018): Ungewissheit als Herausforderung für pädagogisches Handeln. Wiesbaden: Springer VS.
Pfadenhauer, Michaela (2021): Professionelle Kompetenz im Wandel. Die Verunsicherung von Wissen(-den) und ein möglicher Ausweg aus der Krise der Professionalität. In: Betz, Gregor J./Halatcheva-Trapp, Maya/Keller, Reiner (Hrsg.): Soziologische Experimentalität: Wechselwirkungen von Disziplin und Gegenstand. Weinheim/Basel: Beltz Juventa, S. 396–408.
Pfadenhauer, Michaela/Sander, Tobias (2010): Professionssoziologie. In: Kneer, Georg/Schroer, Markus (Hrsg.): Handbuch spezielle Soziologien. Wiesbaden: VS Verlag für Sozialwissenschaften, S. 361–378.
Pille, Thomas (2013): Das Referendariat. Eine ethnographische Studie zu den Praktiken der Lehrerbildung. Bielefeld: transcript.
Pongratz, Ludwig A. (2009): Pädagogische Gouvernementalität und neoliberale Regierungsweise – Gewinn und Grenze pädagogischer Gouvernementalitäts-Studien. In: Bernhard, Armin/Dust, Martin/Kluge, Sven/Lohmann, Ingrid/Merkens, Andreas/Mierendorff, Johanna/Steffens, Gerd/Weiß, Edgar (Hrsg.): Jahrbuch für Pädagogik 2009. Entdemokratisierung und Gegenaufklärung. Frankfurt a. M. u. a.: Peter Lang, S. 187–200.
Reckwitz, Andreas (2017): Die Gesellschaft der Singularitäten. Berlin: Suhrkamp.
Reh, Sabine/Scholz, Joachim (2007): Verachtungserfahrungen in der Selbstthematisierung der Profession und der Professionellen. Zu einer Geschichte beruflicher Identitätsentwürfe. In: Ricken, Norbert (Hrsg.): Über die Verachtung der Pädagogik. Analysen – Materialien – Perspektiven. Wiesbaden: VS Verlag für Sozialwissenschaften, S. 293–311.
Roelcke, Volker (1999): Krankheit und Kulturkritik. Psychiatrische Gesellschaftsdeutungen im bürgerlichen Zeitalter (1790–1914). Frankfurt a. M./New York: Campus.

Rose, Nicolas (1998): Inventing Our Selves. Psychology, Power, and Personhood. Cambridge: Cambridge University Press.
Rose, Nicolas (1999): Governing the Soul. The Shaping of the Private Self. 2. Aufl. London: Free Association Books.
Rose, Nicolas (2000): Das Regieren von unternehmerischen Individuen. In: Kurswechsel: Zeitschrift für gesellschafts-, wirtschafts- und umweltpolitische Alternativen, H. 2, S. 8–27.
Ryter, Annamarie (2018): Coaching als neuer Trend in der Lehrerinnen- und Lehrerausbildung. Eine erste Bestandsaufnahme. In: Reintjes, Christian / Bellenberg, Gabrielle / Brahm, Grit im (Hrsg.): Mentoring und Coaching als Beitrag zur Professionalisierung angehender Lehrpersonen. Münster: Waxmann, S. 23–40.
Schaarschmidt, Uwe / Kieschke, Ulf (2013): Beanspruchungsmuster im Lehrerberuf Ergebnisse und Schlussfolgerungen aus der Potsdamer Lehrerstudie. In: Rothland, Martin (Hrsg.): Belastung und Beanspruchung im Lehrerberuf. Modelle, Befunde, Interventionen. 2. Aufl. Wiesbaden: Springer VS, S. 81–97.
Schetsche, Michael (2003): Soziale Kontrolle durch Pathologisierung? Konstruktion und Dekonstruktion ‚außergewöhnlicher Erfahrungen' in der Psychologie. In: Menzel, Birgit / Ratzke, Birgit (Hrsg.): Grenzenlose Konstruktivität? Standortbestimmung und Zukunftsperspektiven konstruktivistischer Theorien abweichenden Verhaltens. Oldenburg: BIS-Verlag der Carl von Ossietzky Universität Oldenburg, S. 175–202.
Schmidt-Lellek, Christoph (2015): Coaching in Relation zur Psychotherapie. In: Schreyögg, Astrid / Schmidt-Lellek, Christoph (Hrsg.): Die Professionalisierung von Coaching. Ein Lesebuch für den Coach. Wiesbaden: Springer Fachmedien, S. 119–134.
Schmidt-Lellek, Christoph / Fietze, Beate (2018): Professionalisierung im Coaching. In: Greif, Siegfried / Möller, Heidi / Scholl, Wolfgang (Hrsg.): Handbuch Schlüsselkonzepte im Coaching. Berlin: Springer, S. 457–465.
Schreyögg, Astrid (2000): Coaching für die Schulentwicklung. In: Organisationsberatung, Supervision, clinical management 7, S. 213–224.
Schreyögg, Astrid / Lehmeier, Heinz (Hrsg.) (2003): Personalentwicklung in der Schule. Bonn: Deutscher Psychologen Verlag.
Schürmann, Lena / Pfahl, Lisa / Traue, Boris (2018): Subjektivierungsanalyse. In: Akremi, Leila / Baur, Nina / Knoblauch, Hubert / Traue, Boris (Hrsg.): Handbuch Interpretativ forschen. Weinheim / Basel: Beltz Juventa, S. 858–885.
SWK (Ständige Wissenschaftliche Kommission der Kultusministerkonferenz) (2023): Empfehlungen zum Umgang mit dem akuten Lehrkräftemangel. Stellungnahme der Ständigen Wissenschaftlichen Kommission der Kultusministerkonferenz. dx.doi.org/10.25656/01:25857 (Abfrage: 31.03.2023).
Tändler, Maik (2015): Erziehung der Erzieher. Lehrer als problematische Subjekte zwischen Bildungsreform und antiautoritärer Pädagogik. In: Eitler, Pascal / Elberfeld, Jens (Hrsg.): Zeitgeschichte des Selbst. Therapeutisierung – Politisierung – Emotionalisierung. Bielefeld: Transcript, S. 85–112.
Tändler, Maik (2016): Das therapeutische Jahrzehnt. Der Psychoboom in den siebziger Jahren. Göttingen: Wallstein.
Tenorth, Heinz-Elmar (2006): Professionalität im Lehrerberuf. Ratlosigkeit der Theorie, gelingende Praxis. In: Zeitschrift für Erziehungswissenschaften 9, H. 4, S. 580–597.
Terhart, Ewald (2011): Lehrerberuf und Professionalität: Gewandeltes Begriffsverständnis – Neue Herausforderungen. In: Helsper, Werner / Tippelt, Rudolf (Hrsg.): Pädagogische Professionalität. Weinheim / Basel: Beltz Juventa, S. 202–224.
Traue, Boris (2010): Das Subjekt der Beratung. Zur Soziologie einer Psycho-Technik. Bielefeld: Transcript.

Traue, Boris (2011): Coaching. Die Mobilisierung der Psyche 1775–1975. In: Maasen, Sabine/Elberfeld, Jens/Eitler, Pascal/Tändler, Maik (Hrsg.): Das beratene Selbst. Zur Genealogie der Therapeutisierung in den ‚langen' Siebzigern. Bielefeld: Transcript, S. 243–262.

Traue, Boris/Pfahl, Lisa (2014): Die (Psycho-)Macht des Therapeutischen und die Optionalisierung des Handelns. In: Anhorn, Roland/Balzereit, Marcus (Hrsg.): Handbuch Therapeutisierung und Soziale Arbeit. Wiesbaden: Springer VS, S. 249–261.

Twardella, Johannes (2010): Der mehrfach gestörte Unterricht. Eine Fallanalyse zum Problem der Unterrichtsstörungen. In: Pädagogische Korrespondenz, H. 42, S. 87–104.

Vanderstraeten, Raf (2008): Zwischen Profession und Organisation. Professionsbildung im Erziehungssystem. In: Helsper, Werner/Busse, Susann/Hummrich, Merle/Kramer, Rolf-Torsten (Hrsg.): Pädagogische Professionalität in Organisationen: Neue Verhältnisbestimmungen am Beispiel der Schule. Wiesbaden: VS Verlag für Sozialwissenschaften, S. 99–113.

Voß, G. Günter (1998): Die Entgrenzung von Arbeit und Arbeitskraft. Eine subjektorientierte Interpretation des Wandels von Arbeit. In: Mitteilungen aus der Arbeitsmarkt- und Berufsforschung 31, H. 3, S. 473–487.

Voß, G. Günter (2012): Subjektivierte Professionalität. Zur Selbstprofessionalisierung von Arbeitskraftunternehmern und arbeitenden Kunden. In: Dunkel, Wolfgang/Weihrich, Margit (Hrsg.): Interaktive Arbeit. Wiesbaden: Springer VS, S. 353–386.

Voß, G. Günter/Pongratz, Hans J. (1998): Der Arbeitskraftunternehmer. Eine neue Grundform der „Ware Arbeitskraft"? In: Kölner Zeitschrift für Soziologie und Sozialpsychologie 50, H. 1, S. 131–158.

Wenzl, Thomas (2010): Sich-Melden. Zur inhärenten Spannung zwischen individuellem Schülerinteresse und klassenöffentlichem Unterrichtsgespräch. In: Sozialer Sinn 11, H. 1, S. 33–52.

Wernet, Andreas (2003): Pädagogische Permissivität. Schulische Sozialisation und pädagogisches Handeln jenseits der Professionalisierungsfrage. Opladen: Leske und Budrich.

Zelinka, Jozef (2022): Regieren durch Vorbeugen. Eine kritische Analyse der Burnout-Prävention nach Michel Foucault. Bielefeld: Transcript.

Ziehen, Theodor (1907): Neurasthenie. In: Rein, Wilhelm (Hrsg.): Encyklopädisches Handbuch der Pädagogik. Bd. 6. Langensalza: Hermann Beyer und Söhne, S. 230–235.

Irritation oder Reproduktion

Zur Frage der Pathologisierung und Stigmatisierung als abweichend markierter Kinder und Jugendlicher durch Soziale Arbeit im schulischen Kontext

Julian Sehmer und Werner Thole

1. Einleitung

Soziale Arbeit in schulischen Kontexten gewinnt seit gut zwei Jahrzehnten an Bedeutung. Nach der Implementierung sozialpädagogischer Projekte an Schulen in den späten 1970er und 1980er Jahren und weitgehend erfolglosen Versuchen einer Verstetigung dieser Angebote ist seit dem neuen Jahrtausend ein Ausbau sozialpädagogischer Tätigkeiten an Schulen zu erkennen (vgl. Aden-Grossmann 2016; Arnoldt/Züchner 2020; Speck 2020). Befördert wird diese Entwicklung insbesondere durch den politisch initiierten Ausbau ganztägiger schulischer Angebote, der wesentlich als Reflex auf die Ergebnisse der internationalen Schulvergleichsstudien in den letzten zwanzig Jahren anzusehen ist. Wird den Ergebnissen der letzten OECD-Studien (OECD 2021; OECD 2022) und den wiederholt ähnlichen Erkenntnissen der PISA-Studien (vgl. Reiss et al. 2019) vertraut, sind Schulen in Deutschland jedoch trotz aller Reformbemühungen nach wie vor wenig erfolgreich in Bezug auf den Ausgleich sozialer Ungleichheiten und die Herstellung gleicher Chancen und Ausgangsbedingungen für Kinder und Jugendliche. Deutlich schlechtere Chancen auf hohe formale Bildungsabschlüsse haben weiterhin Kinder und Jugendliche aus sozialen Milieus, deren ökonomische, kulturelle und soziale Ressourcen eine umfängliche Teilhabe am gesellschaftlichen Reichtum und Leben nicht ermöglichen und die einen vergleichsweise niedrigeren sozioökonomischen Status aufweisen. Nach wie vor hängt zudem der Bildungserfolg wesentlich auch von den formalen Bildungsabschlüssen der Eltern ab (vgl. OECD 2022; Weis et al. 2019). Erste Erkenntnisse aus der Zeit der COVID-19-Pandemie deuten zudem an, dass sich die Ungleichheiten in Bezug auf den schulischen Erfolg und bereits bestehende Problemlagen noch einmal verschärfen (vgl. Kohlrausch 2021; Schütz et al. 2020; Andresen et al. 2020). Weiterhin erweist sich die vielfach zitierte Chancengleichheit in Bezug auf schulische Bildung als „Illusion“ (Bourdieu/Passeron 1971). Schulen scheinen weiterhin vor allem die Funktion der Selektion zu realisieren, soziale Ungleichheiten auch in Form von Bildungsungleichheiten festzuschreiben und sozialstrukturelle Gesellschaftsverhältnisse mit der pathologisierenden Markierung von Abweichung über die Verteilung oder

Verwehrung von Bildungszertifikaten zu reaktualisieren (vgl. Betz 2022b, S. 7 f.; Bourdieu 2022; Helsper 2021, S. 7 ff.).

Angemahnt wird in diesem Zusammenhang auch die Notwendigkeit ungleichheitssensiblen Wissens und Könnens der in Schulen tätigen pädagogischen Professionellen (vgl. Deppe/Hadjar 2020, S. 10 ff.). Darüber initiieren sich auch weiterhin Suchbewegungen nach Möglichkeiten der Vermittlung und habituellen Verankerung ungleichheitssensiblen Wissens und Könnens im Studium sowie nach Angeboten der Fort- und Weiterbildung für Lehrer:innen, da diesen neben strukturellen Herausforderungen wesentliche Verantwortung für die Irritation sozialer Ungleichheiten zugesprochen wird (vgl. Betz/Damm 2022, S. 14; Betz 2022a; Rutter/Weitkämper 2022, S. 16). Insbesondere im Kontext der Diskussion des Anspruchs von Grundschulkindern auf Ganztagsbildung wurde zudem die Hoffnung formuliert, dass Kinder und Jugendliche davon profitieren könnten, wenn sich Schule für sozialpädagogische Konzepte von Bildung öffnet und dadurch Angebote stärker an den Bedürfnissen und Wünschen von Kindern und Jugendliche ausrichtet (vgl. u. a. Sauerwein 2021). An entsprechende Angebote wird die Hoffnung adressiert, dass Schulen über das gemeinsame Engagement von Sozial- und Schulpädagog:innen zu Orten werden können, die ausgeprägter als bislang kindliche Perspektiven zentrieren und die „Lebensweltferne […], die großen sozialen Ungerechtigkeiten […], das Schulversagen […] und die mangelnde Abstimmung zwischen Bildungs- und Beschäftigungssystem“ (Braun/Wetzel 2006, S. 39) zu modifizieren ermöglichen sowie in Schulen Zeiten und Räume sichern, in denen Kinder sich jenseits von Leistungsbewertungen und Defizitzuschreibungen entfalten können (vgl. Sauerwein 2021; Rother 2021). Wenn diese Hoffnung sich erfüllen können soll, scheint es erforderlich, dass sozialpädagogische Fachkräfte am pädagogischen Ort Schule auf differente, eigensinnige, ungleichheits- und stigmatisierungssensible sozialpädagogische Praktiken und Praxen bestehen, eine von Schulpädagogik und Unterricht differente Perspektive für das eigene Handeln einfordern und diese Perspektive den sozialpädagogischen Professionellen auch zugestanden wird (vgl. Sauerwein/Thieme/Chiapparini 2019).[1]

Der vorliegende Beitrag geht der Frage nach, inwiefern – und wenn ja unter welchen Bedingungen – die Hoffnung berechtigt scheint, dass ein stärkeres Engagement sozialpädagogischer Professioneller zur Irritation der Festschrei-

1 Sozialpädagogische Fachkräfte gestalten in unterschiedlichen Formaten – in Form schulinterner, außerunterrichtlicher Angebote, über unterrichtsbegleitende und lernfördernde Tätigkeiten sowie über die Gestaltung extracurricularer Bildungs- und Freizeitangebote in Kooperation mit Projekten und Einrichtungen der Kinder- und Jugendhilfe im Rahmen des Ganztagsschulausbaus – bereits gegenwärtig und schon seit längerer Zeit Angebote für Kinder und Jugendliche an Schulen (vgl. Rother 2021, S. 98; Krüger/Stange 2009), an die auch die Erwartung adressiert wird, auf soziale Ungleichheiten angemessener als unterrichtsbezogene Arrangements reagieren zu können (vgl. Friebertshäuser 2009).

bung sozialer Ungleichheiten und damit verbundener Stigmatisierungen und Pathologisierungen an Schulen führen kann oder ob über diese Angebote die sozialpädagogischen Professionellen dazu beitragen, bestehende Ungleichheiten zu reproduzieren. Dazu wird nachfolgend zunächst diskutiert, wie sozialpädagogische Angebote in die Schule integriert werden können und worin die spezifischen Herausforderungen dieser Integration bestehen (2). Daran anschließend wird anhand empirischer Befunde zu sozialpädagogischen Angeboten diskutiert, inwiefern es sozialpädagogischen Fachkräften gegenwärtig gelingt oder sie beabsichtigen, pathologisierende Zuschreibungen auf der Grundlage der sozialen Herkunft zu irritieren oder ob sie durch ihre Praxis entsprechende Zuschreibungen über spezifische Adressierungspraktiken reproduzieren (3). Exemplarisch konzentrieren wir uns auf zwei in den öffentlichen Diskussionen besonders prominent thematisierte Gruppen sozialpädagogischer Fachkräfte (4). Referiert werden Befunde zu den Armutsdeutungen von Erzieher:innen in Kindertageseinrichtungen (4.1) und aus einer ethnografischen Studie zu Subjekt- und Adressierungspraktiken von Fachkräften im Handlungsfeld Kinderschutz (4.2). Den Abschluss bilden Überlegungen zu den Voraussetzungen einer zuschreibungskritischen und ungleichheitssensiblen sozialpädagogischen Praxis am Lebensort Schule (5).

2. Integration und Herausforderungen sozialpädagogischer Angebote am pädagogischen Ort Schule

Die Kooperation sozial- und schulpädagogischer Angebote resp. ihr Zusammenspiel ist trotz gemeinsamer disziplinärer, erziehungswissenschaftlicher Bezüge zwar naheliegend, aber nicht unbedingt selbstverständlich. Sozialpädagogische Angebote der Kinder- und Jugendhilfe konzeptualisierten und entwickelten sich mitunter in deutlicher Abgrenzung zur Schule (vgl. u. a. Hopmann et al. 2023, S. 8). Sie profilieren diese Differenz teilweise auch weiterhin und parallel zur fortschreitenden Etablierung sozialpädagogischer Angebote im Kontext von Schule und insbesondere von extracurricularen, unterrichtsergänzenden Angeboten an Ganztagsschulen. Vor allem Angebote der Kinder- und Jugendarbeit mit ihren konstitutiven Merkmalen der Offenheit und Freiwilligkeit bilden seit ihren Ursprüngen institutionelle Gegenräume zu stärker regulierten und über die Schulpflicht obligatorischen schulischen Bildungsangeboten. Gerade das „Arrangieren als eigene[r] methodische[r] Ansatz für die Kinder- und Jugendarbeit“ (Thole/Pothmann/Lindner 2022, S. 272) bildet einen spezifischen Gegensatz zur Reglementierung pädagogischer Institutionen durch (sozial-)pädagogische Professionelle, auch weil hier „nicht die direkte pädagogische Intervention, die gezielte, absichtsvolle pädagogische Einwirkung auf eine*n Adressat*in im Zentrum [steht; d. A.], sondern die tendenzielle Abstinenz des pädagogischen Personals" (Thole / Pothmann / Lindner 2022, S. 320). Ein entsprechend umfassender Einbezug von Konzepten, Ansätzen und damit verbundener Handlungsmaxime der Kinder- und Jugendhilfe in Schulen erweist sich daher als voraussetzungsvoll, weil sozialpädagogische Konzepte nach wie vor im Widerspruch zu klassischen Merkmalen von Schule zu stehen scheinen und gegensätzliche institutionelle Logiken aufeinandertreffen (vgl. Thimm 2000). Mit dem Versuch der verstärkten Integration sozialpädagogischer Angebote in schulische Settings sind mithin strukturelle Herausforderungen verbunden. Gleichwohl ist die Idee einer Annäherung von Schule an sozialpädagogische Konzepte und Handlungsmodalitäten keineswegs neu und wird zuweilen mit dem Verweis auf die zunehmende Pluralisierung der Gesellschaft als notwendige Öffnung der Institution Schule für umfassendere und ganzheitlichere Bildungs- und Erziehungsansprüche auch unter dem „Stichwort einer ‚Sozialpädagogisierung' von Schule" (Giesecke 2001, S. 62) und der Zunahme einer „gesellschaftlichen Aufmerksamkeit für Bildungsungleichheit" (Hopmann et al. 2023, S. 8) diskutiert.

Auch die Autor:innen des 16. Kinder- und Jugendberichts thematisieren sozialpädagogische Angebote an Schulen und sehen diese als relevantes Feld für die Förderung demokratischer Bildung von Kindern und Jugendlichen. Sie schreiben ihnen – auch aufgrund des professionellen Selbstverständnisses Sozialer Arbeit – zu, besonders deutlich sozialen Ungleichheiten und damit verbundenen Diskriminierungen in der Schule entgegenwirken und Diversität fördern und anerkennen zu können (vgl. BMFSFJ 2020, S. 193 f.). Dadurch schlage Soziale Arbeit „die Brücke zur Demokratiebildung und zur politischen Bildung für den Bildungsraum Schule" (ebd., S. 194). Zugleich wird allerdings auch eine Reihe struktureller Herausforderungen beschrieben. Zum einen sei die Einbindung der Sozialen Arbeit in den Schulen durch die uneindeutige Gesetzeslage, differente Professionsverständnisse und variierende Finanzierungsmodelle zu unklar, sodass vielfach nicht geklärt sei, ob sozialpädagogische Angebote Teil der Kinder- und Jugendhilfe oder als grundsätzliche Aufgabe der Schule einzuordnen sind. Zum anderen moniert der Bericht, dass „die demokratiebildenden Potenziale der Schulsozialarbeit bei Weitem nicht ausgeschöpft werden" (ebd., S. 194).

Die unklare Situation sozialpädagogischer Projekte an Schulen mag auch daran liegen, dass Soziale Arbeit hier „vergleichsweise häufig Aufgaben übernimmt, die in erster Linie der Entlastung des Schulbetriebs dienen" (Zankl 2017, S. 34). Diese Gefahr sei besonders dann hoch, wenn die sozialpädagogischen Angebote in schulischer Trägerschaft verwirklicht werden. Die Möglichkeit der Entfaltung eigener sozialpädagogischer Perspektiven ist so – das legen die empirischen Daten nahe – eng mit der Frage der strukturellen Verankerung der sozialpädagogischen Angebote verbunden, wenngleich sich Angebote der Sozialen Arbeit in der Schule zugleich zunehmend zu etablieren scheinen und mehr als eigenständige Formate anerkannt werden (ebd., S. 33). Hingewiesen wird darauf, dass die

Verankerung einer eigenständigen, sozialpädagogischen Logiken folgenden Perspektive an Schulen tendenziell eine strukturelle Unabhängigkeit von schulischer Finanzierung, von schulischen Handlungsprinzipien und auch von den gegebenen institutionell-organisationalen Einbindungen erfordert. Ob dies dann auch selbstläufig zu einer Irritation der Festschreibung und Reproduktion sozialer Ungleichheiten und damit potenziell einhergehender Stigmatisierungen und Pathologisierungen führen kann, bleibt kritisch zu diskutieren.

Zentral für die Frage des eigenwillig sozialpädagogischen Agierens sind neben der strukturellen Verankerung der Angebote auch „das professionelle Selbstverständnis der Fachkräfte, die Ermöglichungsbedingungen der Schule" sowie „die Verhandlungsformen an der Schule" (Maier/Zipperle 2023, S. 37). Markus Sauerwein und Nina Thieme (2020, S. 263) heben hervor, dass die Zuständigkeiten sozial- und schulpädagogischer Fachkräfte in Ganztagsschulen diffuser werden und sowohl Lehrkräfte als auch Sozialpädagog:innen zunehmend Aufgaben übernehmen, die klassischerweise eher den jeweils anderen als Verantwortungsbereich zugestanden und -geschrieben werden. Diese Annahme aktualisiert zwar einerseits die Wahrnehmung einer „Sozialpädagogisierung von Schule" (Giesecke 2001, S. 62), spricht zugleich aber gegen die Annahme der Beanspruchung und Behauptung einer eigenständigen und von formaler Bildung abgegrenzten sozialpädagogischen Perspektive auf Kinder, Jugendliche und soziale Ungleichheiten. Gegen diese Annahme spricht ebenso, dass sich infolge der stärkeren Etablierung sozialpädagogischer Angebote in Schulen unterrichtliche Logiken auch in nicht-unterrichtlichen sozialpädagogischen Angeboten am pädagogischen Ort Schule beobachten lassen – Sozialpädagog:innen also Settings und informelle Regeln des Unterrichts auf sozialpädagogische Bildungsangebote übertragen (vgl. Sauerwein/Thieme 2020; Sauerwein 2017).

Die skizzierte Entwicklung, so wird bisweilen immer wieder kritisch angemerkt, könnte insbesondere für die Integration von Angeboten der einrichtungsbezogenen Kinder- und Jugendarbeit mit dem weiteren Ausbau der Ganztagsschulen auch im Grundschulbereich problematisch werden. Mit dem Ausbau treten schulische und außerschulische Angebote zunehmend in zeitliche Konkurrenz. Eine Integration der Angebote der Kinder- und Jugendarbeit soll verhindern, dass Kindern und Jugendlichen durch den längeren Verbleib in der Schule der Zugang zu und die Anteilnahme an „sozialpädagogischer Bildung" (Thole/Pothmann/Lindner 2022) der Kinder- und Jugendarbeit verunmöglicht, zumindest jedoch erschwert wird. Übernehmen die Angebote zudem unterrichtliche Logiken und Regeln, geriete der konstitutive sozialpädagogische Bildungsanspruch in Gefahr und ein bedeutsamer Ort der Gestaltung demokratischer Bildung ginge verloren. Die Etablierung ganztägiger Schulangebote schränkt die Freiräume für Kinder und Jugendliche, Leben und Alltag ohne Regulation durch Erwachsene zu gestalten, weiter ein und reduziert die Möglichkeiten von Heranwachsenden,

Räume, Formate und Settings unter Gleichaltrigen autonom zu besetzen und zu beleben.[2]

Deutlich stärker als Angebote der Kinder- und Jugendarbeit sind sozialpädagogische Angebote im schulischen Kontext etabliert, die pädagogische Probleme bearbeiten, die von den Lehrkräften nicht oder nicht in ausreichendem Maß bearbeitet werden können. Sozialer Arbeit kommt hier vor allem die Rolle der Aufrechterhaltung, Ermöglichung und Sicherung unterrichtlicher Bildungssettings zu, die formal auf die Stärkung der schulischen und gesellschaftlichen Teilhabe von Kindern und Jugendlichen abzielen, dabei aber zugleich mit der Adressierung von Kindern und Jugendlichen als abweichend und problematisch einhergehen.

3. Sozialpädagogische Adressierungen im Kontext von Schule

Auch wenn Schule und Soziale Arbeit sich vielfach in Abgrenzung zueinander entwickelten, sind schulische Themen und Problemlagen als bedeutender Bestandteil kindlicher und jugendlicher Lebenswelten auch Gegenstand sozialpädagogischer Arbeit mit Kindern, Jugendlichen und Familien. Insbesondere Schulabsentismus wird dabei in der Kinder- und Jugendhilfe deutlich als sozialpädagogisch zu bearbeitende Normverletzung, als Erziehungsproblem der Erziehungsberechtigten bzw. Entwicklungsproblem der Kinder und Jugendlichen gerahmt (vgl. Thimm 2000). Zuspruch in sozialpädagogischen Diskussionen findet weiterhin die Deutung von Schulabsentismus als normabweichendes resp. als „gesellschaftsschädigend[es] bzw. als gesellschaftlich nicht tolerierbar[es]“ (Gaßmöller 2022, S. 85) Verhalten, das unter Umständen auch eine stationäre Unterbringung der Kinder und Jugendlichen aus Perspektive der sozialpädagogischen Fachkräfte als gerechtfertigt und notwendig erscheinen lässt. Die Feststellung eines wiederholten Verstoßes gegen die Schulpflicht geht sozialpädagogisch mit einer prekären Subjektivierung der Kinder und Jugendlichen einher, die aus Perspektive der Fachkräfte zum sanktionierenden Eingreifen legitimiert (vgl. Gaßmöller 2022; Bollweg 2020; 2023). Erst die verstärkte Diskussion um Mobbing in Schulen hat auch zu einer Aufmerksamkeit für innerschulische Problemlagen als Ursache für Schulabsentismus geführt, ohne jedoch die individualisierende Defizitzuschreibung umfassender irritieren zu können. Auch Lehrer:innen stützen sich auf die Deutung der Normverletzung, sodass Schul- und Sozialpädagog:in-

2 In ihren autonomen Gestaltungsmöglichkeiten werden Kinder und Jugendliche zwar auch durch andere, nicht schulbezogene, aber auch von Erwachsenen begleitete und initiierte institutionalisierte pädagogische Angebote eingeschränkt. Im Kontrast zu ganztägigen Schulprojekten haben Heranwachsende hier jedoch die Option, sich für oder gegen eine Teilnahme bspw. an Angeboten der Kinder- und Jugendarbeit zu entscheiden. (vgl. u. a. Thole / Pothmann / Lindner 2022)

nen gleichermaßen die Zuweisung individueller und familialer Defizite gegenüber einem deutenden und Strukturen einbeziehenden Zugang präferieren und das Problem des Schulabsentismus so als sozialpädagogisch zu bearbeitendes Defizit formulieren. Die Lehrkräfte werden dadurch von der Problembearbeitung und auch strukturellen Reflexion entlastet, während sowohl die Schule als auch die Kinder- und Jugendhilfe Kinder, Jugendliche und Familien als problematisch und normabweichend adressiert und so Stigmatisierungen festschreibt, die auch über die Schulzeit hinauswirken und von den Betroffenen als solche erfahren werden (vgl. Bollweg 2023, o. S.). Die Kooperation von Schule und der sozialpädagogischen Kinder- und Jugendhilfe führt hier so gerade nicht zu einer Irritation von Stigmatisierung, sondern zu einer wechselseitigen Bestärkung und prekären Subjektivierung betroffener Kinder und Jugendlicher als normabweichend, die von Fachkräften des Jugendamtes mit der Entscheidung der stationären Unterbringung weitreichende Konsequenzen nach sich ziehen kann (vgl. Gaßmöller 2022).

Eine andere strukturell und inhaltlich noch deutlichere Verschränkung sozialpädagogischer und schulischer Logiken bildet sich in den schulischen Integrationshilfen ab, für die auch aufgrund der personellen Durchführung eine Zuordnung zu Schul-, Sozial- oder Sonderpädagogik bisweilen noch schwieriger erscheint. Diese Form der einzelfallbezogenen Unterstützung durch ambulante Begleitung von Schüler:innen im Unterricht oder über den gesamten Schulalltag soll die Teilhabe benachteiligter Schüler:innen in der Schule ermöglichen – zuweilen erzwingen. Dies wird aber auch, wenn auch nicht durchgehend, sehr kritisch gesehen, weil die Unterstützung „erhebliche Risiken der Behinderung von Teilhabe" (Rohrmann/Weinbach 2020, S. 194) berge. Grundlage für die Gewährung schulischer Integrationshilfen bildet im Kontext der Kinder- und Jugendhilfe der § 35a SGB VIII[3], über den bei vorliegenden Diagnosen, bspw. der „seelischen Behinderung", die Möglichkeit besteht, die Fallbearbeitung von Kinder- und Jugendlichenpsychotherapeut:innen oder Kinder- und Jugendpsychiater:innen zu überantworten. Diese Art der sozialpädagogisch initiierten und psychotherapeutisch gerahmten Intervention hat in den letzten Jahren einen enormen Zuwachs erfahren, sodass zwischen 2009 und 2019 die Zahl der Eingliederungshilfen für Kinder und Jugendliche mit einer „seelischen Behinderung" um 156 % anstieg (Destatis – Statistisches Bundesamt 2021). Diese Steigerung führt das Statistische Bundesamt (2021) primär auf den Anstieg schulischer Integrationshilfen zurück. Die Begleitung im Rahmen schulischer Integrationshilfe wird durch Träger der Freien Wohlfahrtspflege geleistet und bedeutet in der Re-

3 Da es uns in diesem Beitrag primär um die sozialpädagogische Perspektive der Kinder- und Jugendhilfe geht, beschränken wir uns auf ambulante Integrationshilfen als Unterstützungsleistung nach § 35a SGB VIII, wohlwissend, dass es auch andere Formen der schulischen Integration jenseits der Kinder- und Jugendhilfe gibt.

gel eine zusätzliche pädagogische Betreuung einzelner Kinder und Jugendlicher während des Unterrichts und im Schulalltag als ambulantes Einzelhilfesetting. Die eigentlich als Unterstützung und teilhabefördernde Maßnahme gedachte Leistung kann so im Falle schulischer Auffälligkeiten im Unterricht über die Anwendung des § 35a SGB VIII genutzt werden, wenn den Kindern und Jugendlichen eine vorhandene oder drohende „seelische Behinderung" attestiert wird. Die Zuweisung einer seelischen Behinderung fungiert dann als Scharnier, auf den Bedarf an pädagogischer Begleitung zu reagieren. Diesem Bedarf können reguläre Unterrichtssettings mit einer Lehrkraft nicht nachkommen, wodurch die Hilfeform „ihren kritischen Impetus und ihren Bezug auf Integration verloren" (Rohrmann / Weinbach 2020, S. 195) habe.

Die schulische Begleitung aus dem Bereich der Kinder- und Jugendhilfe ergänzt dabei das schulpädagogische Handeln, indem Schüler:innen „über das sog. regelschulische Angebot hinausgehend in ihrer emotionalen und sozialen Entwicklung" unterstützt und gefördert werden, „um so deren schulische und soziale Eingliederung und damit auch ihren Verbleib in der sog. Regelschule zu gewährleisten" (Molnar / Marr / Thieme 2023, S. 87). Die Ergänzung der pädagogischen Kapazitäten im Unterrichtssetting erfordert dann aber die pathologisierende Individualisierung und Subjektivierung Einzelner als ‚behindert' oder ‚förderbedürftig'. Sozialpädagogische Maßnahmen, die auf einen pädagogischen Bedarf im Unterrichtssetting reagieren, der durch das Festhalten an einem Einzellehrer:innen-Modell begründet wird, sind so vor dem Hintergrund der Zuschreibung individueller Defizite und der damit einhergehenden Verstärkung von Benachteiligungen und Beeinträchtigungen nicht nur sehr kritisch zu sehen (vgl. Rohrmann / Weinbach 2023, S. 50). Darüber hinaus sind sie Hinweis dafür, wie die Übernahme und Einhaltung schulischer Prinzipien von Seiten der Schüler:innen durch sozialpädagogische Angebote gestützt werden sollen und zugleich schulische Intentionen sozialpädagogische Diagnosen leiten. Fraglich ist somit, wie und ob es sozialpädagogischen Fachkräften und den Angeboten der sozialpädagogischen Kinder- und Jugendhilfe gelingt, sich dem Druck für die Gewährung entsprechender Hilfen zu erwehren, ohne damit direkt den Kindern und Jugendlichen zu schaden. Empfohlen und breiter diskutiert werden in diesem Zusammenhang sogenannte ‚Pool-Lösungen', die über Kooperationsvereinbarungen auf eine problematische Subjektivierung einzelner Kinder und Jugendlicher durch Zuschreibung ‚seelischer Behinderungen' verzichten, aber dennoch eine Erhöhung pädagogischer Kapazitäten im Unterrichtssetting ermöglichen (vgl. Rohrmann / Weinbach 2020, S. 196). Im Falle einer darüberhinausgehend als notwendig erachteten Unterstützung der Familien, Kinder und Jugendlichen in Form erzieherischer Hilfen kann eine noch deutlichere Involvierung der Fachkräfte der Allgemeinen Sozialen Dienste (ASD) des Jugendamtes erfolgen, die in der Regel auch für die Gewährung schulischer Integrationshilfen im Kontext des § 35a SGB VIII zuständig sind (vgl. Molnar / Marr / Thieme 2023, S. 88).

Neben der heterogenen Gruppe der Personen, die schulische Integrationshilfe leisten, werden gegenwärtig zwei Gruppen von Fachkräften immer wieder als relevante sozialpädagogische Akteur:innen im schulischen Kontext thematisiert, auf die nachfolgend anhand zweier Forschungsprojekte genauer in Bezug auf die Irritation oder Reproduktion sozialer Ungleichheiten eingegangen wird.

4. Empirische Befunde zur Pädagogisierung sozialer Ungleichheiten als stigmatisierende und pathologisierende Adressierungen

Mit dem Anspruch von Grundschulkindern auf pädagogische Begleitung nicht unterrichtsbezogener Angebote an Ganztagsschulen steigt auch der Bedarf an pädagogischem Personal, wobei hier sehr unterschiedliche Modelle in der Praxis existieren und diskutiert werden. Die Gestaltung von Angeboten durch (sozial-)pädagogische Fachkräfte in der Schule selbst ist nur eine von mehreren Möglichkeiten, den Ganztagsanspruch zu realisieren. Diskutiert werden ebenso Kooperationsverträge mit bestehenden Horteinrichtungen, die dann die Betreuung am Nachmittag außerhalb der Schule übernehmen sollen. Beide Modelle versprechen eine einfache und vergleichsweise kostengünstige Alternative etwa zur komplexeren Kooperation mit und Integration von sozialpädagogischen Angeboten der Kinder- und Jugendarbeit. Anhand empirischer Befunde einer Studie zu den Armutsdeutungen von Fachkräften in Kindertageseinrichtungen wird exemplarisch gezeigt, welche Bedeutung den Thematisierungsweisen der Fachkräfte für die Frage nach der Irritation oder Reproduktion sozialer Ungleichheiten zukommt. Daran anschließend wird anhand einer zweiten Studie zur Bedeutung sozialer Normen und zu diese aufgreifenden Subjekt- und Adressierungspraktiken erörtert, wie Fachkräfte des ASD, die für die Einleitung erzieherischer und integrativer Hilfen, aber auch für die Sicherstellung des Schutzes von Kindern und Jugendlichen zuständig sind, auf Hinweise und Zuschreibungen von Lehrkräften Bezug nehmen, soziale Ungleichheiten deuten und entlang dieser Deutungen mit ihnen umgehen.

4.1 Individualisierende Thematisierung von Armut durch Pädagog:innen in Kindertageseinrichtungen

Die im Rahmen des Forschungsvorhabens *Umgang mit und Deutungen von Armut in Kindertagesstätten*[4] rekonstruktiv gewonnenen Erkenntnisse verweisen auf Unsi-

---

4 Die Studie wurde von 2015 bis 2019 an der Universität Kassel von Stephanie Simon, Jessica Prigge und Werner Thole mit Unterstützung von Barbara Lochner und anfänglich von Björn Milb-

cherheiten im Umgang mit und Formen der alltagspraktischen Dethematisierung von Armut, obwohl diese zugleich für die pädagogische Praxis als ein bedeutsamer normativer Bezugspunkte durch die Pädagog:innen markiert wird. Die Pädagog:innen in Kindertageseinrichtungen artikulieren in den durchgeführten Gruppendiskussionen sehr unterschiedliche Vorstellungen von Armut. Armut wird als Krise, als Folge unverantwortlichen Konsums, als Resultat fehlender Elternkompetenz oder aber als Folge des Wunsches, am gesellschaftlichen Leben teilzunehmen, obwohl die zur Verfügung stehenden ökonomischen, kulturellen oder sozialen Ressourcen dies umfänglich nicht erlauben, erörtert und gefasst.

Die Selbst- sowie Fremdpositionierungen in den Gruppendiskussionen verweisen darauf, dass die Pädagog:innen durchgehend Armut nicht als Folge oder Erscheinung einer insgesamt über Ungleichheit konstituierten Gesellschaft verstehen. Auf die strukturell formatierten ökonomischen, kulturellen und sozialen Ungleichheitslagen, also die Verfasstheit der Gesellschaft generell, wird kaum Bezug genommen, um Armut zu kontextualisieren, zu verstehen oder zu erklären. Im Kern kommunizieren die Deutungen eine Individualisierung von Armut, innerhalb derer das normative Orientierungsschema „gute Elternschaft" den jeweiligen eigenen Handlungsauftrag grundiert. In den Diskussionen wird eine normative Dimensionierung von „würdigen" und „unwürdigen" Armen auf der Grundlage der Wahrnehmung von Hilfeansprüchen und -leistungen verwoben mit der Beurteilung „guter" oder „schlechter" Elternschaft. „Guten" gelänge im Kontrast zu „schlechten Eltern" trotz geringerer Ressourcen, ihre Kinder angemessen zu versorgen und ihnen die Teilhabe am gesellschaftlichen und kulturellen Leben zu ermöglichen. Werden Eltern hingegen als hedonistisch und verantwortungslos wahrgenommen und gleichzeitig ein Fehlen in der funktionalen Ausstattung ihrer Kinder beobachtet, bei dem die Pädagog:innen sich in der Verpflichtung sehen, dieses Fehlen zumindest im Kindertageseinrichtungsalltag auszugleichen, so wird dies als „Vernachlässigung" des Kindes durch die jeweilige Familie gedeutet. Familien mit entsprechenden Lebensbewältigungsformen wird der Status „arm" abgesprochen. Diese wertende Deutungsweise wird allerdings in den Diskussionen dann relativiert, wenn bei Eltern für die Bewältigung eines anspruchsvollen, modernen Alltags fehlende Kompetenzen diagnostiziert werden oder der Konsum als Form der Teilhabe an der gesellschaftlichen „Normalität" eingeordnet wird. In den Gruppendiskussionen zu erkennen ist eine Individualisierung und Familisierung und so im Kern ein stigmatisierender Blick auf Armut. In Aussagen kommen entsprechende Aspekte darüber zur Sprache, dass Eltern die Verantwortung für „Armut" zu übernehmen haben, da allen in der Bundesrepublik Deutschland genügend Ressourcen zur Verfügung stehen,

radt durchgeführt und vom Evangelischen Fröbelseminar der Diakonie Hessen finanziert (vgl. u. a. Simon et al. 2019).

und wenn nicht durch eigenständige Teilhabe am Erwerbsleben, dann zumindest durch sozialstaatliche Unterstützungsleistungen (vgl. Simon et al. 2019).

4.2 Markierungen problematischer Familienpraxen im Kontext von Einschätzungen im Kinderschutz

In einer gegenwärtig noch laufenden Studie[5] wird eine Heuristik für die ethnografische Beforschung sozialpädagogischer Praxis erarbeitet, mit der sich die Bedeutung der jeweilig als gültig markierten sozialen Normen sozialpädagogischer Fachkräfte innerhalb der je spezifischen Logik der untersuchten sozialpädagogischen Praxis rekonstruieren lässt. Als zentral werden dabei zwei Arten von Praktiken unterschieden: Erstens Subjektpraktiken, die der Herausarbeitung spezifischer Annahmen von und Erwartungen an Adressat:innen und deren Bewertung über soziale Normen mit und gegenüber anderen Fachkräften innerhalb organisationaler Arrangements dienen; sowie zweitens Adressierungspraktiken, mit denen die sozialen Normen sowie die spezifischen Erwartungen an und Vorstellung von den Adressat:innen an diese vermittelt werden. Anhand der ethnografischen Analyse der Praxis eines Allgemeinen Sozialen Dienstes wird deutlich, dass sich Fallbearbeitungen der Fachkräfte des untersuchten Jugendamtes als umfassende ethisch-normative Bewertungspraxen familialer Arrangements erweisen. Diese vollziehen sich bisweilen, das zeigen die Ergebnisse, nicht konträr und gegenläufig, sondern entlang auch gesellschaftlicher Abwertungs- und Responsibilisierungsdiskurse, die vor allem von Armut Betroffene benachteiligen und für ihre prekären Zugänge zu gesellschaftlichen Ressourcen verantwortlich machen. Armutslagen werden dabei von den sozialpädagogischen Fachkräften nicht als strukturelle Benachteiligung reflexiv einbezogen, sondern als individuelles Scheitern der Eltern zur Delegitimierung und Kulturalisierung familialer Alltagspraxen gewendet. In den Fallbesprechungen finden sich zudem immer wieder deutliche Suchbewegungen und Deutungsversuche der Zuweisung pathologischer Befunde zur Erklärung von Normverletzungen, die von den sozialpädagogischen Professionellen als hegemonial angenommen werden: etwa indem psychische Erkrankungen oder geistige Behinderungen als Erklärungen für Verletzungen der Normalitätsvorstellungen der Fachkräfte herangezogen werden.

---

5 Die Untersuchung, die im Rahmen der sich gegenwärtig im Abschluss befindlichen Dissertation von Julian Sehmer durchgeführt wurde, trägt den Titel *Sozialpädagogische Subjekt- und Adressierungspraktiken. Konturierungen der normativen Ordnungen sozialpädagogischer Praxen* und wird am Fachbereich 01 der Universität Kassel eingereicht. Das Sample umfasst 36 Kinderschutzfälle (u. a. Fallakten, transkribierte Fallbesprechungen und ethnografische Beobachtungsprotokolle).

Einen prominenten Platz weisen die Fachkräfte dabei den Deutungen und Defizitmarkierungen schulischer Lehrkräfte zu. Im zentralen Dokument der „Beratungsvorlage“, das im Voraus einer Teamberatung allen Kolleg:innen zur Verfügung gestellt wird und das die fachlichen Einschätzungen eines Falles bündelt, bildet die „Schulische / Berufliche Situation des Kindes / Jugendlichen / Heranwachsenden“ neben dem „Anlass der Kontaktaufnahme“ und der „Familiensituation/-geschichte“ einen von drei Bereichen, die für die abschließende „fachliche Einschätzung“ als relevant eingeführt werden. Exemplarisch wird dies am Ausschnitt aus der Beratungsvorlage (vgl. Abb. 1) im Fall des zwölf Jahre alten Kenny[6] deutlich:

Abb. 1: Ausschnitt „Schulische Situation“ aus der Beratungsvorlage im Fall „Kenny“

- Schulische/Berufliche Situation des Kindes/Jugendlichen/Heranwachsenden
  - Mimik und Gestik sind schwach ausgeprägt, wirkt sehr verschlossen
  - Kenny hatte im vergangenen Jahr den schlechtesten Leistungsdurchschnitt der Klasse
  - Durch häufiges Fehlen, mangelnde Konzentration im Unterricht und fehlende HA, AM, Nicht-nachholen von versäumten Stoff werden die Leistungen von K. immer schlechter (46 Fehltage)
  - K. passt nicht auf, stört den Unterricht, nimmt Anforderungen nicht ernst, albert herum, gibt sich keine Mühe beim Sprechen
  - Er redet oft einfach vor sich hin
  - K. wirkt emotional unberührt, hat nur oberflächliche Beziehungen
  - Lernmotivation von Seiten der Eltern gering ausgeprägt

Wie in anderen Fällen, in denen Kinder im schulpflichtigen Alter sind, übernehmen die Fachkräfte die Defizitzuweisungen der Lehrkräfte und damit die schulinstitutionellen Logiken ungefiltert. Im diskutierten Fall wird von der fallverantwortlichen Fachkraft die schulische Leistung Kennys im Abgleich mit den anderen Schüler:innen aufgegriffen und ihm durch Abweichung von der Klassennorm ein Defizit attestiert, das sich aus dem Wissen der Lehrkräfte speist. Über die Zuschreibung umfassender Verletzungen der Normerwartungen des Unterrichts und die genaue Dokumentation seiner Fehltage werden die schulischen Problemmarkierungen so zu sozialpädagogisch zu bearbeitenden Entwicklungs- und Erziehungsdefiziten transformiert. Die über konkrete schulische Leistungen hinaus notierten Deutungen seines Verhaltens mit der Interpretation der Motivlagen von Kenny (*„nimmt Anforderungen nicht ernst“*, *„gibt sich keine Mühe beim Sprechen“*) weisen den Lehrkräften die Expertise und Deutungshoheit für den Jugendlichen zu, während eigene Perspektiven oder Deutungen von Kenny selbst im Fallverlauf nicht als relevant dokumentiert und so auch im gesamten Dokument nicht aufgegriffen und damit gegenüber den Zuschreibungen der Schule als weniger relevant markiert werden. Diese können folglich auch nicht herangezogen werden, um über sozialpädagogische Sichtweisen die schulischen

6 Alle personenbezogenen Daten wurden pseudonymisiert.

Zuschreibungen zu irritieren. Die Zuschreibungen werden so vom spezifischen Kontext des Unterrichts entkoppelt und als subjektive Merkmale Kennys individualisiert und zu Persönlichkeitsmerkmalen generalisiert. Zugleich fällt auf, dass die Zuschreibungen nicht als subjektive Deutungen der Lehrkräfte eingeführt, sondern als vermeintlich objektive Befunde präsentiert werden. Entsprechend findet sich auch am Ende des Dokumentes der Punkt „Lösung Schulprobleme" als eines der zentral zu bearbeitenden Ziele im Kontext der anvisierten sozialpädagogischen Hilfe.

Eigentümlich für die normative Praxis der Fachkräfte dieses ASDs ist dabei die immer wieder reaktualisierte Selbstpositionierung einer unbedingten Parteilichkeit vor allem für die Kinder, aber auch Jugendlichen, die zugleich aber nicht deren selbst artikulierte Bedürfnisse und Perspektiven aufgreift, sondern sich an den antizipierten, vermeintlich objektiven Interessen und dem Wohl der Kinder und Jugendlichen orientiert, deren Kenntnis die Fachkräfte über die Reklamation eigener Expertise beanspruchen. Diese führt dazu, dass Defizitzuweisungen an Kinder und Jugendliche von den Fachkräften lediglich als Hinweise auf die mangelnde Erziehungsfähigkeit und defizitäre Familienpraxis der als sorgeverantwortlich adressierten Erwachsenen gedeutet werden. Die Fachkräfte des untersuchten Jugendamtes reproduzieren so stigmatisierende Zuschreibungen der Lehrkräfte, individualisieren und objektivieren diese durch Entkoppelung vom spezifischen Entstehungskontext und werten sie als Ergebnis der problematischen Familien- und Erziehungspraxis, primär in Verantwortung der Mutter. Hinweise auf schulische Probleme werden so aufgenommen und als bedeutsam in die Bewertung der Adressat:innen einbezogen.

5. Fazit – Überlegungen zu einer zuschreibungskritischen und ungleichheitssensiblen sozialpädagogischen Praxis am Lebensort Schule

Die Annahme, dass Schulen durch eine sozialpädagogische Expertise und Beteiligung sozialpädagogischer Professioneller selbstläufig zu weniger stigmatisierenden, pathologisierenden und ungleichheitsverstärkenden pädagogischen Orten werden, muss angesichts der ausgeführten Befunde eher kritisch beurteilt werden. Sowohl die empirischen Hinweise im Kontext des Schulabsentismus (vgl. Gaßmöller 2022; Bollweg 2020; 2023) als auch zu den sozialpädagogischen Hilfen im Fall Kenny deuten auf die Tendenz der Bestätigung und Verstärkung stigmatisierender und pathologischer Adressierungen durch schul- und sozialpädagogische Fachkräfte hin. Die Befunde der Studie zu den Deutungen von Armut durch Pädagog:innen illustrieren, wie Pädagog:innen Armut und soziale Ungleichheiten individualisieren. Über die Studie *Sozialpädagogische Subjekt- und*

Adressierungspraktiken wird darauf hingewiesen, dass sozialpädagogische Fachkräfte in der Praxis in ihren Deutungen auch an gesellschaftliche Abwertungs- und Responsibilisierungsdiskurse anschließen und so ohnehin vorhandene Stigmatisierungen über die Ausstattung mit Autorität und Macht der Institution Jugendamt verstärken. Eine umfassendere Kooperation schul- und sozialpädagogischer Akteur:innen, im Rahmen derer zugleich – wie im Fall Kenny – auf den Einbezug der Deutungen und Sichtweisen der Kinder und Jugendlichen verzichtet wird und die Deutungshoheit über kindliche, juvenile und familiale Lebenswelten den (sozial-)pädagogischen Fachkräften übertragen wird (vgl. auch Silkenbeumer/Thieme 2019, S. 100), kann prekäre Positionierungen sowie stigmatisierende und pathologisierende Subjektivierungen begünstigen.

Im Kontrast zu den diskutierten, über empirische Hinweise belegten Beobachtungen könnte ein Zusammenwirken sozial- und schulpädagogischer Expertisen erfolgreich sein, wenn sich die Institution Schule für Möglichkeiten und Potenziale einer über sozialpädagogische Ideen erweiterten Bildungskonzeption öffnet und sozialpädagogische Sichtweisen sich von der Dominanz schulpädagogischer Prinzipien emanzipieren (vgl. Sauerwein/Thieme/Chiapparini 2019). Neben deutlicher auf soziale Ungleichheiten abzielenden Qualifizierungsformaten könnten auch strukturelle Veränderungen wünschenswert sein, die Kindern und Jugendlichen in Schulen ermöglichen, Räume inklusiv, demokratisch und selbstverwaltet zu gestalten. Möglicherweise könnte die Schaffung solcher Räume erleichtert werden, wenn sozialpädagogische Angebote in Schulen insgesamt mehr Spielräume erhielten und sozialpädagogische Fachkräfte nicht unmittelbar und durchgehend in die schulische Organisations- und Weisungskultur eingebunden wären, also sozialpädagogischen Arrangements innerhalb der schulischen Organisationsstruktur eigenständig zu gestaltende Räume zugestanden werden. Ziel und Herausforderung bleibt die Entwicklung einer ungleichheitssensiblen wie selektions- und stigmatisierungskritischen, nicht von Unterrichtslogiken dominierten, demokratischen Schulkultur, auch über eine stärkere, von gegenseitiger Akzeptanz getragene Verflechtung schulpädagogischer mit sozialpädagogischer Ideen und Konzepte.

Literaturverzeichnis

Aden-Grossmann, Wilma (2016): Geschichte der sozialpädagogischen Arbeit an Schulen. Wiesbaden: Springer VS.

Andresen, Sabine/Lips, Anna/Möller, Renate/Rusack, Tanja/Schröer, Wolfgang/Thomas, Severine/Wilmes, Johanna (2020): Kinder, Eltern und ihre Erfahrungen während der Corona-Pandemie. Hildesheim: UVH – Universitätsverlag Hildesheim.

Arnoldt, Bettina/Züchner, Ivo (2020): Kooperationsbeziehungen von Ganztagsschulen mit außerschulischen Trägern. In: Bollweg, Petra/Buchna, Jennifer/Coelen, Thomas/Otto, Hans-Uwe (Hrsg.): Handbuch Ganztagsbildung. Wiesbaden: Springer VS, S. 1083–1098.

Betz, Tanja (2022a): Ungleichheitssensibles Wissen und Können von Lehrer:innen?! Herausforderungen für die Fortbildung. In: Betz, Tanja / Meyer-Hamme, Alexa / Halle, Arne-Christoph (Hrsg.): Soziale Ungleichheit und die Rolle sozialer Beziehungen in der (Ganztags-)Schule. Gütersloh: Bertelsmann Stiftung, S. 29–37.

Betz, Tanja (2022b): Wie soziale Ungleichheit durch Schule verfestigt wird. In: Betz, Tanja / Meyer-Hamme, Alexa / Halle, Arne-Christoph (Hrsg.): Soziale Ungleichheit und die Rolle sozialer Beziehungen in der (Ganztags-)Schule. Gütersloh: Bertelsmann Stiftung, S. 7–13.

Betz, Tanja / Damm, Yvonne (2022): Beziehungsarbeit und Habitussensibilität. Die Perspektiven von Jugendlichen in benachteiligenden Lebenslagen und erwachsenen Vertrauenspersonen auf ihre Beziehung. In: Betz, Tanja / Meyer-Hamme, Alexa / Halle, Arne-Christoph (Hrsg.): Soziale Ungleichheit und die Rolle sozialer Beziehungen in der (Ganztags-)Schule. Gütersloh: Bertelsmann Stiftung, S. 14–25.

BMFSFJ (2020): 16. Kinder- und Jugendbericht. Förderung demokratischer Bildung im Kindes- und Jugendalter. Berlin: Bundesministerium für Familie, Senioren, Frauen und Jugend.

Bollweg, Petra (2020): Schulabsentismus. In: Bollweg, Petra / Buchna, Jennifer / Coelen, Thomas / Otto, Hans-Uwe (Hrsg.): Handbuch Ganztagsbildung. Wiesbaden: Springer VS, S. 403–419.

Bollweg, Petra (2023): Sich (Nicht-)Einlassen auf Schule. In: Sozial Extra, ohne Seiten. https://doi.org/10.1007/s12054-023-00582-8 (Abfrage: 11.04.2023).

Bourdieu, Pierre (2022): Die konservative Schule. Die soziale Chancenungleichheit gegenüber Schule und Kultur. In: Bauer, Ullrich / Bittlingmayer, Uwe H. / Scherr, Albert (Hrsg.): Handbuch Bildungs- und Erziehungssoziologie. Wiesbaden: Springer VS, S. 1–25.

Bourdieu, Pierre / Passeron, Jean-Claude (1971): Die Illusion der Chancengleichheit. Untersuchungen zur Soziologie des Bildungswesens am Beispiel Frankreichs. Stuttgart: Klett.

Braun, Karl-Heinz / Wetzel, Konstanze (2006): Soziale Arbeit in der Schule. München: Reinhardt.

Deppe, Ulrike / Hadjar, Andreas (2020): Schule und soziale Ungleichheit. In: Hascher, Tina / Idel, Till-Sebastian / Helsper, Werner (Hrsg.): Handbuch Schulforschung. Wiesbaden: Springer VS, S. 1–25.

Destatis – Statistisches Bundesamt (2021): Immer mehr Eingliederungshilfen für Kinder und Jugendliche mit seelischer Behinderung. Pressemitteilung Nr. N 027. Wiesbaden.

Friebertshäuser, Barbara (2009): Verstehen und Anerkennen. Aspekte pädagogischer Beziehungen in Schule und außerschulischer Jugendarbeit. In: Henschel, Angelika (Hrsg.): Jugendhilfe und Schule. Handbuch für eine gelingende Kooperation. 2. Aufl. Wiesbaden: VS Verlag für Sozialwissenschaften, S. 113–124.

Gaßmöller, Annika (2022): Sick Boys – Intensivmaßnahmen der Kinder- und Jugendhilfe als Erziehungsorte. Wiesbaden: Springer VS.

Giesecke, Hermann (2001): Von der Unterrichtsfähigkeit zur Gesellschaftsfähigkeit. In: Bundesarbeitsgemeinschaft der Lehrer im Justizvollzug (Hrsg.): Justizvollzug & Pädagogik: Tradition und Herausforderung. Herbolzheim: Centaurus, S. 62–71.

Helsper, Werner (2021): Jugend und Schule. In: Krüger, Heinz-Hermann / Grunert, Cathleen / Ludwig, Katja (Hrsg.): Handbuch Kindheits- und Jugendforschung. Wiesbaden: Springer VS, S. 1–41.

Hopmann, Benedikt / Marr, Eva / Molnar, Daniela / Richter, Martina / Thieme, Nina / Wittfeld, Meike (2023): Soziale Arbeit im schulischen Kontext. Zuständigkeit, Macht und Professionalisierung in multiprofessionellen Kontexten – Einleitung. In: Hopmann, Benedikt / Marr, Eva / Molnar, Daniela / Thieme, Nina / Richter, Martina / Wittfeld, Meike (Hrsg.): Soziale Arbeit im schulischen Kontext. Zuständigkeit, Macht und Professionalisierung in multiprofessionellen Kooperationen. Weinheim / Basel: Beltz Juventa, S. 7–22.

Kohlrausch, Bettina (2021): Die Corona-Krise verschärft Bildungsungleichheit. In: WSI-Mitteilungen 74, H. 6, S. 434.

Krüger, Rolf/Stange, Waldemar (2009): Kooperation von Schule und Jugendhilfe: die Gesamtstruktur. In: Henschel, Angelika (Hrsg.): Jugendhilfe und Schule. Handbuch für eine gelingende Kooperation. 2. Aufl. Wiesbaden: VS Verlag für Sozialwissenschaften, S. 13–22.

Maier, Katharina/Zipperle, Mirjana (2023): Schulsozialarbeit und ihre doppelte (Nicht-)Zuständigkeit. In: Hopmann, Benedikt/Marr, Eva/Molnar, Daniela/Thieme, Nina/Richter, Martina/Wittfeld, Meike (Hrsg.): Soziale Arbeit im schulischen Kontext. Zuständigkeit, Macht und Professionalisierung in multiprofessionellen Kooperationen. Weinheim/Basel: Beltz Juventa, S. 24–40.

Molnar, Daniela/Marr, Eva/Thieme, Nina (2023): „jetzt geht s dann halt wieder um die zuständigkeiten“. Zur Zuständigkeitsfrage im Kontext multiprofessioneller Kooperation von schulischer und außerschulischer Erziehungs- und Eingliederungshilfe. In: Hopmann, Benedikt/Marr, Eva/Molnar, Daniela/Thieme, Nina/Richter, Martina/Wittfeld, Meike (Hrsg.): Soziale Arbeit im schulischen Kontext. Zuständigkeit, Macht und Professionalisierung in multiprofessionellen Kooperationen. Weinheim/Basel: Beltz Juventa, S. 86–100.

OECD (2021): Bildung auf einen Blick 2021. Paris: OECD.

OECD (2022): Bildung auf einen Blick 2022. Paris: OECD.

Reiss, Kristina/Weis, Mirjam/Klieme, Eckhard/Köller, Olaf (Hrsg.) (2019): PISA 2018. Waxmann.

Rohrmann, Albrecht/Weinbach, Hanna (2020): Die inklusive Schule. In: Sozial Extra 44, H. 4, S. 194–197.

Rohrmann, Albrecht/Weinbach, Hanna (2023): „Und manchmal ist echt nicht klar, wer was macht“. Zur Organisation von Schulbegleitung in inklusiven Settings. In: Hopmann, Benedikt/Marr, Eva/Molnar, Daniela/Thieme, Nina/Richter, Martina/Wittfeld, Meike (Hrsg.): Soziale Arbeit im schulischen Kontext. Zuständigkeit, Macht und Professionalisierung in multiprofessionellen Kooperationen. Weinheim/Basel: Beltz Juventa, S. 41–53.

Rother, Pia (2021): Rechtsanspruch auf Ganztagsbetreuung als Hoffnungsträger? In: Graßhoff, Gunther/Sauerwein, Markus N. (Hrsg.): Rechtsanspruch auf Ganztag. Zwischen Betreuungsnotwendigkeit und fachlichen Ansprüchen. Weinheim/Basel: Beltz Juventa, S. 96–111.

Rutter, Sabrina/Weitkämper, Florian (2022): Die (Re-)Produktion sozialer Ungleichheit in der Schule. Gütersloh: Bertelsmann Stiftung.

Sauerwein, Markus (2017): Qualität in Bildungssettings der Ganztagsschule. Über Unterrichtsforschung und Sozialpädagogik. Weinheim/Basel: Beltz Juventa.

Sauerwein, Markus (2021): Vom Außerschulischen zum Schulischen. Überlegungen zu einer subjektorientierten Ganztagsbildung. In: neue praxis, H. 2, S. 89–105.

Sauerwein, Markus N./Thieme, Nina (2020): Zur Durchmischung schul- und sozialpädagogischer Zuständigkeiten in Ganztagsschulen. In: Cloos, Peter/Lochner, Barbara/Schoneville, Holger (Hrsg.): Soziale Arbeit als Projekt. Konturierungen von Disziplin und Profession. Wiesbaden: Springer VS, S. 261–271.

Sauerwein, Markus N./Thieme, Nina/Chiapparini, Emanuela (2019): Wie steht es mit der Ganztagsschule? Ein Forschungsreview mit sozialpädagogischer Kommentierung. In: Soziale Passagen 11, H. 1, S. 81–97.

Schütz, Julia/Rosenkranz, Lena/Akko, Davin P./Hergenröder, Cylia/Sander, Annalena (2020): „Ich kann da nichts, wirklich nichts gegen machen“. Die Verschärfung von Bildungsungerechtigkeit in der Corona-Krise aus der Perspektive von Lehrkräften an Schulen. Vierte Meldung der ProBiKri-Studie. Hagen: FernUniversität Hagen.

Silkenbeumer, Mirja/Thieme, Nina (2019): „Denn der Plan ist, dass Sarah mitgenommen wird“. Zur Fallkonstitution im interinstitutionellen Kooperationskontext ambulanter (sonderpädagogischer) schulischer Erziehungshilfe und Allgemeinem Sozialen Dienst. In: Kommission Sozialpädagogik (Hrsg.): Teilhabe durch*in*trotz Sozialpädagogik. Weinheim/Basel: Beltz Juventa, S. 89–102.

Simon, Stephanie / Prigge, Jessica / Lochner, Barbara / Thole, Werner (2019): Deutungen von Armut. Pädagogische Thematisierungen von und Umgangsweisen mit sozialer Ungleichheit in Kindertageseinrichtungen. In: neue praxis, H. 5, S. 395–414.

Speck, Karsten (2020): Schulsozialarbeit. In: Bollweg, Petra / Buchna, Jennifer / Coelen, Thomas / Otto, Hans-Uwe (Hrsg.): Handbuch Ganztagsbildung. Wiesbaden: Springer VS, S. 631–646.

Thimm, Karlheinz (2000): Schulverweigerung. Münster: Votum.

Thole, Werner / Pothmann, Jens / Lindner, Werner (2022): Die Kinder- und Jugendarbeit. Einführung in ein Arbeitsfeld der sozialpädagogischen Bildung. 2., grundlegend überarbeitete Aufl. Weinheim / Basel: Beltz Juventa.

Weis, Mirjam / Müller, Katharina / Mang, Julia / Heine, Jörg-Henrik / Mahler, Nicole / Reiss, Kristina (2019): Soziale Herkunft, Zuwanderungshintergrund und Lesekompetenz. In: Reiss, Kristina / Weis, Mirjam / Klieme, Eckhard / Köller, Olaf (Hrsg.): PISA 2018. Münster: Waxmann, S. 129–162.

Zankl, Philipp (2017): Die Strukturen der Schulsozialarbeit in Deutschland. Forschungsstand und Entwicklungstendenzen. München: Deutsches Jugendinstitut.

Schule und Diagnostik

Ralf Mayer, Julia Sperschneider und Steffen Wittig

1. Historisch-systematische Markierungen

Diagnosevorstellungen kommt nicht erst seit den letzten Jahrzehnten eine leitende Funktion auch in erziehungswissenschaftlichen Feldern zu. Vielmehr erweisen sich Begriff und diagnostisches Handeln bereits mit der Entstehung der Schule als moderner Institution als relevant für pädagogische Überlegungen oder auch bildungspolitische Forderungen. So zeigt ein historisch informierter Blick, dass die Herausbildung der modernen bürgerlichen Institution Schule mit Praktiken der Differenzierung nach Schul-, Leistungsfähigkeit und insbesondere Förderbedürftigkeit der Schüler:innenschaft einhergeht (vgl. Bühler 2017; Kleber 1992). Gestützt wird dieser Prozess *zum einen* von den am Ausgang des 19. Jahrhunderts aufkommenden Debatten um eine Normalisierung der Kindheit (vgl. Kelle/Tervooren 2008; Kelle/Mierendorff 2013). Die Normalisierungsfunktion von Schule geht etwa mit Vorstellungen von einer altersgemäßen oder (moderner formuliert) einer angemessenen, erwartbaren kognitiven, emotionalen, motorischen oder sozialen Entwicklung einher. Neben den auf das einzelne Kind bezogenen Aspekten richtet sich die Normalisierungsfunktion auf das Verhalten und dabei auf Fragen des Umgangs mit sich selbst und Anderen und greift nicht zuletzt über Vorstellungen zu Disziplin, Moral etc. *Zum anderen* verweist die historische Perspektive auf einen sich bspw. im Feld der Kinder- und Jugendpsychiatrie ankündigenden Paradigmenwechsel: weg von pädagogischen Traditionslinien und hin zur Orientierung an Auffassungen zu Forschung und Anwendung, die naturwissenschaftliche Erkenntnisse nutzen – so im Bereich medizinischer Disziplinen (vgl. Rose/Fuchs/Beddies 2016, S. 175). Der Diskurs um Auffälligkeiten der kindlichen Entwicklung, insbesondere der Leistungs- oder Bildungsfähigkeit wird vor diesem Hintergrund als körperliche oder geistige Unzulänglichkeit oder Erkrankung statt als Indiz einer normativen, etwa moralischen Bewertung interpretiert: so z. B. in pädagogischen Deutungsmustern wie dem/der ‚schwierigen', ‚störenden' (vgl. Heinzel 2004) oder dem/der ‚unaufmerksamen', ‚impulsiven' Schüler:in (vgl. Reh 2008; 2015). Durch die Verschiebung zu medizinischen Paradigmen werden Auffälligkeiten oder Einschränkungen der kindlichen Entwicklung, im Zusammenhang mit der Diagnose einer Zunahme abweichenden Verhaltens – gerade in städtischen Räumen – am Übergang zum 20. Jahrhundert, verstärkt als körperliche oder geistige Pathologien gefasst (vgl. Rose/Fuchs/Beddies 2016). Diagnostische Instrumente spielen fortan im Kontext der Schule eine zunehmend wichtige Rolle für Lernstanderhebungen, Lehr-,

Lern- und Förderdiagnosen und bilden damit einen einflussreichen Bestandteil der Arbeit in pädagogischen Institutionen: bspw. hinsichtlich der Beurteilung von Verhaltens- insbesondere Leistungsentwicklungen der Schüler:innen (vgl. Sacher 2009, S. 32).

Seit den 1960er Jahren verbinden sich diese Gesichtspunkte mit einer Kritik am deutschen Bildungssystem (z. B. hinsichtlich des Befunds sozial ungleicher Bildungschancen oder der zu geringen Berücksichtigung individueller Voraussetzungen und Besonderheiten) sowie an der Selektions- und Bewertungspraxis von Lehrer:innen (vgl. Zielinski 1961; Ziegenspeck 1973; Terhart 2000). Die Debatte um ‚zuverlässige' Diagnoseverfahren verspricht neben einer besseren Einschätzung individueller Lernschwierigkeiten auch eine Korrektur des häufig als unzulänglich, weil ‚subjektiv' und wenig verallgemeinerbar kritisierten ‚Lehrerurteils' (vgl. Ingenkamp 1975; 1989). Demgegenüber wird seit den 1970er Jahren u. a. im Umfeld der Sonder- oder auch Sozialpädagogik ein explizit pädagogischer Blick für Diagnoseprozesse eingefordert, um individuelle Förderperspektiven gegenüber Praktiken der Selektion und Stigmatisierung zu profilieren, die über Pathologisierungsprozesse greifen (vgl. Bundschuh 1983; Ingenkamp 1989; Krapp 1994; Ophuysen / Behrmann 2015). Dabei wird immer wieder die kritische Rückfrage nach Verhältnis und Vereinbarkeit von Prozessen des Diagnostizierens und einer pädagogischen Sicht- und Herangehensweise aufgeworfen. Historische Spannungsfelder eröffnen sich hierbei etwa zwischen standardisierten und individualisierten Bewertungsverfahren, zwischen Selektion und Förderung oder zwischen Status- und Prozess- / Verlaufsdiagnostik (vgl. Weinert / Schrader 1986, S. 19).[1]

1 Exemplarisch soll kurz anhand Eduard Klebers Auseinandersetzung zur pädagogischen Diagnostik eine Lesart skizziert werden, die zeigt, wie Diagnostik und Pädagogik zu- und gerade auch gegeneinander profiliert werden können. So stellt Kleber fest: „Die Begriffe Diagnose und Diagnostik wurden aus der Medizin sowohl in die Psychologie als auch in die Sonderpädagogik und von dort in die Pädagogik übernommen." (Kleber 1992, S. 15) Andererseits könne aber das, was Diagnostik im pädagogischen Feld inhaltlich meine, nicht allein von Seiten fremder Disziplinen bestimmt werden. Vielmehr könne die Pädagogik auf einen eigenen Begriff von Diagnose referieren, da individuelle Fähigkeiten der Schüler:innen in der Schule zu fördern und Auffälligkeiten möglichst frühzeitig zu erkennen von jeher *pädagogische* Anliegen seien (vgl. auch Bundschuh 1983, S. 178 f.). Kleber markiert so zunächst Diagnostik als ein Arbeitsfeld pädagogischen Handelns. Hierbei werden aber medizinische bzw. psychologische Diagnosemodelle und eine pädagogische Handlungsperspektive als nur schwer miteinander vereinbar angesehen, denn „[d]ie Grundlage des Handelns für DiagnostikerInnen ist die Distanz (die Nicht-Beziehung) zu den zu Beurteilenden. Die Grundlage des pädagogischen Handelns dagegen ist der pädagogische Bezug" (ebd., S. 38 f.). Daher können „LehrerInnen [...] eigentlich keine DiagnostikerInnen sein" (ebd., S. 138). Medizinische und psychologische Diagnosemodelle gelten dergestalt als distanziert und auf Verallgemeinerbarkeit gerichtet. Sie „veranker[n] die Probleme an bzw. in der Person und berücksichtig[en] die pädagogische Situation nur ungenügend", sodass „[d]ie Analyse pädagogischer Probleme [...] systematisch verzerrt" werde (ebd., S. 19). Eine pädagogische Herangehensweise besteht für Kleber dagegen darin, einen individuumszentrierten Maßstab

Auf konzeptioneller Ebene lassen sich aktuelle Ansätze hingegen nur begrenzt innerhalb solcher Gegenüberstellungen verorten. Denn i. S. v. Individualisierungs- und Differenzierungsansprüchen (vgl. OECD 2012; Wocken 2013; Gerhartz-Reiter/Reisenauer 2018, S. 114 f.) oder mit der Anforderung an Lehrpersonen, medizinisch-psychologisches Diagnosewissen zu erwerben (vgl. Hessisches Kultusministerium 2017) werden pädagogische Förderaspekte und darüberhinausgehende Wissensanteile, Expertisen und Zuständigkeiten aufeinander verweisend entworfen. Gegenwärtige Diagnosekonzepte fordern insofern die Ausdifferenzierung von Ansatzpunkten für die Beurteilung individuellen Verhaltens: in Bezug auf eine ‚Normalität' von Leistungsansprüchen, von autonomem Verhalten und Verantwortlichkeit – und darauf bezogenen Einschätzungen zu Auffälligkeiten, Beeinträchtigungen, Störungen usw.

Insoweit die Rede von einer Störung o. ä. stets im Kontext historisch wie sozial situierter Wissensformen einsetzt, artikuliert sich in entsprechenden Befunden ein vielschichtiges Attribuierungsgeschehen. So nutzt bspw. die Diagnose einer Lern-, Entwicklungs- oder Verhaltensstörung ausdrücklich Vorstellungen eben zum Lernen, zur Entwicklung oder zu Verhaltensweisen, die auf der Basis wiederum verschiedener medizinischer, psychologischer oder anderer Kriterienkomplexe als angemessen und gesund, als normal, erwartbar oder erwünscht erscheinen können (vgl. Kessl/Plößer 2010). Entsprechende normative Attribuierungen lassen sich kaum auf die Legitimation medizinischer Diagnoseversuche reduzieren: In der Unterscheidung z. B. zwischen Verhaltens*problemen* und Verhaltens*störungen* oder zwischen einer Lese- und Rechtschreib*schwäche* (die an den historischen Diskurs um ‚Wortblindheit' anschließt und aktuell auf ‚defizitäre Lernbedingungen' verweisen will) und der neurologische, psychologische sowie pädagogische Gesichtspunkte verbindenden Klassifikation einer Lese- und Rechtschreib*störung* spielen verschiedenartige, nicht allein disziplinäre Bezugnahmen eine Rolle (vgl. Bühler-Niederberger 1991; Thomé 2004). Man kann hier von einer Referenz auf Normalitätsannahmen sprechen, die in der historischen Genese maßgeblich an statistische Verfahren, die Ausdifferenzierung von Richtwerten und Normalverteilungen geknüpft war (vgl. Kelle/Mierendorff 2013). Die Markierung und Bewertung von *Normalität* und *Abweichung* ermöglicht eine Hierarchisierung von Beeinträchtigungen individueller Fähigkeiten oder Teilhabemöglichkeiten und dabei auch die Rubrizierung von Bereichen, welche die Zuschreibung und Anerkennung einer Erkrankung gestatten. Entsprechende Strukturierungen werfen daher nicht zuletzt in institutionellen Zusammenhängen die Frage nach möglichen Formen des Umgangs mit Krankheitssymptomen und deren praktischen Konsequenzen auf. Die jeweiligen Umgangs- und Behand-

für die Beurteilung von Lernbedingungen und -schwierigkeiten anzulegen, der außerdem den Kontext und das soziale Interaktionsgefüge, etwa die Unterrichtsleistungen der Lehrpersonen, mitberücksichtigt (vgl. ebd., S. 38–41).

lungsformen verweisen auf ein weites Spektrum an Ausgleichs-, Unterstützungs- und Interventionsformen, die über Medikamentierung, weitere Therapievarianten oder auch pädagogische Maßnahmen (z. B. Formen des Nachteilsausgleichs, Assistenzen) gesteuert werden (vgl. Liebsch 2009). Gerade die je dominanten normativen Ansichten und Normalitätsordnungen fungieren somit als konstitutives Moment im Zusammenhang mit der Produktion von Wissen und disziplinären Differenzen – zwischen Medizin, Psychologie, Soziologie, Pädagogik etc. Darüber wird ebenso die Zuschreibung und Problematisierung eines Verhaltens sowie der Raum für vielfältige Unterscheidungen, Klassifikationen, Abstufungen, Vergleiche etc. eröffnet. Es ist daher nicht verwunderlich, dass sich der Streit um die Bildung, Vermessung und das Gewicht entsprechender Kriterien – für ein ‚normales', ‚produktives' und ein ‚beeinträchtigtes' Verhalten oder eine Störung – kaum abschließen lässt (vgl. Haubl 2007).

Auf einer anderen Ebene wird im erziehungswissenschaftlichen Kontext aktuell etwa die zunehmende Kopplung pädagogischer Förder- oder Inklusionsperspektiven an medizinisch-psychiatrische Diagnosen problematisiert. So akzentuiert z. B. das „Ressourcen-Etikettierungs-Dilemma" (vgl. Füssel/Kretschmann 1993; Boger/Textor 2016; Zink 2016; Hoffmann 2018, S. 77f.) schon seit den 1990er Jahren die Verknüpfung von (auch) pädagogisch angezeigten Unterstützungsleistungen mit vorgängigen medizinischen Zuschreibungen und darauf rekurrierenden Hilfeplänen. Die Festschreibung und die Kategorisierung der Abweichung von einer spezifischen Normalitätsvorstellung mittels Kriterien, die Kompetenzen, Fähigkeiten, Verhalten und Leistung vermessen – vor allem medizinisch, d. h. in institutionell und schulrechtlich anerkannter Form –, bilden ebenso die Grundlage für die Verteilung von Ressourcen für intensivierte pädagogische und therapeutische Normalisierungsbemühungen wie für institutionelle Selektionsentscheidungen. Inwiefern die Anerkennung von Förderbedarfen und des Ausgleichs von Benachteiligungen an entsprechende Diagnoseformate gebunden bleibt, die selbst mit Benachteiligungs-, Segregations- und Diskriminierungseffekten einhergehen, wird aktuell im Umkreis der Inklusionsforschung mit Blick auf die Spannungsverhältnisse von Kategorisierung und De-Kategorisierung oder Pathologisierung und De-Pathologisierungs-Forderungen untersucht (vgl. Gasterstädt/Kistner/Adl-Amini 2020).

Zusammenfassend formuliert lässt sich in den seit den Reformbemühungen der Nachkriegszeit und nochmals ab 2000 (vgl. Bos et al. 2003; Artelt et al. 2001) intensivierten Diskussionen zur Erweiterung des diagnostischen Instrumentariums an Schulen aufzeigen, wie sich unterschiedliche Wissensordnungen und Praktiken verschränken, neue Beurteilungskriterien und Unterscheidungen produzieren oder gegeneinander zu profilieren versuchen (vgl. Sacher 2009, S. 1). In den Auseinandersetzungen reflektiert sich insofern ein vielfältiger Streit um die Besetzung pädagogischer Interpretations-, Wissens- und Praxisfelder. Daher erweisen sich Abgrenzungsbemühungen – etwa der Verweis auf disziplinäre Differenzen, auf institutionelle Besonderheiten der Schule oder auf den Aspekt der Interaktion – weiterhin als relevant. Im folgenden Teil rücken die historischen und systematischen Linien in den Hintergrund. Wir werfen einen eher exemplarischen Blick auf eine konkrete Form der Profilierung, Privilegierung und Problematisierung unterschiedlicher Aspekte in der Verwendung des Diagnosebegriffs. Den Ausgangspunkt bilden die Interviews zweier Lehrkräfte, die an einer beruflichen Schule tätig sind. Die Interviews wurden im Rahmen einer kleinen Studie erhoben und diskursanalytisch ausgewertet (vgl. Krüger / Schäfer / Schenk 2014). Zur Sprache kommen erste Befunde.

2. Empirische Referenzen, Brüche

2.1 Von der Überlegenheit einer ‚umfassenden' pädagogischen Diagnose gegenüber ‚klassischen', standardisierten Diagnosen

Die erste Interviewpartnerin ist im Bereich BÜA tätig, in einer so genannten *Berufsfachschule zum Übergang in Ausbildung*. Diese Schulform verfolgt ein zweifaches Ziel: Zum einen sollen die Schüler:innen auf das Absolvieren des Hauptschulabschlusses vorbereitet werden, zum anderen dient die BÜA der Vorbereitung auf eine Ausbildung oder das Ausüben eines Berufes. In BÜA-Klassen kommen Schüler:innen mit unterschiedlichen Leistungsniveaus, Schulbiografien, in ganz verschiedenen Lebenslagen (Flucht, Schulabbruch, psychische oder körperliche Schwierigkeiten u. v. m.) und damit individuellen Bedarfen, die die Lehrkräfte in den Blick zu bekommen versuchen. Zusätzliche Unterstützungsangebote stehen für die zumeist nicht mehr schulpflichtigen Schüler:innen kaum zur Verfügung. Wir können an dieser Stelle nicht auf sämtliche Facetten des Umgangs mit Heterogenität in dieser Schulform referieren, sondern konzentrieren uns allein auf ausgewählte Aussagen zur Diagnosethematik. Doch die Konfrontation des pädagogischen Fachpersonals mit einer derart großen Heterogenität vermag womöglich zum Verständnis beitragen, weshalb im Interview der Diagnosebegriff in spezifischer Weise profiliert wird. Gerade diese Besonderheit soll im Folgenden interessieren.

Und zwar fällt im Interview in der Rede über Diagnosen im schulischen Alltag eine Unterscheidung zwischen einer als „umfassend" und einer als „klassisch" bezeichneten Diagnose ins Auge. Unter klassischen Diagnosen werden Ergebnisse fachspezifischer, standardisierter Testverfahren zur Erhebung von Leistungsständen oder auch etwa einer Lese-Rechtschreib-Schwäche (LRS) verstanden. In dem Interview werden nicht die psychologischen, medizinischen oder eben pädagogischen Wissensanteile, die hier eingehen können, sondern primär die Standardisierung kritisiert. So wird betont:

> „Ich selbst bin kein Fan von Förderplänen und ich bin auch selbst kein Fan von Diagnoseprozessen [...], weil das nicht unbedingt das Problem ist, das Fachliche."

Auch an anderer Stelle betont die Interviewte, dass es in der Berufsschule nicht allein um das Fachliche ginge – im Sinne der beiden offiziellen Ziele Berufsvorbereitung und Erwerb eines Schulabschlusses –, sondern auch um „Persönlichkeitsstärkung" oder um die Arbeit an der „Persönlichkeit". Damit wird der pädagogische Raum über einen engen Leistungsbezug hinaus erweitert. Zugleich wird aber auch festgestellt: „Wir müssen Diagnose machen" – allerdings öffnet die Interviewpartnerin den Diagnosebegriff hier:

> „Viel ist Beobachtung, viel ist auch konkrete Beobachtung, dass man Übungen macht [...], wie sie [die Schüler:innen; d. A.] sich selbst beschreiben würden [...]. Und je nachdem, wer was aufschreibt, ist das ja durchaus ne Art Diagnose."

Neben klassisch fachlichen Diagnoseverfahren gibt es also auch solche, die auf „konkreter Beobachtung" in einer Unterrichtssituation und auf Selbstbeobachtungen der Schüler:innen beruhen. Die Interviewte beschreibt diese zweite Art von Diagnose als „eher weiter gefasst" und erläutert im Folgenden, wie vielfältig die Gründe dafür sein können, dass schulische Erwartungen nicht erfüllt werden:

> „Also, wenn ich die Persönlichkeit nicht mitnehme ehm, wenn jemand jetzt in nem Mathetest ne Aufgabe nicht gerechnet hat: Woran liegt's? Weil er grad kein Bock hatte? Dann muss ich anders drangehen. Weil er's wirklich nicht kann? Dann muss ich fachlich drangehen. Weil er die Brille vergessen hat und die Aufgabe nicht lesen konnte? Weil er – - ich hab ganz viele, irgendwie ... ja, 20 % sind bei mir Geflüchtete, die auch kein Deutsch sprechen, vielleicht die Aufgabe nicht verstanden haben, weil die Sprache fehlt, aber es rechnen könnten. Weil vielleicht gerade Drogen eingenommen worden sind? [...] deswegen leg ich da auch eben Wert drauf, dass die dann schon von alleine kommen und sagen: Ich kann das nicht, können Sie mir helfen? Und spätestens dann weiß ich auch, wo ich eingreifen muss."

Da schlechte Leistungen viele verschiedene Ursachen haben können, nicht nur den Mangel an Kenntnissen in dem jeweiligen Fach, sind auch fachspezifische Tests nur bedingt aussagekräftig. Hier zeigt sich eine vielstimmige Weise, in der von Diagnose gesprochen wird. Es muss herausgefunden werden: „Woran liegt's?", dass bspw. in einem Mathetest eine Aufgabe nicht gerechnet wurde. Ist es die fehlende Lust, das fehlende mathematische Können oder die mangelnde Fähigkeit, die Aufgabe sprachlich überhaupt zu verstehen? Hier artikuliert sich ‚Diagnose' – im Falle eines fehlenden Könnens – als etwas, das über eine spezifisch „fachliche" Herangehensweise versucht herauszufinden, welche Gründe dafür vorliegen könnten, dass eine Schülerin es „wirklich nicht kann". Jenseits des Vorliegens eines Nicht-Könnens eröffnet der Diagnosebegriff allerdings ein heterogenes Problemfeld mit unterschiedlichen Begründungsvarianten: Könnte die Schülerin die Aufgabe eigentlich rechnen, hat aber ihre „Brille vergessen" und konnte deswegen „die Aufgabe nicht lesen"? Wäre sie eigentlich dazu in der Lage gewesen, die Rechenaufgabe zu lösen, spricht aber „kein Deutsch" und ihr „fehlt" deswegen „die Sprache", um die Aufgabe verstehen zu können? Sind „gerade Drogen eingenommen worden"? Darüber hinaus muss die Lehrkraft diesbezüglich „anders drangehen". Diese Herangehensweise versucht dabei, weniger den individuellen Fall im aktiven Herantreten an die Schüler:innen zu erkunden; sie setzt stärker auf die Eigenverantwortung der Schüler:innen für ihren eigenen Lernprozess: Die Schüler:innen sollen „von allein kommen" und ihre Schwierigkeiten artikulieren – darauf legt die Lehrkraft hier „Wert". Die Interviewte äußert dergestalt, dass sie „spätestens dann weiß, wo [sie; d. A.] eingreifen muss", wenn die Schüler:innen an sie herantreten und über ihr eigenes Nicht-Können bzw. darüber berichten, woran es bei ihnen liegt. Die Zuschreibung von Eigenverantwortung entlastet die Lehrkraft zum einen ein Stück weit davon, allein eine richtige Einschätzung, „was geht und was nicht geht", zu treffen. Zum anderen löst dieses eigenverantwortliche Herantreten der Schüler:innen an die Lehrkraft das ungewisse Problemfeld möglicher Gründe für das Nicht-Lösen einer Aufgabe auf.

Mit der Verschiebung von einem klassischen zu einem weiter gefassten Diagnosebegriff werden ganz verschiedene Kriterien – Gesundheit, Familie, Drogen- oder Medikamentenkonsum, Wohlbefinden – relevant gemacht, die weit weniger objektivierbar sind, als es standardisierte Testverfahren beanspruchen. Im diagnostischen Handeln äußert sich so eine Spannung: zwischen einer entgrenzenden Beobachtungs- und Beurteilungspraxis, die heterogene individuelle wie soziale Ebenen berücksichtigt, und der Zuschreibung von Eigenverantwortung an die Schüler:innen in Bezug auf die Artikulation ihrer Probleme und Bedarfe. Dabei sind es die Lehrenden, bei denen die Fäden zusammenlaufen. Sie sind es, die entsprechende Einschätzungen nicht nur benötigen, sondern auch autorisieren und problematisieren und damit die Selbsteinschätzungen der Schüler:innen interpretieren oder in Frage stellen können.

Interessant ist, dass im Rahmen einer solchen erweiterten pädagogischen Situierung des Diagnosekonzepts eine *Kritik an* sowie eine *Forderung nach* standardisierten Formaten geäußert werden kann. – In unserem zweiten Interview artikuliert die Lehrperson mit Blick auf einen konkreten Fall die „Vermutung", dass ein ehemaliger Schüler einer Förderschule, der jetzt das berufliche Gymnasium besucht, eine autistische Störung hat, die aber nicht bestätigt werden kann, da die Eltern eine medizinische Diagnostik aufgrund eventueller Stigmatisierungen ablehnen. Die Bezugnahme auf klassische Diagnoseformate, die Kritik an deren Begrenzungen oder umgekehrt deren Befürwortung hängen folglich von konkreten schulischen Situationen und Anforderungen ab. Weiterhin scheint die Problematisierung und Vielschichtigkeit in der Referenz auf den Diagnosebegriff in den

Interviews genau dann zu greifen, wenn die Differenz zwischen Normalität und Abweichung bzw. zwischen pädagogischer Auffälligkeit und Störung oder Krankheit gerade nicht zur Seite der Pathologie eindeutig entschieden werden kann.

Im Interview lässt sich darüber hinaus eine Entgrenzung des Begriffs ‚Diagnose' zeigen. Dies irritiert zunächst, da angenommen werden könnte, dass eine Diagnose ihre Bedeutsamkeit gerade über eine spezifische fachlich-inhaltliche Festschreibung erhält. Die Artikulationen in den Interviews sind aber komplexer und spannungsreich: So scheint ein erweiterter Diagnosebegriff zum einen gerade mit Formen einer Neujustierung oder auch Entspezifizierung von Kriterien zu arbeiten, die sich in den Bildungsbiografien der Schüler:innen als Schwäche oder Förderbedarf eingeschrieben haben. Wie im Zitat: Man weiß nicht genau, woran es liegt, dass ein/e Schüler:in gerade jetzt Schwierigkeiten hat oder auffällig ist; vielleicht fehlt die Brille. Zum anderen wird ein erweitertes diagnostisches Verständnis genutzt, um die eigene pädagogische Praxis und den spezifisch pädagogischen Blick zu beschreiben. Ein solcher Begriff von Diagnose wird als geeigneter angesehen, die vielfältigen Bedingungen des Lernens in den Blick zu bekommen, wodurch diese Art des Diagnostizierens gegenüber fachspezifischen, etwa mathematischen oder medizinisch-psychologischen Tests als überlegen angesehen wird. Dabei werden zugleich das eigene professionelle Selbstverständnis und der pädagogische Blick über Vorstellungen größerer Offenheit, Ganzheitlichkeit und Variabilität profiliert. Für Lehrende gilt es, ‚das Ganze' der pädagogischen Situation und ihrer Akteur:innen im Blick zu haben. Nun könnte davon ausgegangen werden, dass eine Erweiterung der Kriterien für die pädagogische Arbeit zwar neue Sichtweisen ermöglicht, zugleich aber auch größere Unsicherheiten aufkommen, da nicht mehr so klar ist, mit welchen Kriterien sich die eigene pädagogische Entscheidung begründen lässt. Doch wenigstens im vorliegenden Interview wird dies nicht zum Problem. Vielmehr scheint es so, als ob sich die Lehrkraft als handlungsfähig begreift, gerade weil sie auf keinen spezifischen – medizinischen, psychologischen oder pädagogischen – Zugang eindeutig verpflichtet ist. So kann sie sich zu unterschiedlichen Ansprüchen wie institutionellen Abläufen und Anforderungen unterschiedlich verhalten. Die Vorstellung pädagogischer Professionalität beruht hier darauf, aus einer Vielzahl von Deutungsmöglichkeiten für Auffälligkeiten und Interventionen wählen zu können und den eigenen Blick nicht durch *eine* fachliche Perspektive einschränken zu müssen.

2.2 Von gerechten und ungerechten Diagnosen

Unsere zweite Interviewte arbeitet im beruflichen Gymnasialzweig an der gleichen Berufsschule. Sie ist dort Ansprechpartnerin für LRS und für darauf bezogene Fragen von individueller Förderung und Nachteilsausgleich zuständig. In diesem Interview wird ebenfalls die Differenz zwischen einesteils medizinisch-psychologischen Diagnosen betont, die auf einen Bereich außerhalb pädagogischer Befugnisse und letztlich auch Fachkenntnisse zielen; und anderenteils die Notwendigkeit, mit dem ganzen Spektrum von Auffälligkeiten bis Pathologien praktisch pädagogisch umgehen zu müssen. Als besonders herausfordernd und „schwammig" wird dabei der Bereich LRS gesehen, denn hier ist es so, dass eine Förderung oder ein Nachteilsausgleich nur möglich sind, wenn eine Diagnose möglichst frühzeitig, d. h. wenigstens in der Mittelstufe, erfolgte und vergangene Förderungen dokumentiert wurden. Ansonsten ist die Bewilligung einer Förderung in der gymnasialen Oberstufe ein ‚besonders zu begründender Ausnahmefall'. Damit verweist die Interviewte auf die besondere Situation der Schüler:innen an ihrem Gymnasium, denn die allgemeine Schulpflicht und darüber legitimierbare Unterstützungsperspektiven greifen nicht mehr einfach. „Förderung ist halt Mittelstufenarbeit", so eine Aussage von ihr. Die Schüler:innen sollten „ausgefördert" sein. „[G]erade Schüler:innen, die vielleicht das Pech hatten, dass [...] [LRS; d. A.] in der Mittelstufe möglicherweise nicht diagnostiziert wurde, die haben große Probleme der Anerkennung in der Oberstufe."

Dass die medizinische Problemstellung aber ‚nur einen' maßgeblichen Aspekt bildet, der im Kontext anderer Gesichtspunkte relativiert werden kann, zeigt sich in einer anderen Interviewpassage. So formuliert die Lehrkraft: „Im Prinzip könnte ich jetzt bei allen anfangen ‚sie haben Leserechtschreibschwierigkeiten'. Nur, wo macht man da jetzt genau den Unterschied?" – Die Interviewte deutet in diesem Zusammenhang an, dass auch Fälle existieren, in denen im Kollegium trotz individueller Förderbiografie gegen eine erneute Förderung entschieden wurde, da der Unterschied zu anderen Schüler:innen als nicht ausreichend groß eingestuft wurde. Neben der medizinischen Einschätzung werden demnach pädagogisch-institutionelle Beobachtungen relevant gemacht und dies in mehreren Hinsichten. Zum Ersten spricht die Interviewte von einem generellen Absinken des Sprachniveaus bei den Schüler:innen, was es schwierig mache, klare Kriterien für die Diagnose einer Schwäche im Bereich des Lesens und Schreibens zu behaupten. Hierdurch stellt sich die Frage, welcher Maßstab für normale oder erwartbare Leistungen angelegt werden kann, wenn alle Schüler:innen womöglich aus ganz unterschiedlichen Gründen Schwierigkeiten im Bereich des Lesens und Schreibens mitbringen. Im angesprochenen Interview wird ein zweiter Aspekt deutlich, denn aus einer bestehenden Diagnose leitet sich ein Nachteilsausgleich nicht einfach ab, sondern wird fallspezifisch im Kollegium verhandelt. Die Interviewte beklagt hierbei die Unwilligkeit einiger Kolleg:innen, die „Extrabelastung", die dies mit sich bringt, in Kauf zu nehmen. Des Weiteren wird, so berichtet sie, insbesondere im MINT-Bereich häufig die Förderung an sich in Frage gestellt, da die Textarbeit nur einen zu vernachlässigenden Teil ausmache und ein Nachteilsausgleich fachspezifisch eine ungerechte Bevorteilung bedeuten könnte. So mag zwar eine LRS-Diagnose vorliegen, in der Verhandlung über eine konkrete Förderung im Kollegium werden jedoch sehr verschiedene

Positionen bezogen, die für oder gegen eine vollständige oder eingeschränkte Berücksichtigung plädieren.

Damit wird eine weitere Spezifik des schulischen Feldes deutlich: Während allein aus medizinisch-psychologischer Sicht wohl kaum etwas gegen eine möglichst umfassende individuelle Förderung spricht, sind die Lehrkräfte mit der Notwendigkeit konfrontiert, die ‚Heterogenität' zwischen Schüler:innen zu situieren und zu verhandeln. Weiterhin werden entsprechende zeitliche Ressourcen oder kollegiale Unterstützung benötigt, um Förderungen auch umsetzen zu können. Der soziale Vergleich mit den anderen Schüler:innen gründet dabei nicht zuletzt in dem Selektionserfordernis, das in der Schule zu berücksichtigen sei. Die medizinische Diagnose einer Beeinträchtigung und darauf bezogene Fragen nach der Gewährung individueller Hilfestellungen werden im Interview in Korrelation zu sozialen Vergleichspunkten wie etwa einem allgemeinen Sprachniveau diskutiert und über den Leistungsanspruch mit der Thematik von (Chancen-)Gleichheit und Gerechtigkeit verknüpft: So genügt eine allein medizinische Rechtfertigung einer Diagnose nicht, sondern hat sich im Kontext pädagogischer Einschätzungen und institutioneller Praxis nochmals eigens zu rechtfertigen, denn die anderen Schüler:innen sollen nicht ungerecht behandelt werden.

Im Interview wird an etlichen weiteren Stellen angesprochen, welche Schwierigkeiten einer gerechten Behandlung aller entgegenstehen. Wie bereits erwähnt, wird erstens festgestellt, dass Leserechtschreibkompetenzen nicht nur bei Einzelnen fehlen, sondern bei allen Schüler:innen abgenommen haben, sodass LRS-Diagnosen

> „mittlerweile [...] nicht mehr unbedingt besonders begründete Ausnahmefälle [bilden] [...], sie sind eben eher so die Regel".

Hinzu komme zweitens das Problem, dass gerade Schüler:innen, die nur geringe Deutschkenntnisse mitbringen, insgesamt mehr Unterstützung bräuchten als alle ‚Muttersprachler', aber nicht in das Förderprofil von LRS passen:

> „Und ich finde, wie gesagt, gerade die Problematik mit Leuten, die jetzt gerade erst drei, vier, fünf Jahre Deutsch lernen, dass das eben so gar nicht berücksichtigt wird an der Stelle, das find ich massivst ungerecht."

Die pädagogisch begründete Forderung nach einer stärkeren Berücksichtigung des Stands der Sprachkompetenzen bei ‚Nicht-Muttersprachler:innen' vermag demzufolge einen medizinischen Befund über die Referenz auf Gerechtigkeitsvorstellungen zu relativieren. Dabei spielt die Orientierung an allgemein gültigen Leistungsansprüchen nicht allein auf Seiten der Lehrkräfte eine Rolle. So würden sich Schüler:innen nicht deutscher Herkunft zwar bessere Unterstützungsangebote „irgendwie wünschen", „[a]uf der anderen Seite verstehen sie dann eben schon, dass mit dem höchsten Bildungsabschluss natürlich ne gewisse Sprachkompetenz einhergehen muss".

Einen dritten Aspekt in Bezug auf Gerechtigkeitsvorstellungen bildet der Verweis auf die oben angesprochene Förderbiografie von Schüler:innen. So wird erwähnt, dass nur bei manchen Schüler:innen bereits in der Grundschule LRS-Kompetenzen getestet wurden und ggf. eine Förderung erteilt wurde und andere bisher keinen Zugang zu einer Förderung hatten. Im Interview wird daher der Erhalt einer LRS-Diagnose und eines Förderausgleichs als glücklicher Umstand oder Zufall angesehen. „Glück" ist aber kein Kriterium für die Orientierung an Gerechtigkeit. Dass jemand Glück hatte und einen Förderausgleich erhielt, dürfe nicht zu einer „Bevorteilung gegenüber anderen führen".

Bündelt man diese Aspekte, wird deutlich, dass die institutionell beanspruchte Norm der Chancengleichheit, Gleichbehandlung und Gerechtigkeit nicht einfach auf die Anerkennung der medizinischen Diagnostik hinausläuft. Im pädagogischen Urteil erscheint durch die Einbeziehung individuell differenter Sinnzuschreibungen und sozialer Vergleichsmaßstäbe sowie durch institutionelle Erfordernisse die medizinische Diagnose stets als situiert diskutierbar: „Das ist immer so ein bisschen das Abwägen tatsächlich."

Interessant ist, dass im Interview Ausnahmen genannt werden, in denen die Gerechtigkeitsproblematik – als Problematik – entweder entschärft oder vereindeutigt erscheint. Eine solche Ausnahme bilden „die ganz klassischen Legastheniefälle", bei denen klare Marker wie das Vertauschen von Buchstaben oder falsche Anlaute vorliegen. Über die Möglichkeit, auf eine pathologisch eindeutige Zuschreibung zu referieren, stellt sich folglich die Gerechtigkeitsfrage nicht mehr wie oben angesprochen – oder anders formuliert: ein solcher Krankheitsbefund entscheidet oder klärt das umstrittene Feld ‚diagnostischen Handelns' in der Schule. Konkret schlägt sich die Berücksichtigung damit verbundener Nachteile bei einer Leistungsfeststellung in entsprechenden Vermerken auf den Zeugnissen nieder.

Betroffen seien hier nicht nur ‚reine Legastheniker:innen', sondern auch Schüler:innen mit körperlichen Beeinträchtigungen oder massiven psychischen Störungen (z. B. mit einer schweren Depression). Diese seien „gar kein Problem" bzw. mit dem Schulamt gut verhandelbar, so die Interviewte. Daraus folgt im Umkehrschluss, dass dort, wo eindeutig eine Krankheit identifiziert werden könne, der pädagogische Vorwurf einer möglicherweise ungerechten Bevorteilung mit Blick auf ebenfalls bestehende Probleme anderer Schüler:innen nicht mehr greife. Im Interview wird exemplarisch der Fall eines Jungen mit Asperger-Syndrom beschrieben:

> „Also bei dem ist es eben einfach ein klar definierter Nachteil, der ist krank, es ist eine Krankheit irgendwie und – - ich will nicht sagen, dass diese ganze Umsetzung im Unterricht einfacher ist, das nicht. Aber man hat weniger dieses willkürliche Gefühl."

Obgleich sich in diesen Fällen auch die Frage praktischer Umsetzung von Förderung stellt, sind diese Diagnosen mit größerer Legitimität und Eindeutigkeit versehen. Doch diese klaren Fälle gäbe es an der Schule kaum. In den überwiegenden Fällen wird die Rechtfertigung einer individuellen Förderung, die zu einem Stigma wie eben auch zu einer ungerechten Bevorteilung werden kann, zum Problem.

> „Wo sag ich dann, du ja, du nein. Also, letzten Endes bewegt man sich da so auf dem Glatteis und hangelt sich da an diesen Sachen heran, ne. Das gibt ja dann auch diese Sicherheit, es ist immerhin formal alles da, okay, das ist ne riesen Erleichterung. Man ist da ja selber auch geprägt von völliger Unsicherheit."

3. Bündelungen

Die empirischen Analysen konkretisieren die eingangs formulierte These, dass sich gegenwärtig in den Debatten um die Erweiterung eines diagnostischen Instrumentariums an Schulen heterogene Wissensordnungen und spezifische Praktiken verschränken. Das Anliegen dieses Textes ist es, jene Vielstimmigkeit und Überkreuzung von Diskursen in den Artikulationen von Lehrpersonen nachzuzeichnen, die darlegen, inwiefern sie im schulischen Alltag in eine Praxis des Diagnostizierens verwickelt sind. Hierbei stützen wir uns auf die Diskussion von Ausschnitten einer Diskursanalyse zweier Interviews von Lehrkräften an einer Berufsschule mit gymnasialem Zweig.

Es zeigen sich für uns zwei zentrale Problemfelder: *Zum einen* wurde die Differenz zwischen klassischer Diagnose und einem umfassenden Diagnosebegriff thematisiert. Durch die Abgrenzung der klassischen Diagnose – in der Erscheinungsform standardisierter Tests – von umfassenden Formaten eröffnet sich für Lehrer:innen und Schüler:innen ein heterogenes Feld möglicher Beurteilungen und Positionierungen. Umfassende Diagnoseaspekte werden insbesondere in Referenz auf die Eigenverantwortlichkeit der Schüler:innen relevant gemacht. Die Schüler:innen sollen ‚von allein kommen' und nach einer Möglichkeit fragen, wie an ihren Problemen gearbeitet werden kann. Was zunächst wie eine klare Sortierung der Verantwortlichkeiten erscheint, erweist sich als ein Spannungsfeld, das für die Lehrperson nicht einfach aufgelöst werden kann. Einerseits wird es möglich, via Testung oder Beobachtungen auf den anderen identifizierend zuzugreifen. Andererseits kann nur in Bezug auf ein mögliches Problem interveniert werden, wenn die Schüler:innen eigenverantwortlich ein Problem ausmachen, mit dem sie zur Lehrperson gehen, um nach Hilfe zu fragen. Der Diagnosebegriff artikuliert sich so als etwas, das zwischen medizinisch-psychologisierendem, aber eben auch pädagogisch-fachlichem, identifizierendem Zugriff *auf die* Schüler:innen und dem Eröffnen eines heterogenen, kaum zu begrenzenden Feldes individueller Problemlagen (fehlende Brille, fehlendes Sprachverständnis, fehlende Lust etc.) changiert. Man könnte, auf medizinisch-psychologische Diskurse referierend, identifizierend auf Schüler:innen zugreifen, weiß aber nicht, ob diese Diagnose das Problem trifft und welche Probleme eventuell kaum oder nur schwer überhaupt zum Thema gemacht werden können, wenn die Initiative der Schüler:innen fehlt und die Schwierigkeiten nicht hinreichend offen zu Tage treten. Ein solches ungewisses Spannungsfeld möglicher Problemlagen löst sich – zumindest für unsere Interviewte – erst auf, wenn Schüler:innen an die Lehrkraft herantreten und sagen, „woran's liegt".

Zum anderen spielt in der Rede über Prozesse des Diagnostizierens im schulischen Feld die Frage der Gerechtigkeit eine wichtige Rolle. Hierbei wird deutlich, dass sich aus einer medizinisch-psychologischen Diagnose jenseits klarer pathologischer Befunde keine einfache pädagogische Handlungspraxis ableiten lässt und dass pädagogisches Handeln von unterschiedlichen Seiten her mit der Forderung nach einer gerechten, fairen Entscheidungspraxis konfrontiert wird. Obgleich gesetzliche Vorgaben zu Nachteilsausgleichen und anderen Unterstützungsformen formal Handlungs- und Entscheidungsabläufe koordinieren, wird damit die Frage nach einer gerechten Behandlung aller Schüler:innen nicht abschließend beantwortet. Dies stellten wir an drei Aspekten aus dem Interview heraus. Erstens wird ein Absinken der Leserechtschreibkompetenzen aller Schüler:innen angesprochen, wodurch Unterscheidungen zwischen medizinisch angezeigten Schwierigkeiten und solchen, bei denen andere Ursachen vermutet werden, fraglich werden. Diesbezüglich sind es zweitens gerade Schüler:innen, deren Erstsprache nicht Deutsch ist, für die Schwierigkeiten mit der Bildungssprache zumeist nicht zur Adresse individueller Ausgleichsförderungen werden. Dadurch steht deren Benachteiligung gegenüber deutschsprachigen, insbesondere zusätzlich geförderten Schüler:innen, im Raum. Und drittens wurde eine Förderung als ‚Glücksfall' artikuliert, da sie daran hängt, ob Lehrkräfte, Eltern usw. bereits frühzeitig eine medizinische Diagnose verfolgt haben.

Die hier geführten Analysen der Interviews zweier Lehrkräfte mögen angesichts der Heterogenität des schulischen Feldes zwar nur beispielhafte Einblicke geben, doch vermögen diese, einige zentrale Eckpunkte im Kontext der Diagnosethematik zu markieren. So sind es Begriffe wie ‚Gleichheit', ‚(Leistungs-)Gerechtigkeit' und ‚Selbstverantwortung', oder die Bildung von Differenzen zwischen pädagogischen, psychologisch-medizinischen oder institutionellen und individuellen Orientierungen, die vielfältige diskursive wie praktische Anschlüsse eröffnen. Diese lassen sich jedoch nicht einfach unter einer gemeinsamen Logik oder Systematik einsortieren, sondern provozieren heterogene Umgangsweisen und lenken den Blick auf je konkrete praktische Positionierungen.

Literaturverzeichnis

Artelt, Cordula / Stanat, Petra / Schneider, Wolfgang / Schiefele, Ulrich (2001): Lesekompetenz: Testkonzeption und Ergebnisse. In: Deutsches PISA-Konsortium (Hrsg.): PISA 2000: Basiskompetenzen von Schülerinnen und Schülern im internationalen Vergleich. Opladen: Leske und Budrich, S. 69–137.

Boger, Mai-Anh / Textor, Annette (2016): Das Förderungs-Stigmatisierungs-Dilemma. Oder: Der Effekt diagnostischer Kategorien auf die Wahrnehmung durch Lehrkräfte. In: Amrhein, Bettina (Hrsg.): Diagnostik im Kontext inklusiver Bildung. Bad Heilbrunn: Klinkhardt, S. 79–97.

Bos, Wilfried / Lankes, Eva-Maria / Schwippert, Knut / Valtin, Renate / Voss, Andreas / Badel, Isolde / Plaßmeier, Nike (2003): Lesekompetenzen deutscher Grundschülerinnen und Grundschüler am Ende der vierten Jahrgangsstufe im internationalen Vergleich. In: Bos, Wilfried / Lankes, Eva-Maria / Prenzel, Manfred / Schwippert, Knut / Walther, Gerd / Valtin, Renate (Hrsg.): Erste Ergebnisse aus IGLU. Schülerleistungen am Ende der vierten Jahrgangsstufe im internationalen Vergleich. Münster: Waxmann, S. 69–142.

Bühler, Patrick (2017): „Diagnostik“ und „praktische Behandlung“. Die Entstehung der therapeutischen Funktion der Schule. In: EEO – Enzyklopädie Erziehungswissenschaft Online. irf.fhnw.ch/bitstream/handle/11654/25692/buehler_2017_eeo.pdf?sequence=1&isAllowed=y (Abfrage: 01.04.2023).

Bühler-Niederberger, Doris (1991): Legasthenie. Geschichte und Folgen einer Pathologisierung. Opladen: Leske und Budrich.

Bundschuh, Konrad (1983): „Förderdiagnostik“ nur ein Etikett? In: Zeitschrift für Heilpädagogik 34, H. 3, S. 175–179.

Füssel, Hans-Peter / Kretschmann, Rudolf (1993): Gemeinsamer Unterricht für behinderte und nicht behinderte Kinder. Pädagogische und juristische Voraussetzungen. Witterschlick / Bonn: Wehle.

Gasterstädt, Julia / Kistner, Anna / Adl-Amini, Katja (2020): Die Feststellung sonderpädagogischen Förderbedarfs als institutionelle Diskriminierung? Eine Analyse der schulgesetzlichen Regelungen. In: Zeitschrift für Inklusion-online.net, 4/2020. www.inklusion-online.net/index.php/inklusion-online/article/view/551/426 (Abfrage: 11.08.2021).

Gerhartz-Reiter, Sabine / Reisenauer, Cathrin (2018): Partizipatorische pädagogische Diagnostik. Ein Modell für mehr Selbstbestimmung aller SchülerInnen bei Lernprozessen und Bildungswegentscheidungen. In: Journal für Psychologie 26, H. 2, S. 114–132.

Haubl, Rolf (2007): Krankheiten, die Karriere machen: Zur Medizinalisierung und Medikalisierung sozialer Probleme. In: Warrlich, Christian / Reinke, Ellen (Hrsg.): Auf Der Suche. Psychoanalytische Betrachtungen zum AD(H)S. Gießen: Psychozial-Verlag, S. 159–186.

Hessisches Kultusministerium (2017) (Hrsg.): Besondere Schwierigkeiten beim Lesen, Rechtschreiben oder Rechnen. Verordnung zur Gestaltung des Schulverhältnisses (VOGSV). Wiesbaden.

Heinzel, Friederike (2004): Traktat vom „schwierigen Kind“ oder pädagogischer Optimismus? In: Heinzel, Friederike / Geiling, Ute (Hrsg.): Demokratische Perspektiven in der Pädagogik. Wiesbaden: VS, S. 114–125.

Hoffmann, Thomas (2018): Leistungsfähigkeit und Leistungsgerechtigkeit aus behinderten- und inklusionspädagogischer Perspektive. In: Sansour, Teresa / Musenberg, Oliver / Riegert, Judith (Hrsg.): Bildung und Leistung. Differenz zwischen Selektion und Anerkennung. Bad Heilbrunn: Klinkhardt, S. 70–80.

Ingenkamp, Karlheinz (1975): Pädagogische Diagnostik. Weinheim: Beltz.

Ingenkamp, Karlheinz (1989): Diagnostik in der Schule. Beiträge zu Schlüsselfragen der Schülerbeurteilung. Weinheim und Basel: Beltz.

Kelle, Helga / Mierendorff, Johanna (2013) (Hrsg.): Normierung und Normalisierung der Kindheit. Weinheim / Basel: Beltz Juventa.

Kelle, Helga / Tervooren, Anja (2008) (Hrsg.): Ganz normale Kinder. Heterogenität und Standardisierung kindlicher Entwicklung. Weinheim / München: Juventa.

Kessl, Fabian / Plößer, Melanie (2010) (Hrsg.): Differenzierung, Normalisierung, Andersheit. Soziale Arbeit als Arbeit mit den Anderen. Wiesbaden: VS.

Kleber, Eduard W. (1992): Diagnostik in pädagogischen Handlungsfeldern. Einführung in Bewertung, Beurteilung, Diagnose und Evaluation. Weinheim / München: Juventa.

Krapp, Andreas (1994): Zur Rahmenkonzeption der Förderdiagnostik: Überlegungen zu einigen Grundsatzfragen eines umstrittenen Konzepts. In: Kornmann, Reimer / Meister, Hans / Schlee, Jörg (Hrsg.): Förderdiagnostik. Konzept und Realisierungsmöglichkeiten. 3. Aufl. Heidelberg: Schindele, S. XXIII–XXXII.

Krüger, Jens Oliver / Schäfer, Alfred / Schenk, Sabrina (2014): Zur Analyse von Erfahrungsdiskursen. Eine empirische Annäherung an Bildung als Problem. In: Thompson, Christiane / Jergus, Kerstin / Breidenstein, Georg (Hrsg.): Interferenzen. Perspektiven kulturwissenschaftlicher Bildungsforschung. Weilerswist: Velbrück, S. 153–174.

Liebsch, Katharina (2009): Zwischen Enhancement und Stigmatisierung. Medikalisierung kindlichen Verhaltens als (neue) Umgangsform mit sozialer Selektion und Exklusion. In: Diskurs Kindheits- und Jugendforschung 4, H. 4, S. 499–511.

OECD (2012), Equity and Quality in Education: Supporting Disadvantaged Students and Schools, Paris: OECD Publishing. doi.org/10.1787/9789264130852-en (Abfrage: 01.04.2023).

Ophuysen, Stefanie van / Behrmann, Lars (2015): Die Qualität pädagogischer Diagnostik im Lehrerberuf – Anmerkungen zum Themenheft „Diagnostische Kompetenzen von Lehrkräften und ihre Handlungsrelevanz“. In: Journal for educational research online 7, H. 2, S. 82–98.

Reh, Sabine (2008): Vom „deficit of moral control“ zum „attention deficit“. In: Kelle, Helga / Tervooren, Anja (Hrsg.): Ganz normale Kinder. Heterogenität und Standardisierung kindlicher Entwicklung. Weinheim / München: Juventa, S. 109–125.

Reh, Sabine (2015): Der „Kinderfehler“ Unaufmerksamkeit. Deutungsmuster zwischen Kulturkritik und professionellen Handlungsproblemen im Schulsystem in Deutschland um 1900. In: Reh, Sabine / Berdelmann, Kathrin / Dinkelaker, Jörg (Hrsg.): Aufmerksamkeit: Zur Geschichte, Theorie und Empirie eines pädagogischen Phänomens. Wiesbaden: Springer VS, S. 71–93.

Rose, Wolfgang / Fuchs, Petra / Beddies, Thomas (2016): Diagnose „Psychopathie“. Die urbane Moderne und das schwierige Kind. Berlin 1918–1933. Wien u. a.: Böhlau.

Sacher, Werner (2009): Leistungen entwickeln, überprüfen und beurteilen. Bewährte und neue Wege für die Primar- und Sekundarstufe. Unter Mitarbeit von Stephan Rademacher. 5. überarbeitete und erweiterte Aufl. Bad Heilbrunn: Julius Klinkhardt.

Terhart, Ewald (2000): Perspektiven der Lehrerbildung in Deutschland. Abschlussbericht der von der Kultusministerkonferenz eingesetzten Kommission. Weinheim: Beltz.

Thomé, Günther (2004) (Hrsg.): Lese-Rechtschreib-Schwierigkeiten (LRS) und Legasthenie. Eine grundlegende Einführung. Weinheim / Basel: Beltz.

Weinert, Franz E. / Schrader, Friedrich-W. (1986): Diagnose des Lehrers als Diagnostiker. In: Petillon, Hanns (Hrsg.): Schülergerechte Diagnose. Theoretische und empirische Beiträge zur Pädagogischen Diagnostik. Weinheim / Basel: Beltz, S. 11–29.

Wocken, Hans (2013): Zum Haus der inklusiven Schule. Ansichten – Zugänge – Wege. Hamburg: Feldhaus.

Ziegenspeck, Jörg (1973): Zensur und Zeugnis in der Schule, Hannover: Schroedel.

Zielinski, Johannes (1961): Macht und Ohnmacht der Zensuren. In: Pädagogische Rundschau 15, S. 121–143.

Zink, Katharina (2016): AD(H)S: Herstellungsweise(n) eines Etiketts in den Diskussionslinien zur „Aufmerksamkeitsdefizit-Hyperaktivitätsstörung“. Irritationen und Widersprüche einer Spurensuche. In: Anhorn, Roland / Balzereit, Marcus (Hrsg.): Handbuch Therapeutisierung und Soziale Arbeit. Perspektiven kritischer Sozialer Arbeit 23. Wiesbaden: Springer, S. 450–479.

Diskursive und organisationale Konstruktionen von Verhaltensstörungen

Empirische Zugänge zur funktionalen Bedeutung der Pathologisierung und Normalisierung störenden Verhaltens

Jonas Becker, Julia Gasterstädt, Jana Helbig und Michael Urban

1. Einleitung

Ausgangspunkt unserer Überlegungen ist der zunächst paradox erscheinende Befund, dass gut zehn Jahre nach der rechtlichen Verpflichtung zur Entwicklung eines inklusiven Schulsystems durch die Ratifizierung der UN-Behindertenrechtskonvention (UN-BRK) die Anzahl der Schüler:innen, denen ein sonderpädagogischer Förderbedarf im Bereich der emotionalen und sozialen Entwicklung attestiert wurde, bundesweit gestiegen ist (vgl. Kultusministerkonferenz 2022): Während dies 2011 noch 65 395 Schüler:innen und damit 0,863 % aller Schüler:innen betraf, wurde 2020 103 571 bzw. 1,397 % aller Schüler:innen ein solcher Förderbedarf zugeschrieben (vgl. ebd., S. 3 f.). Paradox sind diese recht eindeutigen Entwicklungen insofern, als der schulsystemexterne Impuls zur Inklusion (vgl. Urban 2019, S. 42 ff.) zumindest auch als Anstoß zur „Depathologisierung" (Boger 2018, o. S.) aufgefasst werden kann. Ungeachtet solcher kritischen Positionierungen scheinen aber mit Blick auf die angeführten Zahlen in der schulischen Praxis andere Logiken wirksam zu sein, die nicht nur zur Stabilität, sondern sogar zum Wachsen dieses Förderschwerpunktes beitragen. Im vorliegenden Beitrag gehen wir daher der Relevanz pathologisierender Figuren sowie insbesondere deren Funktionalität in der Schule bei der Bearbeitung von als störend oder abweichend beschriebenem Verhalten nach.

Mit dem Verweis auf Pathologisierung fragen wir dabei im Folgenden nach der Relevanz jener Erklärungsmodelle für verhaltensbezogene Problemkonstruktionen in der Schule, die „einem breiten Spektrum an Konfliktverhältnissen, schwierigen Situationen und störenden Ereignissen ein[en] ‚Krankheitswert' oder ein[en] optimierungsbedürftige[n] ‚Gesundheitszustand', jedenfalls aber eine verbesserungs- und damit behandlungsbedürftige Eigenschaft" (Anhorn/Balzereit 2016, S. 17) zuschreiben und dazu Kausalzusammenhänge in Bezug auf medizinische, psychologische und psychotherapeutische Wissensbestände herstellen. Die Frage nach Phänomenen der Pathologisierung in der Schule lenkt also den Fokus darauf, dass und inwiefern hier Prozesse zum Tragen kommen, die Verhalten mit medizinischen und psychotherapeutischen Konzepten markieren und beschreiben. Dabei verfolgen wir die These, dass Pathologisierung kein Randphänomen darstellt, sondern ein zentrales Prozessmoment des Funktionierens von Schule. Verschiedene empirische Analysen zur „psychopathology in school" (Harwood/Allan 2014) diskutieren diesen Zusammenhang an Beispielen wie etwa dem Einfluss des Diagnostic and Statistical Manual of Mental Disorders (DSM-5) auf die Deutung abweichenden Verhaltens (vgl. Harwood/McMahon 2018), medizinischer und therapeutischer Lesarten schulischer Probleme in der Diagnose ADHS (vgl. z. B. Bakker 2015; Haas 2021) oder der Rolle von Schule und Lehrkräften bei der „mobilisation of psy-expertise within children's lives" (Barker/Mills 2018, S. 1).

An diese diskursanalytisch informierten Beiträge schließen wir an und fokussieren in Abschnitt 2 und 3 auf Grundlage von zwei empirischen Projekten zuerst die Kontinuität pathologisierender Figuren im Diskurs der Sonderpädagogik bei Verhaltensstörungen und anschließend die Konstruktion und Bearbeitung störenden Verhaltens in der schulischen Praxis. In Abschnitt 4 fassen wir pointiert Ergebnisse zusammen, die sich aus den beiden empirischen Projekten heraus abstrahieren lassen und thematisieren als Ausblick kurz das Verhältnis von Pathologisierung und Normalisierung, das sich im Lichte unserer Ergebnisse abzeichnet.

2. Die Problemkonstruktion der Sonderpädagogik bei Verhaltensstörungen: Pathologisierung im sonderpädagogischen Diskurs

Historische Analysen zum Verhältnis von Pädagogik, Psychopathologie und Medizin weisen darauf hin, dass die Entstehung zumindest der Subdisziplin der Sonderpädagogik im Kontext einer zunehmenden Ausweitung psychiatrischer und medizinischer Wissensbestände im späten 19. und frühen 20. Jahrhundert zu sehen ist und die Sonderschule als „Symptom" dieser Therapeutisierung verstanden werden kann (vgl. Bühler 2017, S. 1). Der Bezug auf medizinische und psychologische Erklärungen für als abweichend wahrgenommenes Lernen und Verhalten stellte für die entstehende Disziplin eine zentrale Quelle der Legitimation dar (vgl. z. B. Reh 2015). Bühlers historischen Arbeiten (2017; 2018) folgend lässt sich die Verquickung der entstehenden Sonderpädagogik und der Psychopathologie als Teil der Psychiatrie nachzeichnen: Am Ende des 19. Jahrhunderts kam es mit der ‚Erfindung' neuer Störungen und dem „Aufstieg der Neurose" (Ralser 2010, S. 9) zu einer „Vervielfachung psychiatrischer Spezialdiagnosen" und einer „Verlagerung des psychiatrischen Blicks auf Formen abweichenden

Verhaltens, die bisher nicht als krankhaft gegolten hatten" (Bernet 2013, S. 74). Beobachtbar ist dieser Prozess an Veröffentlichungen wie *Pädagogische Pathologie oder Lehre von den Fehlern der Kinder* von Strümpell (1890), in welcher er eine Klassifizierung von Kindern anhand von mehr als 300 Mangelhaftigkeiten vornahm. In den Blick gerieten damit Formen der Abweichung, die, anders als „ausgesprochen[e] Krankheit[en]", nun als „pädagogisch-psychologisch behandelbar" galten (Bühler 2017, S. 5). In *Meyers Großes Konversationslexikon* von 1907 wurde Nervosität als eine Schulkrankheit gefasst und psychische Hygiene zur Aufgabe der Schule erklärt (vgl. Bühler 2018, S. 182). Dies betraf jedoch nicht nur die entstehende Sonderpädagogik, sondern die Pädagogik überhaupt, die sich mit einer großen Zahl an auffälligen Kindern und Jugendlichen konfrontiert sah. Hanselmann (1930) fasste diese unter dem Sammelbegriff „Schwererziehbare" zusammen, zu denen er sowohl Kinder zählte, die von Formen der Neuropathie und Psychopathie betroffen seien als auch Kinder, die als epileptisch, nervös und hysterisch beschrieben wurden. Die entstehende (Sonder-)Pädagogik baut auf diesen Pathologisierungen auf und institutionalisiert sich mit der Einrichtung von Spezialklassen (vgl. Bühler 2017, S. 5). Heil- bzw. sonderpädagogisches Wissen war damit stark von psychiatrischer Forschung beeinflusst (vgl. Wolfisberg/Hoyningen-Süess 2003, S. 48). Auch in der Reformpädagogik fallen gute Gesundheit und gute Erziehung zusammen und abweichendes Verhalten wurde mit körperlichen Störungen begründet oder – sollte sich keine somatische Erklärung finden – als *moral insanity* gefasst (vgl. Bühler 2018, S. 173 ff.). Die Diagnostik eines solchen moralischen Schwachsinns war jedoch schwierig, da dieser nicht trennscharf vom Normalen abzugrenzen sei (vgl. Bleuler 1916, S. 422; Garz 2021, S. 47). Anstatt aufgrund dieser Problematik von der Feststellung solcher Krankheitsbilder abzusehen, wurde der Pädagogik und dem „psychologisch geschulten Pädagogen" eine Rolle als „doppelter Vermittler" und „Sprachrohr des Arztes" zugeschrieben (Bühler 2018, S. 179 f.). Im frühen 19. Jahrhundert entwickelten sich zunächst „pädagogisch-medizinisch[e] Anstalt[en]" (Oelkers 2013, S. 221) und schließlich wurden zur Entlastung der medizinischen Heil- und Erziehungsanstalten besondere Schulen eingerichtet, da „dieses Problem [...] im Schulsystem und so mit einer besonderen Pädagogik gelöst werden [musste], die nur noch funktional und nicht mehr institutionell etwas mit der Medizin zu tun hatte" (ebd., S. 230 f.). Die Aussonderung abweichender und als krank bezeichneter Schüler:innen wurde als pädagogische Maßnahme legitimiert und mit dem immer differenzierteren Angebot der Hilfsschulen „nahmen auch die Behinderungsarten zu" (ebd., S. 231). Die sich entwickelnde Sonderpädagogik bei Verhaltensstörungen unterlag dabei dem gesellschaftlichen Diktum, als für die soziale Ordnung bedrohlich wahrgenommene auffällige Schüler:innen zu normalisieren, zu domestizieren und der Ordnung wieder einzuverleiben (vgl. Dörpinghaus 2009, S. 19).

Im Anschluss an diese historische Einbettung der entstehenden Sonderpädagogik fokussierten wir in einem Lehr-Forschungs-Projekt[1] die Frage, was eigentlich als ‚Verhaltensstörungen' im Diskurs der Sonderpädagogik bei Verhaltensstörungen verhandelt wird (vgl. ausführliche Darstellung in Gasterstädt et al. 2022) bzw. wie sich die zentrale Problemkonstruktion im Sinne der Wissenssoziologischen Diskursanalyse beschreiben lässt (vgl. Keller 2007; 2011a; 2011b). Keller analysiert Diskurse in Anlehnung an Foucault als erkennbare systematische Korrelation von Aussagen zu einem bestimmten Phänomen (vgl. ebd., S. 58 f.) und spricht im Anschluss daran von „relativ dauerhafte[n] und regelhafte[n], d. h. zeitliche[n] und soziale[n] Strukturierungen von (kollektiven) Prozessen der Bedeutungszuschreibung" (Keller 2011a, S. 236). Diskurse werden als „Erscheinungs- und Zirkulationsformen des Wissens" (ebd., S. 97) analysiert, die sich durch diskursive Ereignisse realisieren, aktualisieren und transformieren.

Als solche Diskursereignisse analysierten wir Handbücher und Einführungswerke der Sonderpädagogik bei Verhaltensstörungen, die seit den 1930er Jahren publiziert wurden. Die Auswahl dieser Textsorten für den Korpus der Analyse begründet sich in deren Anspruch, insbesondere Praktiker:innen und Studierenden einen Überblick über das Fachwissen der Disziplin zu geben. Der insgesamt über 40 Werke umfassende Korpus wurde durch eine gezielte Suche in Bibliothekskatalogen nach Stichworten wie ‚Erziehungshilfe', ‚Verhalten', ‚Verhaltensauffälligkeit', ‚-schwierigkeit' und ‚-störung' in Zusammenhang mit Schule, Unterricht und Pädagogik gebildet. Nicht in den Korpus einbezogen wurden Herausgeber:innenwerke mit sehr ausdifferenzierter Thematik sowie Qualifikationsarbeiten. Für die Analyse des Korpus haben wir als „diskurstypisches Interpretationsrepertoire" (Keller 1998, zit. n. Keller 2011a, S. 240) insbesondere die Phänomenstruktur genutzt, mit der nach den Elementen gefragt wird, die Diskurse in Referenz auf ihr Thema benennen. Diese haben wir entlang der Fragen nach dem fokussierten Problem, den Ursachen und kausalen Zusammenhängen, möglichen Handlungsansätzen sowie der Verantwortungsverteilung dimensionalisiert. Die Phänomenstruktur haben wir als sensibilisierendes Konzept genutzt, um den Korpus in seiner historischen Genese zu analysieren. Dabei wurden insbesondere im Modus der Feininterpretation möglichst kontrastive Beispiele im Korpus gesucht, um die thematische Breite einbeziehen zu können. Auf einige der zentralen Ergebnisse der Analyse möchten wir im Folgenden eingehen.

Zu beobachten ist, dass der Diskurs der Pädagogik bei Verhaltensstörungen von wechselnden Selbstbezeichnungen geprägt ist, die auf differente inhaltliche Positionen im Diskurs und damit verbundene Deutungskämpfe verweisen. In

1 Das Projekt wurde im Rahmen eines von Julia Gasterstädt geleiteten zweisemestrigen Seminars im Masterstudiengang Erziehungswissenschaften an der Goethe-Universität Frankfurt umgesetzt. Ein herzlicher Dank geht an alle beteiligten Studierenden.

der Feinanalyse der Werke ließ sich allerdings trotz der differenten Bezeichnungen eine Problemkonstruktion herausarbeiten: Als zentrales Problem wird das als störend wahrgenommene Verhalten von Schüler:innen markiert, dessen Ursachen insbesondere im sozialen Umfeld der Schüler:innen gesucht werden. Verhalten wird dann als auffällig wahrgenommen, wenn es droht, in konkreten Interaktionssituationen, z. B. im Unterricht und langfristig im individuellen Fall, das pädagogische Handeln und die Erfüllung des Bildungs- und Erziehungsauftrages der Schule zu stören. Was dabei als auffällig oder störend wahrgenommen wird, hängt so letztlich von konkreten Erwartungen an das Schüler:innensein ab. Zwar unterscheiden die analysierten Werke zwischen individuellen und sozialen Ursachen eines als störend beschriebenen Verhaltens, jedoch werden erstere deutlich detaillierter dargestellt. Über Störungsbilder mit starkem psychiatrischen und medizinischen Bezug und den Einsatz von Fallbeispielen wird das als abweichend wahrgenommene Verhalten individualisiert und die Probleme werden im Kind verortet. Auf sozialer Ebene wird primär auf die familiäre Erziehung verwiesen, strukturelle Ungleichheitsverhältnisse werden nur in wenigen Werken aufgeführt. Übergeordnet konnten wir eine Diskursverschiebung beobachten, da die Werke der letzten 20 Jahre weniger vermeintliche Ursachen in den Blick nehmen, sondern den Fokus auf Interventionen und Fördermaßnahmen legen. An diese Problemkonstruktion anschließend werden Handlungsmöglichkeiten für pädagogisch Handelnde thematisiert, die vor allem auf der Ebene des Kindes ansetzen und von einer Verknüpfung therapeutischen und pädagogischen Handelns geprägt sind; der Terminus ‚pädagogisch-therapeutische Ansätze' macht dies eindrücklich deutlich. Thematisch wird darüber hinaus auf der Ebene der Organisation die Frage der Segregation und Integration bzw. Inklusion der als problematisch konstruierten Schüler:innen behandelt. Wurden in den frühen Werken spezielle Sonderklassen und -schulen empfohlen, setzt ab den 1970er Jahren eine Kritik an der segregativen Beschulung ein, die mit der Entwicklung integrativer Förderkonzepte einhergeht. Auf unterrichtlich-didaktischer Ebene wird dabei die Frage diskutiert, ob es eine spezifische Didaktik geben müsse oder wie die allgemeine Didaktik für die Sonderpädagogik bei Verhaltensstörungen adaptiert werden könne.

Der Institution Schule und den darin agierenden Professionellen wird nur begrenzt Anteil an der Entstehung der wahrgenommenen Probleme zugeschrieben. So werden die allgemeine Schule und Regelschullehrkräfte als unter den Schüler:innen mit zugeschriebener Verhaltensstörung leidend und mit ihnen überfordert dargestellt. Kontinuierlich wird mit der Betonung einer steigenden Prozentzahl betroffener Schüler:innen die Relevanz der entsprechenden Ansätze hervorgehoben. Dabei wird in den analysierten Diskursereignissen der Sonderpädagogik bei Verhaltensstörungen die Expertise zur Bearbeitung der Problematiken und damit die legitime Sprecher:innenposition zugeschrieben. Auch im Kontext integrativer bzw. inklusiver Settings wird die Notwendigkeit der sonderpädagogischen Expertise betont, die in die allgemeine Pädagogik integriert werden müsse. Zu beobachten ist dabei, dass auch die Aufforderung zur Entwicklung eines inklusiven Bildungssystems im Anschluss an die UN-BRK nicht zu einer Verschiebung in den Funktionsregeln des Diskurses führt. So finden sich in den Veröffentlichungen nach der Ratifizierung der UN-BRK vor allem Wiederauflagen von in den 1990er Jahren erstveröffentlichten Werken. Die Diskursanalyse macht so darauf aufmerksam, dass sich die pathologisierende Problemkonstruktion von als störend wahrgenommenem Verhalten als funktional für einen historisch überdauernden Modus der Stabilisierung schulischer Ordnung erweist.

Die „Argumentationsfigur des sozial, moralisch und medizinisch auffälligen Schülersubjekts" (Pfahl 2011, S. 91), das in der Regelschule ohne zusätzliche Expertise nicht unterrichtbar sei, dient dabei auch der Legitimierung der Profession der Sonderpädagogik (vgl. ebd.). Die Merkmale, anhand derer die Zugehörigkeit zur Gruppe der Schüler:innen mit Verhaltensstörung hergestellt wird, werden im historischen Verlauf an die jeweils geltenden Maßstäbe der Sonderpädagogik angepasst (vgl. Koskela/Lanas 2016; Pfahl 2011). So ändern sich bspw. die Ursachen- und Handlungsbeschreibungen und aus einem zu bestrafenden bösen Willen werden zu behandelnde biologisch-psychologische Pathologien (vgl. Dörpinghaus 2009, S. 19; Haas 2021 zum ADHS-Diskurs). „Die Methoden wechseln, das Problem bleibt und wird ruhig gestellt", fasst Dörpinghaus (2009, S. 19) dieses Phänomen zusammen. Epochentypische Beschreibungen von ‚Kinderfehlern', ‚Erziehungsschwierigkeiten' oder ‚Verhaltensstörungen' werden zu Konstrukten, die „letztlich mehr über die jeweils zeittypischen gesellschaftlichen Perfektionserwartungen aussagen als über die realen Probleme der Kinder" (Göppel 2010, S. 14). Diese relationale Definition sichert über die Konstruktion der Schüler:innengruppe die Existenz des eigenen Faches (vgl. Lanas/Brunila 2019; Pfahl 2011, S. 99 ff.). Die Sonderpädagogik bei Verhaltensstörungen macht sich so unverzichtbar. Dabei bestätigt die Analyse auch die Beobachtung Oelkers (2002), nach welcher es „keinen ‚Übergriff' der Psychologie auf die Pädagogik [gibt], der eine als grundlegend angenommene Denkform verändern oder beeinträchtigen würde" (ebd., S. 12). Stattdessen werden passende Psychologien aufgenommen, weil sie *pädagogische* Problemlösungen versprechen. Der Modus der Individualisierung des Problems im Kind schließt – so Oelkers – an das Grundmodell von Erziehung als „Beziehung von zwei Personen, die prinzipiell – und nicht okkasionell – asymmetrisch kommunizieren" (ebd., S. 26), an. Oelkers Beschreibung zum Verhältnis von Pädagogik und Psychologie folgend, stellt die herausgearbeitete Problemkonstruktion im Diskurs der Sonderpädagogik bei Verhaltensstörungen gewissermaßen einen Normalfall dieses Verhältnisses dar. Dabei verspricht die pathologisierende Deutung von als störend wahrgenommenem Verhalten einerseits eine Klärung von Verantwortlichkeiten zwischen der Regelschulpädagogik und der Sonderpädagogik. Andererseits gehen damit kausale Erklärungsmodelle und konkrete Handlungs- und Interventionsansätze einher, die Handlungssicherheit versprechen, wo pädagogisches Handeln zu scheitern droht (vgl. auch Göppel 2000; Schiedeck / Schäfer 1990, S. 28; Hörmann 2008).

3. Pathologisierung in der schulischen Prozessierung von Verhaltensstörungen

Nachdem im vorherigen Abschnitt die Ebene des Diskurses der Sonderpädagogik bei Verhaltensstörungen thematisiert wurde, werden in diesem Abschnitt exemplarische Schlaglichter auf die schulische Praxis in der inklusiven Sekundarstufe geworfen. Der inhaltliche Fokus liegt dabei auf den Konstruktions- und Bearbeitungsformen abweichenden oder störenden Verhaltens in den schulischen Prozessabläufen – allen voran im Unterricht, aber bspw. auch in Kommunikationen, die rund um den Unterricht herum stattfinden und in denen die Wahrnehmung störenden Verhaltens seitens der beteiligten Akteure eine Rolle spielt. Hierfür greifen wir Ergebnisse aus dem Forschungsverbund ReLInk[2] auf, die sich auf empirisches Datenmaterial aus einer Integrierten Gesamtschule und einem Gymnasium mit inklusivem Selbstverständnis beziehen. Anschließend an ein sozialkonstruktivistisches Verständnis von Leistung (vgl. Bräu / Fuhrmann 2015; Ricken 2018) beschäftigte sich der Forschungsverbund ReLInk mit der übergeordneten Frage nach dem Spannungsfeld von Leistung – verstanden als Grundmodus einer funktionalen schulischen Logik, der seine Wirkung in Form eines Dispositivs entfaltet (vgl. Urban 2022) – und Inklusion – verstanden als ein schulsystemexterner programmatischer und zunächst nicht mit der funktionalen Logik von Leistung zu vereinbarender Impuls (vgl. Lutz et al. 2022, S. 9 f.; Sturm 2015). Die in diesem Zusammenhang durchgeführte qualitative Studie orientierte sich an der Forschungsperspektive und den Kodierstrategien der Grounded-Theory-Methodologie (vgl. Strauss / Corbin 1996), ergänzt um Mappingverfahren der Situationsanalyse (vgl. Clarke 2012), um die erhobenen Interviews und Protokolle teilnehmender Beobachtung auszuwerten.

In der Zusammenschau unseres empirischen Materials zeigt sich die Figur, dass Verhalten dann als abweichend bzw. störend wahrgenommen wird, wenn es aus der Perspektive der Lehrkräfte die schulischen Prozesse irritiert, wenn also bspw. Unterricht nicht oder nicht mehr in der Form durchgeführt werden kann, wie die Lehrkräfte sich dies vorstellen. Exemplarische Phänomene, die hier als relevant markiert werden, sind aggressives Verhalten, das Nicht-Einhalten

---

2 Das BMBF-geförderte Projekt *Reflexion, Leistung und Inklusion. Qualifizierungserfordernisse für einen reflexiven Umgang mit Leistung in der inklusiven Sekundarstufe* (Laufzeit 2017 bis 2021, Förderkennzeichen 01NV1710A-C) haben wir an anderer Stelle ausführlich vorgestellt (vgl. Arndt et al. 2021; 2022).

von Regeln oder ein Unruhigsein, das als störend wahrgenommen wird. Bei dieser Reihung fällt zunächst auf, dass primär Phänomene benannt werden, bei denen eine spezifische von außen beobachtbare Artikulation innerer Zustände der Schüler:innen eine Rolle spielen. Als Kontrastbeispiel: Ein ‚In-sich-gekehrt-Sein', ein ‚Zu-ruhig-Sein' o. Ä. wird in dem von uns erhobenen Material nicht mit Verhaltensstörungen assoziiert. Wir greifen den Gedanken unten in Zusammenhang mit einer Fallinterpretation erneut auf. Wenn Verhalten als störend wahrgenommen und markiert wird, setzen verschiedene individuell fokussierende Interventionen ein, die die Schüler:innen – mit mehr oder weniger heftigen äußeren Konflikten verbunden – dazu bewegen, ihr Verhalten an die schulischen Erwartungshorizonte anzupassen. In Anlehnung an Michel Foucault und Judith Butler haben wir diese Prozesse subjektivierungstheoretisch als die Hervorbringung des „Schüler*innensubjekts der gymnasialen Arbeitsweise" (Becker/Urban 2022, S. 150) beschrieben. Diese, aus der Perspektive der Organisation gedachte, ideale Form des Schüler:innensubjekts ist etwa durch „Attribute wie Selbstständigkeit [...], kognitive Leistungsfähigkeit [...], Ausdauer, Konformität gegenüber an dieses adressierte Verhaltensanforderungen sowie die entsprechende Fähigkeit zur Regulierung eigener affektiver Impulse" (ebd., S. 150) gekennzeichnet und ist u. a. auch auf die Erfüllung von Fähigkeits- und Leistungserwartungen ausgerichtet (vgl. Buchner 2018, S. 65). Subjektivierungstheoretisch betrachtet wird hier schulisch etwas prozessiert, das zwar einzelne Schüler:innen markiert und explizit adressiert, das aber seine subjektivierende Wirkung auch dadurch erzeugt, dass es von allen Schüler:innen beobachtet wird. Damit wirken diese Mechanismen nicht nur bezogen auf die einzelnen adressierten Schüler:innen, sondern im Zusammenhang eines umfassenden Leistungs- und Disziplinierungsdispositivs. Wir entfalten dies im Folgenden exemplarisch am Fall Felix. Diesen haben wir an anderer Stelle (vgl. Becker/Urban 2022, S. 148 ff.) bereits vorgestellt und dort als einen von drei Fällen genutzt, um die oben genannte Figur des Schüler:innensubjekts der gymnasialen Arbeitsweise herauszuarbeiten. Interessant dabei ist, dass im Gymnasium, in dem der Fall erhoben wurde, zwar sonderpädagogische Lehrkräfte eine untergeordnete Rolle spielen und selten zum Einsatz kommen, aber dennoch im empirischen Material ähnliche Problemkonstruktionen zu beobachten sind, wie sie in Abschnitt 2 für den Diskurs der Sonderpädagogik beschrieben wurden (zu einer ausführlicheren Beschreibung der Schule vgl. Becker et al. 2020, Abschnitt 4). Für den vorliegenden Beitrag ziehen wir den Fall Felix heran, um ihn einer erneuten Interpretation zu unterziehen, die theoretisch nun durch die in der Einleitung zum vorliegenden Beitrag angeführten Perspektiven auf Pathologisierung sensibilisiert ist.

Die Ergebnisse gehen dabei auf ein Gespräch mit einer Lehrkraft im Rahmen einer teilnehmenden Beobachtung zurück. Felix' Musiklehrerin erzählt dabei am Ende einer Stunde,

„dass sie in den letzten Wochen ‚total begeistert' sei, wie Felix […] mitmachen würde. Sie sagte, dass sie seit Felix' Klinikaufenthalt, den er aufgrund seines ‚Autismus' gehabt hätte, insgesamt gut mit ihm arbeiten und zurechtkommen könne […]. Sie würde ihn bereits seit der fünften Klasse kennen […]. Damals habe man mit ihm aber kaum arbeiten können. Er sei total aggressiv gewesen. Sie wisse nicht, was ‚sie in der Klinik mit ihm gemacht' hätten, aber seitdem sei er ‚wie ausgewechselt' und ‚so ein lieber Kerl'" (Becker / Urban 2022, S. 148).[3]

Die Beschreibung der Lehrkraft funktioniert hier über die Kontrastierung zweier Versionen des Schülers Felix: Die aktuelle Version von Felix in der achten Klasse ist die des ‚lieben Kerls', der als umgänglich, kooperativ und engagiert beschrieben wird. Dieses Bild, das die Lehrkraft zeichnet, entsteht bzw. erhält seine Strahlkraft in Abgrenzung zu einer früheren Version des ‚aggressiven' und nicht arbeitsfähigen oder -willigen Schülers. Aus unserem Datenmaterial wird nicht ersichtlich, wer den Klinikaufenthalt veranlasst hat, sodass unklar ist, welche Rolle die Schule hierbei spielte. Unabhängig davon, ob die Schule den Impuls zur Überweisung von Felix in eine psychiatrische Klinik initiierte oder nicht daran beteiligt war, fällt auf, wie bruchlos sich der Klinikaufenthalt in die Beschreibung der Lehrkraft einfügt. In der Lesart der Musiklehrerin trug der Klinikaufenthalt maßgeblich dazu bei, die schulische Arbeit mit Felix zu ermöglichen bzw. mindestens zu verbessern und zu stabilisieren. Das Konstrukt einer überzogenen oder zu massiven Aggressivität der früheren Version von Felix wird dabei als zentrales Merkmal genutzt, an dem die Arbeit der Klinik ansetzt, die dann dazu führt, dass der Schüler Felix eine Metamorphose durchläuft, die aus Sicht der Schule als sehr wünschenswert erscheint. Dies kann insofern als ein Prozess der Pathologisierung verstanden werden, als hier die seitens der Lehrkraft wahrgenommene Aggressivität von Felix individualisierend als ein Verhalten oder als eine persönliche Eigenschaft mit Krankheitswert konstruiert und nicht mehr schulisch, sondern von einer externen, medizinisch spezialisierten Organisation in einer spezifischen Art und Weise bearbeitet wird. Es fällt auf, dass die Interpretation von Schüler:innenverhalten als (zu) aggressiv durch die Lehrkraft ein zentrales Phänomen im Zusammenhang mit der pathologisierenden Konstruktion störenden Verhaltens zu sein scheint. So findet sich bspw. keine Stelle in unserem Materialkorpus, in der etwa die Artikulation anderer innerer Zustände wie Traurigkeit o. Ä. als problematisch oder gar pathologisch beschrieben wird. Dies lässt sich so interpretieren, dass hier vor allem solches Verhalten in der Schule als problematisch eingeschätzt wird, das aus Sicht von Schule die schulischen Prozessabläufe zu sprengen oder zumindest zu irritieren droht. Insofern stabilisieren pathologisierende

3 Es handelt sich hier um eine Wiedergabe des entsprechenden Ausschnitts aus dem Beobachtungsprotokoll. Die mit einfachen Anführungszeichen markierten Textteile verweisen auf wörtliche Zitate der Lehrkraft. Mit drei Punkten in eckigen Klammern sind Auslassungen markiert.

Deutungen die schulischen Prozessabläufe, wenn sie das Problem in spezifischen Verhaltensweisen der Schüler:innen verorten und dadurch das Problem an andere Professionen oder Berufsgruppen delegierbar (vgl. Gasterstädt/Strecker/Urban 2022) und in anderen Organisationen bearbeitbar machen. In dem hier vorgestellten Fallbeispiel ist es eben der Schüler Felix, an dem im Rahmen des Klinikaufenthalts gearbeitet wird. Die Schule wird hierdurch erstens davon entlastet, sich selbst mit dem als problematisch eingeordneten Verhalten von Felix auseinanderzusetzen, und zweitens davon, sich selbst als Teil des Problems zu begreifen. So stellen sich etwa für die Musiklehrerin dann gar nicht erst die Fragen, welche Anteile sie an den Interaktionsdynamiken hat, die sie als aggressiv beschreibt, und in welche Beziehungsdynamik sie hierbei involviert war. Ebenso wird nicht die Frage aufgerufen, was die Metamorphose vom ‚aggressiven' zum ‚lieben Kerl' für Felix eigentlich bedeutet: Die Perspektive, die die Beschreibung der Lehrkraft primär strukturiert, ist die der Sicherung der Stabilität der schulischen Prozesse. Pathologisierung erweist genau darin ihre Funktionalität für die schulische Ordnung, dass im Zuge von Pathologisierungsprozessen ein (scheinbar) klar lokalisierbares Problem auf Seiten des Schülers verortet und dieses dann am Schüler bearbeitet wird. Die Problembearbeitung folgt dann der Logik, ein Passungsverhältnis zwischen Schüler:innenverhalten und schulischen Verhaltens- und Leistungsanforderungen herzustellen, ohne dass als abweichend wahrgenommenes Verhalten als komplexe psychosoziale Problemkonstellation betrachtet werden muss, an deren Entstehung die Schule nie unbeteiligt ist.

4. Fazit

Beide empirischen Projekte weisen auf die Relevanz pathologisierender Figuren in schulischen Settings hin, die sich insbesondere aus der funktionalen Logik der Aufrechterhaltung der schulischen Ordnung erklären lässt. Verhaltensbezogene Erwartungen können als ein spezifisches Moment schulischer Subjektivierungen verstanden werden, die u. a. darauf abzielen, das von Lehrkräften wahrgenommene Verhalten von Schüler:innen in ein Passungsverhältnis zu schulischen Verhaltensanforderungen – im Sinne eines „well-behaved student" (Lanas/Brunila 2019, S. 3) – zu bringen (vgl. Becker/Urban 2022, S. 143 f.). Abweichendes oder störendes Verhalten wäre demnach solches Verhalten, welches aus Perspektive der Schule als dysfunktional und als potenzielle oder faktische Bedrohung für die schulischen, insbesondere unterrichtlichen Prozessabläufe und die Erfüllung des schulischen Auftrags interpretiert wird. Diese Individualisierung der Probleme als Verhaltensprobleme der Schüler:innen wiederholt die pathologisierenden Problemkonstruktionen im individuellen Fall und ist gleichzeitig als dominante Position im Diskurs der Sonderpädagogik bei Verhaltensstörungen zu beobachten. Dabei kann vermutet werden, dass sich diese Form der Problemkonstruktion gerade aufgrund ihrer hohen schulischen Funktionalität – und ungeachtet einzelner kritischer Gegenpositionierungen – langfristig ausdifferenzieren und stabilisieren konnte. Die Prozessierung der schulischen Ordnung nimmt potenziell gewaltförmige Züge an, wenn sich diese kommunikativen Konstruktionen im Zusammenspiel mit Leistung und Disziplinierung in ein komplexes Dispositiv einweben (vgl. Urban 2022, S. 88) und primär am Funktionieren der schulischen Prozesse orientiert sind, ohne der je individuellen Erfahrungsqualität im Erleben der Schüler:innen – ihrer Vulnerabilität, ihrer potenziellen Widerständigkeit, ihren Bedürfnissen – Rechnung zu tragen. Die pathologisierenden Diskursmomente bringen Schüler:innensubjekte hervor, die sich in die Logik der schulischen Prozesse einfügen müssen – sei es bspw. in der Anpassung an Verhaltenserwartungen oder in der Exklusion in Sonderinstitutionen.

Mit Blick auf das Verhältnis von Pathologisierung und Normalisierung ergibt sich auf Grundlage unserer Ergebnisse der Gedanke, Pathologisierung und Normalisierung für den schulischen Kontext weniger als kehrseitiges Verhältnis oder dichotomes Spannungsfeld, sondern als miteinander verwobene Prozesse zu begreifen. Die Charakterisierung eines Zustandes oder eines Verhaltens als pathologisch arbeitet über die Abgrenzung von einem als normal angenommenen Zustand (vgl. Anhorn/Balzereit 2016, S. 17) den Prozessen der Normalisierung zu. Die Ergebnisse der beiden hier vorgestellten Projekte bestätigen die Annahme, dass Pathologisierung und Normalisierung als miteinander vernetzte Prozesse zu denken sind: Im Modus der Stabilisierung der schulischen Ordnung markiert die Pathologisierung von Verhalten dieses als individuelles Problem, das es individuell zu bearbeiten gilt. Dabei zielt die Bearbeitung darauf ab, die als pathologisch markierten Momente zu normalisieren bzw. diese aufzulösen und ein Passungsverhältnis zwischen schulischen Verhaltensanforderungen und dem konkret wahrgenommenen Verhalten von Schüler:innen herzustellen. Unabhängig davon aber, ob dieses dann im einzelnen Fall gelingt oder nicht, stützt schon die Thematisierung und Prozessierung der Störung im diskursiven Format der Pathologisierung die Wirkungsmacht der Normalisierung.

Literaturverzeichnis

Anhorn, Roland/Balzereit, Marcus (2016): Die „Arbeit am Sozialen“ als „Arbeit am Selbst“ – Herrschaft, Soziale Arbeit und die therapeutische Regierungsweise im Neo-Liberalismus: Einführende Skizzierung eines Theorie- und Forschungsprogramms. In: Anhorn, Roland/Balzereit, Marcus (Hrsg.): Handbuch Therapeutisierung und Soziale Arbeit. Wiesbaden: Springer VS, S. 3–203.

Arndt, Ann-Kathrin/Becker, Jonas/Löser, Jessica M./Urban, Michael/Werning, Rolf (2021): Leistung und Inklusion. Eine Einladung zur Reflexionspause. DiMaWe – Die Materialwerkstatt 3, H. 2, S. 1–16.

Arndt, Ann-Kathrin/Becker, Jonas/Lau, Ramona/Lübeck, Anika/Heinrich, Martin/Löser, Jessica M./Urban, Michael/Werning, Rolf (2022): Reflexion im Kontext von Leistung und Inklusion.

Ein Ansatz zur Professionalisierung in einem spannungsreichen Feld. In: Lutz, Deborah / Becker, Jonas / Buchhaupt, Felix / Katzenbach, Dieter / Strecker, Alica / Urban, Michael (Hrsg.): Qualifizierung für Inklusion. Sekundarstufe. Münster: Waxmann, S. 233–248.

Bakker, Nelleke (2015): Attention deficit and the development of child science in the Netherlands c. 1955–1985. In: Reh, Sabine / Berdelmann, Kathrin / Dinkelaker, Jörg (Hrsg.): Aufmerksamkeit. Geschichte – Theorie – Empirie. Wiesbaden: Springer VS, S. 331–346.

Barker, Beth / Mills, China (2018): The Psy-Disciplines go to School: Psychiatric, Psychological and Psychotherapeutic Approaches to Inclusion in one UK Primary School. In: International Journal of Inclusive Education 22, H. 6, S. 638–654.

Becker, Jonas / Arndt, Ann-Kathrin / Löser, Jessica / Urban, Michael / Werning, Rolf (2020): Schule oder Wohlfahrtsverein? Positionierungen von Lehrkräften zur Leistungsbewertung im inklusiven Unterricht am Beispiel der Frage der (Nicht-)Versetzung. In: Zeitschrift für Inklusion 14, H. 4. www.inklusion-online.net/index.php/inklusion-online/article/view/575 (Abfrage: 05.08.2022).

Becker, Jonas / Urban, Michael (2022): Emotionale und soziale Entwicklung zwischen den Prozesslogiken von Inklusion und Leistung. Zur Konstruktion und Bearbeitung störenden Verhaltens in der inklusiven Schule. In: Thümmler, Ramona / Leitner, Susanne (Hrsg.): Die Macht der Ordnung. Perspektiven auf Veränderung in der Pädagogik. Weinheim / Basel: Beltz Juventa, S. 142–157.

Bernet, Brigitta (2013): Schizophrenie. Entstehung und Entwicklung eines psychiatrischen Krankheitsbildes um 1900. Zürich: Chronos.

Bleuler, Eugen (1916): Lehrbuch der Psychiatrie. Berlin: Springer.

Boger, Mai-Anh (2018): Depathologisierung – Diagnostik der emotionalen und sozialen Entwicklung im inklusiven Kontext. In: Zeitschrift für Inklusion 12, H. 3. www.inklusion-online.net/index.php/inklusion-online/article/view/462 (Abfrage: 05.08.2022).

Bräu, Karin / Fuhrmann, Laura (2015): Die soziale Konstruktion von Leistung und Leistungsbewertung. In: Bräu, Karin / Schlickum, Christine (Hrsg.): Soziale Konstruktionen in Schule und Unterricht. Opladen: Budrich, S. 49–64.

Buchner, Tobias (2018): Die Subjekte der Integration. Schule, Biographie und Behinderung. Bad Heilbrunn: Klinkhardt.

Bühler, Patrick (2017): „Diagnostik“ und „praktische Behandlung“: Die Entstehung der therapeutischen Funktion der Schule. Enzyklopädie Erziehungswissenschaft Online EEO. https://irf.fhnw.ch/bitstream/handle/11654/25692/buehler_2017_eeo.pdf?sequence=1 (Abfrage: 22.11.22).

Bühler, Patrick (2018): Heil und Heilung. Zur Psychopathologie des Schullebens am Anfang des 20. Jahrhunderts. In: Bühler, Patrick / Bühler, Thomas (Hrsg.): Sakralität und Pädagogik. Bern: Haupt, S. 173–193.

Clarke, Adele (2012): Situationsanalyse: Grounded Theory nach dem Postmodern Turn. Wiesbaden: Springer VS.

Dörpinghaus, Andreas (2009): Pathologisierungen schulischen Verhaltens. Über die biopolitische Umschrift pädagogischer Deutungsmuster. Ein Essay. In: Nießeler, Andreas / Uphoff, Ina Katharina (Hrsg.): Pädagogische Auffälligkeiten. Deutungsmuster von Verhaltensstörungen und Verhaltensauffälligkeiten – kritisch betrachtet. Würzburg: Königshausen / Neumann, S. 15–30.

Garz, Jona (2021): „Schriftproben von schwachsinnigen resp. idiotischen Kindern“. Testwissen zwischen Psychiatrie und Pädagogik um 1900. In: Reh, Sabine / Bühler, Patrick / Hofmann, Michèle / Moser, Vera (Hrsg.): Schülerauslese, schulische Beurteilung und Schülertests 1880–1980. Bad Heilbrunn: Klinkhardt, S. 47–62.

Gasterstädt, Julia / Hasche, Gerrit / Helbig, Jana / Meier, Svenja (2022): Zur Problemkonstruktion im Diskurs der Sonderpädagogik bei Verhaltensstörungen. In: Amrhein, Bettina / Badstieber, Benjamin (Hrsg.): (Un-)mögliche Perspektiven auf Verhalten in der Schule. Theoretische, empirische und praktische Beiträge zur De- und Rekonstruktion des Förderschwerpunkts Emotionale und Soziale Entwicklung. Weinheim/Basel: Beltz Juventa, S. 188–206.

Gasterstädt, Julia/Strecker, Alica/Urban, Michael (2022): Konflikte in der komplexen Konstellation von Familie, Schule und Schulbegleitung: Elternarbeit zwischen struktureller Verantwortungslosigkeit und inklusivem Anspruch. In: Zeitschrift für Inklusion, H. 1. https://www.inklusion-online.net/index.php/inklusion-online/article/view/652/474 (Abfrage: 22.11.2022).

Göppel, Rolf (2000): Der Lehrer als Therapeut? Zum Verhältnis von Erziehung und Therapie im Bereich der Verhaltensgestörtenpädagogik. In: Zeitschrift für Pädagogik 46, H. 2, S. 215–234.

Göppel, Rolf (2010): Von der „sittlichen Verwilderung" zu „Verhaltensstörungen" – Zur Begriffs- und Ideengeschichte der pädagogischen Reflexion über „schwierige Kinder". In: Ahrbeck, Bernd/Willmann, Marc (Hrsg.): Pädagogik bei Verhaltensstörungen. Ein Handbuch. Stuttgart: Kohlhammer, S. 11–20.

Haas, Benjamin (2021): Die ADHS der Sonderpädagogik: Zur diskursiven Konstruktion des ‚Nicht_Normalen' auf der Ebene disziplinärer Wissensbestände. Bad Heilbrunn: Klinkhardt.

Hanselmann, Heinrich (1930): Einführung in die Heilpädagogik. Praktischer Teil; für Eltern, Lehrer, Anstaltserzieher, Jugendfürsorger, Richter und Ärzte. Erlenbach-Zürich: Rotapfel.

Harwood, Valerie/Allan, Julie (2014): Psychopathology at school: Theorizing mental disorders in education. London: Routledge.

Harwood, Valerie/McMahon, Samantha (2018): Amidst the Reign of Behaviour and Disorder: Recalling Schools as Problems. Journal of Historical Sociology 31, H. 2, S. 182–195.

Hörmann, Georg (2008): Verhaltensabweichungen zwischen Medikalisierung und Therapeutisierung. In: Hörmann, Georg/Körner, Wilhelm (Hrsg.): Einführung in die Erziehungsberatung. Stuttgart: Kohlhammer, S. 51–63.

Keller, Reiner (2007): Diskurs und Dispositive analysieren. Die Wissenssoziologische Diskursanalyse als Beitrag zu einer wissensanalytischen Profilierung der Diskursforschung. In: Historical Social Research 33, H. 1, S. 73–107.

Keller, Reiner (2011a): Wissenssoziologische Diskursanalyse. Grundlegung eines Forschungsprogramms. 3. Aufl. Wiesbaden: Springer VS.

Keller, Reiner (2011b): Diskursforschung. Eine Einführung für SozialwissenschaftlerInnen, 4. Aufl. Wiesbaden: Springer VS.

Koskela, Anne/Lanas, Maija (2016): Fabricating expert knowledge of the behaviour of problematic students. In: Pedagogy, Culture & Society 24, H. 3, S. 459–471.

Kultusministerkonferenz (2022): Statistische Veröffentlichungen der Kultusministerkonferenz. Dokumentation Nr. 231 – Januar 2022. Sonderpädagogische Förderung in Schulen 2011 bis 2020. www.kmk.org/dokumentation-statistik/statistik/schulstatistik/sonderpaedagogische-foerderung-an-schulen.html (Abfrage: 04.08.2022).

Lanas, Maija/Brunila, Kristiina (2019): Bad behaviour in school: A discursive approach. In: British Journal of Sociology of Education 40, H. 5, S. 682–695.

Lutz, Deborah/Becker, Jonas/Buchhaupt, Felix/Katzenbach, Dieter/Strecker, Alica/Urban, Michael (2022): Qualifizierung für Inklusion in der Sekundarstufe – Zur Kontextualisierung der Erträge eines aktuellen Forschungsprogramms. In: Lutz, Deborah/Becker, Jonas/Buchhaupt, Felix/Katzenbach, Dieter/Strecker, Alica/Urban, Michael (Hrsg.): Qualifizierung für Inklusion. Sekundarstufe. Münster: Waxmann, S. 7–24.

Oelkers, Jürgen (2002): Einige historische Erfahrungen im Verhältnis von Psychologie und Pädagogik. In: Reichenbach, Roland/Oser, Fritz (Hrsg.): Die Psychologisierung der Pädagogik. Übel, Notwendigkeit oder Fehldiagnose. Weinheim/München: Juventa, S. 12–28.

Oelkers, Jürgen (2013): Allgemeine Pädagogik und Sonderpädagogik. In: Müller, Hans-Rüdiger/Bohne, Sabine/Thole, Werner (Hrsg.): Erziehungswissenschaftliche Grenzgänge. Markierungen und Vermessungen – Beiträge zum 23. Kongress der Deutschen Gesellschaft für Erziehungswissenschaft. Opladen: Budrich, S. 219–240.

Pfahl, Lisa (2011): Techniken der Behinderung. Der deutsche Lernbehinderungsdiskurs, die Sonderschule und ihre Auswirkungen auf Bildungsbiografien. Bielefeld: transcript.

Ralser, Michaela (2010): Das Subjekt der Normalität. Das Wissensarchiv der Psychiatrie: Kulturen der Krankheit um 1900. München: Fink.

Reh, Sabine (2015): Der „Kinderfehler" Unaufmerksamkeit. In: Reh, Sabine / Berdelmann, Kathrin / Dinkelaker, Jörg (Hrsg.): Aufmerksamkeit: Geschichte – Theorie – Empirie. Wiesbaden: Springer Fachmedien Wiesbaden, S. 71–93.

Ricken, Norbert (2018): Konstruktionen der ‚Leistung'. Zur (Subjektivierungs-)Logik eines Konzepts. In: Reh, Sabine / Ricken, Norbert (Hrsg.): Leistung als Paradigma. Zur Entstehung und Transformation eines pädagogischen Konzepts. Wiesbaden: Springer VS, S. 43–60.

Schiedeck, Jürgen / Schäfer, Thomas (1990): Therapie – eine Pädagogik höherer Ordnung: zur wachsenden Bedeutung therapeutischer Techniken und Betrachtungsweisen in pädagogischen Kontexten. In: Psychologie und Gesellschaftskritik 14, H. 2–3, S. 27–46.

Strauss, Anselm L. / Corbin, Juliet M. (1996): Grounded Theory: Grundlagen qualitativer Sozialforschung. Weinheim: Beltz.

Strümpell, Ludwig v. (1890): Die pädagogische Pathologie oder Die Lehre von den Fehlern der Kinder. Versuch einer Grundlegung für gebildete Ältere, Studierende der Pädagogik, Lehrer sowie für Schulbehörden und Kinderärzte. Leipzig: E. Ungleich.

Sturm, Tanja (2015): Inklusion: Kritik und Herausforderung des schulischen Leistungsprinzips. In: Erziehungswissenschaft 26, H. 51, S. 25–32.

Urban, Michael (2019): Inklusion aus systemtheoretischer Perspektive. Ein Hinweis auf theoretische Komplikationen und die Skizzierung eines komplexen Forschungsprogramms. In: Hartmann, Magdalena / Hummel, Myriam / Lichtblau, Michael / Löser, Jessica / Thoms, Sören (Hrsg.): Facetten inklusiver Bildung. Nationale und internationale Perspektiven auf die Entwicklung inklusiver Bildungssysteme. Bad Heilbrunn: Klinkhardt, S. 40–47.

Urban, Michael (2022): Zur Bedeutung des schulischen Leistungsdispositivs für die Ausdifferenzierung und das Überdauern des Förderschwerpunktes emotionale und soziale Entwicklung – eine systemtheoretische Reflexion. In: Amrhein, Bettina / Badstieber, Benjamin (Hrsg.): (Un-)mögliche Perspektiven auf Verhalten in der Schule. Theoretische, empirische und praktische Beiträge zur De- und Rekonstruktion des Förderschwerpunkts Emotionale und Soziale Entwicklung. Weinheim / Basel: Beltz Juventa, S. 77–96.

Wolfisberg, Carlo / Hoyningen-Süess, Ursula (2003): Zwischen Abhängigkeit und Emanzipation. Psychiatrie und Heilpädagogik in der deutschsprachigen Schweiz zwischen 1890 und 1930. In: Traverse 10, H. 1, S. 47–58.

Die sonderpädagogische Konstruktion von ADHS als institutionalisiertes diskursives *making of impairment*

Benjamin Haas

1. Einstieg

Pathologisierung beschreibt einen Teilaspekt von Medikalisierung und wird verstanden als die Bewertung psychischer und sozialer Phänomene als krankhaft. Nach Conrad und Schneider (1980) ist Medikalisierung ein gesellschaftlicher Prozess, bei dem nicht-medizinische Phänomene medizinisch verstanden und behandelt werden. Unterschiedliche soziale Probleme werden so zu behandelbaren Krankheiten umgedeutet und als solche etikettiert, woraus nicht nur eine Ausweitung medizinisch-biologischer Deutungsmuster in Bereiche des Soziallebens resultiert, sondern auch eine immer uneindeutiger werdende Unterscheidung zwischen Krankheit und Gesundheit (vgl. Kliems 2008). Potenziert wird diese Entwicklung durch den Prozess der Bio-Medikalisierung, der auf veränderte Konstruktionen sozialer Normen und Veränderungen des gesellschaftlichen Körperwissens verweist (vgl. Conrad 2005, S. 10; Liebsch/Manz 2010). Daraus resultiert eine Entgrenzung der Medizin (vgl. Wehling/Viehöver 2011, S. 7ff.) und eine weitere Biologisierung abweichenden Verhaltens (vgl. Mattner 2004), wodurch Pathologisierung als Technik sozialer Kontrolle fungiert, indem deviante Verhaltensweisen als pathologisch gedeutet werden (vgl. Conrad/Schneider 1980; Schetsche 2003).

Dass mit der Institution Schule in Verbindung stehende erziehungswissenschaftliche Praktiken und Konzepte mit Pathologisierungsprozessen verknüpft sind, lässt sich durch unterschiedliche Thematisierungen – sowohl aus historischer Perspektive als auch bezogen auf konkrete Gegenstände – belegen (vgl. Bühler 2018; Bühler-Niederberger 1991; Boger 2018; Hamre/Hedegaard-Sörensen/Langager 2018; Wellgraff 2021), wobei Abhängigkeiten von dem in der Schule vorherrschenden und zuletzt verschärften Leistungsdispositiv zu erkennen sind (vgl. Wrana 2019), da mit diesem neue Formen der Pathologisierung einhergehen (vgl. Wagener 2020). Damit deutet sich an, dass Schule von Machtbeziehungen durchzogen ist. Für Foucault (1976/1977) stellt sie ein zentrales Element der Disziplinargesellschaft dar, durch das Individuen in weitere gesellschaftliche Institutionen eingeführt werden. Schule wird daher auch als ‚Dispositiv der Macht' (vgl. Pongratz 2001) und ‚Produktionsstätte von Normkörpern' (vgl. Buchner 2018, S. 65 f.) bezeichnet, in der Schüler:innen[1] lernen (müssen), den dort normativ gesetzten Fähigkeitserwartungen zu entsprechen (vgl. Haas 2019).

Um den Zusammenhang zwischen der normativen Verfasstheit bestehender schulischer Ordnungen mit Pathologisierungsprozessen in institutionalisierten erziehungswissenschaftlichen Kontexten zu fassen, bietet es sich an, eine kulturwissenschaftlich inspirierte Perspektive auf Konstruktionen von Be:Hinderung (vgl. Waldschmidt 2005) in erziehungswissenschaftlichen Diskursen einzunehmen und zu untersuchen, wie Be:Hinderungsphänomene durch erziehungswissenschaftliche Wissensbestände diskursiv hervorgebracht werden. Diesen Überlegungen folgend werde ich ausgehend von der Frage, wie es im Kontext sonderpädagogischer Wissensformierungen am Beispiel der sogenannten Aufmerksamkeitsdefizit-/Hyperaktivitätsstörung (ADHS) zu einem institutionalisierten *making of impairment*[2] kommt, eine spezifische Form der Pathologisierung im erziehungswissenschaftlichen Diskurs nachzeichnen. Grundlagen sind zentrale Befunde meiner Studie zur diskursiven Konstruktion des Phänomens ADHS im sonderpädagogischen Fachdiskurs (vgl. Haas 2021). Basierend auf einer in erziehungswissenschaftlichen Diskursen erkennbaren Uneindeutigkeit des Gegenstands ADHS verdeutliche ich eingangs, inwiefern ADHS im Sinne der Dis:Ability Studies als kulturelle Konstruktion und *new impairment* zu verstehen ist. Im Anschluss daran skizziere ich, dass die sonderpädagogische Konstruktion des Phänomens als diskursives *making of impairment* angesehen werden kann. Im Fazit wird ausgehend von der Funktion dieser Konstruktion deren Eingebundenheit in die bestehende schulische Ordnung diskutiert.

2. ADHS als kulturelle Konstruktion und *new impairment*

Wenngleich das Phänomen ADHS und schulische Ordnungen in einem wechselseitigen Verhältnis zueinander stehen, ist die erziehungswissenschaftliche Beschäftigung mit ADHS von einer gewissen Uneindeutigkeit geprägt (vgl. Becker 2014, S. 213). Grund dafür ist, dass ADHS aus einer erziehungswissenschaftlichen Sicht als unklarer Sachverhalt erscheint (vgl. Sauerbrey/Winkler 2011, S. 11) und im Sinne eines *umbrella terms* Verwendung findet, was durch einen Mangel an erziehungswissenschaftlichen (vgl. Becker 2014, S. 14; von Stechow 2015, S. 11)

---

1 Diese Schreibweise wird im Folgenden verwendet, um auf die Konstruiertheit der jeweiligen Gegenstände (Geschlecht, Behinderung und Normalität) sowie die Unschärfe und Fluidität damit einhergehender Grenzziehungen zu verweisen.

2 *Impairment* meint eine individuelle Beeinträchtigung oder Schädigung auf der körperlichen Ebene, die mit dem individuellen bzw. medizinischen Modell von Be:Hinderung anhand medizinischer Kategorien bestimmt und meist mit Natur gleichgesetzt wird. Die körperliche Schädigung wird damit weder als Resultat sozialer noch kultureller Faktoren, sondern als naturgegeben betrachtet (vgl. Waldschmidt 2005).

und inklusionspädagogischen Forschungen (vgl. Danforth/Kim 2008, S. 50) zum Gegenstand verschärft wird. In Kombination mit Hinweisen auf die Pathologisierung unaufmerksamer Verhaltensweisen im erziehungswissenschaftlichen Kontext (vgl. Rabenstein/Reh 2009) sowie einer historisch gewachsenen pathologisierenden Deutungsweise seit dem 19. Jahrhundert (vgl. Crary 2002; Tenorth 2006; von Stechow 2015) verweist dies auf die besondere Relevanz einer fehlenden grundlagentheoretischen Beschäftigung mit der Konstruktion von ADHS auf der Ebene sonderpädagogischer Wissensbestände.

Aus einer soziologischen Perspektive wird das Phänomen ADHS im Kontext der Medikalisierung sozial unerwünschter Verhaltensweisen verortet (vgl. Karsch 2011). Dies steht im Zusammenhang mit einem deutlichen Anstieg der medikamentösen Behandlung von ADHS seit dem Jahr 2000 sowie der teils nicht indizierten Verordnung von Psychostimulanzien (vgl. Amft 2004), bei der die Medikation z. T. auch im Sinne des Enhancements zur Selbstoptimierung eingesetzt wird (vgl. Damberger 2012). Bei ADHS handelt es sich deshalb um ein bio-soziales Phänomen (vgl. Wehling/Viehöver 2011), dessen Uneindeutigkeit dadurch befördert wird, dass die Ätiologie der mit ADHS gelabelten Verhaltensweisen nach derzeitigem Forschungsstand weiterhin ungeklärt erscheint (vgl. Haas 2021, S. 49). Keine Einigkeit herrscht folglich darüber, ob die im Zusammenhang von ADHS problematisierten Verhaltensweisen durch angeborene und genetisch bedingte Störungen auf der körperlichen Ebene im Sinne eines *impairment* hervorgerufen werden oder ob es sich um normale Reaktionen auf veränderte Entwicklungsbedingungen handelt.

Nähert man sich dem Phänomen ADHS mit einer kulturwissenschaftlichen Perspektive der Dis:Ability Studies, ist der Fokus auf Konstruktionsprozesse von Wissen, Körperlichkeit, Normalität und Be:Hinderung innerhalb der Mehrheitsgesellschaft und sich daran anschließender Kategorisierungsprozesse zu richten (vgl. Waldschmidt 2005, S. 24 ff.). ADHS kann damit als *new impairment* (vgl. Goodley 2011, S. 158), also eine neue Form organisch-körperlich konzipierter Schädigungen, betrachtet werden, die neben den skizzierten biopolitischen Veränderungen Produkt einer gesteigerten Überwachung kindlicher Entwicklung (vgl. Betz/Bischoff 2013; Kelle 2010) und einer erhöhten Macht des klinischen Diskurses ist. Zudem beharrt die Konstruktion von ADHS – analog zum Gegenstand Be:Hinderung (vgl. Waldschmidt 2007, S. 66) – hartnäckig auf einer naturgegebenen Ontologie, mit der Abweichungen als krank erachtet und mittels diagnostischer Praktiken in den Körper eingeschrieben werden. Es ist daher plausibel, das Be:Hinderungsphänomen ADHS als kulturelle Konstruktion zu verstehen und zu untersuchen, wie dieses in institutionalisierten erziehungswissenschaftlichen Kontexten hervorgebracht wird. Damit ist auch die körperliche Schädigungsebene als historischer Effekt von Wissen und analog zur Kategorie des *sex* als Produkt diskursiver Praktiken zu verstehen, worauf insbesondere Hughes und Paterson (1997, S. 333) verweisen: „[L]ike sex it is an effect, rather than an origin, a performance rather than an essence. The re-iterative power of discourse perfects the performance so that the body not only becomes the materialisation of its diagnostic label, but also its own set of constraints and regulations. In this post-structuralist view, impairment is no longer a biological fact, but a discursive product."

Impairment ist dieser Perspektive entsprechend Produkt diskursiver wie performativer Praktiken und körperlich konzipierte Schädigungen sind als performativer Effekt medizinischer Diskurse sowie entsprechender diagnostischer Labels zu betrachten. Im Gegensatz zu naturalistischen Auffassungen, nach welchen *impairment* mit einer gesellschaftlichen Be:Hinderung gleichgesetzt wird, wird von Vertreter:innen der kulturwissenschaftlichen Dis:Ability Studies im Anschluss an den *body turn* in der Soziologie (vgl. Gugutzer 2004) sowie einem verstärkten Bezug auf poststrukturalistische Theorien (vgl. Hughes/Paterson 1997; Tremain 2005; Waldschmidt 2007) herausgestellt, dass es „keine objektive, kulturunabhängige Grenze zwischen der Natur unseres Körpers und seinen kulturellen Prägungen" (Dederich 2007, S. 59) gibt. In diesem Sinne kann auch die Ebene des *impairment* nicht weiter als (natur-)gegeben, ahistorisch und vorsozial vorausgesetzt oder als rein medizinisch bestimmt betrachtet werden. Vielmehr ist *impairment* als Produkt diskursiver Zuschreibungen zu verstehen, das durch die Macht medizinischer Klassifikationen bestimmt wird und sich durch sprachliche Wiederholungen materialisiert. In diesem Sinne ist die Materialität des Körpers nicht von den historisch kontingenten Praktiken zu unterscheiden, die diese erzeugen, und die Natur oder das Natürliche sind nicht als prädiskursiv vorhanden zu konzipieren, sondern werden durch disziplinatorische Praktiken und diskursive Zuschreibungen erzeugt (vgl. Tremain 2005), was jedoch nicht meint, dass von einem kausalen Verhältnis zwischen *dis:ability* und *impairment* ausgegangen wird (vgl. Waldschmidt 2007, S. 59). Stattdessen ist eine wechselseitige Durchdringung von Körper und Gesellschaft anzunehmen, der zufolge der Körper sowohl Produkt diskursiver Effekte als auch Produzent einer eigenen Materialität ist (vgl. Gugutzer 2004, S. 157).

Wird ADHS mit Goodley (2011, S. 158 f.) als *new impairment* verstanden, ist davon auszugehen, dass die Materialisierung des *impaired body* durch sich wiederholende diskursive Zuschreibungen erfolgt, die gleichzeitig die institutionellen Ursprünge seiner sozial konstruierten Natur verdecken (vgl. ebd., S. 114 f.). Um sich davon ausgehend mit der diskursiven Hervorbringung des Krankhaften im erziehungswissenschaftlichen Kontext zu befassen, erscheinen Anschlüsse an das kulturelle Modell von Be:Hinderung auf die diskursive Konstruktion von Be:Hinderung mit einem besonderen Blick auf Wissensproduktionen im erziehungswissenschaftlichen Feld hilfreich. In meiner Studie (vgl. Haas 2021) habe ich diese kulturwissenschaftlichen Perspektiven der Dis:Ability Studies auf das erziehungswissenschaftliche Feld übertragen, um zu untersuchen, wie das Phänomen ADHS im sonderpädagogischen Fachdiskurs als eine Kategorie 'nicht:normalen' Verhaltens konstruiert wird. Untersucht wurden 74 Fachartikel aus sonderpädagogischen Handbüchern und Zeitschriften, die in den Jahren 2000–2015 erschienen sind. Dazu bin ich einer normalismustheoretischen Orientierung gefolgt, mit der ADHS als machtvolle Normalisierungsstrategie verstanden wurde. Zurückgegriffen habe ich zum einen auf Ausführungen Foucaults (1976/1977), mit denen das 'Nicht:Normale' als Effekt disziplinierender Normalisierungstechniken und Schule als zentraler Ort der Disziplinarmacht verstanden werden kann. Zum anderen bin ich im Anschluss an die Normalismustheorie (vgl. Link 1997) davon ausgegangen, dass das 'Nicht:Normale' eine diskursiv-strategisch hervorgebrachte Kategorie und Ergebnis diskursiver Praktiken darstellt. In methodischer Hinsicht bin ich einem diskurs- (vgl. Foucault 1973/1981) und interdiskurtheoretischen Ansatz (vgl. Dollinger/Urban 2012; Link 2005) gefolgt.

Mit einer interdiskurstheoretischen Orientierung wird die Hervorbringung von Wissen als zyklischer Prozess verstanden, um das Verhältnis von Wissen und Macht zu spezifizieren. Zu untersuchen ist deshalb, wie Wissensteilungen durch Bezüge auf unterschiedliche Wissensbestände erfolgen und wie die Grenzen der Sagbarkeit durch eine Verbindung hegemonalisierter und untergeordneter Diskurse bestimmt werden (Dollinger/Urban 2012). Basis dafür ist die Unterscheidung zwischen Elementar-, Spezial und Interdiskursen. Mit Elementardiskursen ist die Ebene des Alltagswissens gemeint, wohingegen natur-, human-, sozial-, kultur- und geisteswissenschaftliche Diskurse als Spezialdiskurse betrachtet werden. Diese zeichnen sich durch eine wissenschaftliche Eindeutigkeit aus und produzieren spezifische Sagbarkeitsräume. Interdiskurse sind dazwischen verortet und besitzen eine vermittelnde und integrative Funktion. Die Wissensproduktion erfolgt hier durch partiell reintegrierende Tendenzen, weshalb Interdiskurse insgesamt weniger homogen erscheinen und von einer Mehrdeutigkeit der Thematisierungsweisen gekennzeichnet sind (vgl. Link 2005, S. 86 ff.). Für Interdiskurse wie die Pädagogik und die Sonderpädagogik bedeutet dies, dass sie bei der Konstruktion von Wissen auf Wissensbestände aus Nachbardisziplinen bzw. auf Bezugswissenschaften angewiesen sind, wodurch ein vermittelnder und re-integrierender Charakter von Wissensbeständen ersichtlich wird (vgl. ebd.). Bedingt ist dies durch die Vermittlungsfunktion praktisch orientierter Wissenschaften, mit der die Generierung anwendungsorientierten Wissens einhergeht (vgl. Waldschmidt/Klein/Korte 2009, S. 184). Mit dieser Differenzierung handelt es sich beim sonderpädagogischen Fachdiskurs zum Thema ADHS um einen elaborierten Interdiskurs, indem Wirklichkeitsbildungen durch widerstreitende agonale Positionierungen (vgl. Dollinger/Urban 2012) und die Verwendung von Kollektivsymbolen – i. S. v. Bildern und Metaphern, denen ein bestimmter Sinn eingeschrieben ist – erfolgen (vgl. Link 2008, S. 124).

3. Zum diskursiven *making of impairment* im sonderpädagogischen Interdiskurs

Inwiefern sich die diskursive Konstruktion von ADHS im sonderpädagogischen Interdiskurs als ein institutionalisiertes *making of impairment* interpretieren lässt, möchte ich anhand zentraler Befunde meiner Untersuchung (vgl. Haas 2021) auf den Analyseebenen der ‚Konstruktion des Gegenstands' (vgl. Foucault 1973/1981, S. 61 ff.), der Bereitstellung legitimer Orte des Sprechens und von Subjektivierungsfolien für Schüler:innen (vgl. ebd., S. 75 ff.) sowie der im Diskurs identifizierten Leerstellen diskutieren.

Festzuhalten ist, dass um die ‚Wahrheit' von ADHS im sonderpädagogischen Fachdiskurs durch oppositionelle Thematisierungsweisen auf zwei Feldern agonaler Positionierungen gerungen wird. Diese sind eine klinische[3] und eine soziokulturelle Positionierung. Mit einer interdiskurstheoretischen Orientierung wurde daher vertiefend analysiert, welche Wissensbestände in den Positionierungen verwendet werden und wie der Wissenstransfer in den beiden agonalen Positionierungen erfolgt (vgl. Dollinger/Urban 2012; Link 2005). Fokussiert wurde auf diskursive Praktiken und die Ausbildung von Formationsregeln (vgl. Foucault 1973/1981, S. 58 ff.) und damit auf die Frage, durch welche Regelmäßigkeiten die Bedingungen des Auftauchens und Verschwindens von Begriffen und Äußerungen im Zusammenhang mit der Etablierung entsprechender Gegenstände gestaltet sind.

Die Befunde zeigen, dass der Gegenstand ADHS im sonderpädagogischen Fachdiskurs durch die mit beiden agonalen Positionierungen einhergehenden diskursiven Praktiken hervorgebracht wird. Dabei erweist sich die klinische Positionierung als hegemonial und diskursbestimmend, da sie durch einheitlichere Begriffsverwendungen und höherwertige klinisch-spezialdiskursive Wissensbestände abgesichert ist. Im Gegensatz dazu kann durch die soziokulturelle Positionierung kein wirkmächtiges alternatives Narrativ ausgebildet werden. Grund dafür ist einerseits der in der soziokulturellen Positionierung bestehende Zwang, sich an der hegemonialen klinischen Positionierung abzuarbeiten und andererseits die mangelnde Potenz dieser Positionierung, die aus der Verwendung populärwissenschaftlicher und interdiskursiver Wissensbestände resultiert. Zudem werden Ansätze einer alternativen Konzeption des Phänomens durch die festgestellten diskursiven Praktiken delegitimiert und disqualifiziert, was einer Etablierung von Grenzen der Sag- und Wissbarkeit gleicht (vgl. Link 2005, S. 98), durch die alternative Perspektiven unsagbar gemacht werden.

---

3 Mit ‚klinisch' werden medizinisch ausgerichtete Thematisierungen von ADHS auf den Gebieten der Medizin, der Psychiatrie und der Psychologie gefasst, die das Phänomen primär nach einer medizinisch-naturwissenschaftlichen Logik im Sinne des individuellen Modells von Be:hinderung (vgl. Waldschmidt 2005) konzipieren und von einer organischen Schädigung ausgehen.

3.1 Diskursbestimmende klinische Perspektiven bei der Gegenstandskonstruktion

Wie sich diese Relativierung und Delegitimation alternativer Betrachtungsweisen gestaltet, möchte ich hinsichtlich der binären Gegenstandskonstruktion von ADHS als ‚ernstzunehmender Störung' und ‚ernsthafter Krankheit' vs. ADHS als ‚postmodernem Zeitgeistphänomen' anhand einer interdiskurstheoretischen Vertiefung verdeutlichen. Dazu das folgende Beispiel aus der diskursbestimmenden klinischen Positionierung, in dem herausgestellt wird, dass es sich bei ADHS nicht „– wie immer wieder durch die Medien nahe gelegt – um einen ‚Mythos', ‚Schwindel' oder bestenfalls eine ‚Normvariante' [handelt], sondern um eine ernsthafte Krankheit, die für Betroffene oft verheerende Folgen habe (Konsensus-Erklärung 2005, S. 3)" (kP_H1, 116/4).[4]

Auf die Konzeption von ADHS als Mythos wird im zitierten Textabschnitt durch einen Bezug auf die Konsensus-Erklärung geantwortet. Diese ist ein Positionspapier internationaler Psychiater:innen und Psycholog:innen, um „wiederkehrende Falschdarstellungen" (vgl. Konsensus-Erklärung 2005, o. S.) in den Medien durch ‚wissenschaftliche Befunde' zu widerlegen. Interessant ist, dass das Sprechen von einer ‚ernsthaften Krankheit' mit ‚oft verheerenden Folgen' eine Ausblendung soziokultureller Ursachenmodelle provoziert. Unterstützt wird dies, wenn im zitierten Textabschnitt nicht – wie im Originaltext der Konsensus-Erklärung – von einer „validen Störung" (ebd., o. S.), sondern von einer ‚ernsthaften Krankheit' die Rede ist, wodurch die Dringlichkeit einer Beschäftigung mit dem Thema auf dramatisierende Weise herausgestellt wird. Zudem werden kritische Perspektiven durch die Verwendung der Begriffe ‚Mythos', ‚Schwindel' und ‚Normvariante' relativiert. Bezeichnenderweise finden sich diese Begriffe ebenfalls nicht in der Konsensus-Erklärung, denn hier ist lediglich von ‚Falschdarstellungen' und ‚unzutreffende Meldungen' in den Medien die Rede.

Die Wahl der Begriffe – also die Verwendung der Kollektivsymbole des ‚Schwindels' und des ‚Mythos' – scheint darauf abzuzielen, dramatisierende mediale Thematisierungen mit den hier verwendeten Mitteln abzuschwächen. Ähnlich verhält es sich beim Begriff der ‚Normvariante', durch den populärwissenschaftliche Ausführungen sowie entwicklungsneurobiologische Ursachenmodelle (vgl. Lüpke 2001) entkräftet werden, mit welchen ADHS als besondere Form der Wahrnehmung und des Denkens konzipiert wird. Da dies den Eindruck bestärkt, dass eine Kritik an der Konzeption des Gegenstands ADHS nur durch mediale Wissensbestände erfolgen kann, wird auch indirekt die Möglichkeit einer fundierten wissenschaftlichen Kritik an der Konstruktion des Phänomens ADHS delegitimiert, da soziokulturelle Positionierungen auf populärwissen-

4 Die mit „kP" und „sP" beginnenden Kürzel beziehen sich auf Codierungen des Materials, die im Folgenden in einfachen Anführungszeichen wiedergegeben werden.

schaftliche Wissensbestände reduziert bleiben. Zusätzlich werden alternative Konzeptualisierungen durch Verweise auf spezialdiskursive klinische Wissensbestände entkräftet, womit unterstrichen wird, dass die Wahrheit über ADHS allein im klinischen Feld zu finden ist.

Durch diese exemplarische Vertiefung des Wissenstransfers in der klinischen Positionierung kann eine Priorisierung spezialdiskursiver Wissensbestände illustriert werden, die im sonderpädagogischen Fachdiskurs zum Thema ADHS insgesamt zu erkennen ist (vgl. Haas 2021) und mit der gleichzeitig alternative Zugänge in Form spezial- und/oder interdiskursiver Thematisierungen relativiert werden. Begleitet wird dies von dramatisierenden Darstellungen zugunsten einer klinischen Ausrichtung, wodurch alternative Konzeptualisierungen delegitimiert und unsagbar gemacht werden. Unterstützt wird dies, da die klinische Positionierung beinahe einheitlich durch spezialdiskursive Wissensbestände des klinischen Feldes abgesichert ist und als elaborierte und hegemoniale Position im Interdiskurs erscheint. Im Vergleich dazu stellt die soziokulturelle Positionierung eine nicht-hegemonial elaborierte Position dar, durch die keine machtvolle Gegenerzählung etabliert werden kann, und zwar aufgrund der gezeigten Disqualifikation und Delegitimierung der verwendeten interdiskursiven Wissensbestände sowie aufgrund des Zwangs, sich an der diskursbestimmenden klinischen Positionierung abarbeiten zu müssen.

Zur Konstruktion des Gegenstands ADHS durch die beiden agonalen Positionierungen ist festzuhalten, dass das Ringen um die ‚Wahrheit' des Phänomens aufgrund von Machtwirkungen einseitig zugunsten der klinischen Positionierung aufgelöst wird. Dabei wird die Kontroversität des Themas und der Ursachendiskussion nicht abgebildet, sondern es wird eine Orientierung an einer ‚objektiven Pathologie' (vgl. Canguilhem 1966/2012) ersichtlich. Diese wird dadurch diskursbestimmend, da die klinische Positionierung aufgrund der Bezüge auf spezialdiskursive Wissensbestände als hegemonial erscheint und so die Grenzen der Sagbarkeit im sonderpädagogischen Interdiskurs bestimmt.

3.2 Legitime Orte des Sprechens und bereitgestellte Subjektivierungsfolien

Bestärkt wird das diskursive *making of impairment* durch die im Diskurs identifizierten Äußerungsmodalitäten, welche in legitime Orte des Sprechens und bereitgestellte Subjektivierungsfolien differenziert wurden (vgl. Foucault 1973/1981, S. 75 ff.). Hierbei wird sichtbar, dass im sonderpädagogischen Fachdiskurs primär Akteur:innen des klinischen Feldes (Psychiater:innen, Psycholog:innen) ein legitimes Sprechen zugestanden wird. Das meint nicht, dass die Legitimität des Sprechens essenzialistisch an die Positionen der Kliniker:innen gebunden ist, sondern vielmehr, dass sie diese Position im sonderpädagogischen Sprechen über den Gegenstand AHDS zugewiesen bekommen. Im Vergleich dazu wird Lehrer:innen eine nur nachgeordnete Bedeutung zugeschrieben. Da der Ort eines legitimen sonderpädagogischen Sprechens überraschenderweise vakant bleibt, wird ersichtlich, dass sonderpädagogische Zugänge durch die sonderpädagogische Thematisierung selbst disqualifiziert werden. Potenziert wird dies durch die für beide Personengruppen bereitgestellten Subjektivierungsfolien, da durchgängig von kompetenten Kliniker:innen und überforderten Lehrer:innen gesprochen wird. Veranschaulichen lässt sich dies durch die Gegenüberstellung von ‚einschlägigen Fachkräften' (kP_H19, 282/41) oder ‚erfahrenen Klinikern' (kP_Z43, 115/17) gegenüber Lehrer:innen, die als ‚hilflos' (z. B. kP_Z3, 90/6) ‚überfordert' (z. B. kP_Z43, 122/56), ‚extrem belastet' (z. B. kP_H21, 738/111) oder ‚mit ihrem pädagogischen Latein am Ende' (kP_Z43, 113/5) konzipiert werden.

Die hegemoniale Stellung der klinischen Positionierung wird darüber hinaus durch die Zuweisung der Subjektpositionen für Schüler:innen befördert. Denn auf dieser Untersuchungsebene finden sich kaum alternative Bezeichnungen oder relationale Beschreibungen, z. B. ‚Kinder mit ADHS-Diagnose' (kP_Z7, 56/4) oder sogenannte ‚ADS-Kinder' (sP_Z16, 371/77). Vielmehr sind hier beinahe durchgängig defizitär gefärbte, generalisierende und individualisierende Adressierungen zu erkennen, mit denen Schüler:innen als ‚gestört' und ‚krank' angerufen werden. Dazu gehören generalisierende Zuschreibungen wie ‚hyperaktive' (z. B. kp_Z15, 75/77), ‚aufmerksamkeitsgestörte' (z. B. kp_Z37, 146/21) und ‚aufmerksamkeitsgestört-hyperaktive' (z. B. kp_Z30, 2/3) Schüler:innen sowie ‚leidende Kinder' (z. B. kP_Z3, 91/22). Zur Beschreibung der Schüler:innen werden außerdem folgende Kollektivsymbole verwendet: Gesprochen wird von ‚Nachteulen' (kP_Z13, 17/49), ‚Problemkindern' (kP_H6, 185/3), ‚Störenfrieden' (kP_H2, 131/20) oder ‚Klassenclowns' (kP_Z3, 95/67) mit einem ‚vernichtenden Brett vorm Kopf, das alles von der Festplatte löschen wird' (kP_H1, 116/6). Alternativ ist auch von einem ‚Teufelchen im Kopf' (kP_H17, 76/245-77/247) oder von ‚heißen Öfen mit verstopften Rohren' (sP_Z6, 393/60-394/61) die Rede. Anhand weiterer Illustrationen wie der des ‚kommunikationsfähigen Kaspers' (sP_Z5, 64/52) lässt sich einerseits eine Personalisierung von Unterrichtsstörungen erkennen. Andererseits verweist die Verwendung technischer Metaphern – wie der der Festplatte, durch die indirekt auf eine organische Verursachung der Verhaltensweisen verwiesen und ein Bild von ‚gestörten Schüler:innen' bemüht wird – auf die Zuschreibung eines Krankheitsstatus. Unterstützt wird diese einseitige Konzeptualisierung vor allem dadurch, dass unterrichtliche Kontextbedingungen im Material nur am Rande thematisiert werden und nur selten von Kompetenzen der Schüler:innen die Rede ist.

Die sonderpädagogische Wissensproduktion zum Gegenstand ADHS lässt daher auf der Ebene der Äußerungsmodalitäten bzw. genauer der darin zugewiesenen Subjektpositionen für Schüler:innen eine performative Krank-Sprechung erkennen, die durch die diskursiven Praktiken legitimiert wird. Verunmöglicht wird hiermit ein Sprechen von kompetenten Schüler:innen, womit eine klinische Perspektive auf das Phänomen ADHS und dessen Ursachendiskussion wirksam gemacht wird.

3.3 Zur Bedeutung des Nicht-Gesagten

Wenden wir uns abschließend der Bedeutung des Nicht-Gesagten zu, so lässt sich verdeutlichen, dass auch die in der sonderpädagogischen Thematisierung des Phänomens ADHS identifizierten Leerstellen die hegemoniale Stellung der klinischen Positionierung und damit das diskursive *making of impairment* befördern. Dazu zählt eine fehlende historisch inspirierte Betrachtung der Konstruktion von ADHS, die den Eindruck bestärkt, das Phänomen stünde nicht in Verbindung mit gesellschaftlichen und kulturellen Veränderungen der letzten gut 200 Jahre sowie den aktuell gesteigerten schulischen Leistungsanforderungen und biopolitischen Veränderungen.

Unterstützt wird dies durch eine fehlende Beschäftigung mit der jüngeren Prävalenzentwicklung seit dem Jahr 2000, die auf einen deutlichen Anstieg an Diagnosen verweist sowie deren Korrelation mit sozialen Benachteiligungskategorien (vgl. Schlack et al. 2014). Ableiten lässt sich daraus die Notwendigkeit, das Phänomen ADHS aus einer intersektionalen Perspektive (vgl. Walgenbach 2015) zu untersuchen, und zwar mit einem besonderen Blick auf die Bedeutung von Geschlecht in Kombination mit sozialem und kulturellem Hintergrund. Eine weitere Leerstelle ist die Thematisierung schulischer Ausgangsbedingungen und kontextsensibler Formen der Normalisierung, die auf Änderungen des schulischen Angebots abzielen. Auffällig ist auch, dass schulischen Bedingungen im Rahmen der Symptombeschreibungen und der Diagnostizierung keine größere Beachtung geschenkt wird. Von besonderer Bedeutung ist ebenfalls die bereits angesprochene fehlende übergeordnete Beschäftigung mit möglichen Ursachen der zur Diskussion stehenden Verhaltensweisen sowie insbesondere mit den sozialen Faktoren in diesem Zusammenhang. Aufgrund der markierten Leerstellen zeichnet sich ab, dass die Kontingenz der Konstruktion des Phänomens ADHS in der sonderpädagogischen Beschäftigung nicht hinreichend erfasst wird. Stattdessen weist die Gesamtbetrachtung der Hauptkategorien auf eine spezifische Ordnung der diskursiven Praxis hin, die sich durch eine Orientierung an Wissensbeständen des klinischen Feldes auszeichnet.

4. ADHS als institutionalisiertes diskursives *making of impairment*

Ausgehend von den dargestellten Befunden kann die Konstruktion von ADHS im sonderpädagogischen Fachdiskurs als ein institutionalisiertes diskursives *making of impairment* interpretiert werden, das sich durch sprachliche Wiederholungen materialisiert und seine Wirklichkeit entfaltet. Dies gründet auf der Konstruktion des Gegenstands durch klinische Wissensbestände inklusive der Ausblendung differenzierter und vielfältiger Ursachenbestimmungen, die durch negativ konnotierte Subjektivierungsfolien – im Sinne performativer Krankschreibungen – und die Bedeutung des Nicht-Gesagten unterstützt wird. Ein zentraler Effekt dieser Konstruktion ist eine Pathologisierung ‚nicht:normaler' Verhaltensweisen. Die Thematisierung von ADHS folgt damit im untersuchten Material weitestgehend einer „‚Natürlichkeits'-Ideologie" (Link 1997, S. 151), mit der ADHS ausgehend von medizinischen oder biologischen Leitdiskursen naturalisiert und von statistisch ermittelten Durchschnittswerten auf eine ‚Natürlichkeit' geschlossen wird (vgl. ebd., S. 145 ff.).

Durch die diskursbestimmende Orientierung an einer ‚objektiven Pathologie' (Canguilhem 1966/2012) wird eine mögliche Beeinflussung des Pathologischen durch soziokulturelle und historische Aspekte ausgeklammert (vgl. ebd., S. 179 ff.). Stattdessen wird das ‚Normale' mit Gesundheit gleichgesetzt, der Durchschnitt ontologisch bestimmt und das ‚Pathologische' außerhalb der Normalitätsgrenze verortet, was in der Konsequenz eine Pathologisierung unaufmerksamer und hyperaktiver Verhaltensweisen begünstigt. Folglich zeichnet sich ab, dass in der sonderpädagogischen Wissensproduktion zum Thema ADHS die körperliche Schädigungsebene des *impairment* weiterhin naturalistisch und vorsozial konzipiert wird.

Die Funktion dieser sonderpädagogischen Konstruktion von ADHS besteht darin, die in Schulen vorherrschende Normalität zu schützen (vgl. Haas 2021, S. 174), was durch die ableistische schulische Ordnung im Sinne institutionalisierter ableistischer Strukturen (vgl. Beratan 2012) und einen *corporeal standard* an Fähigkeitserwartungen hervorgerufen scheint (vgl. Buchner/Pfahl/Traue 2015).

Die Befunde zeigen, dass die diskursive Hervorbringung des Krankhaften im pädagogischen Kontext von einer hegemonialen Bedeutung klinischer Wissensbestände bei der Konstruktion erziehungswissenschaftlich relevanter Gegenstände hervorgerufen wird. Daran schließt sich die Frage nach möglichen alternativen Konstruktionen pädagogisch relevanter Problemstellungen an, wie sie bezogen auf den Gegenstand ADHS unter dem Stichwort der ‚Re-Pädagogisierung' diskutiert werden. Offen ist jedoch, wie durch entsprechende Vorschläge der Vormachtstellung klinischer Wissensbestände mitsamt der identifizierten Machtwirkungen im interdiskursiven Feld der Pädagogik Rechnung getragen werden könnte, um ein wirkmächtiges alternatives Narrativ auszubilden. Erschwert wird dies durch die mit der diskursiven Konstruktion von ADHS im sonderpädagogischen Fachdiskurs in Verbindung stehenden Schutzfunktion, die auf vorherrschende Machtbeziehungen des schulischen Kontextes verweist.

Da weiterhin ungeklärt ist, welche Subjektivierungsweisen auf die skizzierten ADHS-spezifischen Adressierungen folgen und inwiefern es sich bei ADHS um ein intersektional strukturiertes Benachteiligungsphänomen handelt, lässt sich auf nötige Anschlussuntersuchungen verweisen.

Literaturverzeichnis

Amft, Hartmut (2004): Die ADS-Problematik aus der Perspektive einer kritischen Medizin. In: Amft, Hartmut/Gerspach, Manfred/Mattner, Dieter (Hrsg.): Kinder mit gestörter Aufmerksamkeit: ADS als Herausforderung für Pädagogik und Therapie. 2. Aufl. Stuttgart: Kohlhammer, S. 47–149.

Becker, Nicole (2014): Schwierig oder krank?: ADHS zwischen Pädagogik und Psychiatrie. Bad Heilbrunn: Klinkhardt.

Beratan, Gregg D. (2012): Institutional ableism & the Politics of Inclusive Education: an Ethnographic Study of an Inclusive High School. discovery.ucl.ac.uk/id/eprint/10020009/(Abfrage: 17.06.2022).

Betz, Tanja/Bischoff, Stefanie (2013): Risikokind und Risiko Kind. Konstruktionen von Risiken in politischen Berichten. In: Kelle, Helga/Mierendorff, Johanna (Hrsg.): Normierung und Normalisierung der Kindheit. Weinheim/Basel: Beltz Juventa, S. 60–81.

Boger, Mai-Anh (2018): Depathologisierung – Diagnostik der emotionalen und sozialen Entwicklung im inklusiven Kontext. Zeitschrift für Inklusion, H. 3. www.inklusion-online.net/index.php/inklusion-online/article/view/462 (Abfrage: 17.06.2022).

Buchner, Tobias (2018): Die Subjekte der Integration. Schule, Biographie und Behinderung. Bad Heilbrunn: Klinkhardt.

Buchner, Tobias/Pfahl, Lisa/Traue, Boris (2015): Zur Kritik der Fähigkeiten: Ableism als neue Forschungsperspektive der Disability Studies und ihrer Partner_innen. Zeitschrift für Inklusion, H. 2. www.inklusion-online.net/index.php/inklusion-online/article/view/273 (Abfrage: 17.06.2022).

Bühler, Patrick (2018): Neue Formen des Heils und der Heilung. Zur Psychopathologie des Schullebens am Anfang des 20. Jahrhunderts. In: Bühler/Patrick, Bühler/Thomas (Hrsg.): Sakralität und Pädagogik. Bern: Haupt, S. 173–193.

Bühler-Niederberger, Doris (1991): Legasthenie. Geschichte und Folgen einer Pathologisierung. Opladen, Leske und Budrich.

Canguilhem, Georges (2012): Das Normale und das Pathologische. Berlin: August.

Conrad, Peter/Schneider, Joseph W. (1980): Deviance and Medicalization. From Badness to Sickness. Philadelphia: Temple University Press.

Conrad, Peter (2005): The Shifting Engines of Medicalization. In: Journal of Health and Social Behavior 46, S. 3–14.

Crary, Jonathan (2002): Aufmerksamkeit. Wahrnehmung und moderne Kultur. Frankfurt a. M.: Suhrkamp.

Damberger, Thomas (2012): Erziehung und Ritalin oder: Pädagogik als Human Enhancement? www.ads-kritik.de/Damberger_Erziehung%20und%20RItalin.pdf (Abfrage: 17.06.2022).

Danforth, Scot / Kim, Taehyung (2008): Tracing Metaphors of ADHD: A Preliminary Analysis with Implications for Inclusive Education. In: International Journal of Inclusive Education 12, H. 1, S. 49–64.
Dederich, Markus (2007): Körper, Kultur, Behinderung. Eine Einführung in die Disability Studies. Bielefeld: transcript.
Dollinger, Bernd / Urban, Monika (2012): Die Analyse von Interdiskursen als Form qualitativer Sozialforschung. Ein Grundlagen- und Projektbericht am Beispiel Jugendkriminalität. Forum Qualitative Sozialforschung / Forum: Qualitative Social Research 13, H. 2. www.qualitative-research.net/index.php/fqs/article/view/1786 (Abfrage: 17.06.2022).
Foucault, Michel (1977): Überwachen und Strafen. Frankfurt a. M.: Suhrkamp.
Foucault, Michel (1981): Archäologie des Wissens. Frankfurt a. M.: Suhrkamp.
Goodley, Dan (2011): Disability Studies. An Interdisciplinary Introduction. London: Sage.
Gugutzer, Robert (2004): Soziologie des Körpers. Bielefeld: transcript.
Haas, Benjamin (2019): Zur Konstitution des ‚ableist divide' in der sonderpädagogischen Wissensproduktion zum Gegenstand ADHS. In: Sonderpädagogische Förderung heute 64, H. 3, S. 253–264.
Haas, Benjamin (2021): Die ADHS der Sonderpädagogik. Zur diskursiven Konstruktion des ‚Nicht_Normalen' auf der Ebene disziplinärer Wissensbestände. Bad Heilbrunn: Klinkhardt.
Hamre, Bjørn / Hedegaard-Sörensen, Lotte / Langager, Søren (2018): Between psychopathology and inclusion: the challenging collaboration between educational psychologists and child psychiatrists. In: International Journal of Inclusive Education 22, H. 6, S. 655–670.
Hughes, Bill / Paterson, Kevin (1997): The Social Model of Disability and the Disappearing Body: Towards a sociology of impairment. Disability & Society 12, H. 3, S. 325–340.
Karsch, Fabian (2011): Die Prozessierung biomedizinischen Wissens am Beispiel der ADHS. In: Keller, Reiner / Michael Meuser (Hrsg.): Körperwissen. Wiesbaden: VS, S. 271–288.
Kelle, Helga (Hrsg.) (2010): Kinder unter Beobachtung. Kulturanalytische Studien zur pädiatrischen Entwicklungsdiagnostik. Opladen / Farmington Hills: Barbara Budrich.
Kliems, Harald (2008): Vita hyperactiva: ADHS als biosoziales Phänomen. In: Niewöhner, Jörg / Kehl, Christoph / Beck, Stefan (Hrsg.): Wie geht Kultur unter die Haut? Emergente Praxen an der Schnittstelle von Medizin, Lebens- und Sozialwissenschaften. Bielefeld: transcript, S. 143–169.
Konsensus-Erklärung (2005): Zur Medienberichterstattung über ADHS. www.adhs-deutschland.de / Portaldata/1 / Resources/pdf/1_1_aktuelle_infos/2014-12-09_Consensus_Statement_-_second_ed__-_mit_dt__Unterzeichnern_(2).pdf (Abfrage: 17.06.2022).
Liebsch, Katharina / Manz, Ulrike (2010): Einleitung. In: Liebsch, Katharina / Manz, Ulrike (Hrsg.): Leben mit den Lebenswissenschaften. Wie wird biomedizinisches Wissen in Alltagspraxis übersetzt? Bielefeld: transcript, S. 7–20.
Link, Jürgen (1997): Versuch über den Normalismus. Wie Normalität produziert wird. Opladen: Westdeutscher Verlag.
Link, Jürgen (2005): Warum Diskurse nicht von personalen Subjekten ‚ausgehandelt' werden. In: Keller, Reiner / Hirseland, Andreas / Schneider, Werner / Viehöver, Willy (Hrsg.): Die diskursive Konstruktion von Wirklichkeit. Konstanz: UVK Verl.-Ges., S. 77–100.
Link, Jürgen (2008): Sprache, Diskurs, Interdiskurs und Literatur (mit einem Blick auf Kafkas „Schloss"). In: Kämper, Heidrun (Hrsg.): Sprache – Kognition – Kultur. Berlin, New York: de Gruyter, S. 115–134.
Lüpke, Hans von (2001): Hyperaktivität zwischen „Stoffwechselstörung" und Psychodynamik. In: Passolt, Michael (Hrsg.): Hyperaktivität zwischen Psychoanalyse, Neurobiologie und Systemtheorie. Basel / München: E. Reinhardt, S. 111–130.
Mattner, Dieter (2004): Zur Biologisierung abweichenden kindlichen Verhaltens. In: Amft, Hartmut / Gerspach, Manfred / Mattner, Dieter (Hrsg.): Kinder mit gestörter Aufmerksamkeit: ADS als Herausforderung für Pädagogik und Therapie. 2. Aufl. Stuttgart: Kohlhammer, S. 7–46.

Pongratz, Ludwig A. (2001): Pädagogik und Disziplinargesellschaft – Schule als Dispositiv der Macht. In: Hug, Theo (Hrsg.): Wie kommt Wissenschaft zu Wissen? Bd. 4. Baltmannsweiler: Schneider-Verl. Hohengehren, S. 312–320.

Rabenstein, Kerstin/Reh, Sabine (2009): Die pädagogische Normalisierung der ‚selbstständigen Schülerin' und die Pathologisierung des ‚Unaufmerksamen'. Eine diskursanalytische Skizze. In: Bilstein, Johnannes/Ecarius, Jutta (Hrsg.): Standardisierung – Kanonisierung. Erziehungswissenschaftliche Reflexionen. Wiesbaden: VS, S. 159–180.

Sauerbrey, Ulf/Winkler, Michael (2011): Die pädagogische Bedeutung des Sachverhaltes ADHS. In: Sauerbrey, Ulf/Winkler, Michael (Hrsg.): Pädagogische Anmerkungen zur Aufmerksamkeitsdefizit-/Hyperaktivitätsstörung (ADHS). Jena: edition Paideia, S. 7–22.

Schetsche, Michael (2003): Soziale Kontrolle durch Pathologisierung? Konstruktion und Dekonstruktion ‚außergewöhnlicher Erfahrungen' in der Psychologie. In: Menzel, Birgit/Ratzke, Kerstin (Hrsg.): Grenzenlose Konstruktivität? Standortbestimmung und Zukunftsperspektiven konstruktivistischer Theorien abweichenden Verhaltens. Leske und Budrich: Opladen, S. 141–160.

Schlack, Robert/Mauz, Elvira/Hebebrand, Johannes/Hölling, Heike/KiGGS Study Group (2014): Hat die Häufigkeit elternberichteter Diagnosen einer Aufmerksamkeitsdefizit-/Hyperaktivitätsstörung (ADHS) in Deutschland zwischen 2003–2006 und 2009–2012 zugenommen? – Ergebnisse der KiGGS-Studie – Erste Folgebefragung (KiGGS Welle 1). Bundesgesundheitsblatt 57, S. 820–829. edoc.rki.de/oa/articles/rePL8nUY-8YWJU/PDF/25Am4rYnuaKQ.pdf (Abfrage: 17.06.2022).

Stechow, Elisabeth von (2015): Von Störern, Zerstreuten und ADHS-Kindern. Eine Analyse historischer Sichtweisen und Diskurse auf die Bedeutung von Ruhe und Aufmerksamkeit im Unterricht vom 16. bis zum 21. Jahrhundert. Bad Heilbrunn: Klinkhardt.

Tenorth, Heinz-Elmar (2006): Bildsamkeit und Behinderung – Anspruch, Wirksamkeit und Selbstdestruktion einer Idee. In: Lutz, Raphael/Tenorth, Heinz-Elmar (Hrsg.): Ideen als gesellschaftliche Gestaltungskraft im Europa der Neuzeit. München: Oldenbourg, S. 497–520.

Tremain, Shelley (2005): Foucault, Governmentality, and the Critcal Disability Theory. An Introduction. In: Tremain, Shelley (Hrsg.): Foucault and the Government of Disability. Ann Arbor: University of Michigan Press, S. 1–24.

Wagener, Benjamin (2020): Leistung, Differenz und Inklusion. Eine rekonstruktive Analyse professionalisierter Unterrichtspraxis. Wiesbaden: VS.

Waldschmidt, Anne (2005): Disability Studies: Individuelles, soziales und/oder kulturelles Modell von Behinderung. In: Psychologie und Gesellschaftskritik 29, H. 113, 1, S. 9–32.

Waldschmidt, Anne (2007): Macht – Wissen – Körper. Anschlüsse an Michel Foucault in den Disability Studies. In: Waldschmidt, Anne/Schneider, Werner (Hrsg.): Disability Studies, Kultursoziologie und Soziologie der Behinderung. Erkundungen in einem neuen Forschungsfeld. Bielefeld: transcript, S. 55–77.

Waldschmidt, Anne/Klein, Anne/Korte, Miguel Tamayo (2009): Das Wissen der Leute. Bioethik, Alltag und Macht im Internet. Wiesbaden: VS.

Walgenbach, Katharina (2015): Intersektionalität – Impulse für die Sonderpädagogik und inklusive Pädagogik. Sonderpädagogische Förderung heute 60, H. 2, S. 121–136.

Wehling, Peter/Viehöver, Willy (2011): Entgrenzung der Medizin: Transformationen des medizinischen Feldes aus soziologischer Perspektive. In: Wehling, Peter/Viehöver, Willy (Hrsg.): Entgrenzung der Medizin: Von der Heilkunst zu Verbesserung des Menschen. Bielefeld: transcript, S. 7–47.

Wellgraf, Stefan (2021): Ausgrenzungsapparat Schule. Wie unser Bildungssystem soziale Spaltungen verschärft. Bielefeld: transcript.

Wrana, Daniel (2019): Die Normativität der Inklusion – ein Essay. Zeitschrift für Inklusion, H. 2. www.inklusion-online.net/index.php/inklusion-online/article/view/532 (Abfrage: 17.06.2022).

Zur Autorisierung unterrichtlicher Differenzierungen mittels Pathologisierung

Thorsten Merl

Im Jahr 1890 veröffentlichte Ludwig Strümpell das Buch *Die pädagogische Pathologie oder die Lehre von den Fehlern der Kinder: Versuch einer Grundlegung für gebildete Ältern, Studirende der Pädagogik, Lehrer, sowie für Schulbehörden und Kinderärzte*. Der Buchtitel verweist bereits auf die durchaus etablierte Beziehung von (Schul-)Pädagogik und Pathologien (vgl. Reh et al. 2021; Tenorth 2006). Die im Buchtitel als ‚Fehler der Kinder' bezeichneten Pathologien werden dabei noch schlicht als natürlich und unabhängig von den fragwürdigen Testverfahren gegeben thematisiert (vgl. Garz 2021). Bis heute interessiert sich die (Sonder-)Pädagogik für Pathologien von Schüler:innen, die einer fortwährenden weiteren Ausdifferenzierung zu unterliegen scheinen. Allerdings bestehen parallel hierzu auch immer mehr reflexive Perspektivierungen, die Pathologien nicht als gegeben, sondern als gemachte Pathologisierungen in den Blick nehmen.

Diskurse um schulische Inklusion knüpfen hieran an. Sie problematisieren zumeist die schulischen Konstruktionen von Störung und Behinderung in Gestalt der sonderpädagogischen Förderbedarfe, insbesondere im Hinblick auf ihre exkludierenden sowie stigmatisierenden Effekte. Zum Teil finden sich dabei Forderungen einer sogenannten Dekategorisierung (vgl. Dederich 2015a; Wocken 2011; Hinz / Köpfer 2016). Sie sind letztlich als Forderungen nach einer Beendigung der pädagogischen Verwendung und der mit dieser einhergehenden Re-Produktion von Pathologien zu verstehen. Vor diesem Hintergrund pädagogisch-präskriptiver Konzeptionen schulischer Inklusion ist es nun nur folgerichtig, dass auch im Unterricht von Schulklassen im Anspruch von Inklusion pathologisierende Begriffe, wie eben jene sonderpädagogischen Förderbedarfe oder Behinderungs- und Störungskategorien, nahezu nicht zu existieren scheinen bzw. zumindest so gut wie nie aufgerufen werden.

Dabei kann allerdings durchaus davon ausgegangen werden, dass jene pathologisierenden Begriffe bzw. die dahinterliegenden Konzepte für die unterrichtliche Praxis relevant bleiben. Dies gilt nicht zuletzt deshalb, weil schulrechtliche Regelungen auch weiterhin auf den damit vorgenommenen Unterscheidungen beruhen (vgl. Ministerium für Schule und Weiterbildung des Landes Nordrhein-Westfalen 2014). Das Nicht-Erscheinen pathologisierender Unterscheidungen im klassenöffentlichen Unterricht lässt sich viel eher damit erklären, dass sich „eine begriffspolitisch bedingte Trennung von Vorder- und Hinterbühne" (Dederich 2015b, S. 204) ausgebildet hat. Das heißt: Im klassenöffentlichen Unterricht sind pathologisierende Unterscheidungen tabuisiert, im Lehrer:innenzimmer und in den Förderplänen sind sie es nicht. Man kann dieser Trennung von Vorder- und Hinterbühne das durchaus wohlwollende Motiv der Vermeidung von Diskriminierung und Stigmatisierung unterstellen, das mit jenen pathologisierenden Kategorisierungen einhergeht. Allerdings – und hier setzt der vorliegende Beitrag zur unterrichtlichen Autorisierung mittels Pathologisierung an – wird gerade diese Trennung von Vorder- und Hinterbühne in bestimmten Situation der unterrichtlichen Praxis wieder aufgehoben. So gab es in der mehrmonatigen Unterrichtsethnografie im Rahmen einer abgeschlossenen Studie zur Herstellung von Differenz im Unterricht inklusiver Schulklassen (vgl. Merl 2019a) wenige Situationen im Unterricht, in denen dann doch expliziert wurde, dass ein:e Schüler:in einen sonderpädagogischen Förderbedarf habe oder Autist:in sei.

Wie lässt sich dieses *Dann-doch-Aufrufen* sonderpädagogischer Kategorien oder Kategorien von Störung und Behinderung im Unterricht verstehen? Für welches Problem ist der klassenöffentliche Rückgriff auf Pathologisierungen eine Lösung? Damit frage ich im vorliegenden Beitrag entsprechend nach den *Funktionen*, die Pathologien in ihrer situativen Verwendung in inklusiven Schulen und insbesondere im Unterricht inklusiver Schulklassen zukommen.

Ich verwende im Folgenden den Begriff der Pathologie als einen Überbegriff. Mit diesem fasse ich in einem differenztheoretischen Verständnis all jene sozial etablierten, kategorialen Unterscheidungen zusammen, die eine individuelle Abweichung von schulischen Fähigkeits- und Leistungsnormen mittels Störung oder Behinderung erklären. Darunter subsumiere ich insbesondere jegliche Kategorien der sonderpädagogischen Förderbedarfe, denen jeweils Konzepte von Störung oder Behinderung sowie verschiedene Operationalisierungen hiervon zugrunde liegen. Obwohl auch *Krankheit* als Kategorie zur Erklärung *vorübergehender* Abweichung (vgl. Cloerkes 2007; Merl 2019a, S. 159) von jenen Fähigkeits- und Leistungsnormen unter den Begriff der Pathologie subsumiert werden kann, beziehe ich situative Rückgriffe auf vorübergehende Krankheit hier explizit nicht mit ein. Dies dient vor allem der forschungspragmatischen Begrenzung der ohnehin umfassenden Frage nach Funktionen von Pathologisierungen für den Unterricht. Anstelle von *Pathologie* nutze ich die reflexive Bezeichnung *Pathologisierung*, um die Performativität der Verwendung dieser Unterscheidungen – also den Tatbestand, dass sie durch die Praxis des Bezeichnens hervorbringen, was sie bezeichnen (vgl. Butler 1997, S. 36) – zu betonen.

Der vorliegende Beitrag beleuchtet vor diesem Hintergrund auf Basis bestehender Studien nun zunächst grundsätzliche Funktionen von Pathologisierungen für das Schulsystem und die Schul- und Sonderpädagogik (Kap. 1). Als zentrale Funktion erscheint dabei die Autorisierung insbesondere pädagogischer Differenzierungen. Ich werde deshalb im Anschluss (Kap. 2) das Konzept der Autorisierung darlegen. Es fungiert zugleich als sensibilisierendes Konzept für die dann anschließende rekonstruktive Analyse eines Falls unterrichtlicher Pathologisierung (Kap. 3), die sich in Form des klassenöffentlichen Outings eines Schülers als Asperger-Autist im Unterricht vollzog. Die Rekonstruktionen führen zu einer abschließenden Diskussion von Gleichheit und Gleichbehandlung als schulunterrichtliche Norm, die eine ursächliche Bedingung für die autorisierende Funktion der Pathologisierungen darstellt (Kap. 4).

1. Funktionen pädagogischer Pathologisierungen

Fragt man nun zunächst grundsätzlich nach den Funktionen, die Pathologisierungen übernehmen, eröffnet sich ein weites Feld möglicher Perspektivierungen. Ich werde im Folgenden einige mir für die weitere Analyse zentral erscheinende Perspektiven zusammenfassen:

Eine erste Funktion, die Pathologien für die Schulpädagogik zukommt, ist jene der *diskursiven Deutungsressource*. Pathologien dienen zunächst einmal als „‚Optiken' und ‚Paradigmen', die Deutungs-, Interpretations- und Handlungsfolien bereitstellen" (Dederich 2009, S. 37). Sie erlauben es, etwas als etwas Bestimmtes zu erkennen, bringen aber zugleich auch hervor, dass etwas als dieses Bestimmte erkannt werden soll. Im Sinne einer pädagogisch funktionalen Pathologisierung machen es diese ‚Folien' also nicht nur möglich, dass bestimmte Verhaltensweisen als Ausdruck einer bestimmten Pathologie verstanden werden können, sondern es wird zudem auch von (sonder-)pädagogisch Professionellen erwartbar, dass sie bestimmte Verhaltensweisen als Ausdruck einer bestimmten Pathologie erkennen. Entsprechend führen Pathologien also dazu, dass auf ihrer Basis im Unterricht nun etwas als dieses Bestimmte erkannt *wird* oder doch zumindest erkannt werden kann. Diese epistemische Funktion ist in ihrer Relevanz kaum zu unterschätzen. Denn wie empirisch noch aufzuzeigen sein wird, ist es gerade diese Optik, die den Schüler:innen hinsichtlich der Kategorie „Autismus-Spektrum-Störungen" zu ‚fehlen' scheint, was dazu führt, dass nicht nur das Verhalten eines Mitschülers unterschiedlich eingeschätzt, sondern auch der Umgang der Lehrkräfte mit diesem als illegitim bewertet wird.

Es wäre allerdings „diskursiv naiv" (Weisser 2005, S. 36) zu glauben, dass dabei nur etwas erkannt wird, was ohnehin schon immer da war. Pathologien etablieren i. S. v. Pathologisierungen eben bestimmte Wahrnehmungspraxen, die insofern auch „einen Ausbau von Erwartungssicherheiten" bewirken, „der allerdings mit einer Verdinglichung performativer Unterschiede erkauft wird" (Weisser 2005, S. 36). Angewendet auf die unterrichtliche Funktion von Pathologien heißt das u. a.: Pathologien erlauben nicht nur zu erklären, dass und warum jemand etwas Erwartetes (z. B. die Erledigung einer Aufgabe) nicht kann, sondern sie erlauben im Sinne der Erwartungssicherheit auch zu erklären, dass und warum jemand etwas Erwartetes *auch zukünftig* wahrscheinlich nicht können wird. Und infolgedessen erlauben Pathologien eben auch zu begründen, dass die Erwartungen für diese Person anzupassen sind – und d. h. vor allem: zu reduzieren bzw. aufzuheben (vgl. Merl 2019a). Kurz: Indem Pathologien die Abweichung von Fähigkeits- und Leistungsnormen erklären, strukturieren sie auch zukünftige Erwartungen.

Sie haben aber noch eine weitere Funktion, die sich insbesondere aus differenztheoretischer Perspektive ableiten lässt. Pathologisierungen erlauben gerade durch die Konstruktion von Abweichung *die Aufrechterhaltung der unterrichtlichen Fähigkeits- und Leitungsnormen* als eigentlich Gültige. Oder umgekehrt: Die Norm braucht die Abweichung, um sich als Norm überhaupt konstituieren zu können. In diesem Sinne schreibt Foucault (1973) in *Wahnsinn und Gesellschaft* für die Klassik (in Abgrenzung zu Renaissance und Moderne): Der Wahnsinn

> „existiert […] *für* die Vernunft, in dem Maße, in dem er im Blick eines idealen Bewußtseins erscheint, das ihn als Unterschied zu den anderen perzipiert. *Gegenüber* der Vernunft ist der Wahnsinn von doppelter Art; er ist zugleich *auf der anderen Seite* und *unter ihrem Blick*. Auf der anderen Seite heißt: der Wahnsinn ist unmittelbarer Unterschied, reine Negativität, die sich als Nicht-Sein in einer unabweisbaren Evidenz ankündigt; er ist totale Vernunftlosigkeit, die man sofort als solche auf dem Hintergrund der *Strukturen des Vernünftigen* wahrnimmt. Unter dem Blick der Vernunft heißt: der Wahnsinn ist eigenartige Individualität, deren eigene Charakterzüge, Benehmen, Sprache, Gesten sich jeweils von dem, was man beim Nicht-Irren findet, unterscheiden. In seiner Besonderheit entfaltet er sich für eine Vernunft, die nicht Beziehungspunkt, sondern Urteilsprinzip ist“ (Foucault 1973, S. 177 f.).

Nicht nur hat man es mit einer unmittelbaren Negation ‚auf der anderen Seite‘ zu tun, sondern auch damit, dass diese andere Seite im Sinne eines Urteilsprinzips ‚unter ihrem Blick‘ steht. Mit Fokus auf die Differenz ‚fähig/behindert‘ oder ‚normal/behindert‘ haben die Disability Studies und insbesondere die Studies in Ableism auf diese Funktion der Konstituierung und Aufrechterhaltung einer Norm hingewiesen: „Offensichtlich wird die Abgrenzungskategorie ‚gebraucht‘, um […] kulturell vorgegebene Vorstellungen von Körperlichkeit und Subjektivität aufrechtzuerhalten“ (Waldschmidt 2009, S. 125). Zugleich fungieren die sich so konstituierenden Vorstellungen von Subjektivität als ‚Urteilsprinzip‘ für dasjenige, was von diesen abweicht.

Aufschlussreich ist darüber hinaus die Fokussierung auf die Funktion von Pathologisierungen bezogen auf den Kontext Schule in historischer Hinsicht: Tenorth arbeitet historisch einen Perspektivwechsel der (Sonder-)Pädagogik gegen Mitte des 19. Jahrhunderts heraus. Ihm zufolge verlagerte sich der pädagogische Referenzpunkt weg von den eigenen pädagogisch-anthropologischen Entwürfen der Bildsamkeit des Menschen und einer damit einhergehenden pädagogischen Zukunftsorientierung an einer zu erreichenden Bildung. Stattdessen orientierte sich die (Sonder- und Heil-)Pädagogik zunehmend an einer pädagogischen Pathologie bzw. Psychopathologie und damit an den Referenzsystemen der Psychologie und Medizin. An die Stelle eines anthropologischen Zukunftsentwurfs – ausgehend von der „Betriebsprämisse" der Bildsamkeit (Tenorth 2006, S. 504) – trat damit in der Sonderpädagogik „ein Verständnis der Natur des Kindes und des Behinderten […], das primär auf die Diagnostik der gegenwärtigen Lernlage setzt und in subtiler Klassifikation der Anlagen und der gegebenen Natur des Lernenden die eigenen Handlungsoptionen begründet" (Tenorth 2006, S. 515). Diese Veränderung des Selbstverständnisses bildet den Kontext dafür, dass mit der Durchsetzung der Schulpflicht auch pathologisierende Differenzierungen für das Schulsystem zentral wurden. Denn die der Schule durch die Schulpflicht überantwortete Aufgabe der gesellschaftlichen Inklusion aller führte zu dem Folgeproblem, dass den schulischen Normen gar nicht alle Schüler:innen entsprachen. Als funktionale Lösung für dieses Folgeproblem erwies sich „eine pädagogisch legitimierte Differenzierung der Schülerschaft, nämlich in gut und weniger gut integrierbare Gruppen von Schüler:innen" (Reh et al. 2021, S. 11). Für diese bediente man sich dann auch jener medizinischen und psychologischen Pathologisierungen, die sich auf Begabung und Leistung beziehen und in Differenz dazu Kategorien wie „Schwachsinn" oder „Idiotie" *feststellend herstellen*, also performativ hervorbringen.

Interessant ist dabei nicht nur die Tatsache, dass das Schulsystem Pathologien produziert, sondern auch, dass diese Pathologien historisch zu dem Zeitpunkt *notwendig wurden*, zu dem die allgemeine Schulpflicht durchgesetzt wurde. Pathologien zeigen sich dadurch als für das Schulsystem *funktional erforderlich* zur Aufrechterhaltung der Fähigkeits- und Leistungsnormen.[1]

Hinsichtlich der Frage nach den pädagogischen Funktionen zeigen die historischen Betrachtungen also: Die Referenz der (Sonder-)Pädagogik auf medizinische und psychologische Pathologisierungen richtet den Blick auf ‚natürlich' bedingte Unterschiede und legitimiert(e) die Ausdifferenzierung von Schulformen ebenso wie von pädagogischen Praktiken. Pathologisierungen übernehmen also *eine für Differenzierungen autorisierende Funktion*. Kurz: Pathologisierungen konstruieren Differenzen, die pädagogische Differenzierungen autorisieren.

Diese nun zunächst grob umrissene Funktion der *pädagogischen Autorisierung mittels Pathologisierung* gilt es im Folgenden für die Ebene des Unterrichts genauer auszuarbeiten. Dafür bedarf es zunächst einer theoretischen Klärung des Konzepts der Autorisierung, die dann die Grundlage für die empirische Rekonstruktion der unterrichtlichen Praxis bildet.

---

1 Dass die Sonderpädagogik sich dabei vermittels Kategorien von Behinderung und Störung konstituiert, bedeutet bis heute, dass sie im Hinblick auf den Erhalt der eigenen Profession ein nicht unerhebliches Interesse an der Aufrechterhaltung von Pathologisierungen hat.

2. Autorisierungen

Die Rede von einer Autorisierung ist als eine performativitätstheoretische Weiterführung des Konzepts der Autorität zu verstehen. Autorität wiederum lässt sich zunächst als ein als legitim anerkanntes Verhältnis von Führung und Nachfolge bezeichnen (vgl. Schäfer/Thompson 2009; Eschenburg 1976, S. 12; Sofsky/Paris 1991).

Autorität zeigt sich darin, „daß eine Person irgendwie *‚maßgebend‘* ist – daß sie anderen ‚etwas zu sagen hat‘, während sich die anderen etwas von ihr ‚sagen lassen‘“ (Krüger 1970, S. 26 f.). Dieses Verständnis lässt sich mit Bröckling (2017) im Anschluss an Foucaults Studien zur Gouvernementalität weiterführen. Denn „[m]ehr noch als am folgsamen Handeln der Schafe erweist sich die Autorität des Hirten daran, dass diese sein Wollen zu ihrem eigenen machen“ (Bröckling 2017, S. 22). Dass jemand für mich ‚maßgebend‘ ist oder gar, dass „ich will [...], was der andere will, dass ich es will“ (Foucault 2014, S. 307) impliziert zugleich, dass Autoritäten gerade auf Zwangsmittel zur Durchsetzung eines Führungsanspruchs verzichten können. Das Machtmittel der Autorität ist gerade ihre *Legitimität* (vgl. Nassehi 2008, S. 171).

Man wird eine solche Legitimität personal begründen können, bspw. darin, dass ein:e Ärzt:in fachliche Expertise hat (Sachautorität) oder ein:e Richter:in durch das ihr:ihm verliehene Amt personal zu bestimmtem Handeln legitimiert ist (Amtsautorität). Autorität lässt sich aber ebenso auch apersonal denken, z. B. in Form einer Verkehrsampel. Daraus folgt, dass auch die Schule als Institution bzw. der Unterricht als Praxis Autorität, also eine Legitimität, genießen kann, die sich darin zeigt, dass Schule und Unterricht insofern ‚maßgebend‘ sind, als Schüler:innen, Eltern etc. sich „etwas von ihr ‚sagen lassen‘“ (Krüger 1970, S. 27) oder gar ihr „Wollen zu ihrem eigenen machen“ (Bröckling 2017, S. 22).

Fragt man nun also, was die jeweilige Autorität begründet, was es also ist, das ihr legitimatorisch zugrunde liegt, wird man mit Derrida (1991), mit Butler (1997, S. 155 f.) und bezogen auf die Erziehungswissenschaft mit Wimmer (2009) darauf verwiesen, dass eine solche Letztbegründung schlicht nicht existiert:

> „Gibt es eine ursprüngliche Autorität, eine Primärquelle, oder liegt es vielmehr in der eigentlichen Praxis des Zitierens, die in ihrer Rückläufigkeit potentiell unendlich ist, daß der Grund der Autorität als ein dauerndes Aufschieben konstituiert wird? Anders gesagt, durch genau das unendliche Aufschieben der Autorität auf eine uneinholbare Vergangenheit wird Autorität selbst konstituiert. Dieses Aufschieben ist der wiederholte Akt, durch den Legitimation zustande kommt. Das Hinweisen auf einen Grund, der niemals eingeholt wird, wird zum grundlosen Grund der Autorität.“ (Butler 1997, S. 155 f.)

Aus dem Umstand eines letztlich grundlosen Grundes folgt mit Butler, dass es das „Hinweisen auf einen Grund" selbst ist, das die Autorität konstituiert. Mit dieser theoretischen Perspektive wendet sich der Blick ab von einer Suche nach dem, was Autorität zugrunde liegt (Gründe), hin zu dem, was zugrunde gelegt wird (Begründungen) und dabei Legitimität qua Anerkennung erfährt.

Dabei muss Legitimität dann aber als ein Legitimitäts*glaube* (vgl. Schäfer/Thompson 2009, S. 18; Thompson 2014, S. 275) verstanden werden. Denn man kann gerade nicht sicher wissen, ob beispielsweise jene:r Ärzt:in tatsächlich die ihr:ihm zugeschriebene Expertise besitzt (würde man es wissen, wäre man selbst Expert:in und jene:r Ärzt:in somit keine Autorität) oder ob die unterrichtliche Praxis hält, was sie verspricht.

Das, was begründend zugrunde gelegt wird und als legitim Anerkennung erfährt, verstehe ich dabei als Quellen der Autorisierung. Weber nannte mit dem Verweis auf traditionelle Herrschaft[2] einen Typus der Legitimität, der „kraft Glaubens an die Heiligkeit der von jeher vorhandenen Ordnungen und Herrengewalten" besteht (Weber 2005, S. 729). Tradition ist in diesem Sinne als eine Quelle zur Autorisierung von (ganz unterschiedlichen) Praxen zu verstehen. Inwiefern ein solcher begründender Rückgriff zur Autorisierung allerdings Anerkennung erfährt, ist eine empirische Frage.

Deutlich wird an diesem Rückgriff auf Weber bereits, dass Autorisierungen insofern auf (diskursive) Ordnungen rekurrieren, als die Frage nach Legitimität(sglauben) keine rein persönliche (i. S. v. ‚was jemand legitim findet') oder gar von der jeweiligen Ordnung isolierte Frage ist. Autorisierungen verweisen indessen auf diskursive Ordnungen, die bestimmte Praxen in bestimmten raumzeitlichen und sozialen Kontexten nicht nur als intelligibel, sondern auch als legitim erscheinen lassen. Mit Wimmer lässt sich deshalb formulieren, dass Autorisierungen in „soziokulturell bestimmten *symbolischen Ordnungen*" zu verorten sind (Wimmer 2010, S. 321).

Für den vorliegenden Beitrag sind hier exemplarisch Diskurse um Lernbehinderung zentral, wie sie Pfahl (2011) rekonstruiert hat. Diese bieten nicht nur eine Repräsentation (vgl. Reckwitz 2008, S. 203) von Lernbehinderung als „Zustand ‚eingeschränkter Autonomie'" an, aus dem eine „negativ abweichende ‚Lern- und Leistungsfähigkeit'" (Pfahl 2011, S. 108) resultiert. Sie legen eben auch nahe, wie nun mit diesen Schüler:innen pädagogisch adäquat umzugehen sei. Sie autorisieren in dieser Hinsicht spezifische unterrichtliche oder pädagogische Praktiken. Lernbehinderung ist also eine diskursive Ressource, die Legitimität für bestimmte Praktiken verbürgt und diese somit autorisiert; auch dann, wenn es in der Per-

2 Weber selbst nutzte die Begriffe ‚Herrschaft' und ‚Autorität' synonym. „Die Besonderheit von Autoritätsbeziehungen, ihre spezifische personale und situative Dynamik, kann auf diese Weise [...] gerade nicht eingeholt werden." (Sofsky/Paris 1991, S. 24)

spektive der Studies in Ableism angebracht ist, die damit autorisierten Praktiken als ableistisch oder exkludierend zu qualifizieren.

An diesem Beispiel zeigt sich auch: Was als diskursive Ordnung Legitimitätsglauben und damit Zustimmung bzw. Nachfolge verspricht und erfährt, ‚ist' zwar insoweit legitim, kann aber zugleich als eine durch-*gesetzte*, hegemoniale Ordnung verstanden werden, die „Momente von Zwang und Gewalt notwendig in sich trägt" (Krenz-Dewe / Mecheril 2014, S. 58). Zustimmung bzw. Legitimität und Zwang sind also durchaus gleichzeitig denkbar.

Von Interesse ist darüber hinaus, dass in differenztheoretischer Sicht eine Seite der Unterscheidung (bspw. ‚fähig/behindert') als Norm und die andere als Abweichung gilt (vgl. Wrana 2014) und jene abweichende Seite grundsätzlich markiert und damit merkmalshaltig ist, während die implizite Norm kaum erklärungsbedürftig und deshalb nicht merkmalshaltig erscheint (vgl. Castro Varela / Dhawan 2015, S. 224). Dies führt dazu, dass empirisch Begründungen zur Autorisierung von Praktiken vor allem zur Legitimierung von Abweichung vorzufinden sind, weil sich die Norm ja gerade nicht explizit legitimieren muss, sondern zumindest tendenziell eben als Norm auch als legitim gilt. Mit dieser differenztheoretischen Sensibilisierung lassen sich also auch Rückschlüsse auf implizit bleibende autorisierende Normen ziehen: Das, was der expliziten Legitimation bedarf, erlaubt Rückschlüsse auf das, was implizit im Sinne der Norm bereits als autorisiert gilt.

Mit unterrichtlichen Autorisierungen geraten also performative Akte der Herstellung einer legitimen unterrichtlichen Praxis in den Blick. Von empirischem Interesse ist damit, *wie Legitimität für welche Praktiken* durch welche gegebenen Begründungen beansprucht (und womöglich auch gewährt) wird und welche diskursiven Bezüge dabei als Quellen der Autorisierung der jeweiligen Praktiken fungieren. Fokussiert auf die hier interessierenden Funktionen von Pathologien für den Unterricht stelle ich also folgende heuristische Fragen: Wozu – zu welchen unterrichtlichen Praktiken – autorisieren Pathologisierungen? Wodurch – durch welche Begründungen und diskursiven Bezüge – gelingt dies? Was ist das Spezifische einer Autorisierung mittels Pathologisierung? Was unterscheidet eine solche Form der Autorisierung zur Differenzierung von anderen Möglichkeiten, Differenzierungen zu autorisieren?

3. Rekonstruktion zur Autorisierung mittels Pathologisierung

Die folgenden Rekonstruktionen beziehen sich auf empirische Daten aus einer Unterrichtsethnografie zu schulischer Inklusion. Die Beobachtungsauszüge thematisieren die Vorgeschichte und Durchführung eines klassenöffentlichen Outings eines Schülers als Asperger-Autist.[3] Diese beobachtete Praxis kann deshalb als eine performative Pathologisierung bezeichnet werden. Das Outing vollzog sich in einer sechsten Schulklasse einer sich als inklusiv bezeichnenden Gesamtschule; die Schulklasse besteht in dieser Zusammensetzung zum Zeitpunkt des Outings etwa seit 19 Monaten. Für weitere Informationen zu Forschungsdesign und -methodologie verweise ich aufgrund des begrenzten Umfangs des vorliegenden Textes auf die publizierte Dissertationsstudie (vgl. Merl 2019a).

Um die Funktion der im Unterricht vollzogenen Pathologisierung rekonstruieren zu können, ist es neben dem Outing selbst auch relevant zu analysieren, was zuvor hierzu geführt hat: In den Wochen vor jenem Outing beschwerten sich immer wieder Schüler:innen gegenüber den Klassen- und Fachlehrkräften darüber, dass Anton ihrer Meinung nach bevorzugt würde. Zugleich wurde Anton zunehmend häufig beschimpft, ausgegrenzt und schikaniert (bspw. indem sein Mäppchen und zuvor Teile daraus entwendet wurden). Eine Schülerin beschwerte sich, sie fühle sich von Antons Blicken belästigt. Einzelne Vorfälle wurden in diesen Wochen immer wieder im Klassenrat thematisiert.

Die Gewalt gegenüber Anton eskalierte dann im Sportunterricht, bei dem Mitschüler seine Turnschuhe in der Umkleide unter Wasser stellten, ihn heftig beschimpften und Gewalt androhten. Noch an diesem Tag versuchte die Sportlehrerin, die Eskalation zu klären und informierte nach dem Unterricht die beiden Klassenlehrkräfte über die Vorfälle. Von dieser Eskalation erfahre ich am nächsten Morgen vor dem Unterrichtsbeginn durch Frau Behr, eine der beiden Klassenlehrkräfte.

3 Ich verwende den Begriff ‚Outing', weil dieser – im Gegensatz zu einem selbst gewählten ‚Coming-out' bzw. in deutschem Sprachgebrauch ‚sich outen' – auf eine von anderen herbei- bzw. durchgeführte Veröffentlichung einer bis dato privaten bzw. geheimen Information über eine Person verweist. In historischer Bedeutung wurden als Outings unfreiwillige Veröffentlichungen der homosexuellen Orientierungen prominenter Personen (insb. Priester und Schauspieler:innen) durch andere homosexuelle und bereits geoutete Personen bezeichnet. Diese Outings sollten nicht diffamieren, sondern zielten auf eine *‚gay liberation'* (vgl. Murphy 1994). Man wird diesen ‚befreienden' Impetus auch dem vorliegenden Outing wohlwollend unterstellen können. Der nicht unerhebliche Unterschied zum historischen Vorgehen besteht hier darin, dass die Lehrkräfte ein Outing hinsichtlich eines Merkmals vollziehen, mit dem sie sich selbst nicht ebenso identifizieren. Es kann also normativ kritisch angefragt werden, ob sie hierzu autorisiert sind.
Sowohl im vorliegenden Fall als auch in historischer Hinsicht implizieren Outings die Veröffentlichung von etwas, das in seiner gesellschaftlichen bzw. situativen Bedeutung als Abweichung gilt, die erklärungsbedürftig erscheint und gerade deshalb geoutet wird bzw. werden muss. Das zeigt sich daran, dass ein Coming-out als heterosexuell keine gängige Praxis ist.

> „Dabei erklärt Frau Behr, sie müsse heute mit Herrn Müller absprechen, ‚dass wir das Thema Autismus mal öffnen. Die wissen ja alle nicht, was mit Anton los ist‘. [...] Sie frage sich auch, ob Anton da überhaupt dabei sein solle."[4]

Im Zuge eines ethnografischen Interviews über den gestrigen Vorfall im Sportunterricht erklärt Frau Behr, sie müsse mit Herrn Müller, der zweiten Klassenlehrkraft, besprechen, das „Thema Autismus" zu „öffnen". Der Kontext dieser notwendig werdenden („müsse") Absprache legt nahe: Etwas über Autismus und damit darüber, „was mit Anton los ist", zu erfahren, wird wegen des zunehmenden Mobbings nötig. In der Formulierung „öffnen" wird deutlich, dass Autismus bisher nicht klassenöffentlich thematisiert wurde, zugleich aber den Lehrkräften bekannt ist, dass also jene bereits erwähnte „Trennung von Vorder- und Hinterbühne" (Dederich 2015b, S. 204) besteht. Vor dem Hintergrund des eskalierten Mobbings wird diese Trennung also hinterfragt. Dabei wird in der sprachlichen Figur deutlich, dass, Autismus als Thema zu ‚öffnen', ein Wissen darüber bietet, „was mit Anton los ist". Implizit wird Autismus so ontologisch als bezeichnendes Konzept verwendet für etwas, das mit ihm los ist, ihn also ausmacht: Wer also das Konzept Autismus kennt, der weiß auch, was mit Anton los ist.

Frau Behr kommuniziert zudem, sie sei noch nicht entschieden, ob Anton bei dieser Öffnung anwesend sein soll oder nicht. Wenn seine Anwesenheit aber nicht zwingend nötig für jenes angedachte Outing ist, zeigt sich daran, dass es eine Funktion vorrangig bezogen auf die Mitschüler:innen übernehmen soll. Anton selbst – so die implizite Logik – weiß ja, was „mit Anton los ist". Relevant ist, dass die anderen es nun auch wissen.

Es lässt sich also zusammenfassen: Die erwartete Funktion der angedachten Pathologisierung in Form eines Outings besteht darin, durch das Wissen über Autismus und die Zuschreibung dieser Kategorie zu Anton bei den Mitschüler:innen einen veränderten Umgang mit Anton zu erwirken.

Am Ende dieses Schultags findet dann regulär ein Klassenrat mit beiden Klassenlehrkräften statt. Bei der Sammlung der hier zu besprechenden Punkte nennt ein Schüler den Vorfall des Vortags als mögliches Thema:

> „Frau Behr entgegnet daraufhin ‚wir würden da gerne mit euch nochmal in Ruhe drüber sprechen', und erklärt, sie würden das nächste Woche Dienstag in den ersten beiden Stunden machen. Herr Müller ergänzt, dass sie dann nicht den gesamten Konflikt besprechen, sondern es ginge dann um die Frage, ‚warum ist das manchmal so, dass der Anton en anderen Blick von uns kricht oder auf ne andere Weise mit uns umgeht oder wir mit ihm, ne?'"

4 Die in den Feldprotokollen in einfachen Anführungszeichen stehenden Textteile stellen protokollierte wörtliche Zitate dar.

Den gestrigen Konflikt aus dem Sportunterricht im heutigen Klassenrat zu besprechen, lehnt Frau Behr mit einem Verweis auf eine kommende Doppelstunde ab. Das in dieser Situation angekündigte Gespräch wird damit in einen unmittelbaren Zusammenhang zum Konflikt gestellt („würden da gerne mit euch"). Trotzdem soll der Konflikt selbst dort *nicht* thematisiert werden. Er ist entsprechend Anlass, nicht Gegenstand der Besprechung.[5] Gegenstand soll stattdessen die Begründung pädagogischer Differenzierung sein, wie es mit der Formulierung „warum [...] Anton en anderen Blick von uns kricht" deutlich wird.

Durch den gestrig eskalierten, aber schon zuvor bestehenden Konflikt wird also die pädagogische Differenzierung begründungsbedürftig. Das erklärt sich insbesondere auch dadurch, dass es aus der Perspektive der Mitschüler:innen die Lehrkräfte sind, die Anton bevorzugen und damit illegitim agieren. Die anstehende Begründung der pädagogischen Differenzierung kann also als Legitimationsversuch verstanden werden, der darauf gerichtet ist, die unterrichtliche Praxis zu autorisieren.

Für die Besprechung in der darauffolgenden Woche sitzen die Schüler:innen der Klasse 6a, beide Klassenlehrkräfte und die Schulsozialarbeiterin nun für die Dauer einer Doppelstunde im Stuhlkreis. Anton war zuvor über das Vorhaben dieser Doppelstunde informiert worden und wurde zusammen mit seinen Eltern um Erlaubnis gebeten.

> „Zu Beginn hält Herr Müller eine Präsentation, die den Unterschied von ‚Gesagtem' und ‚Gemeintem' und darauf beruhender möglicher Missverständnisse erklärt. Im Anschluss hieran erklären Frau Behr und Herr Müller, dass es eine ‚Menschengruppe' gibt, welche ‚die Welt son' bisschen anders wahrnehmen als die meisten Menschen' und diese Autisten heißen. Sie erklären, dass dies die Wahrnehmung von Gefühlen betreffe, diese Menschen besondere Begabungen und Fähigkeiten haben könnten und sie oft lieber alleine seien. Nach diesen Erklärungen sagt Frau Behr: ‚der Anton ist dran'. Anton wartet ca. fünf Sekunden und erklärt dann, dass Asperger sich auch anders verhalten und manchmal einen ‚kleinen Tick haben'. Dabei lacht er und macht mittels schnellen Zuckens mit Augen und Mund dann einen Tick vor, über den einige Schüler:innen leise lachen. Dann sagt er: ‚aber eigentlich sind die Asperger genauso wie jeder andere Mensch, nur sie verhalten sich anders und empfinden anders. Uunnnnnd, was ich sagen wollte, ist, dass ich halt auch zu den Aspergern gehöre, ich bin auch ein Asperger.' [...] Frau Behr lobt nun Anton dafür, dass er so mutig erzählt hat, er gehöre auch zu den Aspergern. Sie erklärt der Klasse weiter, dass die Lehrer mit Anton zusammen überlegt hatten, ob er das sagen will, ‚weil es in der letzten Zeit ja oft schwierig war und wir hatten überlegt, dass das mit Sicherheit sehr gut ist, euch auch mal zu sagen, damit ihr den Anton besser versteht'".

5 Das lässt sich auch damit erklären, dass in den vergangenen Wochen immer wieder solche Konfliktbesprechungen im Klassenrat stattfanden.

Zunächst vollzieht sich in der Szene das Aufrufen einer psychopathologisch etablierten Differenzkategorie (Autismus-Spektrum-Störungen). Die so etablierte Kategorie wird dabei mit Merkmalen versehen (Begabung, Gefühle, Wahrnehmung etc.). Anton wird dann ohne Meldung von der Klassenlehrkraft aufgefordert, etwas zu sagen („Anton ist dran") und ergänzt sodann ein weiteres Merkmal (Tick). Auch fügt er zusätzlich zu den differenten Merkmalen eine Konstruktion von Gleichheit hinzu („genauso wie jeder andere Mensch"), was sich im Sinne Goffmans als eine Form des Stigma-Managements verstehen lässt. Auf die Etablierung der differenten „Menschengruppe" folgt die klassenöffentliche Identifikation von Anton mit dieser, was Frau Behr als „mutig" lobt. Sodann begründet sie das Outing damit, dass Anton dadurch besser verstanden würde. Indem Anton nun nicht mehr nur Anton ist, sondern zugleich als Exemplar einer pathologisierten „Menschengruppe" identifiziert wird, soll er also als jemand Bestimmtes denk- und verstehbar, also intelligibel werden.[6] Dies soll, so die implizit kommunizierte Erwartung, dazu führen, dass „es" nicht mehr so „schwierig" ist, wie es in letzter Zeit war. Frau Behr fährt fort:

> „Da Anton Asperger sei, ‚deswegen, nur dass ihr auch das versteht, deswegen reagieren wir Lehrer, wir sind alle besonders hier an der Schule, deswegen reagieren wir Lehrer bei dem Anton manchmal anders, weil er diese Besonderheit hat'. Elif sagt leise ‚aaaahhh deswegen'. Frau Behr erklärt weiter, dass es ja in letzter Zeit öfter Thema war, warum Anton anders behandelt wird, es ginge den Lehrkräften aber nicht darum, dass jemand bevorzugt wird, sondern, ‚dass wir euch so behandeln, wie ihr das braucht'".

Frau Behr erklärt nun, dass die Lehrpersonen ihren Umgang mit Anton ausdifferenzieren, weil er „diese Besonderheit hat", Asperger zu sein. Zusätzlich grenzt sie eine Differenzierung noch von einer Bevorzugung bzw. Benachteiligung ab. Anton anders zu behandeln richte sich nach seinem Bedarf („so behandeln, wie ihr das braucht") und ist demzufolge eine angemessene pädagogische Differenzierung, keine Bevorzugung. Sie reagiert damit offensichtlich auf die Kritik bzgl. der Bevorzugung Antons. Darüber hinaus habe aber nicht nur Anton eine Besonderheit, sondern seien alle an der Schule besonders („wir sind alle besonders"), weshalb die Lehrkräfte alle nach ihrem Bedarf behandeln („euch so behandeln, wie ihr das braucht").

---

6 Es ist dabei keinesfalls selbstverständlich logisch, dass durch die Kategorisierung eines Schülers ein Verstehen ermöglicht wird; vielmehr sei angemerkt, dass die Zuordnung einer konkreten Person zu einer Personengruppe gerade dazu beitragen kann, ein Verstehen im Sinne des individuellen Fallverstehens zu *verunmöglichen*. Gerade wenn zuvor argumentiert wurde, dass eine bestimmte Gruppe anders empfindet, fühlt oder wahrnimmt, könnte man zu dem Schluss kommen, dass man sich gerade *nicht* besser verstehen kann, sondern nun lediglich weiß, dass man sich *nicht* versteht.

Mit einer differenztheoretischen Perspektive wird hier deutlich, dass sich aus dem Verständnis von radikaler Differenz i. S. v. Singularität (alle sind besonders) gerade *keine* Legitimation pädagogischer Differenzierungen ableiten lässt: Wenn schlicht alle besonders sind, lässt sich nicht begründen, warum sie gerade auf Anton anders reagieren. Die hier eingeführte relative Differenz (‚fähig/behindert' bzw. ‚normal/autistisch') begründet demnach in der Situation den Bedarf einer pädagogischen Differenzierung und beansprucht, auf dieser Basis jene Differenzierungen zu autorisieren.

Die legitimatorische Quelle der Autorisierung kann entsprechend in einer konstatierten *Bedarfsgerechtigkeit* verortet werden. Allerdings ist damit noch kein bestehender Unterschied der Bedarfe zwischen den Schüler:innen begründet. Dieser lässt sich mittels der hier vollzogenen Pathologisierung nicht nur begründen, sondern – und das scheint mir das Spezifische der Autorisierung mittels Pathologisierung zu sein – erlaubt es, aufgrund der diskursiven Konstruktion von Behinderung, Störung und im Speziellen hier Asperger-Autismus einen *dauerhaften* Bedarf zu begründen (vgl. Cloerkes 2007).

Dabei bleibt im vollzogenen Outing allerdings unklar, was genau Anton anders „braucht", wie also Pathologie und die pädagogisch notwendige Differenzierung zusammenhängen. Die Unbestimmtheit dieses Zusammenhangs ist hinsichtlich der performativen Autorisierung durchaus funktional: Denn in den vorherigen Wochen zeigte sich, dass wiederholte Konfliktbesprechungen zwar die jeweils vergangenen konkreten Konflikte beenden konnten, nicht aber dafür gesorgt haben, zukünftige neue Konflikte und die damit einhergehende Kritik der Bevorzugung zu vermeiden. Indem nun unbestimmt bleibt, welche Differenzierung aus der etablierten Differenz genau resultiert, bleibt auch unbestimmt, wie zukünftig differenziert wird. Das erlaubt es, zukünftige pädagogische Entscheidungen als *bedarfsgerechte Differenzierung* zu legitimieren und damit die pädagogische Praxis zu autorisieren. Anders ausgedrückt: *Pathologisierungen autorisieren Differenzierungen zeitlich dauerhaft und umfänglich weitreichend.*

Der weitere Unterrichtsverlauf zeigt dann auch, wie die hier etablierte neue Optik auf einen Mitschüler nun angenommen wird:

> „Andrea wird drangenommen und sagt: ‚Jetzt wissen wir das ja auch und vielleicht können wir ja den Anton unterstützen dabei.' Frau Behr: ‚das find ich ganz ganz toll, Andrea' und fragt, wie das möglich wäre. Andrea antwortet ihr ‚weiß nicht, ihn besser verstehen'. Frau Behr: ‚Jaaaa, ihn besser verstehen, einfach weil du jetzt weißt, der empfindet manche Sachen anders als du.' Nun nimmt Herr Müller Elif dran. Sie sagt, dass es ‚uns' deswegen immer so vorkam, als würde Anton bevorzugt, weil die Lehrkräfte wussten das ja schon vorher und wussten deshalb, wie sie mit der Situation umgehen sollten, ‚aber jetzt wissen wir das ja.'"

Andrea folgert nun, dass es vielleicht möglich sei, Anton zu unterstützen, was sich Frau Behr zufolge darin ausdrücken könnte, dass man Anton nun besser verstehe, weil man jetzt wisse, er empfinde manches anders. Unabhängig davon, ob es überhaupt möglich ist, aus dem Wissen über unterschiedliches Empfinden ein Verstehen des Anderen abzuleiten, ist an dieser Reaktion die postulierte drastische Umkehr des Umgangs mit Anton (vom Mobbing hin zur Unterstützung) bemerkenswert. Elif, die bereits vorher auf die Begründung der pädagogischen Differenzierung mit „aaaaah deswegen" reagiert hatte, drückt mit ihrem folgenden Redebeitrag aus, dass sie jene Ungleichbehandlung nun nicht mehr als Bevorzugung, sondern als legitime pädagogische Differenzierungen autorisiert, weil sie jetzt weiß, was die Lehrkräfte vorher schon wussten.

Was lässt sich nun zusammenfassend für die unterrichtlichen Funktionen der hier mittels Outing hergestellten Pathologisierung sagen? Wodurch und wozu autorisieren Pathologisierungen die unterrichtliche Praxis?

Das Outing fungiert zunächst als nachträgliche Legitimierung früherer unterrichtlicher Differenzierungen. Es autorisiert zudem zukünftige unterrichtliche Differenzierungen zeitlich dauerhaft und umfänglich weitreichend. Denn die Etablierung einer pathologisierenden Differenz erlaubt es, eine Notwendigkeit pädagogischer Differenzierungen zu begründen, zugleich aber nicht im Detail zu erklären, wie zukünftig differenziert wird oder werden muss. Entsprechend dient hier die Pathologisierung der pauschalen Autorisierung unterrichtlicher Differenzierung – wie auch immer sich diese zukünftig gestaltet. Dabei inszenieren sich die Lehrkräfte auch als personale Autoritäten, die als Expert:innen alleinig die Bedarfe der Schüler:innen und die angemessenen Differenzierungen einzuschätzen in der Lage sind. Die spezialisierte Wissensdomäne sonderpädagogischer Pathologisierungen stützt diese Inszenierung.[7] Den Schüler:innen bleibt dabei letztlich nur der Glaube an die Legitimität der unterrichtlichen Praxis. Diesen Legitimitätsglauben (wieder-)herzustellen – so legen es zumindest die Reaktionen der Schüler:innen nahe –, ermöglicht die inszenierte Pathologisierung.

Dabei ist die hier beschriebene Form der Autorisierung (insbesondere die zeitliche und umfängliche Dimension) insofern spezifisch für Pathologisierungen, als sie nicht einfach durch andere Begründungen ebenso hergestellt werden kann. Beispielsweise ermöglicht die im Outing gleichzeitig aufgerufene Konstruktion radikaler Differenz i. S. v. „wir sind alle besonders hier" eben gerade keine solche Autorisierung der Differenzierung, weil hierdurch keine intelligiblen Anderen hergestellt werden, sondern lediglich nicht positivierbare Singularitäten.

---

7 Dieses spezialisierte Wissen über sonderpädagogische Pathologisierungen führt auch zwischen den beiden Klassenlehrer:innen zu einer Asymmetrie. Das zeigt sich empirisch daran, dass Frau Behr als Sonderpädagogin sich gegenüber Herrn Müller (der als Regelschullehrer die Klasse mit leitet) für das Outing einsetzte und auch die Kommunikation mit Anton und seinen Eltern übernahm.

Die hier von den Lehrkräften gewählte Dramaturgie der Inszenierung ist allerdings keine notwendige Bedingung für die rekonstruierte Funktion, Differenzierungen zu autorisieren. In den empirischen Daten finden sich auch weniger dramatische Outings, die ebenso diese autorisierende Funktion erfüllen, bspw. indem eine Lehrkraft auf die Kritik an der Bevorzugung einer Schülerin in einem privaten Gespräch zum kritisierenden Schüler sagt, dass jene Schülerin ja einen Förderbedarf habe. Die Besonderheit des hier analysierten Outings ist deshalb nicht dessen Funktion, sondern dass hier durch die Dramatisierung eine Explikation vorliegt, die eine detailliertere Rekonstruktion der autorisierenden Funktion erlaubt.

Auch ist zu erwähnen, dass eine solche autorisierende Funktion von Pathologisierungen nicht zwangsläufig eines performativen Outings bedarf. Das hier analysierte Outing wurde für die Praxis deshalb notwendig, weil auf Seiten der Schüler:innen im Falle von Autismus noch nicht jene gesellschaftlich etablierten Optiken vorhanden waren. Insofern dient das Outing zur Etablierung einer Optik, die (schul-)pädagogisch bereits etabliert ist. Im Falle von bspw. Trisomie 21, also einer Pathologisierung, die deutlich stärker auch als visuelle Differenz gesellschaftlich etabliert ist, bestand im Zeitraum meiner Unterrichtsbeobachtungen gerade keine Notwendigkeit eines Outings. Deshalb liegt die Vermutung nahe, dass hier auf Seiten der Mitschüler:innen bereits ‚pathologisierende Optiken' etabliert sind.

4. Pathologisierungen und die unterrichtliche Norm der Gleichheit

Zur weiterführenden Diskussion der Rekonstruktion scheint es mir geboten, eine ursächliche Bedingung der hier analysierten Autorisierung mittels Pathologisierung genauer zu beleuchten. Welche Rückschlüsse erlaubt die mittels Outing vollzogene Arbeit an der Legitimität unterrichtlicher Praxis hinsichtlich des Verhältnisses von grundsätzlich legitimierten schulischen Normen und begründungsbedürftigen Abweichungen von diesen im Unterricht?

Für die Argumentation rekurriere ich noch einmal auf die differenztheoretische Erkenntnis, dass Differenzkonstruktionen in einem Verhältnis von Norm und Abweichung stehen (vgl. Lutz / Wenning 2001). Dabei ist zentral, dass die als Abweichung geltende Seite einer Unterscheidung mit Merkmalen versehen und somit markiert wird, während die als Norm geltende Seite der Unterscheidung ohne Merkmale bleibt und nicht thematisiert wird (vgl. Wrana 2014).[8] Entspre-

8 Ein Coming-Out erscheint entsprechend für eine heterosexuelle Orientierung unnötig, für eine homosexuelle Orientierung aber notwendig.

chend lässt sich mit der Legitimation einer Abweichung, wie sie im obigen Auszug genauer betrachtet wurde, also auf die meist implizit bleibende Norm schließen.

Dass nun im analysierten Fall überhaupt ein solches Outing für die Praxis als ‚notwendig' erscheint, dass hierdurch pädagogische Differenzierung explizit legitimiert wird und dass es für eine nicht-differenzierende unterrichtliche Praxis gerade *keiner* Begründung bedarf, sind Hinweise darauf, dass für die unterrichtliche Ordnung eine Norm der grundsätzlichen Gleichheit und darauf aufbauend einer Gleichbehandlung besteht. Kurz: Gleichbehandlung erscheint im Unterricht vor dem Hintergrund einer grundsätzlichen Norm der Gleichheit kaum als begründungsbedürftig, Differenzierung schon. Das bedeutet nicht, dass einzelne Differenzierungen immer einer expliziten Legitimierung bedürfen, es bedeutet lediglich, dass es für Differenzierungen vor dem Hintergrund jener Norm der Gleichheit eines (auch implizit bleibenden) Merkmals, im Sinne einer legitimierenden Differenz, bedarf (bspw.: A darf schon in die Pause, weil sie schon fertig ist). Für Gleichbehandlungen (wie auch immer diese je konkret im Unterricht inszeniert werden) ist eine Legitimierung kaum notwendig. Zwar sind sowohl Gleichheit als auch Differenz letztlich nur Ergebnis performativer Praxen, allerdings besteht hinsichtlich ihrer Legitimationsbedürftigkeit eine Asymmetrie (vgl. analog hierzu die „Präsumtion der Gleichheit", Gosepath 2004, S. 200 ff.). Das heißt: Wenn eine unterrichtliche Praktik als Ausdruck von Gleichbehandlung (an-)erkannt wird, gilt diese zumindest grundsätzlich auch ohne Begründung als legitim. Eine unterrichtliche Praktik, die als Ausdruck von Differenzierung erscheint, bedarf hingegen eher einer Legitimierung.

Diese *unterrichtliche Norm der Gleichheit* und der mit ihr für die unterrichtliche Ordnung bestehende Legitimitätsglaube pädagogischer Gleichbehandlung bilden m. E. eine ursächliche Bedingung für die Funktion von Pathologisierungen. Sie ist eine Ursache dafür, dass (dauerhafte und weitreichende) Differenzierung legitimationsbedürftig ist. Diese unterrichtliche Norm der Gleichheit begründet sich ganz grundsätzlich mit dem grundlegenden Wert der Egalität, wie er auch durch Artikel 3 Absatz 1 des Grundgesetzes festgelegt wird (vgl. auch Wenning 1999, S. 304): „Alle Menschen sind vor dem Gesetz gleich." Dabei ist zentral: Das Grundgesetz konstatiert *nicht*, dass sie faktisch gleich sind; sie sollen es nur ‚vor dem Gesetz' sein. Eine rechtliche Differenzierung erfordert vor diesem Hintergrund also die Begründung einer Ungleichheit bzw. Differenz, um als legitim gelten zu können. Die unterrichtliche Norm der Gleichheit zeigt sich aber auch in der unpersönlich-universalistischen Leistungsordnung der Schule, wie insbesondere Wernet (2003, S. 115) argumentiert. Aufschlussreich ist hier seine Perspektive auf pädagogische Permissivität, also auf jene „pädagogische[n] Aktionen, die [...] *situativ* den unpersönlichen Universalismus außer Kraft setzen" (Wernet 2003, S. 117) und paradigmatisch in der Logik der „Ausnahme" auftauchen: „Ausnahmsweise – aus welchen Gründen und Motiven auch immer – wird diese Klassenarbeit nicht gewertet, ausnahmsweise – aus welchen Gründen und

Motiven auch immer – hat diese Handlung keine Folgen; ausnahmsweise – aus welchen Gründen und Motiven auch immer – erfolgt die Versetzung." (Wernet 2003, S. 117)

Es bedarf im Kontext der schulunterrichtlichen Praxis eben expliziter Gründe, um Ausnahmen, und damit eben Differenzierungen von einer grundsätzlichen universalistischen Gleichbehandlung zu legitimieren. Genau mit diesen Konstruktionen und Begründungen der Ausnahme wird das „unversalistisch-unpersönliche, leistungsorientierte Handlungsmuster" (Wernet 2004, S. 77), das auf einer grundlegenden Norm der Gleichheit und Gleichbehandlung basiert, bekräftigt. Ausnahmen bestätigen bekanntlich die Regel.

Was aber die von Wernet verhandelte Permissivität in Form der Ausnahme zu autorisieren in der Lage ist, das sind *auf einzelne Entscheidungen* bezogene Differenzierungen, die von jener grundsätzlichen Gleichbehandlung abweichen. Die Ausnahme – sonst wäre sie keine – autorisiert je eine einzelne Differenzierung und bedarf für diese jeweils einer Begründung. Pathologien im hier interessierenden Verständnis (s. o.) autorisieren hingegen dauerhafte und weitreichendere Differenzierungen, weil diskursive Konstruktionen von Behinderung und Störung eben dauerhafte und weitreichende Unterschiede naturalisierend herstellen.

Gemeinsam ist den Ausnahmen ebenso wie den Pathologisierungen dabei, dass sie beide als Abweichung von einer Norm verstanden werden, welche die Norm selbst gerade *nicht* in Frage stellt. Im Kontext der inklusiven Schulklassen sind es dabei die ableistischen Fähigkeitsnormen der Schule (vgl. Merl 2019b), die als grundsätzliche universelle Fähigkeitserwartungen nicht in Frage gestellt werden und die in Verbindung mit jener *Norm der Gleichheit* dazu führen, dass Pathologisierungen in ihrer autorisierenden Funktion für den Unterricht ‚notwendig' werden. Das analysierte Outing dient hierbei ‚nur' dazu, dass auch die Schüler:innen zu sehen lernen, was die pathologisierende Schule nicht übersehen kann.

Literaturverzeichnis

Bröckling, Ulrich (2017): Von Hirten, Herden und dem Gott Pan. Figurationen pastoraler Macht. In: Bröckling, Ulrich (Hrsg.): Gute Hirten führen sanft. Über Menschenregierungskünste. Berlin: Suhrkamp, S. 15–44.

Butler, Judith (1997): Körper von Gewicht. Die diskursiven Grenzen des Geschlechts. 1. Aufl. Frankfurt a. M.: Suhrkamp.

Castro Varela, Maria do Mar/Dhawan, Nikita (2015): Postkoloniale Theorie. Eine kritische Einführung. Bielefeld: transcript.

Cloerkes, Günther (2007): Soziologie der Behinderten. Eine Einführung. 3. neu bearbeitete und erweiterte Aufl. Heidelberg: Universitätsverlag Winter.

Dederich, Markus (2009): Behinderung als sozial- und kulturwissenschaftliche Kategorie. In:

Dederich, Markus (2015a): Einführung in den Themenschwerpunkt Dekategorisierung. In: Vierteljahresschrift für Heilpädagogik und ihre Nachbargebiete 84, S. 98–99.

Dederich, Markus (2015b): Kritik der Dekategorisierung. Ein philosophischer Versuch. In: Vierteljahresschrift für Heilpädagogik und ihre Nachbargebiete 84, H. 3, S. 192–205.

Dederich, Markus/Jantzen, Wolfgang (Hrsg.): Behinderung und Anerkennung. Stuttgart: Kohlhammer, S. 15–40.

Derrida, Jacques (1991): Gesetzeskraft. Der „mystische Grund der Autorität". Frankfurt a. M.: Suhrkamp.

Eschenburg, Theodor (1976): Über Autorität. Frankfurt a. M.: Suhrkamp.

Foucault, Michel (1973): Wahnsinn und Gesellschaft. Eine Geschichte des Wahns im Zeitalter der Vernunft. Frankfurt a. M.: Suhrkamp.

Foucault, Michel (2014): Die Regierung der Lebenden. Vorlesungen am Collège de France 1979–1980. Berlin: Suhrkamp.

Garz, Jona (2021): „Schriftproben von schwachsinnigen rersp. idiotischen Kindern". Testwissen zwischen Psychiatrie und Pädagogik um 1900. In: Schülerauslese, schulische Beurteilung und Schülertests 1880. Bad Heilbrunn: Julius Klinkhardt, S. 47–62.

Gosepath, Stefan (2004): Gleiche Gerechtigkeit. Grundlagen eines liberalen Egalitarismus. Frankfurt a. M.: Suhrkamp.

Hinz, Andreas/Köpfer, Andreas (2016): Unterstützung trotz Dekategorisierung? Beispiele für Unterstützung durch Dekategorisierung. In: Vierteljahresschrift für Heilpädagogik und ihre Nachbargebiete 85, H. 1, S. 36–47.

Krenz-Dewe, Daniel/Mecheril, Paul (2014): Einsicht, Charisma, Zwang. Die illusionären Grundlagen pädagogischer Führung und Nachfolge. In: Schäfer, Alfred (Hrsg.): Hegemonie und autorisierende Verführung. Ferdinand Schöningh, S. 41–66.

Krüger, Gerhard (1970): Das Problem der Autorität (1953). In: Geißler, Erich E. (Hrsg.): Autorität und Freiheit. Bad Heilbrunn: Klinkhardt, S. 23–34.

Lutz, Helma/Wenning, Norbert (2001): Differenzen über Differenz – Einführung in die Debatten. In: Lutz, Helma/Wenning, Norbert (Hrsg.): Unterschiedlich verschieden. Differenz in der Erziehungswissenschaft. Opladen: Leske und Budrich, S. 11–24.

Merl, Thorsten (2019a): un/genügend fähig. Zur Herstellung von Differenz im Unterricht inklusiver Schulklassen. Bad Heilbrunn: Klinkhardt.

Merl, Thorsten (2019b): Was man können muss. Empirische Rekonstruktionen zum Ableismus eines vermeintlich inklusiven Unterrichts. In: Sonderpädagogische Förderung heute 64, H. 3, S. 265–276.

Ministerium für Schule und Weiterbildung des Landes Nordrhein-Westfalen (2014): Erstes Gesetz zur Umsetzung der VN-Behindertenrechtskonvention.

Murphy, Timothy F. (1994): Gay Ethics: Controversies in Outing, Civil Rights, and Sexual Science. New York: Haworth Press.

Nassehi, Armin (2008): Soziologie. Zehn einführende Vorlesungen. Wiesbaden: VS.

Pfahl, Lisa (2011): Techniken der Behinderung. Der deutsche Lernbehinderungsdiskurs, die Sonderschule und ihre Auswirkungen auf Bildungsbiografien. Bielefeld: transcript.

Reckwitz, Andreas (2008): Praktiken und Diskurse. Eine sozialtheoretische und methodologische Relation. In: Kalthoff, Herbert/Hirschauer, Stefan/Lindemann, Gesa (Hrsg.): Theoretische Empirie. Zur Relevanz qualitativer Forschung. Frankfurt a. M.: Suhrkamp, S. 188–209.

Reh, Sabine/Bühler, Patrick/Hofmann, Michèle/Moser, Vera (2021): Einleitung. Prüfen, Testen, Auslesen und Zuweisen. Zum Inklusions-Paradox des Schulsystems. In: Schülerauslese, schulische Beurteilung und Schülertests 1880. Bad Heilbrunn: Julius Klinkhardt, S. 7–28.

Schäfer, Alfred/Thompson, Christiane (2009): Autorität – eine Einführung. In: Schäfer, Alfred/Thompson, Christiane (Hrsg.): Autorität. Paderborn: Schöningh, S. 7–36.

Sofsky, Wolfgang/Paris, Rainer (1991): Figurationen sozialer Macht. Opladen: Leske und Budrich.

Strümpell, Ludwig (1890): Die pädagogische Pathologie oder die Lehre von den Fehlern der Kinder. Versuch einer Grundlegung für gebildete Ältern, Studierende der Pädagogik, Lehrer, sowie für Schulbehörden und Kinderärzte. Leipzig: Ungleich.

Tenorth, Heinz-Elmar (2006): Bildsamkeit und Behinderung Anspruch, Wirksamkeit und Selbstdestruktion einer Idee. In: Raphael, Lutz / Tenorth, Heinz-Elmar (Hrsg.): Ideen als gesellschaftliche Gestaltungskraft im Europa der Neuzeit. Oldenbourg: de Gruyter, S. 497–520.

Thompson, Christiane (2014): „Taking Risks“. Zum Verhältnis von Autorisierung und Prüfung. In: Thompson, Christiane / Jergus, Kerstin / Breidenstein, Georg (Hrsg.): Interferenzen. Perspektiven kulturwissenschaftlicher Bildungsforschung. Weilerswist: Velbrück Wissenschaft, S. 268–289.

Waldschmidt, Anne (2009): Disability Studies. In: Dederich, Markus / Jantzen, Wolfgang (Hrsg.): Behinderung und Anerkennung. Stuttgart: Kohlhammer, S. 125–133.

Weber, Max (2005): Herrschaft. Tübingen: Mohr Siebeck.

Weisser, Jan (2005): Behinderung, Ungleichheit und Bildung. Eine Theorie der Behinderung. Bielefeld: transcript.

Wenning, Norbert (1999): Vereinheitlichung und Differenzierung. Zu den „wirklichen“ gesellschaftlichen Funktionen des Bildungswesens im Umgang mit Gleichheit und Verschiedenheit. Opladen: Leske und Budrich.

Wernet, Andreas (2003): Pädagogische Permissivität. Wiesbaden: VS Verlag für Sozialwissenschaften.

Wernet, Andreas (2004): Pädagogische Professionalität „außer Dienst“. Eine Replik auf Twardella. In: Pädagogische Korrespondenz, S. 75–86.

Wimmer, Michael (2009): Zwischen Zwang und Freiheit. Der leere Platz der Autorität. In: Schäfer, Alfred / Thompson, Christiane (Hrsg.): Autorität. Paderborn: Schöningh, S. 85–120.

Wimmer, Michael (2010): Autorität als soziokulturelle Bedingung des Aufwachsens. In: Liesner, Andrea / Lohmann, Ingrid (Hrsg.): Gesellschaftliche Bedingungen von Bildung und Erziehung. Eine Einführung. Stuttgart: Kohlhammer, S. 314–326.

Wocken, Hans (2011): Rettet die Sonderschulen? – Rettet die Menschenrechte! Ein Appell zu einem differenzierten Diskurs über Dekategorisierung. In: Zeitschrift für Inklusion 6, H. 4.

Wrana, Daniel (2014): Praktiken des Differenzierens. Zu einem Instrumentarium der poststrukturalistischen Analyse von Praktiken der Differenzsetzung. In: Tervooren, Anja / Engel, Nicolas / Göhlich, Michael / Miethe, Ingrid / Reh, Sabine (Hrsg.): Ethnographie und Differenz in pädagogischen Feldern. Internationale Entwicklungen erziehungswissenschaftlicher Forschung. Bielefeld: transcript, S. 79–96.

Die Autor:innen

Jonas Becker ist wissenschaftlicher Mitarbeiter am Arbeitsbereich Erziehung und Bildung im Kontext sozialer Marginalisierung am Institut für Sonderpädagogik der Goethe-Universität Frankfurt am Main. Aktuelle Arbeitsschwerpunkte: Subjektivierung im Kontext von Fluchtmigrationserfahrung sowie in der Organisation Schule unter Einbezug von Perspektiven der Biografieforschung und Psychoanalyse. E-Mail: jo.becker@em.uni-frankfurt.de

Patrick Bettinger ist Professor für Erziehungswissenschaft mit dem Schwerpunkt digitale Medienkulturen an der Otto-von-Guericke-Universität Magdeburg. Aktuelle Arbeitsschwerpunkte: Relationale Medienbildungstheorie, Methoden und Methodologien erziehungswissenschaftlicher Medienforschung sowie sozio-mediale Praktiken der Subjektivierung in pädagogischen Kontexten. E-Mail: patrick.bettinger@ovgu.de

Patrick Bühler ist Professor für Allgemeine und Historische Pädagogik an der Pädagogischen Hochschule der Fachhochschule Nordwestschweiz (FHNW) und Mitglied des Instituts für Bildungswissenschaften der Universität Basel. Aktuelle Arbeitsschwerpunkte: Geschichte der Sonderpädagogik, Geschichte der Jugendbewegungen. E-Mail: patrick.buehler@fhnw.ch

Daniel Deplazes ist Postdoc am Lehrstuhl für Historische Bildungsforschung und Steuerung des Bildungssystems der Universität Zürich. Aktuelle Arbeitsschwerpunkte: Geschichte stationärer Erziehung, Sonder- und Sozialpädagogik sowie pädagogische Unterrichtstechnologien. E-Mail: daniel.deplazes@ife.uzh.ch

Jona T. Garz ist Postdoc am Lehrstuhl Inklusion und Diversität an der Universität Zürich. Aktuelle Arbeitsschwerpunkte: semiotisch-materielle Forschung zu Behinderungsphänomenen, kleine Formen und Formate in Bildung und Erziehung sowie Methodologien der Wissensgeschichte. E-Mail: jona.garz@ife.uzh.ch

Julia Gasterstädt ist Professorin für Erziehungswissenschaft mit dem Schwerpunkt Inklusion und Schulentwicklung an der Universität Kassel. Aktuelle Arbeitsschwerpunkte: Herstellung und (pädagogische) Bearbeitung von Differenz, Relationierung zwischen Schule und Eltern/Familie im Kontext inklusiver Schulentwicklung, qualitative bzw. rekonstruktive Methoden, insbesondere die Situationsanalyse als Erweiterung der Grounded Theory. E-Mail: gasterstaedt@uni-kassel.de

Benjamin Haas ist PostDoc am Arbeitsbereich Inklusionsforschung am Institut für Sonderpädagogik der Goethe-Universität Frankfurt am Main. Aktuelle Arbeitsschwerpunkte: das Verhältnis von Inklusion und Exklusion, inklusive intersektionale Verflechtungen von Ableism, Klassismus und institutioneller Diskriminierung sowie die Konstruktion schulischer Behinderungen in Form sonderpädagogischer Förderbedarfe. E-Mail: b.haas@em.uni-frankfurt.de

Jana Helbig ist Postdoc am Arbeitsbereich Erziehung und Bildung im Kontext sozialer Marginalisierung am Institut für Sonderpädagogik der Goethe-Universität Frankfurt am Main. Aktuelle Arbeitsschwerpunkte: Ethnografische Schulforschung, die Konstruktion von Lern- und Verhaltensschwierigkeiten in Schule und Unterricht sowie Anerkennungs- und Adressierungstheorien. E-Mail: helbig@em.uni-frankfurt.de

Florian Heßdörfer ist Professor für Pädagogik an der Internationalen Hochschule (IU) in Leipzig. Aktuelle Arbeitsschwerpunkte: Bildungsgeschichte, sozialphilosophische Perspektiven auf pädagogische Problemfelder, das Verhältnis von Pädagogik und Politik. E-Mail: florian.hessdoerfer@iu.org

Fanny Isensee ist wissenschaftliche Mitarbeiterin am Lehrbereich Historische Bildungsforschung an der Humboldt-Universität zu Berlin. Aktuelle Arbeitsschwerpunkte: Historische Bildungsforschung, insbesondere in den USA, kleine Formen des Pädagogischen, Schulweg und Schultransport, Philanthropie und Bildung, vergleichende und internationale Bildungsforschung, insbesondere transatlantische Austauschbeziehungen. E-Mail: fanny-lynne.isensee@hu-berlin.de

Imke Kollmer ist wissenschaftliche Mitarbeiterin am Arbeitsbereich Schul- und Professionsforschung am Institut für Erziehungswissenschaft der Leibniz Universität Hannover. Aktuelle Arbeitsschwerpunkte: Familiale Erziehung, Strukturprobleme modernisierter Elternschaft (insbesondere Vaterschaft), theoretische und empirische Rekonstruktion universitärer Lehre. E-Mail: imke.kollmer@iew.uni-hannover.de

Ralf Mayer ist Professor für Allgemeine Erziehungswissenschaft an der Universität Kassel. Aktuelle Arbeitsschwerpunkte: Bildungs-, sozialphilosophische und gesellschaftstheoretische Fragestellungen, Probleme und Praktiken im Verhältnis von Pädagogik und Politik (z. B. Leistungsvorstellungen, Wissen, Protest). E-Mail: ralf.mayer@uni-kassel.de

Thorsten Merl vertritt derzeit die Professur für Erziehungswissenschaft mit dem Schwerpunkt Heterogenität an der RWTH Aachen University. Aktuelle Arbeitsschwerpunkte: Pädagogische Autorität und die Autorisierung schulischen Unterrichts, Asymmetrie, Differenz und Ungleichheit. E-Mail: thorsten.merl@rwth-aachen.de

Till Neuhaus ist wissenschaftlicher Mitarbeiter an der Universität Bielefeld (AG 11 – Schulpädagogik in komparatistischer Perspektive). Aktuelle Arbeitsschwerpunkte: Historische sowie international-vergleichende Perspektiven auf Sonderschulüberprüfungsverfahren, Wendungen und sich wandelnde Verständnisse des Bildungsbegriffes. E-Mail: till.neuhaus@uni-bielefeld.de

Ralf Parade ist wissenschaftlicher Mitarbeiter am Fachgebiet Erziehungswissenschaft mit dem Schwerpunkt Grundschulpädagogik der Universität Kassel. Aktuelle Arbeitsschwerpunkte: Subjektivierung im Kontext von Schule und Lehrberuf, bildungsbezogene Ungleichheitsforschung, interpretative Professionsforschung, Lehrer:innenbildung. E-Mail: ralf.parade@uni-kassel.de

Sabine Reh ist Professorin für Historische Bildungsforschung an der Humboldt-Universität zu Berlin und Direktorin der Bibliothek für Bildungsgeschichtliche Forschung (BBF) des DIPF | Leibniz-Institut für Bildungsforschung und Bildungsinformation. Aktuelle Arbeitsschwerpunkte: Geschichte pädagogischer Institutionen und Praktiken; Fachunterrichtsgeschichte, Geschichte des pädagogischen Wissens nach 1945. E-Mail: sabine.reh@hu-berlin.de

Sabrina Schröder ist Doktorandin an der Professur für Theorie und Geschichte von Erziehung und Bildung an der Goethe-Universität Frankfurt am Main. Aktuelle Arbeitsschwerpunkte: Pädagogische und subjektivierungstheoretische Dimensionen von Prüfungspraktiken. E-Mail: Sa.Schroeder@em.uni-frankfurt.de

Julian Sehmer lehrt und arbeitet im Rahmen einer Verwaltungsprofessur für Soziale Arbeit an der HAWK am Standort Holzminden und ist Sprecher des Instituts für Theorie und Empirie des Sozialen in Kassel. Aktuelle Arbeitsschwerpunkte: Disziplinäre und professionsbezogene Verständnisse von Professionalität, sozialpädagogische Subjekt- und Adressierungspraktiken, soziale Normen und normative Ordnungen, rechte Dynamiken, Theorie-Praxis-Verhältnisse, Kinderschutz. E-Mail: julian.sehmer@ites-werkstatt.de

Julia Sperschneider ist Doktorandin an der Professur für Allgemeine Erziehungswissenschaft an der Universität Kassel. Aktuelle Arbeitsschwerpunkte: Historisch-systematische und bildungsphilosophische Auseinandersetzungen zu Fragen von Subjektivität, Demokratie, Engagement. E-Mail: julia.sperschneider@posteo.de

Marian Stuchell ist wissenschaftlicher Mitarbeiter an der Professur für Soziologie der Bildung an der Martin-Luther-Universität Halle-Wittenberg. Aktuelle Arbeitsschwerpunkte: Bildungs- und Professionssoziologie, Wandel von Arbeit und Beruf. E-Mail: marian.stuchell@soziologie.uni-halle.de

Werner Thole ist seit April 2021 Hochschullehrer an der TU Dortmund und war von 2000 bis 2021 Professor für Soziale Arbeit und außerschulische Bildung an der Universität Kassel. Forschungsschwerpunkte: Kindheits-, Jugend- und Professionalisierungsforschung, Theorie und Praxis der Sozialpädagogik, Kulturarbeit und Bildung, rekonstruktiv-qualitative Sozialforschung. E-Mail: werner.thole@tu-dortmund.de

Daniel Töpper ist wissenschaftlicher Mitarbeiter am Lehrbereich Historische Bildungsforschung an der Humboldt-Universität zu Berlin. Aktuelle Arbeitsschwerpunkte: Historische Bildungsforschung, insbesondere kleine Formen des Pädagogischen, Schüler:innengruppierung, Lehrer:innenbildung und Schultechnologie; Bildungsforschung mit Fokus auf Gender- und Geschlechterforschung, insbesondere zu Sex Education und Medien der Wissensvermittlung. E-Mail: daniel.toepper.1@hu-berlin.de

Michael Urban ist Professor für Erziehungswissenschaft mit dem Schwerpunkt Erziehung und Bildung im Kontext sozialer Marginalisierung am Institut für Sonderpädagogik der Goethe-Universität Frankfurt am Main. Aktuelle Arbeitsschwerpunkte: schulische Inklusion, soziale Herstellung und Bearbeitung von „Verhaltensstörungen“, „Lernschwierigkeiten“ und verwandten Konstrukten im Schulsystem. E-Mail: m.urban@em.uni-frankfurt.de

Michaela Vogt ist Professorin für Erziehungswissenschaft mit dem Schwerpunkt Theorie und Geschichte der Inklusiven Pädagogik an der Fakultät für Erziehungswissenschaft der Universität Bielefeld. Aktuelle Arbeitsschwerpunkte: Schulische Überprüfungsverfahren, inklusionssensible Bildungsmaterialien, international vergleichende und historische Perspektiven auf Schule und Inklusion, Bildungsverständnisse und Grundlegende Bildung. E-Mail: michaela.vogt@uni-bielefeld.de

Sandra Wenk ist wissenschaftliche Mitarbeiterin am Arbeitsbereich Historische Erziehungswissenschaft an der Martin-Luther-Universität Halle-Wittenberg. Aktuelle Arbeitsschwerpunkte: Geschichte von Schule und Jugend sowie des pädagogischen Umgangs mit Ungleichheit und Devianz. E-Mail: sandra.wenk@paedagogik.uni-halle.de

Steffen Wittig ist wissenschaftlicher Mitarbeiter am Fachgebiet Allgemeine Erziehungswissenschaft am Institut für Erziehungswissenschaft der Universität Kassel. Aktuelle Arbeitsschwerpunkte: Systematische Problematisierung erziehungs- und bildungswissenschaftlicher Theorien und Grundbegriffe (insbesondere Demokratie, Teilhabe, Exklusion und Gleichheit) sowie die theoretische wie empirisch-qualitative Erforschung von ‚Bildungsregimes'. E-Mail: steffen.wittig@uni-kassel.de